기독교문서선교회(Christian Literature Center: 약칭 CLC)는 1941년 영국 콜체스터에서 켄 아담스에 의해 시작되었으며 국제 본부는 미국 필라델피아에 있습니다. 국제 CLC는 59개 나라에서 180개의 본부를 두고, 약 650여 명의 선교사들이 이동 도서차량 40대를 이용하여 문서 보급에 힘쓰고 있으며 이메일 주문을 통해 130여 국으로 책을 공급하고 있습니다. 한국 CLC는 청교도적 복음주의 신학과 신앙 서적을 출판하는 문서선교기관으로서, 한 영혼이라도 구원되길 소망하면서 주님이 오시는 그날까지 최선을 다할 것입니다.

번역자 약력 및 저작 목록

배재욱 박사(영남신학대학교 은퇴교수)

영남대학교 물리학과(B.S.)와 장로회신학대학교 신학대학원(M.Div.), 장로회신학대학교 대학원(Th.M.), 짤쯔부르그대학교(Universität Salzburg)와 빈대학교(Universität Wien)에서 신학을 수학하고 튀빙겐대학교(Universität Tübingen)에서 "요한복음에 나타난 중생"(2013년)으로 신학박사(Dr. Theol.) 학위를 받았다. 그는 신학교 졸업 후 임원중앙교회와 북평교회 담임목사를 거쳐 부산장신대학교 교수, 총회 파송 오스트리아 선교사, 장로회신학대학교 강의 전담(초빙) 교수 그리고 영남신학대학교에서 교수로 일하다가 2020년 2월 말에 정년 은퇴하였다. 그는 「신약연구」의 편집위원, 「행복한 부자연구」의 편집위원장과 한국신약학회 부회장을 역임했고, 현재 「영산신학저널」 편집위원, 「피어선신학논단」 편집위원, 영남신약학회 회장, 배위량 순례단장과 '정류 아카데미' 원장으로 섬기고 있다.

저작 목록

『초기 유대교와 신약성경의 중생』(서울: 대한기독교서회, 2008).
『요한계시록에 나타난 생명: 요한계시록에서 생명을 묻다』(서울: 대한기독교서회, 2013).
『성경에서 배우는 최고의 지도력: 섬김』(서울: 한국장로교출판사, 2013).
『영성과 지성: 정류(靜流) 이상근의 생애와 사상(상)』(서울: CLC, 2018).
『신약성서와 설교 1: 그것을 간직하게 하라』(서울: CLC, 2019).

장 승 익 박사(함께하는교회 예수마을 담임목사)

연세대학교(B.A.)와 장로회신학대학교 신학대학원(M.Div.)을 나오고 독일 에어랑엔대학(1990-1997년 수학)을 거쳐 튀빙겐대학교에서 "히브리서에 나타난 하나님의 백성-히브리서의 신론과 교회론에 대한 기여"로 신학박사 학위(Dr. Theol., 신약학)를 취득했다.

독일에서 뷔르템베르크주교회 외국인 목사로 사역(2000-2010), 기독교재 독한인교회협의회 회장과 통일특별위원장, 독일서남부선교회(EMS) 동아시아 자문위원, 장애인 선교단체인 세계밀알연합 산하 유럽총단 중부유럽밀알 이사와 단장, 2010년 이후 장로교신학대학교와 숭실대학교에서 겸임교수와 초빙교수, 2012년부터 "함께하는교회 예수마을" 담임목사, 세계밀알연합 이사, 학원복음화협의회 중앙위원, ISF 이사로 섬기고 있다.

저작 목록
저서:『디아코니아 신학선언』(예영, 2018).
공저:『신학으로 이해하는 장애인』,『성경과 장애인』,『하나님의 정치』,『하나님의 나라와 장애인』,『장애인 사역의 신학적 의의』 등.

문 배 수 박사(대구신학대학교 객원교수)

총신대학교에서 신학을 공부하고 장로교 합동측 교단에서 목사 안수를 받은 후 독일 튀빙겐대학교에서 신약학으로 신학박사 학위(Dr. Theol.)를 취득했다. 현재 대구 대신대학교의 객원교수와 예수믿음의교회 담임목사로 섬기며, 또한 전남 동부 극동방송 설교 방송을 하고 있다.

저작 목록
역서: A. Schlatter.『예수와 바울』(다도해, 2019).
논문: "유대교적 전통과 헬라주의적 구성: 행 15장과 17장에 대한 연구사와 주석"(튀빙겐, 2013), "루터가 쓴 자기소개서"(『이상규 박사 은퇴기념문집』, 2018) 등.

박 성 호 박사 (감리교신학대학교 객원교수)

연세대학교 철학과(B.A.), 감리교신학대학교 대학원(M.Div.), 튀빙겐대학교 개신교 신학부(Dr. Theol.)를 졸업하고 현재 기독교대한감리회 서울연회 종로지방 동인교회 담임목사와 감리교신학대학교 객원교수로 섬기고 있다.

저작 목록

저서: Sung-Ho Park. *Stellvertretung Jesu Christi im Gericht: Studien zum Verhältnis von Stellvertretung und Kreuzestod Jesu bei Paulus*. WMAnt. 143 (Neukirchen-Vluyn: Neukirchener Theologie, 2015).

역서: 발터 클라이버, 『예수의 죽음과 우리의 생명: 십자가의 구원론적 의미』(서울: CLC, 2019).

논문: "요한은 밧모 섬으로 유배되었는가?(계 1:9): 요한의 밧모 유배설을 재고함."「신약논단」25/2(2018), 467-507, "바울의 구원론적 낙관주의: 고린도전서 7:12-16을 중심으로." *Canon & Culture* 13/3(2019), 313-347.

추 천 사

오성종 박사
전 칼빈대학교 신약학 교수

초기 유대교 전문가이신 리히텐베르거 박사의 저서 『초기 유대교와 신약의 교회』가 국내에 번역, 소개된 것을 크게 환영한다.

종교사학파에 속한 불트만 학파는 헬레니즘 신비 종교와 영지주의의 영향으로 바울신학과 요한신학이 생겨난 것으로 설명했다. 그런데 독일 신약학계의 이런 접근방법이 적절하지 않아 그 결과가 신약성경 본문의 신뢰에 대한 근본적인 부정으로 나타났다. 이에 맞서 신약의 기독교가 구약과 초기 유대교의 전통 속에서 종말론적 메시아 신앙으로 재탄생된 것이었음을 초기 유대교 연구라는 대안적 접근방법을 사용하여 확증하는 노력에 앞장서 온 이들이 독일 튀빙겐대학교 개신교 신학부 교수진으로 이루어진 튀빙겐 성서학파이었다. 이들은 세계 신약학계에 엄청난 영향을 끼쳤고 신학 발전에 크게 기여하게 되었다.

신약의 본문들을 연구하는 데 구약과 초기 유대교에 대한 지식의 빛 속에서 창조적인 혜안을 가질 수 있다. 나도 튀빙겐에서 박사학위 논문을 쓰면서 논문의 2/3 분량을 구약과 초기 유대교 연구에 할애했다. 그런 과정에서 엄청난 유익을 얻는 경험을 했다. 독일 학계에서는 자연스러운 상황일 것이다.

그래서 나는 마르틴 헹엘(Martin Hengel)의 후임인 리히텐베르거 박사가 탄탄한 학문적 기초 위에서 쓴 창의적 논문들을 엮은 『초기 유대교와 신약의 교회』가 한국 신약성경 학계에 신선한 자극과 큰 기여를 할 것으로 기대한다. 특히 초기 기독교의 세례와 성만찬 전승의 구약적 배경, 초기 유대교의 메시아 기대, 쿰란 공동체의 부활 신앙문제 등에 관한 논문은 신약성경의 중요한 주제들에 대한 깊이 있는 이해를 하도록 도와주리라 확신한다.

아무쪼록 이번에 한국어로 번역되어 소개되는 리히텐베르거의 이 연구서를 통하여 구약과 및 초기 유대교의 배경연구를 통하여 신약의 본문과 신학적 주제들에 대한 이해에 도움을 받는 접근방법이 친숙하게 되기를 바란다.

조경철 박사
감리교신학대학교 교수

헤르만 리히텐베르거(H. Lichtenberger) 박사가 쓴 좋은 논문들을 그의 한국 제자들이 번역하여 한 권의 책으로 출판하는 것은 크게 축하할 일이다. 리히텐베르거 박사는 『유대교와 헬레니즘』이라는 이름으로 우리에게도 유명한 책의 저자인 마르틴 헹겔(M. Hengel) 박사의 지도로 교수자격논문(Habilitation)을 썼고, 스승의 뒤를 이어 튀빙겐대학교의 신약신학 교수직을 이어받은 석학이다.

그는 쿰란 공동체와 유대학 그리고 신약성경을 연결해서 연구한 금세기에 몇 안 되는 석학 중의 한 명이다. 그의 스승인 마르틴 헹겔(Martin Hengel) 박사는 내 박사학위 논문의 부심으로 지도해 주셨기에 리히텐베르거 박사와 나는 동문 수학을 한 셈이다. 그래서 특별히 그에게 마음이 갔었지만, 그것보다는 우리가 튀빙겐감리교회의 성도로 서로 만나서 가끔 대화를 나누었고, 그가 한 설교를 가끔 듣기도 했다. 세계적인 석학이면서 소탈하고 격의 없이 교제를 나누었던 그의 인품에 감동했다.

그의 논문들은, 제목을 보면 알겠지만, 유대교에 대한 깊은 지식이 없이는 쓸 수도 없고, 이해하기도 쉽지 않을 것이다. 그러나 인내심을 가지고 읽어보면, 그가 얼마나 정확하고 명쾌하게 주제를 푸는지에 대하여 곧 알게 될 것이다. 나는 개인적으로 그의 로마서 7장에 관한 저서를 읽으면서 로마서 7장의 이해에 눈을 뜬 경험도 했다.

이번에 그의 제자들이 번역한 논문들은 신약성경의 '초기 유대교와 신약의 교회'에 관한 것들이지만, 교회에 관한 직접적인 주제라기보다는 더욱더 근원적인 주제를 폭넓게 다루고 있다. 이 주제는 특히 시의적절해 보인다. 교회에 관한 성경적이고 신학적인 지식이 깊이 다루어지지 못하고 있는 작금의 한국 개신교회 상황을 늘 아쉬워하고 있었는데, 이번에 번역되어 『초기 유대교와 신약의 교회』라는 이름으로 나올 책 속의 논문들이 우리에게 매우 유용한 가르침을 주리라 믿는다.

곧 방한하여 우리에게 좋은 신학 강의를 해주실 리히텐베르거 박사와의 만남을 고대하며, 그의 논문들을 모아 출판되는 이 책을 기꺼이 추천하고 싶다.

문 병 구 박사
서울신학대학교 교수

헤르만 리히텐베르거 박사의 신학 사상이 고스란히 담긴 논문들이 배재욱 교수와 여러 교수들의 수고 덕분에 우리말로 번역되고 『초기 유대교와 신약의 교회』란 이름으로 출판되어 기쁘다.

리히텐베르거 박사는 독일 튀빙겐대학교에서 마지막 학문의 꽃을 피운 신약학계의 세계적 거장이다. 그의 신학연구방법은 신약성경을 철저히 유대적 전통에서 관찰하면서 그 역사적 전승과 그 의미를 매우 심도 있게 밝히고 아울러 이러한 역사적 배경에서 본문을 보수적 관점에서 주석함으로써 그 방법론의 철저성과 일관성으로 학계에서 널리 인정을 받고 있다.

그뿐만 아니라 그의 연구들은 하나님의 말씀의 심오한 의미를 초대교회의 역사적 상황과 그 신학 형성의 배경에서 바라보면서도 현대적 교회의 상황에서 이해할 수 있도록 깊이 있는 해석을 하고 있어서 학자들뿐만 아니라 말씀의 사역자들에게도 긴요하게 필요한 자료들이다.

따라서 리히텐베르거 박사의 이 책은 오늘 우리 한국교회의 말씀 사역의 신학적 깊이와 그 기초를 단단하게 하며 교회를 올바른 방향으로 인도하여, 우리의 교회가 국내뿐만 아니라 열방을 섬기는 튼튼한 교회가 되도록 돕는 초석이 될 것이라고 확신한다.

장 석 조 박사
서울성경신학대학원대학교 교수

　신약을 연구할 때 쿰란 공동체의 문헌은 필수적인 배경이 된다. 리히텐베르거 박사는 평생을 신약과 쿰란 공동체의 관계를 연구했다. 그는 1974년 쿰란 공동체의 인간 이해로 박사학위를 받았고 그 논문은 저명한 출판사 괴팅겐(Göttingen)의 반덴회크 & 루프레히트(Vandenhoeck & Ruprecht) 출판사에서 간행되었다. 그의 연구는 유대교에 머물지 않고 헬레니즘의 배경까지 넓혀서 '고대 유대교와 헬레니즘 종교사 연구소'의 소장이 되었다.
　또한, 그는 신약의 인간 이해로 마르틴 헹엘(Martin Hengel)의 교수 자격 취득 지원자(Habilitand)가 되어 튀빙겐대학교에서 교수자격(Habilitation)을 취득했고, 그의 교수자격논문은 튀빙겐에서 발간되는 저명한 출판사인 모아출판사(Mohr Siebeck)에서 발간되었다.
　국내에서 처음으로 발간되는 그의 책 『초기 유대교와 신약의 교회』는 신약 연구의 출발점이 되는 세례자 요한과 쿰란의 관계를 연구하고, 특히 정결과 세례, 죄 용서의 관계를 연구했다. 이외에도 교회의 기도와 선교, 그리고 로마 제국과의 정치적 관계 등 신학적 과제만 아니라 목회적 심정이 담겨있다. 마지막으로 새 창조와 부활 등 종말론적 구원의 현재와 미래를 조화 있게 다룬다. 초기 유대교와 신약에 나타난 교회 이해에 매우 유익한 책으로 관심 있는 신학도와 목회자들에게 일독을 권한다.

Frühjudentum und Kirche im Neuen Testament
Written by Hermann Lichtenberger
Compiled by Bae, Jae Woog
Translated by Bae, Jae Woog; Jang, Seung Ik; Moon, Baesu; Park, Sung-Ho
All rights reserved.
Korean Edition Copyright ⓒ 2020 by Christian Literature Center, Seoul, Korea

초기 유대교와 신약의 교회

2020년 8월 21일 초판 발행

지은이	|	헤르만 리히텐베르거
엮은이	|	배재욱
옮긴이	|	배재욱, 장승익, 문배수, 박성호

편집	|	정재원
디자인	|	박하영, 김현진
펴낸곳	|	(사)기독교문서선교회
등록	|	제16-25호(1980.1.18.)
주소	|	서울특별시 서초구 방배로 68
전화	|	02-586-8761~3(본사) 031-942-8761(영업부)
팩스	|	02-523-0131(본사) 031-942-8763(영업부)
이메일	|	clckor@gmail.com
홈페이지	|	www.clcbook.com
송금계좌	|	기업은행 073-000308-04-020 (사)기독교문서선교회

ISBN 978-89-341-2159-6 (93230)

이 도서의 국립중앙도서관 출판예정도서목록(CIP)은 서지정보유통지원시스템 홈페이지(http://seoji.nl.go.kr)와 국가자료종합목록 구축시스템(http://kolis-net.nl.go.kr)에서 이용하실 수 있습니다. (CIP제어번호 : CIP2020023898)

이 책의 저작권은 저자와 (사)기독교문서선교회가 소유합니다. 신저작권법에 의하여 한국 내에서보호받는 저작물이므로 무단 전재와 무단 복제를 금합니다.

초기 유대교와 신약의 교회

Frühjudentum und Kirche im Neuen Testament

헤르만 리히텐베르거 지음 | 배재욱 엮음 | 배재욱 장승익 문배수 박성호 옮김

CLC

목차

번역자 약력 및 저작 목록 | 배재욱 장승익 문배수 박성호 ... 1
추 천 사 | 오성종 조경철 문병구 장석조 ... 4
저자 서문 ... 12
엮은이 서문 ... 17

제1부 세례와 성만찬 ... 31
제1장 세례자 요한과 쿰란 문서들 ... 32
제2장 쿰란-에세네의 정결 의식들과 요한의 세례 ... 54
제3장 1세기 마지막 1/3분기에 있었던 세례자 공동체들과
　　　초기 기독교의 세례 논쟁 ... 59
제4장 성만찬 전승에 나타나는 '언약' ... 98

제2부 기도와 선교 ... 118
제5장 하나님에 대하여 말하기, 하나님께 말하기 ... 119
제6장 '주인에게 추수할 일꾼들을 보내달라고 청하여라'(마 9:38/눅 10:2) ... 142

제3부 교회의 정체성과 역사 ... 164
제7장 로마에서의 요세푸스와 바울 ... 165
제8장 유대교 음식 ... 196
제9장 "남들이 우리를 보듯 우리 자신을 바라보기"(로버트 번스) ... 229

제4부 메시아 기대, 율법 그리고 신비주의   **280**
  제10장 제2 성전 시대의 메시아 기대와 메시아 상   281
  제11장 바울과 율법   302
  제12장 사도 바울의 신비주의   331

제5부 새 창조와 중생, 부활 사상 그리고 종말 사상   **364**
  제13장 새 창조와 중생   365
  제14장 쿰란 문서에서 부활   401
  제15장 반드시 속히 될 일(계 1:1)   424

장별 참고문헌   **450**

저자 서문

헤르만 리히텐베르거 박사
독일 튀빙겐대학교 명예교수

이 책의 논문들을 통해 한국에 있는 독자들에게 인사드린다. 이곳에 실린 논문들은 신약성경을 역사적이고 종교적인 문맥에서 이해하고 이로부터 그 메시지의 특별한 점을 인식하고자 노력해 온 한 '신약학과 고대 유대교' 교수[1]의 연구들이다. 이러한 작업은 두 가지 중점을 가지고 진행되는데, 한편으로는 대학에서 행한 학술적인 연구와 수업의 형태이며, 다른 한편으로는 교회와 그 교회의 선포를 위함이다. 그래서 필자는 국립대학교 개신교 신학부의 교수인 동시에 독일 감리교회에서 임직 받은 설교자이기도 하다.

이곳에 한국어로 번역된 논문들은 필자의 약 30년간의 학문적 작업을

---

[1] 이 책의 저자인 헤르만 리히텐베르거(Hermann Lichtenberger) 박사는 바이로이트(Bayreuth)대학교 성서신학 교수(1986-1988), 뮌스터(Münster)대학교 유대학 및 신약성경 교수와 '델리취 유대학 연구소'(Institutum Judaicum Delitzschianum) 소장(1988-1993), 튀빙겐(Tübingen)대학교 신약성경 및 고대 유대교 교수와 '고대 유대교 및 헬레니즘 종교사 연구소'(Institut für antikes Judentum und hellenistische Religionsgeschichte) 소장(1993-2010)을 역임했다.

들여다볼 수 있게 해 준다. 그것들은 『초기 유대교와 신약의 교회』라는 제목 아래에 있으며, 필자의 신약학 연구에서 한 가지 중심적인 주제를 나타낸다. 그 안에는 때때로 필자가 40년 이상 연구하고 발표한 글들의 두 가지 다른 영역이 다루어지기도 하는데, 이 영역들에서는 한편으로 사해 사본들[2]이, 다른 한편으로는 구약성경의 외경과 위경[3]이 연구주제들이다.

하지만 *Zeitschrift für die neutestamentliche Wissenschaft(ZNW)*, *Beihefte zur neutestamentlichen Wissenschaft(BZNW)*, *Wissenschaftliche Monographien zum Alten und Neuen Testament(WMANT)*의 공동편집인으로 일하면서 항상 신약성경이 나의 학문적 작업의 지평 안에 있었다. *Journal for the Study of the Pseudepigrapha(JSPE)*와 *Zeitschrift für Althebraistik(ZAH)*의 공동편집인 역할은 신약성경에만 집중하는 것을 넘어서게 해주었다.

이처럼 필자가 학문적-신학적 작업을 하면서 넓은 지평을 가지게 된 이유는 신학적-해석학적 성격을 띤다. 우리는 신약성경과 또한 이 신약성경과 더불어 선포되는 새로운 것을 고대 유대교 세계와 헬라-로마 세계의 틀 안에서만 이해할 수 있기 때문이다.

이 점은 곧바로 **제1부** '세례와 성만찬'에 있는 처음 세 개의 논문들에서 분명해진다. 제의적 정결에 대한 구약성경적이고 유대교적인 의식들을 알지 못하면, 세례자 요한의 세례가 가지고 있는 특별함과 쿰란-에세네인들의 정결 의식들과의 공통점을 이해할 수 없다.[4]

---

2 필자가 마르부르크대학교에서 쓴 박사학위 논문(1975년)인 "Studien zum Menschenbild in Texten der Qumrangemeinde," *Studien zur Umwelt des Neuen Testaments* 15 (Göttingen: Vandenhoeck & Ruprecht, 1980)을 보라.
3 1986년 이래로 필자는 *Jüdische Schriften aus hellenistisch-römischer Zeit*의 주 발행인이다.
4 "세례자 요한과 쿰란 문서들," "쿰란-에세네의 정결 의식(儀式)들과 요한의 세례"와 "1세기 마지막 1/3분기에 있었던 세례자 공동체들과 초기 기독교의 세례 논쟁."

이것은 '언약'을 주제로 한 네 번째 논문[5]에도 해당하는데, 거기서는 쿰란 본문들('다마스쿠스 땅의 새 언약')로부터 성만찬 전승의 '새 언약'과 관련하여 새로운 관점을 보게 된다.

절대적으로 신약성경에 방향을 맞추고 있는 것은 **제2부** '기도와 선교'에 있는 논문들이다.[6] 이 글들은 기도와 파송(선교)의 의미를 중심에 놓고자 한다.

제3부 '교회의 정체성과 역사'[7]에서는 로마라는 역사적이고 종교적인 문맥 안에서의 유대적 정체성에서 시작하여 유대적 세계와 이교적-로마적 세계를 대하는 기독교적 자의식을 묻는다.

제4부 '메시아 기대, 율법 그리고 신비주의'[8]에서는 동시대의 고대 유대교가 전제이고 영감을 주는 존재이자 대화 상대다. 알베르트 슈바이처에 대한 논문에서 이것은 경건성의 실천에 이르기까지 현실화될 수 있다.

제5부 '새 창조와 중생, 부활 사상 그리고 종말 사상'[9]은 헬레니즘-로마 사상과 유대교 사상에서 출발하여 신약성경에 나타나는 새 창조와 중생의 특별한 점을 이해해보고자 한다. '쿰란 문서에서 부활'은 죽은 자들

---

[5] "성만찬 전승에 나타나는 '언약.'"
[6] "하나님에 대하여 말하기, 하나님께 말하기: 신약성경의 관점들"과 "'추수하는 주인에게 추수할 일꾼들을 보내달라고 청하여라'(마 9:38/눅 10:2)."
[7] "로마에서의 요세푸스와 바울: 네로 시대에 로마에서의 유대인과 그리스도인," "유대교 음식: 이방인이 유대 음식 관습을 바라보는 것과 그에 대해 유대인 스스로 내리는 정의"와 "'남들이 우리를 보듯 우리 자신을 바라보기'(로버트 번스): 로마의 지배 아래에 있는 유대인과 그리스도인—자기 인식과 타인 인식."
[8] "제2 성전 시대의 메시아 기대(들)과 메시아 상(들)," "바울과 율법"과 "사도 바울의 신비주의: 알베르트 슈바이처를 다시 생각함."
[9] "새 창조와 중생: 신약성경에 나타나는 새 창조와 중생의 종말론적 의미에 대한 고찰," "쿰란 문서에서 부활"과 "'반드시 속히 될 일(계 1:1)': 요한계시록의 종말론에 대한 고찰."

의 부활에 대해서 말하는 쿰란 본문들이 아주 적다는 사실, 그러나 4Q521이라는 한 가지 본문이 마태복음 11:2-6/누가복음 7:18-23과 놀라울 정도로 닮아있다는 사실을 보여 준다. 요한계시록의 종말론은 마지막 논문에서 서술되고 있다.[10]

필자는 필자의 한국 제자들인 배재욱 박사,[11] 장승익 박사,[12] 박성호 박사[13]와 문배수 박사[14](박사학위를 한 순서에 따라)에게 감사의 마음을 전한다. 그들과 함께 연구하는 일은 큰 기쁨이었고, 필자 또한 그들 각자로부터 많은 것을 배웠다. 한국에서 각자의 학문적인, 목회적인 삶의 영역에서 활동 중인 그들을 다시 만나서 우리의 풍성한 대화들을 계속 이어나갈 수 있게 된 것을 기쁘게 생각한다.

필자는 폴란드 크라카우의 에니그마 출판사(Enigma Press), 슈투트가르트의 가톨릭성서공회(Katholisches Bibelwerk), 튀빙겐의 모어 지벡(Mohr Siebeck),

---

[10] 이에 대한 보다 자세한 내용은 Hermann Lichtenberger, *Die Apokalypse*, Theologischer Kommentar zum Neuen Testament 23(Stuttgart: Kohlhammer, 2014)와 Hermann Lichtenberger, "Gewalt in der Offenbarung des Johannes," *Theologische Literaturzeitung* 144(2019), 854-865을 보라.

[11] 박사학위 논문은 Jae Woog Bae, "Wiedergeburt im Johannesevangelium" (Diss. theol. Tübingen, 2003)(이 논문의 전반부가 나중에 배재욱, 『초기 유대교와 신약성경의 중생』 [서울: 대한기독교서회, 2008]로 번역 출판됨).

[12] 박사학위 논문은 Seung Ik Jang, "Das Gottesvolk im Hebräerbrief: Ein Beitrag zur Theologie und Ekklesiologie des Hebräerbriefs" (Diss. theol. Tübingen, 2005) (Druck 2008).

[13] 박사학위 논문은 Sung-Ho Park, "Stellvertretung Christi im Gericht: Zum Verhältnis der Stellvertretung Christi im Gericht zu seinem Sühnetod am Kreuz bei Paulus," 2012(이 논문은 나중에 Sung-Ho Park, *Stellvertretung Jesu Christi im Gericht: Studien zum Verhältnis von Stellvertretung und Kreuzestod Jesu bei Paulus*. WMAnt. 143 [Neukirchen-Vluyn: Neukirchener Theologie, 2015]로 출판됨).

[14] 박사학위 논문은 Baesu Moon, "Jüdische Tradition und hellenistische Bildung: Forschungsgeschichtliche und exegetische Untersuchungen zu Apg 15 und 17" (Diss. theol., Tübingen, 2013).

괴팅겐의 반덴회크 & 루프레히트(Vandenhoeck & Ruprecht)와 노이키르헤너 출판사(Neukirchener Verlag) 그리고 슈투트가르트의 콜함머(Kohlhammer) 출판사에 한국어 번역과 출판을 무료로 허락해 준 것에 대해 감사드린다. 또한, 한국의 기독교문서선교회(CLC)가 이 책의 출판을 허락해 준 일에 대해서도 감사를 드린다.

독일어 문서 작업을 하는 데 있어서 모니카 메르클레(Monika Merkle) 씨와 마리에타 헴멀레(Marietta Hämmerle) 씨의 도움은 값으로 매길 수 없을 정도로 컸다. 진심으로 감사의 마음을 전한다. 무엇보다도 필자는 신약성경에 대한 신학적-학술적 그리고 목회적인 해석을 평생의 일로 삼을 수 있었다는 사실에 대해, 그리고 필자의 연구작업을 이제 한국 독자들 앞에 내놓을 수 있게 된 것에 대해 하나님께 감사드린다.

2020년 3월 1일
독일 튀빙겐에서

엮은이 서문

배 재 욱 박사
영남신학대학교 은퇴교수

  이 책의 저자 헤르만 리히텐베르거(Hermann Lichtenberger) 박사는 독일 감리교회 목사의 아들로 태어나 마르부르크(Marburg)대학교 신학부에서 하르트무트 슈테게만(Hartmut Stegemann) 교수의 제자가 되어 1974년 "쿰란 공동체의 문헌 속에 나타난 인간의 모습에 관한 연구"(Studien zum Menschenbild in Texten der Qumrangemeinde)라는 주제로 박사학위 논문을 썼다.

  이 논문은 1980년 독일 괴팅겐(Göttingen)의 반덴회크 & 루프레히트(Vandenhoeck & Ruprecht) 출판사의 '신약성경의 배경사 연구'(Studien zur Umwelt des Neuen Testaments) 시리즈의 15번째 책으로 간행되었다. 이 책을 통해 그는 쿰란 분야의 중요한 학자로서 자신의 이름을 널리 알리게 되었다.

  그 후 그는 튀빙겐(Tübigen)대학교 신학부에서 마르틴 헹엘(Martin Hengel)의 교수 자격 취득 지원자(Habilitand)가 되었고, 그곳에서 1986년 "로마서 7장에 나타나는 바울의 인간론에 관한 연구"(Studien zur paulinischen Anthropologie in Römer 7)라는 제목의 논문으로 교수자격(Habilitation)을 취득했다.

이 논문은 2004년에 이르러서 『로마서 7장에 나타난 인간의 모습에 관한 연구』(Das Ich Adams und das Ich der Menschheit: Studien zum Menschenbild in Römer 7)라는 제목으로 튀빙겐의 '모어 지벡'(Mohr Siebeck) 출판사에서 발간하는 세계적으로 저명한 '신약성경학술연구'(Wissenschaftliche Untersuchungen zum Neuen Testament) 시리즈의 164번째 책으로 출간되었고, 바울의 인간론을 핵심적으로 보여 주는 로마서 제7장에 관한 연구를 통해 쿰란에 이어 성경적 인간론과 관련하여 다시 한 번 이름을 알리게 되었다.

리히텐베르거 박사는 1986~1988년까지 바이로이트(Bayreuth)대학교에서 강의하다가 1988~1993년 뮌스터(Münster)대학교에서 '유대학 & 신약학' 분야 교수와 '델리취 유대교 연구소'(Institutum Judaicum Delitzschianum) 소장을 역임한 후,[1] 1993년에 독일 튀빙겐(Tübingen)대학교에 마르틴 헹엘 교수의 후임으로 부름을 받아 신약학의 세 분야 중에서 첫째 분야인 '신약학과 고대 유대교'(Neutestamentliche Theologie & antikes Judentum) 분야의 교수와 '고대 유대교와 헬레니즘 종교사 연구소'(Institut für antikes Judentum und hellenistische Religionsgeschichte)[2]의 소장으로 일하다가 2012년에 정년 퇴임했

---

[1] '델리취 유대학 연구소'(Institutum Judaicum Delitzschianum)는 18세기에 설립된 유대학 연구소를 1886년경에 라이프치히대학교 교수였던 델리취(Franz Delitzsch)가 다시 열었던 연구소로 델리취 사망 후인 1890년에 델리취를 기념하여 Institutum Judaicum Delitzschianum란 이름으로 개명했다. 1948년에 렝스토르프(K. H. Rengstorf)의 주도로 뮌스터대학교로 옮겨와 유대교와 기독교 관계를 연구하는 기관이다.

[2] '고대 유대교와 헬레니즘 종교사 연구소'(Institut für antikes Judentum und hellenistische Religionsgeschichte)는 튀빙겐대학교 개신교 신학대학에 설립된 연구소다. 이 연구소는 초기 기독교가 일어났던 배경이 되는 구약성경, 초기 유대교와 헬레니즘의 종교사 연구를 통하여 신약성경이 저술된 환경에 관한 연구를 담당하는 기관이다. 이렇게 초기 기독교의 근원에 관한 연구를 통하여 교회가 현시대에 어떤 위치에 있는지에 대한 탐구한다.

다. 현재는 튀빙겐대학교 신학부의 명예교수로 활동하면서 학문적 작업을 이어가고 있다.

이와 같은 학문적 이력과 업적에도 리히텐베르거 박사는 그의 저서나 논문들이 한국에 소개되지 않은 탓에 그 이름이 잘 알려지지 않았다. 이에 큰 아쉬움을 느낀 한국 제자 네 사람이 뜻을 모아 우선 그의 논문들을 함께 번역했다.

이 일은 2014년 가을부터 2015년 여름까지 독일 튀빙겐에서 연구년을 보내는 동안 본 엮은이가 리히텐베르거 박사의 논문들 중에서 『초기 유대교와 신약의 교회』란 주제에 맞추어 찾고 수집한 후 번역자들에게 제안했을 때 다들 흔쾌히 동참해 주어 시작된 것이다. 번역 자체의 어려움이 있었지만, 신학 사상과 용어를 통일하는 문제로 더 많은 시간을 보낸 끝에 15개의 논문을 모아 한 권의 책으로 엮어 출판하게 된 것을 매우 뜻깊게 생각한다.

이 책은 모두 5부로 구성되어 있다.

제1부 세례와 성만찬

제2부 기도와 선교

제3부 교회의 정체성과 역사

제4부 메시아 기대, 율법 그리고 신비주의

제5부 새 창조와 중생, 부활 사상 그리고 종말 사상

1. 제1부 세례와 성만찬

제1장 "세례자 요한과 쿰란 문서들"[3]은 신약성경에 나타나는 세례자 요한의 상(像)을 초기 기독교의 한 인물로 생각하는 경향에 대하여 밝힌다. 리히텐베르거 박사는 이 논문에서 세례자 요한이 '쿰란-에세네 사람'이란 주장을 부인한다. 이러한 주장은 요한이 쿰란-에세네 공동체에 가입한 후 다시 탈퇴했다는 이중적인 가설을 전제해야 하기 때문이다. 저자는 이것 역시 해결책이 되기보다는 또 다른 가설에 불과하다는 점을 지적한다.

제2장 "쿰란-에세네의 정결 의식(儀式)들과 요한의 세례"[4]는 쿰란-에세네 공동체의 정결 의식들이 정결에 대한 구약성경적-유대(교)적인 이해와 깊이 관련된다는 것을 논증하는 글이다. 여기서 저자는 세례자 요한이 쿰란 공동체 출신이라는 주장이 틀렸다는 것을 논증하면서 요한의 세례가 "유대교 안에서 일어난 하나의 혁신"이었다고 설명한다. 그는 쿰란의 본문들이 요한의 세례가 가지는 "특수성을 더욱 분명하게 하고 있다"고 하면서 '세례자 요한의 세례'가 '기독교 세례'와 깊이 연관된다는 사실을 부각시킨다.

---

[3] Hermann Lichtenberger, "Johannes der Täufer und die Texte von Qumran," Zdzislaw J. Kapera ed. *Papers on the Dead Sea Scrolls Offered in Memory of Jean Carmignac*. Part I: General Research on the Dead Sea Scrolls, Qumran and the New Testament, the Present State of Qumranology. QM 2. Krakow: Enigma Press, 1993, 139-152 / Translated into Korean by Dr. Bae, Jae Woog (Professor of Youngnam Theological University and Seminary).

[4] Hermann Lichtenberger, "Die qumran-essenischen Reinigungsriten und die Johannestaufe," *Welt und Umwelt der Bibel* 9/3 (1998), 30. / Translated into Korean by Dr. Bae, Jae Woog (Professor of Youngnam Theological University and Seminary).

제3장 "1세기 마지막 1/3분기에 있었던 세례자 공동체들과 초기 기독교의 세례 논쟁"[5]에서 저자는 세례자 요한의 세례와 기독교 세례의 연관성을 깊이 있게 다룬다. 동시에 요한의 세례와 기독교 세례가 가지는 근본적인 차이도 언급한다.

기독교의 세례는 반드시 "…의 이름으로"(εἰς τὸ ὄνομα …) 받는다는 점에서 요한의 세례와 다르다. 저자는 요세푸스(Josephus)의 글에 나타나는 세례자에 대한 증언에 주목하면서 요한의 세례가 '육체의 정결을 위한 잠수욕(浴)'으로 나타난다는 것을 밝힌다. 요세푸스는 요한을 덕(Tugend)을 선포한 '의로운 인물'(ἀγαθὸς ἀνήρ)로 본다. 저자는 요세푸스가 요한의 세례와 죄 용서의 관련성을 부인하고 있을지라도 세례자 요한에 대한 그의 묘사에서 세례와 죄 용서의 관념이 연상되는 것은 이론의 여지가 없다고 본다.

이러한 논증으로 저자는 "요한복음 속에 나타난 세례자 공동체와 기독교 공동체"라는 장(章)에서 요한복음이 세례자 요한과 예수를 날카롭게 대립시키고 있다는 점을 지적한다. 요한복음은 '세례자 공동체'(Täufergemeinde)가 세례자 요한을 '메시아'로 보는 매우 발전된 '기독론'을 반영하고 있는데, 이 세례자 기독론은 기독교 공동체(즉 요한복음의 공동체)에 의하여 반박되었다는 것이다.

---

[5] Hermann Lichtenberger, "Täufergemeinden und frühchristliche Täuferpolemik im letzten Drittel des 1. Jahnhunderts," *Zeitschrift für Theologie und Kirche* 84 (1987), 36-57. / Translated into Korean by Dr. Bae, Jae Woog (Professor of Youngnam Theological University and Seminary).

제4장은 "성만찬 전승에 나타나는 '언약'"[6]에 관한 글이다. 저자는 이 글에서 신약성경의 네 가지 성만찬에 관한 말씀들을 고찰함으로써 성만찬 전승의 배경에 출애굽기 24장(속죄하는 언약의 피 전통), 이사야 53장(야웨의 종의 대리적인 희생 전통)과 예레미야 31장으로 소급되는 '언약' 전통이 놓여 있음을 설명한다. 그리고 성만찬에서 이루어지는 '새 언약'의 수립이 예수의 십자가 죽음에 대한 해석 범주였다는 사실도 함께 밝힌다.

2. 제2부 기도와 선교

제5장은 "하나님에 대하여 말하기, 하나님께 말하기: 신약성경의 관점들"[7]을 다룬다. 이 글은 튀빙겐대학교 개신교 신학부와 독일 뷔템베르크 주교회의 '개신교 목회자 협의회'가 "하나님에 대하여 말하기─하나님께 말하기"라는 주제로 공동 주관한 '연구의 날'에 처음 발표되었다. 그는 이 글에서 기도가 전적으로 '하나님께 말하기'가 될 때만 의미가 있다는 사실을 강조한다.

---

6   Hermann Lichtenberger, "'Bund' in der Abendmahlsüberlieferung," Friedrich Avemarie and Hermann Lichtenberger eds. *Bund und Tora: Zur theologischen Begriffsgeschichte in alttestamentlicher, frühjüdischer und urchristlicher Tradition*. WUNT 92 (Tübingen: Mohr, 1996), 217-228. / Translated into Korean by Dr. Park, Sung-Ho (Lecturer of Methodist Theological University).

7   Lichtenberger, Hermann. "Von Gott reden, zu Gott reden: Aspekte im Neuen Testament." Hermann Lichtenberger and Hartmut Zweigle eds. *Als Theologen von Gott reden und das Reden zu Gott: Theologie in Gottesdienst und Gesellschaft*. Theologie Interdisziplinär 10. Neukirchen-Vluyn: Neukirchener Theologie, 2011, 38-49. / Translated into Korean by Dr. Park, Sung-Ho (Lecturer of Methodist Theological University).

신앙고백과 예배에서는 '하나님께 말하기'와 함께 '하나님에 대하여 말하기'의 측면도 나타나는데, 예배의 자리는 특히 새로운 사회적 모델이자 바깥세상에 대한 '대립적 세계'를 보여 준다는 점에서도 중요하다. 기도 그리고 이와 밀접하게 연결되는 고백과 예배는 이로써 기독교인의 정체성을 보여 주는 기본적인 특징이라 하겠다.

제6장에서 저자는 "주인에게 추수할 일꾼들을 보내달라고 청하여라(마 9:38; 눅 10:2)"[8]란 제목으로 마태의 교회와 선교를 연결한다. 저자는 마태복음에서 추수의 이미지를 제자도와 복음 전파의 위탁 명령과 연결하면서 논의를 전개한다. 마태가 본 추수할 일꾼이 부족한 상황은 이스라엘이 직면한 참담한 상황이었고 이것은 마태 공동체가 직면한 상황이기도 하다. 저자는 이러한 상황이 오늘의 교회 현실과 크게 다르지 않다고 설명한다.

오늘날에도 그 어느 때보다 예수의 마음으로 양을 돌볼 참된 목자가 필요하다. 저자는 이 글의 마지막에 본회퍼가 집필한 『나를 따르라』의 일부를 인용하면서 마무리하는데, 이런 마무리 방식은 저자의 현시대 상황에 대한 긴급한 마음을 엿보게 해 준다. 이 글은 20년이 지났지만, 오늘 한국 교회의 현실에 절실히 요청되는 내용이다.

---

8   Hermann Lichtenberger, "'Bittet den Herrn der Ernte, daß er Arbeiter in seine Ernte sende' (Mt 9:38 / Lk 10:2)," Jostein Ådna ed. *Evangelium – Schriftauslegung – Kirche*. Festschrift für Peter Stuhlmacher zum 65. Geburtstag. In Zusammenarbeit mit Gerlinde Feine (Göttingen: Vandenhoeck & Ruprecht, 1997), 269-278. / Translated into Korean by Dr. Jang, Seung Ik (Senior Pastor of Yesumaul Presbyterian Church).

3. 제3부 교회의 정체성과 역사

제7장은 "로마에서의 요세푸스와 바울: 네로 시대에 로마에서의 유대인과 그리스도인"[9]에 관한 글이다. 저자는 이 글에서 유대교 역사가 요세푸스와 바울이 로마에서 만난 것은 아니지만 네로 황제 때의 두 사람의 체류 기간이 시기적으로 서로 겹쳤을 수도 있다는 개연성을 논한다. 또한, 저자는 로마에서 기독교가 바울 이전에 이미 설립되었다고 보면서 로마 교회가 안디옥 교회만큼이나 초기에 생겼다는 점을 강조한다.

제8장에서는 "유대교 음식: 이방인이 유대 음식 관습을 바라보는 것과 그에 대해 유대인 스스로 내리는 정의"[10]를 다룬다. 저자는 유대인에 대해 증오하는 마음으로 그들을 보지 않고 유대인에 대한 선입관 없이 그들을 이해하고자 하는 처지에 서 있다. 저자는 유대교 음식에 대한 선입관(돼지고기 안 먹는 것과 식인주의)이 고대 작가들이 유대인을 싫어했기 때문에 만들어진 잘못된 견해임을 지적하면서 유대인에 대한 증오가 유럽 사회에서 현재도 반복해서 나타난다는 점을 밝힌다.

---

[9] Hermann Lichtenberger, "Josephus und Paulus in Rom: Juden und Christen in Rom zur Zeit Neros," Dietrich-Alex Koch and Hermann Lichtenberger eds. *Begegnungen zwischen Christentum und Judentum in Antike und Mittelalter*. Unter Mitarbeit von Karina und Thomas Lehnardt. Festschrift für Heinz Schreckenberg. SIJD 1 (Göttingen: Vandenhoeck & Ruprecht, 1993), 245-261. / Translated into Korean by Dr. Moon, Baesu (Lecturer of Daeshin University).

[10] Hermann Lichtenberger, "Jüdisches Essen: Fremdwahrnehmung und Selbstdefinition," David Hellholm and Dieter Sänger eds. *The Eucharist – Its Origins and Contexts: Sacred Meal, Communal Meal, Table Fellowship in Late Antiquity, Early Judaism, and Early Christianity*. Vol.1: Old Testament, Early Judaism, New Testament. WUNT 376 (Tübingen: Mohr Siebeck, 2017), 61-76. / Translated into Korean by Dr. Moon, Baesu (Lecturer of Daeshin University).

제9장에서는 앞의 논문이 유대인들의 음식이라는 차원에서 설명한 주제를 "'남들이 우리를 보듯 우리 자신을 바라보기'(로버트 번스): 로마의 지배 아래에 있는 유대인과 그리스도인—자기 인식과 타인 인식"[11]이라는 제목의 글에서 더욱 일반화시켜서 서술한다.

이 논문에서 저자는 '자기 인식'과 '타인 인식'의 밀접한 상호연관성 속에서 로마 제국의 지배 아래에 있던 유대인들의 모습을 살펴본다. 주목의 대상은 유대인들을 향한 거의 일관된 부정적 시각('반유대주의')과 이에 대한 유대인들 편에서의 대응적 시각이다.

이를 위해 쿰란-에세네인과 로마인들이 서로를 바라보았던 관점, 이미 긴 역사가 있는 고대의 반유대주의와 로마에 대한 랍비들의 평가를 관찰하고, 유대인들의 상황에 상응하는 그리스도인들 편에서의 반응, 곧 로마인들을 바라보았던 그들의 관점을 로마에 대해 가장 비판적이었던 요한계시록을 중심으로 알아본다.

이런 연구를 통하여 저자는 우리가 우리 자신에 대하여 생각하는 것과 같은 방식으로 다른 사람들에 대하여 생각해야만 다른 사람들의 눈으로 우리를 보고 그 사람들과 우리 자신을 더 잘 이해할 수 있다는 사실을 강조한다. 그런 점에서 이 글은 '다양성'을 '다름'이 아니라 '틀림'으로 이해하고 쉽게 배척하려는 오늘의 한국 사회에 중요한 교훈을 준다.

---

[11] Hermann Lichtenberger, "'To See Ourselves as Others See Us' (Robert Burns) – Juden und Christen unter römischer Herrschaft: Selbstwahrnehmung und Fremdwahrnehmung," Niclas Förster and J. Cornelies de Vos eds. *Juden und Christen unter römischer Herrschaft: Selbstwahrnehmung und Fremdwahrnehmung in den ersten beiden Jahrhunderten n. Chr.* SIJD 10 (Göttingen: Vandenhoeck & Ruprecht, 2015), 17-41. / Translated into Korean by Dr. Park, Sung-Ho (Lecturer of Methodist Theological University).

4. 제4부 메시아 기대, 율법 그리고 신비주의

제10장은 "제2 성전 시대의 메시아 기대와 메시아 상"[12]에 관한 글이다. 저자는 이 글에서 유대인들이 가졌던 메시아 기대와 메시아에 대한 논의에 대하여 다루면서 다양한 메시아 기대와 종말론적 구원자 상이 있음을 제시한다. 이를 위해 쿰란 문헌, 신구약 중간기 문헌, 그리고 1세기의 주요 신학자, 철학자와 역사가인 필로, 요세푸스, 타키투스와 수에토니우스 등의 글이 소개된다. 유대 사회에서 현재는 메시아 기대에 대한 현실성과 종말론적인 기대가 퇴락했음에도 각 시대에 나타난 이러한 기대들이 실제적으로 "유대 메시아 희망을 표출하는 기폭제"가 되었다고 저자는 보고 있다.

제11장 "바울과 율법"[13]에서 저자는 너무나 다양한 해석들이 존재하여 거의 '난제'라고 할 수 있는 바울과 율법의 관계를 설명하는데, 율법에 대한 바울의 의견을 "율법은 신령하다"는 로마서 7:14의 진술을 중심으로 고찰한다. 이 글에서 독자는 유대 기독교인이자 이방 선교사였던 바울의 모습과 율법 이해로부터 한 걸음 더 나아가 서로 분리할 수 없는 유대교와 기독교의 관계를 다시 한 번 성찰해 보게 될 것이다.

---

12 Hermann Lichtenberger, "Messianische Erwartungen und messianische Gestalten in der Zeit des zweiten Tempels," Ekkehard W. Stegemann ed. *Messias-Vorstellungen bei Juden und Christen* (Stuttgart and Berlin and Köln: Kohlhammer, 1993), 9-20. / Translated into Korean by Dr. Jang, Seung Ik (Senior Pastor of Yesumaul Presbyterian Church).

13 Hermann Lichtenberger, "Paulus und das Gesetz," Martin Hengel and Ulrich Heckel eds. *Paulus und das antike Judentum*. Tübingen-Durham-Symposium im Gedenken an den 50. Todestag Adolf Schlatters (19. Mai 1938). WUNT 58 (Tübingen: Mohr, 1991), 361-374. / Translated into Korean by Dr. Park, Sung-Ho (Lecturer of Methodist Theological University).

제12장은 "사도 바울의 신비주의: 알베르트 슈바이처를 다시 생각함"[14] 이라는 제목의 글이다. 알베르트 슈바이처는 우리에게 아프리카 원시림에서 일한 의사로 잘 알려져 있다. 하지만 실제로 그는 뛰어난 신약학자이자 바울 연구자이기도 했다. 슈바이처는 바울을 존재의 근원인 하나님과의 합일이라는 '하나님 신비주의'가 아니라 그리스도와의 신비주의적 연합을 통해 하나님과의 관계를 시작하게 되는 '그리스도 신비주의'를 내세운 유일한 기독교 사상가로 관찰했다.

저자는 슈바이처가 저술한 『사도 바울의 신비주의』 전체를 살펴봄으로써 '그리스도 안에 있음'이라는 표현으로 나타나는 바울의 '그리스도 신비주의'를 폭넓게 서술하고 슈바이처의 바울 연구가 바울 연구사에 남긴 영향과 더불어 슈바이처의 바울 연구가 가지는 한계를 아울러 밝힌다. 이 논문에서 저자는 슈바이처가 말하는 바울의 신비주의와 지금도 여전히 중요한 연구 주제가 되고 있는 '바울에 대한 새 관점'의 관계도 함께 다루고 있다.

---

[14] Hermann Lichtenberger, "Die Mystik des Apostels Paulus: Albert Schweitzer Reconsidered," Hermann Lichtenberger and Jürgen Moltmann and Elisabeth Moltmann-Wendel eds. *Mystik heute: Anfragen und Perspektiven*. Theologie Interdisziplinär 11 (Neukirchen-Vluyn: Neukirchener Theologie, 2011), 57-73. / Translated into Korean by Dr. Park, Sung-Ho (Lecturer of Methodist Theological University).

5. 제5부 새 창조와 중생, 부활 사상 그리고 종말 사상

제13장 "새 창조와 중생: 신약성경에 나타나는 새 창조와 중생의 종말론적 의미에 대한 고찰"[15]이라는 논문에서 저자는 '새 창조와 중생'을 서로 다른 주제로 보면서도 '새로-되어짐'이라는 같은 결과를 표현하는 말로 본다. '새 창조'는 '구약성경적-유대적 전승'에, '중생'은 '그리스-로마 세계'에 귀속된다는 일반적인 이해가 먼저 서술되면서 신약성경에 나타나는 새 창조와 중생 사상이 설명된다.

저자는 먼저 '새 창조'를 종말론적인 의미에서 이해하며, 이어서 '중생'에 대한 연구를 통하여 '현재적'이고 '미래적'인 구원의 완성이 예수 그리스도 안에 나타나는 하나님의 구원 행위를 통해 일어난다고 본다. 이때 '나를 믿는 사람은 그가 비록 죽는다 해도 살 것'(요 11:25)이라는 구절은 새 창조와 중생을 가장 명확하게 표현하는 구절이다. 이 연구에서 저자는 새 창조와 중생의 밀접한 관계와 함께 서로 다른 특색도 있다는 점을 밝힌다.

---

[15] Hermann Lichtenberger, "Neuschöpfung und Wiedergeburt: Überlegungen zu ihrer eschatologischen Bedeutung im Neuen Testament," M. Baucks K. Liess and P. Riede eds. *Was ist der Mensch, dass du seiner gedenkst? (Psalm 8,5): Aspekte einer theologischen Anthropologie.* Festschrift für Bernd Janowski zum 65. Geburtstag (Neukirchen-Vluyn: Neukirchener, 2008), 313-327. / Translated into Korean by Dr. Bae, Jae Woog (Professor of Youngnam Theological University and Seminary).

제14장의 "쿰란 문서에서 부활"[16]은 '쿰란 문서가 증언하는 쿰란 공동체가 부활을 믿었는가?'에 대한 연구다. 이 글에서 저자는 이 질문과 관련된 쿰란 문서의 중요 본문들을 제시하는데, 쿰란 공동체가 있었던 곳에서 발견된 무덤의 방향이 남-북을 가리키고 있다는 점을 지적하면서 그것을 쿰란 공동체가 가졌던 부활 신앙에 대한 증거로 볼 수 있을지에 초점을 맞춘다. 이를 통하여 저자는 쿰란 공동체의 모든 구성원이 부활의 신앙이 있었다고 말할 수는 없지만, 그 공동체에 속한 개인들이 사후 세계에 대한 믿음을 가지고 있었을 개연성이 높다고 설명한다.

제15장은 "반드시 속히 될 일(계 1:1): 요한계시록 종말론에 대한 생각"[17]이라는 주제의 글로서, 저자는 요한계시록에 대한 긍정적인 관점을 바탕으로 하여 요한계시록 1장 1절뿐만 아니라 요한계시록 전체를 살펴본다. 이 책의 저자 리히텐베르거 박사는 요한계시록에 나타난 신학 사상과 용어를 통해 요한계시록 저자가 구약뿐 아니라 위경에 대해서도 열려 있는 사람이었다는 점과 요한계시록에 폭력 사용의 정당성을 인정하는 부분도 나온다는 것을 지적한다.

---

16 Hermann Lichtenberger, "Auferstehung in den Qumranfunden," Friedrich Avemarie and Hermann Lichtenberger eds. *Auferstehung – Resurrection*. The Fourth Durham-Tübingen Research Symposium: Resurrection, Transfiguration and Exaltation in Old Testament, Ancient Judaism and Early Christianity (Tübingen, September, 1999). WUNT 135 (Tübingen: Mohr Siebeck, 2001), 79-91. / Translated into Korean by Dr. Moon, Baesu (Lecturer of Daeshin University).

17 Hermann Lichtenberger, "Was in Kürze geschehen muss … (Apk 1:1): Überlegungen zur Eschatologie der Johannesoffenbarung," Hans-Joachim Eckstein and Christof Landmesser and Hermann Lichtenberger eds. *Eschatologie – Eschatology*. The Sixth Durham-Tübingen Research Symposium: Eschatology in Old Testament, Ancient Judaism and Early Christianity (Tübingen, September, 2009). Unter Mitarbeit von Jens Adam. WUNT 272 (Tübingen: Mohr Siebeck, 2011), 267-279. / Translated into Korean by Dr. Moon, Baesu (Lecturer of Daeshin University).

이 글에서 저자는 "미래는 하나님과 함께하고 그리스도와 함께 하는 것에 있다"고 보면서 요한계시록의 종말론을 공동체에 대한 하나님의 약속과 관련하여 이해한다. 이를 통하여 저자는 역사 속에서 이루어지는 약속의 성취를 기다릴 때 비로소 미래를 가질 수 있음을 강조한다.

특별히 『초기 유대교와 신약의 교회』의 출판을 위하여 서문을 써 주신 리히텐베르거 박사님께 감사드리며, 수고를 아끼지 않고 스승의 논문들을 번역하는 작업에 기꺼이 동참해 주신 장승익 박사님, 문배수 박사님, 박성호 박사님께 감사드린다. 이 책의 추천사를 써 주신 오성종 교수님, 조경철 교수님, 문병구 교수님 그리고 장석조 교수님께도 감사드린다. 아울러 이 책을 교정해 주시고 출판하기 위해 수고해 주신 기독교문서선교회(CLC) 모든 분께 감사드린다.

이 책은 '정류 이상근 박사 탄생 100주년 기념 국제학술대회'의 주강사인 리히텐베르거 박사를 한국교회에 미리 소개하고자 하는 의도로 발간되었다. 이 대회를 위해 여러모로 수고를 아끼지 않은 모든 분과 기도해 주시는 분들에게도 감사드린다.

2020년 2월
봉회리 동산에서

제1부

세례와 성만찬

제1장
세례자 요한과 쿰란 문서들
번역: 배재욱 박사

제2장
쿰란-에세네의 정결 의식(儀式)들과 요한의 세례
번역: 배재욱 박사

제3장
1세기 마지막 1/3분기에 있었던 세례자 공동체들과 초기 기독교의 세례 논쟁
번역: 배재욱 박사

제4장
성만찬 전승에 나타나는 '언약'
번역: 박성호 박사

제1장

세례자 요한과 쿰란 문서들*

번역: 배 재 욱 박사

1. 도입

신약성경에 나타나는 세례자 상(像)으로부터 본다면, 세례자 요한을 쉽게 초기 기독교의 한 인물로 생각하는 경향이 있다. 원시 기독교적 전승이 요한을 선구자이자 선행자로서 예수에게 부속시키면서도 그를 서열과 역할을 따라 예수에게 종속시키려고 노력하기 때문이다. 이렇게 해서 세례자 요한의 역할이 예수와 원시 기독교와의 관계로 국한된다는, 역사적으로 부적절한 관점이 생겨났다.

---

* 이 논문은 Hermann Lichtenberger, "Johannes der Täufer und die Texte von Qumran," Zdzislaw J. Kapera ed. *Papers on the Dead Sea Scrolls Offered in Memory of Jean Carmignac*. Part I: General Research on the Dead Sea Scrolls, Qumran and the New Testament, the Present State of Qumranology. QM 2 (Krakow: Enigma Press, 1993), 139-152에 실린 논문으로, 저자는 이 논문을 내주 형식으로 작성했지만 역자가 형식의 통일을 위해 각주 형식으로 수정 보완했다.

물론 자료의 출처가 그러한 잘못된 그림을 만들어 낼 수도 있다. 세례자 상에 대한 가장 오래된 출처는 신약성경의 복음서다. 초기 랍비 문헌은 세례자 요한을 언급하지 않는다. 초기 유대교 전승은 세례자 요한에 대하여 침묵하지만, 그 침묵은 요세푸스(Josephus)의 잘 알려진 보도 때문에 깨진다(Ant. 18,116-119). 비록 그가 결정적인 특징들에서는 벗어나고 있을지라도, 세례자 요한의 활동과 처형에 대한 그의 묘사는 원시 기독교 문헌과 연결된다.

사막에 은둔하며 외치는 자로 나타나는 모습은 상투적이다. 복음서들과 요세푸스의 일치된 보도들에 의하면, 요한은 대중 운동을 촉발했다. 따라서 그가 만약 은둔하던 사막 거주자가 아니라고 한다면, 그는 유대 종교사에서 그래도 한 명의 은둔자가 아닐까?

세례자 요한과 유사한 인물들이나 그의 모범들을 찾으려는 시도들은 항상 있었다. 사람들은 이 인물이 가진 친숙하면서도 수수께끼 같은 특징들을 더 잘 이해하기 위해 그의 기원과 생활방식을 잘 알려진 개별인들이나 그룹들과 연관시키려고 노력했다.

이어지는 부분에서는 세례자 요한을 쿰란의 에세네 공동체와 연결해서 이해하려는 바로 그 모델이 검토될 것이다. 우리의 숙고 과정에서 우리는 사해 문서 발견 직전의 시대를 짧게 다룰 것이고(2.), 그러고 나서 요한을 쿰란-에세네인들과 밀접하게 연결하는 데 이용된 그 논증 구조들을 제시해 보고자 한다(3.).

먼저 전기적(傳記的)으로, 그다음에는 쿰란과 비교하여 세례자 요한의 특징을 찾고자 시도하기 전에(5.), 요한과 에세네인들 사이의 가능한 관계와 관련하여 세례자 요한에 대한 요세푸스의 증언을 조사할 것이다(4.).

2. 에세네 사람 세례자 요한

18세기와 19세기에 나온 다수의 소설 같은 예수의 생애 묘사에서 예수가 에세네인들과 가까운 모습으로 옮겨갔다면, 심지어 특별한 선호도와 함께 에세네 교단(敎團)의 저명한 구성원이 되어버렸다면, 우리는 세례자 요한의 정신적이고 전기적인 고향을 에세네 공동체에서 발견하려고 시도하는 데 있어서 놀라울 정도로 유보적 태도와 마주치게 된다.

세례자 요한이 에세네인에 의해 교육을 받았다거나 에세네 공동체의 구성원이었다는 것을 증명하려고 노력하는 목소리들은 산발적일 뿐이다. 이러한 유보적인 태도의 중요한 원인은 예수를 에세네인에게 속하는 것으로 보려는 주도적인 경향 때문이다. 르낭(Renan, 1823-92)은 사막생활과 세례란 관점에서만 보아도 세례자 요한이 에세네인과 어느 정도의 유사성을 가지고 있음을 인식할 수 있었다고 본다.[2]

여기서 예수를 에세네 공동체와 세력권으로부터 분리하는 데까지 이르게 했던 19세기와 20세기의 비평적이고 학문적인 연구의 길을 제시하는

---

[2] Ernest Renan, *Das Leben Jesu*. Übertr. aus dem Franz (Zürich: Diogenes, 1981), 53 이하; 전체를 위해서는 Siegfried Wagner, *Die Essener in der wissenschaftlichen Diskussion : vom Ausgang des 18. bis zum Beginn des 20. Jahrhunderts*. Eine wissenschaftsgeschichtliche Studie (Berlin: Toepelmann, 1960)을 보라. 아울러 Joseph Barber Lightfoot, "Essenism and Christianity," in: Joseph Barber Lightfoot, *Saint Paul's epistles to the Colossians and to Philemon* (London: Macmillan, 1892; Grand Rapids, Mich.: Zondervan, 1955), 395 이하, 그 중에서 397-399를 보라.

것이 우리의 과제가 될 수는 없다. 예수에게서 공개적인 또는 은밀한 에세네인을 보려고 했던 것은 오류로 판명 났다.

에세네인과의 관계에 비교해 예수의 등장, 행동과 선포에서의 차이점들은 너무나 명백해졌다. 공통점으로 남은 것은 가장 넓은 의미에서 그 시대 유대교의 공유 재산으로 설명될 수 있다.

예수와 그의 메시지를 에세네인들과 직접적인 연관성으로부터 분리하는 일은 19세기에도 여전히 에세네인들에 대한 유대교 바깥의 영향들을 받아들이는 것과 함께 진행되었다. 이때 특히 그리스적, 페르시아적, 불교적인 관념들이 강조되었다.[3] 연구사적으로 이것은 예수의 출현이 가지는 유대적-묵시적 특성에 대한 인식이 증가하는 것과 더불어 계속해서 예수와 에세네인을 서로 분리하여 표류하게 했다.

그렇게 해서, 에세네 사람들의 '새로운 배역'을 세례자 요한과 연결하는 길이 열리게 되었다.

3. 쿰란-에세네 사람 세례자 요한

쿰란-에세네 공동체에 세례자 요한을 귀속시키는 일은 사해 발굴물 중 첫 번째 사본들이 알려진 직후 곧바로 이루어졌는데, 이것은 예수를 에세네 공동체, 이제는 구체적으로 사해의 에세네 공동체로 옮겨 놓음으로써만 일시적으로 방해를 받았다.

---

[3] S. Wagner, *Die Essener*, 133 이하 참조.

필자는 그저 다양한 반응으로 학계와 교회의 여론을 놀라게 했던 선풍적인 보도들을 상기시키고자 하는데, 그 보도들에 의하면 의의 교사의 운명, 그의 고난, 죽음과 그의 소위 재림에서 예수의 사전 모사(摹寫)를 볼 수 있다거나 쿰란-에세네 공동체를 원시 기독교의 모형이나 심지어 시발점으로 생각할 수 있다는 것이었다. 그와 같은 덧없는 그리고 다행스럽게도 거의 지나가 버린 억측들에 비해서 세례자 요한을 쿰란-에세네 사람들에게 귀속시키는 주장이 빠르게 자리를 잡았고, 지속으로 유지되었다.

브라운(Herbert Braun)의 문헌 보고는 바로 연구사의 초기와 관련하여 이러한 발견의 기쁨에 동반되었던 그 매력을 보게 해 준다.[4] 이를 위한 예 중 한 가지로 슈타우퍼(E. Stauffers)의 묘사를 생각할 수 있을 것이다.[5] 즉 곧 바로 이름 수여("사독 왕조에 대한 동조 선언, 그것은 인접한 유다 사막에 본거지 [本據地]를 둔 합법적인 제사장 반대편에 대한 동조 선언을 의미한다"), 그다음 그가 나실인으로 성별(聖別)됨은 새로 태어난 요한을 쿰란과 관련됨을 추측게 한다.

어쨌든 사가랴는 자신의 늦둥이 아들을 전에 어린 사무엘에게 일어났던 것과 같이 이미 아주 어린 시절에 "주님께 바쳤다." 하지만 사가랴는 (한나가 자기 아들 사무엘에게 했던 것처럼) 자기 아들을 성전이 아니라 사막으로 데려간다. "그러나 아이가 자라며 심령이 강하여지며 이스라엘에게 나타나

---

[4] Herbert Braun, *Qumran und das Neue Testament* (Tübingen: Mohr, 1966), 1-29.
[5] Ethelbert Stauffer, *Jerusalem und Rom im Zeitalter Jesu Christi* (Bern: Francke, 1957), 88 이하.

는 날까지 사막에 있었다"(눅 1:80).⁶

이제 아주 긴장감 넘치는 이것에 대한 묘사를 슈타우퍼에게서 볼 수 있다.

> 아이 요한은 사막에서 분명히 혼자 살지 않았다. 왜냐하면, 어린아이는 사막에서 맹수들의 밥이 되거나 굶어 죽을 수밖에 없기 때문이다. 그런데 누가 그곳에서 그 아이를 받아들였을까? 답은 한 사막 문헌이 준다.⁷

그리고 나서 슈타우퍼는 1QSa 1,6 이하를 인용하는데, 이로부터 그가 도출하는 바는 다음과 같다.

> … 사가랴가 사독 계열의 대제사장의 이름을 가진 이 어린 아들을 사해 근처의 사막 공동체의 보호에 맡겼다는 사실이다. […] 쿰란의 사막 이주자들의 사상 세계가 세례자 요한의 정신적인 고향이라는 사실은 의심의 여지가 없다.⁸

수사학적인 자극으로 진술된 그와 같은 특정 진술들 이후에는 물론 그 (수많은) "어쩌면/아마도"(= 추측들-역주)가 시작된다.

---

6   E. Stauffer, *Jerusalem und Rom*, 88-89.
7   E. Stauffer, *Jerusalem und Rom*, 89.
8   E. Stauffer, *Jerusalem und Rom*, 89.

아마도 세례자는 사해에서 매우 엄격한, 특히 결혼을 적대시하는 수도 공동체에 가입했을지 모른다. 어쩌면 그는 나중에 독립해서 사막의 은둔자 반누스(Bannus)의 스타일로 은둔자의 삶을 살았지 모른다.[9]

슈타우퍼는 쿰란과 요한의 가장 눈에 띄는 동일성의 특징에서조차 유보하는 태도가 된다.

그는 하나님의 이름으로 죄 용서를 위한 회개의 세례를 선포했는데, 이 세례는 의심할 것 없이 사막 공동체 사람들의 잠수욕(浴)과 깊이 연관된다.[10]

여기에 실례로 제시된 된 입장은 연구 결과에 있어서 오늘날에도 여전히 전형적이다. 세례자 요한과 쿰란 본문들 사이의 아주 명백한 유사점들은 많은 학자가 세례자 요한을 쿰란 공동체와 연관시키는 것을 가능한 일로 보게 만든다. 다른 이들에게는 그 차이점들이 너무도 중대해서 그들은 그와 같은 동일시를 거부해야 한다.

세례자 요한이 전에는 쿰란-에세네 사람이었지만 복음서 전승과 요세푸스가 언급하는 그의 등장 시점에는 더 이상 그렇지 않았다고 생각하는 사람들이 중도를 택한다. 이것은 가입과 탈퇴라는 이중적 가설을 전제하지만, 그 가설은 그것이 가진 암시 효과에도 증명될 수가 없다.

---

[9] E. Stauffer, *Jerusalem und Rom*, 89.
[10] E. Stauffer, *Jerusalem und Rom*, 90.

세례자 요한과 쿰란 본문들과의 가능한 연결점들에 관해 묻기 전에, 요세푸스가 세례자 요한에 대해 그리고 있는 그림에 대한 지식을 얻기 위해서 한 걸음 뒤로 가보자. 우리는 그 그림을 요세푸스의 에세네인 보도와 연결할 것이다.

4. 요세푸스의 세례자 보도

요세푸스의 『유대 고대사』 18, 116-119에 원시 기독교적 자료들과 독립적인 세례자 요한에 관한 보도가 있다는 사실은 이례적인 행운이다.

우리는 특히 세례자의 등장과 관련하여 두 가지 양상, 즉 요세푸스의 묘사에 따른 세례와 설교에 대하여 상세히 논하고자 한다.

> 그 사이에 유대인 중 여럿은 헤롯의 군대 파멸에서 헤롯에게서 세례 요한을 위한 정당한 징벌을 요구하셨던 주의 섭리를 깨달았다. 그가 의로운 사람이었고 유대인들이 미덕을 추구하고, 이웃에게 공의를 행하고, 하나님에 대하여 경건을 실천하고 그렇게 하여 세례를 받으러 오도록 촉구했음에도 헤롯은 이 사람을 처형시켰다.
> 그들이 세례를 어떤 위법행위들의 제거를 위해서가 아니라 몸을 거룩하게 하려고 사용한다면, 그 세례는 그러면 하나님이 기뻐하신다는 것이다. 왜냐하면, 그 영혼이 이미 의로운 삶을 통하여 깨끗해졌기 때문이라는 것이다. 각 사람이 그와 같은 말을 통하여 고양됨을 느껴서 사람들이 사방에서 그에게로 몰려들었기 때문에 헤롯은 그 충고가 모든 사람을 이끌게 할 수

있는 그와 같은 사람의 영향력을 두려워하기 시작했다. 그리고 그런 이유에서 그는 그러한 위험이 일어나기 전에 그를 해가 없게 만드는 것이 나중에 자신의 우유부단함을 여러 차례 반드시 후회하게 되기보다는 더 바람직하다고 생각했다. 헤롯의 이러한 의심 때문에 요한은 구금된 후 위에 언급된 마케루스 요새로 보내졌고 거기서 참수되었다(Barrett에 따른 번역).

그 보도의 틀은 헤롯 안티파스와 그의 형수의 결혼에 대한 공관복음서에 나타나는 묘사의 틀과 일맥상통한다. 요세푸스에 따르면, 나바테아 왕 아레타스의 딸인 현재의 아내는 헤롯의 추방 의도를 간파하여 자기 아버지에게 급히 이 사실을 알렸고, 아레타스는 이에 헤롯의 군대를 격멸한다. 요세푸스가 보기에 이 패배는 유대인들의 눈에는 세례자 요한의 살해에 대한 하나님의 정당한 형벌이었다(Ant. 18,116-119). 공관복음서에 따르면, 세례자는 헤로디아와의 결혼 후에 살해된다.

공관복음서 전승(마 3:1; 11:11-12; 14:2, 8; 16:14; 17:13; 막 6:25; 8:28; 눅 7:20, 33; 9:19)에서와 같이 요세푸스에게도 요한은 '세례자'(ὁ βαπτιστής)라는 별명을 가지고 있다(Ant. 18,116). 슐라터(A. Schlatter)는 이것을 올바르게 지적했다.

요한은 특색 있는 이 칭호를 기독교 공동체에서 처음으로 받은 것이 아니라 유대인 집단으로부터, 그것도 세례 운동 자체가 진행되는 시기에 이미 받았다. […] 끝없이 도처에서 행해지던 "세례" 가운데서 요한의 "세례"는 진기하고 본질에서 다르고 새로운 것으로서 눈에 띠었는데, 이것은 백성들의 상상력에 놀라움을 가져다주었고 자신의 개성을 특징짓는 데 있어서

유용했던 것으로 보인다.[11]

우리가 그 명칭에서 의견의 일치를 찾는다면, 요세푸스에게서 나타나는 세례, 경건한 생활과 죄 용서에 대한 관계 규정은 놀랍다. 요세푸스의 묘사에 따르면, 세례에서 죄 용서가 보증되지 않으며, 세례는 몸의 정결을 위한 잠수욕과 다르지 않고, 영혼은 의(義) 때문에 이미 깨끗하다. 세례(βάπτισις)는 죄의 용서를 위해서가 아니라, 몸의 정결을 위해서다 (ἀλλ᾽ ἐφ᾽ ἁγνείᾳ τοῦ σώματος).

비교할 수 있는 것은 정결을 위해(πρὸς ἁγνείαν) 낮과 밤에 여러 번 이루어지는 반누스(Bannus)의 목욕인데(Vita 11), 이때 차가운 물이 강조된다. 에세네 공동체의 정결의식(儀式)들도 항상 '하그네이아'(ἁγνεία, '순결'-역주)로 불린다(Bell. 2,129; Ant. 18,19). 우리는 다시 이 주제로 돌아올 것이다.

복음서 전승(막 1:4; 눅 3:3; 아울러 막 3:6도 참조)에 따르면, 요한의 세례는 "죄들의 용서를 위한 회개의 세례"(βάπτισμα μετανοίας εἰς ἄφεσιν ἁμαρτιῶν)였고, 이로써 요세푸스가 세례를 묘사하는 것과 같이 외면적인 적용에 있어서 근본적으로 다르다. 또 다른 관점이 중요하다. 요세푸스의 보도에서는 새로운 생활이 세례의 효과를 위한 전제 조건이지만, 공관복음의 보도에 따르면 새로운 삶이 세례를 뒤따른다.

'세례자'라는 별명을 가능하게 하거나 산출했을 요한의 세례가 가진 특별함이 요세푸스에게서 보이지 않는 것 역시 주목할 만하다. 요한의 인격 역시 신약성경으로부터 우리에게 알려진 생소한 특징 중 어느 한 가지도

---

11 Adolf Schlatter, *Johannes der Täufer* (Basel: F. Reinhardt, 1956), 61.

가지고 있지 않다. 오히려 그는 '한 좋은 사람'(ἀγαθός ἀνήρ)으로서, 미덕을 설교하고, 세례를 받도록 부르며, 큰 호응을 얻었고, 헤롯은 대중 운동에 대한 두려움 때문에 그를 체포하고 살해했다.

요세푸스는 세례자에 대한 직접적인 지식을 가질 수 있었을 수 있는데, 이 점은 설교와 세례를 통하여 형성된 거대한 민중 운동에 대한 그의 보도가 보여 준다. 그러나 그의 묘사는 그런데도 명확하지 않다. 요한은 '그 세례자'라고 불리지만, 요세푸스는 그의 세례 활동에 관해서는 아무것도 전하지 않는다.

세례 자체는 영혼을 정결하게 한 후 의로운 생활을 통해 몸까지도 정결하게 하는 의식적인 잠수욕과 오히려 비슷하다. 그런 것으로부터는, 적어도 헤롯의 눈으로 보기에, 위험한 민중 운동이 일어날 수 없었다. 세례와 죄 용서의 연관성에 대한 그의 반박은 요세푸스가 그 연관성을 부인할지라도 그것에 대하여 알고 있었다는 것을 보여 준다.

왜 요세푸스는 요한을 이런 방식으로 묘사했을까?

그것은 요세푸스가 세례자 요한을 에세네 사람으로 묘사하고 싶어 했다는 추측을 불러일으킨다. 우리는 이 논제를 그의 등장과 관련된 두 가지 특징적 요소들로 설명하고자 하는데, 바로 정결과 설교다.

1) 정결

에세네 사람들의 잠수욕과 요세푸스의 세례자 보도 사이에 있는 가장 눈에 띄는 공통점은 먼저 '하그네이아'(ἀγνεία)라는 단어를 공통으로 사용한다는 점이다. 이 점은 세례자 보도에서 사실 기대되는 바가 아니다. 왜냐하면, 요세푸스는 여기서 아마 세례자(ὁ βαπτιστής)라는 요한의 별명에 의존하여 '밥티스모스'(βαπτισμός)와 '밥티시스'(βάπτισις)를 사용하기 때문이다. 이와 반대로 그 용어는 에세네 사람들에 대한 보도 중에 확고하게 뿌리를 내리고 있다(Bell. 2, 129, 138, 159; Ant. 18,19; Bannus에 대해서는 Vita 11).[12]

더 중요한 것은 세례자 요한의 설교와 세례에 대한 보도에서뿐만 아니라(Bell. 2,119 이하) 에세네 사람들에 관한 단락에서도 삶의 변화와 의로운 생활이 물 의식에 선행한다는 사실이다. 초심자는 1년의 검증 기간이 지난 후에 비로소 "더 순결하기 위한 정결욕에 참여하는 것"이 허용된다(Bell. 2, 138).

세례가 하나님을 기쁘시게 하는 전제 조건들이라는 사실을 말하는 세례자 요한에 대한 보도에 미덕(ἀρετή), 의(δικαιοσύνη)와 경건(εὐσέβεια)이 분명히 언급된다(Ant. 18, 117). 『유대 전쟁사』(Bell. 2,129)에 에세네 사람들 편에서 "육체의 씻음"에 관한 언급이 분명하게 있다는 것도 필자에게는 중요해 보인다. 이것은 세례가 "어떤 잘못들을 제거하기" 위한 것이 아니라 "몸을 거룩하게 하려고"(Ant. 18, 117) 규정된 것이라는, 요한에 대한 보도에 명시적으로 나타나는 강조와 일치한다.

---

12 그 용어는 아주 드문 70인역(LXX)의 어법으로 소급되지 않는다(Bell. 2, 129, 138, 159; Ant. 18, 19; 반누스에 대해서는 Vita 11).

2) 설교

요세푸스는 요한의 설교 내용을 다음과 같이 보도한다.

> 그는 유대인들이 미덕(ἀρετή)을 추구하고 그들의 이웃에게 의(δικαιοσύνη)를 실천하며 하나님께는 경건(εὐσέβεια)하고 그렇게 해서 세례를 받으러 올 것을 촉구했다(Ant. 18, 117).

『유대 전쟁사』(Bell 2,137-142)에서 요세푸스가 에세네 공동체에 입회하는 방식에 대해 보도하는 바에 의하면, 입회자는 1년 후에 "더 순결하기 위한 정결욕"에 참여하고, 2년이 더 지난 후에는 공동 식탁에 참여한다. 그 이전에 그는 '두려운 서약들'을 해야 한다. 각각 도입되는 이 서약의 두 부분, 즉 '먼저'(πρῶτον)와 '그다음에'(ἔπειτα)는 내용적으로뿐만 아니라 개념적으로도 요한의 설교의 두 번째와 세 번째 요소와 겹친다.

① "먼저, 하나님을 숭배하기"(πρῶτον μὲν εὐσεβήσειν τὸ θεῖον).
② "그다음에, 인간에게 정의로운 것을 유지하기"
   (ἔπειτα τὰ πρὸς ἀνθρώπους δίκαια φυλάξειν).

'정의'와 '경건'의 연결은 물론 에세네 사람들에게만 독점적인 것이 아니었다. 이 점은 요세푸스, 필로나 다른 이들에게서 나타나는 개념들의 다양한 사용이 보여 주는데, 그들에게서 그 개념들은 유대교의 기본 미덕과 같은 것이 된다. 그러나 그것들이 에세네의 고유 특성으로도 이해될 수 있었다는 사실은 에세네 사람 므나헴(Menachem)이 어린 헤롯에게 왕위를 통고한 후 그의 미래의 직무를 위해 그에게 주었던 충고가 보여 준다.

"(당신을 위해 가장 좋은 것은) 당신이 의를 사랑하고 하나님께 경건하며 시민들에게는 온화함을 실천하는 것입니다."

하지만 므나헴은 이미 알고 있다.

"당신은 경건과 의를 잊을 것입니다."

이러한 주장은 입증돼야 할 일부 책임을 지니고 있으므로 그것에 대하여 좀 더 자세히 설명해야 한다.

의(δικαιοσύνη)와 경건(εὐσέβεια)은(또한, 역순으로도) 요세푸스에게서 함께 쌍으로 나타나거나 다른 개념들과 함께 결합한 상태로 13번 나타난다(Ant. 6, 160, 265; 8, 121, 314; 9, 16; 10, 50; 12, 56; 14, 283; 15, 375; 18, 117; cAp 2, 146, 170, 291). 여기에 한 가지 변형(Ant. 15, 376), 동사적 사용(Bell. 2, 139)과 형용사적 또는 부사적 형태들이 추가되는데(Ant. 7, 338, 341, 356, 374, 384; 8, 280, 300, 394; 9, 236; 14, 315; 15, 182; 16, 42), 이것들은 12번의 등장으로 명사들과 비교할 만한 빈도를 보여 준다.

종종 이사일의(二詞一意, Hendiadyoin)처럼 보이는 단어 쌍과 그것의 변형들을 가지고 요세푸스는 유대교 기본 미덕들과 같은 것을 서술했다. 이때 경건(εὐσέβεια)은 대개 '하나님과 가까이 있는 것/하나님에게 속한 것'(πρὸς τὸν θεόν)으로 정의된다. 하나님께 대한 경건(εὐσέβεια)뿐만 아니라 다른 사람들을 향한 의(δικαιοσύνη)도 상술되는 세 구절이 이 빈도와 단일형식에서 벗어나고 있다.

에세네 사람들에 관한 구절(Bell. 2, 319), 한에 대한 구절(Ant. 18, 117), 그리고 요담에 대한 구절(Ant. 9, 236)로서, 요담은 하나님께 대하여 경건했고 사람들에게는 의로웠다(εὐσεβὴς μὲν τὰ πρὸς τὸν θεόν δίκαιος δὲ τὰ πρὸς ἀνθρώπους).

의(δικαιοσύνε)와 경건(εὐσέβεια) 또는 파생어들이 병치되어 있는 27개의 구절 중에서 단어 쌍의 양쪽 부분들에서 개별적으로 작성된 구절은 에세네 사람들과 세례자에 대한 구절 이외에 단 하나뿐이다. 즉, 요세푸스가 그 한 쌍의 개념(Begriffspaar)을 단도직입적으로 좋아하고 거의 상투적으로 사용했을지라도 에세네 본문과 세례자 본문에서의 특별한 사용은 눈에 띈다.

요세푸스가 종파들에 관한 단락들에서 바리새인과 사두개인의 경우 정결을 언급하지 않는다는 사실을 우리가 주의한다면, 세례자 요한에 대한 묘사와 에세네 사람들에 대한 묘사 사이의 연관성은 더욱 분명해진다(Bell. 2, 119, 162-166; Ant. 18, 12-17; 13, 171-173. 여기서는 에세네인의 정결에 대해서도 언급이 없음).

우리가 반누스(Vita 11)를 포함하면, 그 그림은 훨씬 더 선명해진다. 그의 정결 실천은 전적으로 에세네의 관습에 상응하게 묘사된다.

"정결을 위해(πρὸς ἁγνείαν) 찬물로 낮과 밤에 여러 번 씻은 사람."

『유대 전쟁사』(Bell)에 차가운 물과 정결(ἁγνεία)의 병행 관계가 나타난다.

> (에세네 사람들은) 차가운 물로 몸을 씻는다. 그리고 이 정화 후에 …
> (Bell. 2,129).

또 한 가지 특징이 세례자 요한을 에세네 사람들과 연결하는데, 바로 성경 해석과 관련된 에세네 사람들의 정치적인 예언이다.

> 그러나 그들 중에는 미래를 미리 안다고 자청하는 그와 같은 사람들도 있다. 그들은 거룩한 책들, 다양한 정결 의식들(διαφόροις ἁγνείαις)과 예언자들의 말들에 대해 교육을 받았다. 그리고 그들이 예측한 것이 잘못되는 경우는 거의 일어나지 않는다(Bell. 2, 159).

이때 우리는 계시 수령의 방식이나 예언적 실천이 아니라 에세네인에 의해 선포된 그와 같은 예언자적 말들의 수령자들에게 주의를 기울인다. 에세네 사람 유다는 같은 날에 장소를 언급하면서 하스몬 사람 안티고누스(Antigonus)의 살해를 예고한다(Bell. 1, 78-80; Ant. 13, 311-313). 에세네 사람 므나헴(Menachem)은 어린 소년 헤롯에게 왕위를 예언한다(Ant. 15, 372-379). 에세네 사람 시몬(Simon)은 아켈라오스(Archelaos)의 꿈을 그의 임박한 추방으로 해석한다(Bell. 2,111f.; Ant. 17, 345-348).[13]

우리는 요세푸스가 묘사한 것처럼 미덕에 관한 요한의 설교로 인해 세례자를 체포하고 살해하도록 이끌었던, 왕에게 위험하게 느껴진 민중 운동이 일어날 수 없었다는 사실을 숙고해야 한다고 위에서 언급했다. 한편으로 공관복음서 저자들에 의해 알려진 요한의 메시아적-종말론적인 선포가, 다른 한편으로는 왕의 보좌 앞에서의 정치적인 견해에 대한 에세네인들의 예언 전통이 진정한 이유가 아니었을까 질문해보게 된다. 요세푸

---

[13] Martin Hengel, *Judentum und Hellenismus* (Tübingen: Mohr, 1988), 439를 보라.

스는 알려진 이유들로 인해 두 가지를 완화했다. 아니, 종말론적이고 정치적인 선동에 관해 침묵함으로써 부정했다.

결과를 도출해 보자. 요세푸스의 보도는 요한이 그의 삶의 어떤 시기에 에세네 사람이었는지에 대한 질문에 설득력 있는 답을 주지 않는다. 그러나 우리는 요세푸스가 설교 및 세례와 관련된 그의 요한 상(像)에서 에세네인에 대한 그의 서술에서도 사용하는 개념들과 사상들로 말하고 있다는 사실을 분명히 하려고 했다. 정결(ἀγνεία)의 사용과 물 의식을 통해 육체만 정결하게 된다는 점의 강조만 언급해 볼 수 있을 것이다.

설교에 관한 한, 두 가지 기본 미덕인 의와 경건이 특히 눈에 띈다.

> 신입 회원의 가입 선서에서,
> 므나헴(Menachem)의 조언에서,
> 세례자 요한의 선포에서.

요세푸스의 매우 긍정적인 에세네인의 상(像)은 본인에게 세례자를 '좋은 사람'(ἀγαθὸς ἀνήρ)으로서 묘사하기 위한 적절한 본보기로 보였을 것이다. 그는 세례자가 에세네인 중 하나였다고 명확하게 말하지 않으면서도 그를 에세네 사람으로 묘사한다. 우리는 그 이유를 단지 추측해볼 수 있을 뿐이다.

요한에 대한 그의 존경 때문에 요세푸스는 그를 자신이 존중하는 에세네인의 모델에 따라 묘사한다. 그러나 그는 '세례자'라는 별명을 알았고 요한이 결코 에세네 사람이었던 적이 없다는 것을 알았기 때문에 그를 에세네 사람이라고 부르지 않는다.

5. 세례자 요한과 쿰란의 세례

우리는 위에서 이미 초기 기독교 전승에 나타나는 세례자 요한의 모습에 대한 편파적인 묘사를 지적했다. 두 가지 관점이 이와 관련하여 주도적이다.

한편으로는 요한을 가능한 한 예수에게 가까이 부속시키는 것, 그리고 다른 한편으로는 그를 자신의 추종자들('제자들')에게서 나타나는 명백한 존경에 직면하여 예수에게 종속시키는 것이다. 마지막 부정적인 경향은 2세기에 분명하게 강화된다.

1세기의 전승, 주로 복음서들에 있는 전승은 요한이 추종자들('제자들')에 의하여 엘리야(마 11:14), (모세와 같은) 그 예언자(요 1:25), 심지어 메시아(요 1:25; 눅 3:15)와 같은 존칭들을 부여받았다는 사실을 알게 해 준다. 이 존엄 표현들은 신약성경에서 부분적으로 거부되었고, 부분적으로는 그에게 사용되는 것이 인정되었다(마태: 엘리야). 그 표현들은 '세례자 기독론'의 존재를 알게 해 주는데, 우리가 역사적 요한에 관해 질문하려면 우리는 마찬가지로 반드시 이 기독론을 뚫고 통과해야 한다.

요한은 아비아 반열의 제사장 사가랴(즈가랴) 그리고 그와 마찬가지로 아론 가문 출신인 그의 아내 엘리자베스의 아들로서 헤롯 대왕 시대에, 즉 주전 4년 이전에 태어났다(눅 1:5). 이미 누가복음 1장에서 보도된 탄생 설화들은 요한을 이스라엘의 위인 전통(이삭, 삼손, 사무엘) 가운데 세우고자 하는 의도가 있다. 그 설화들은 역사적으로 가치가 있는 자료들이다.

그와 같은 탄생 설화들의 주제에 속하는 것은 포도주 섭취 포기(삿 13:4, 14에서 삼손의 어머니; 삼상 1:15에는 한나의 포도주 섭취 거부)와 영웅들의 성장과 그들의 체류에 대한 요약적 보도들이다.[14]

누가복음 3:1에 따르면, 요한은 27년 또는 28년에, 즉 약 32세 되던 해에 설교자와 세례자로 요단 강가의 광야에 나타났다. 이미 약 2년 후에 그는 헤롯 안티파스에 의해 체포되고 참수당했다.[15]

요한은 자신을 종말적, 마지막 예언자로 보았다. 이것은 의상, 음식, 설교, 상징적-성례전적 행위로서의 세례 그리고 마지막으로 그의 죽음을 가져온 통치자와의 대결에서 분명해진다.

'옷'과 '음식'은 나실인 예언자의 모습으로부터 쉽게 설명된다. 허리띠에서 엘리야(왕하 1:8)를, 모피 코트에서 '그 예언자'를 인식할 수 있다(마 7:15 참조). 메뚜기는 피가 없기 때문에 음식으로 적합하다. 아마도 꿀은 통상적인 방식대로 포도주를 달콤하게 만드는 데 사용되기보다는 물을 달콤하게 했을 것이다.

요한의 '설교'는 다가오는 심판을 예고한다. 즉 그것은 예언자적인 심판 설교에 해당한다. 도끼는 이미 열매가 없는 나무(마 3:10; 눅 3:9)의 뿌리에 놓였다(마 3:10; 눅 3:9). 잘리고 태워지기 위해서 말이다. 탈곡할 때에 쭉정이는 태워지지만, 알곡은 곳간 안으로 들인다(마 3:12; 눅 3:17). 즉 그 죄

---

[14] 눅 1:80에 "아이가 자라며 심령이 강하여지며 이스라엘에게 나타나는 날까지 빈들에 있으니라"라고 기록되어 있다. 이것과 관련하여 삼손 이야기로부터 삿 13:24-25을 보라. "그 여인이 아들을 낳으매 그의 이름을 삼손이라 하니라 그 아이가 자라매 여호와께서 그에게 복을 주시더니 소라와 에스다올 사이 마하네단에서 여호와의 영이 그를 움직이기 시작하셨더라"(아울러 눅 2:40, 52도 참조).

[15] 역사적인 틀에 대해서는 위를 보라. 30-32년 사이에 있었던 헤롯의 나바테아 출신 아내의 추방, 36년에 일어난 안티파스의 패전.

들이 용서받도록 참회하는 세례를 받고 회개하는 자들에게 구원이 있다 (막 1:4; 눅 3:3).

여기서 요한은 왕의 윤리적인 잘못으로 인해 그와 논쟁할 때 아주 분명하게 예언자적인 전통에 서 있다(막 6:18 병행구절). 그 논쟁은 예언자에게 치명적인 결과로 끝이 났다. 전승이 요한의 또 다른 윤리적인 지침들을 전해주고 있는 것은 부당하지 않다(눅 3:10-14).

예언자 요한이 겪어야 했던 폭력적인 운명이야말로 그의 예언자적 파송의 정당화로서 이해될 수 있었다(그리고 그 운명은 세례자가 체포된 뒤에 자신의 공적인 활동을 시작한 예수의 운명이 되기도 했다[막 1:14; 마 4:12]). 그리고 결국 "죄 용서를 위한 회개의 세례"는 바로 한 세례자를 통한 능동적인 집행 때문에 상징적-성례전적인 예언자적 표징 행위로 증명되었다. 그것은 반복할 수 있는 정결 목욕이 아니라 최종 심판 전에 받는 유일회적인 구원 세례다.

요한의 이러한 예언자적인 자기 이해는 그를 구약성경 예언자들의 끝에 세우는, 가장 오래된 초기 기독교 전승인 어록 자료 안에서도 역시 반영되고 있다.

모든 선지자와 율법이 예언한 것은 요한까지니(눅 16:16; 병행구절 마 11:13).

요한이 "그 예언자"가 아니라 '그 세례자'(ὁ βαπτιτής; 막 1:4, ὁ βαπτίζων)라는 별명을 얻게 되었다는 사실은 그가 행한 물 의식의 특수한 성격으로 설명된다. 슐라터를 한 번 더 인용하고자 한다.

끝없이 도처에서 행해진 '세례들' 가운데서 요한의 '세례'는 독특하고 본질에서 다르고 새로운 것으로서 눈에 띄었다.[16]

새로운 것은 이제 물 제식(祭式), 회개와 죄 용서의 연결이 아니었다. 요세푸스가 요한의 세례에 대해 인정하고 싶지 않았던, 곧 그 세례가 죄 용서를 일으킨다는 것("어떤 과오들을 제거하기 위함이 아니라 정결, 즉 몸을 거룩하게 하려고," 요세푸스, Ant. 18, 117)을 1QS 2, 25-3, 12의 정결 진술들과 속죄 진술들이 쿰란 공동체를 위해 증명하고 있다. 여기서는 회개를 전제하는 잠수욕이 제의적 정결뿐만 아니라 속죄를 얻기 위해 시행된다. 두 가지 모두 공동체에 주어진 성령을 통해 중개되었고, 계명 준수를 조건으로 한다.

6. 결론

세례자 요한과 쿰란(1QS)에 나타나는 회심-잠수욕-죄 용서의 모티프 연결의 공통점에 대한 인식이 물 의식의 실행과 의미에서의 차이점들, 즉 중대한 차이점들을 잊게 해서는 안 된다. 쿰란-에세네의 잠수욕은 제의적인 정결에 도달하기 위한 제사장적-제식적(祭式的)인 잠수욕 전통 속에 있다. 부정하게 된 경우에 잠수욕이 반복돼야 하고 자신을 스스로 물에 잠기게 함으로써 잠수욕이 수행되었다.

---

[16] A. Schlatter, *Johannes der Täufer*, 61.

복음서 기자들의 보도에 따르면, 요한의 세례는 반복될 수 있는 제의적인 정결 목욕이 아니라, 회개하는 자들에게 주어지는 종말적인 심판 앞에서의 유일회적인 구원 세례다. 그 세례에서 요한은 세례자, 즉 물 속에 들어가도록 하는 사람의 역할을 한다. 즉 개종자 세례의 경우처럼 증인도 아니고, 능동적인 잠수를 통해 세례를 일으키는 사람인 것이다.

만약 세례자 요한이 자신에게 그 이름을 주었던 자신의 주요 특징에 있어서 이토록 근본적으로 쿰란 공동체와 다르다면, 제사장 혈통에도 불구하고 그의 자기 이해를 제의적-의식적이 아니라 예언자적으로 규정 한다면, 내 생각에는 세례자 요한을 쿰란-에세네 공동체의 한 구성원으로 보는 것은 어려운 시도다. 만약 그랬다면 요한은 쿰란 공동체의 다른 신학적 진술들도 역시 선포했어야 한다.

공통점들과 차이점들에 근거해서 요한이 이전에 쿰란-에세네 사람이었지만 어떤 견해 차이들로 인하여 그 공동체를 떠났거나 떠나야 했다고 생각하는 것은 가입과 탈퇴라는 이중적 가설을 전제해야 한다. 이 경우에서 보면 가정 위에 가정이 세워지게 될 것이다. 이것은 세례자 요한이 요단 강가에서 자신의 설교 활동과 세례 활동을 수행하는 동안 쿰란 공동체에 속해 있었다는 견해보다 방법론적으로 더 의심스럽다.

요세푸스의 보도에 따라 몇몇 특징들이 그를 차가운 물로 목욕하는 반누스(Bannus)와 연결한다고 할지라도, 그의 형제들은 오히려 유대적인 종말을 기대한 종말론적-예언자적인 인물들이며, "갈릴리에서 온 예언자"도 그들에게 포함해야 한다.

제2장

쿰란-에세네의 정결 의식들과 요한의 세례*

번역 : 배 재 욱 박사

　쿰란-에세네의 정결 의식(儀式)들은 정결, 부정 그리고 물로 의식적인 정결을 이루게 되는 가능성에 대한 구약성경적-유대적인 이해와 깊이 관련된다. 그러므로 에세네파에 대한 요세푸스의 보도와 쿰란 공동체의 본문들에 있는 정결 규정이 하나의 종교적이고-할라카적(종교법적)인 생활의 독특한 특징으로 발견되는 것은 놀라운 일이 아니다.
　키르베트 쿰란의 발굴물들을 통해 알려진 대로 쿰란 공동체에는 수리 시설이 있었다는 것을 알 수 있다. 그런데 이 수리 시설은 오직 공동체의 식수를 공급하기 위해서만 이용되는 것이 아니라, 정결 의식을 위해서도 물이 필수적으로 사용되었음을 보여 준다.

---

* 이 논문은 Hermann Lichtenberger, "Qumran-essenischen Reinigungsriten und die Johannestaufe," *Die Welt und Umwelt der Bibel* 3,9(1998), 30에 실린 논문으로 한국어 번역은 헤르만 리히텐베르거/배재욱 번역, "쿰란-에세네의 정결 의식들과 요한의 세례,"「성서마당」신창간 13호(2007), 168-171에 실렸고 그것을 다시 수정 보완하였다.

1. 정결과 공동체 생활

요세푸스는 『유대 전쟁사』(*Bellum Judaicum*, Bell.)에서 의식적(儀式的)인 정결이 공동식사에 참여하기 위한 전제 조건이라는 사실을 보도하고 있다. 쿰란의 본문들은 여러 가지 면에서 이것을 확증하고 있다(4Q 514, 1, I, 5-7; 11QTS 49, 20-21 등 여러 곳 참조). 특히 공동체 규칙(1QS)은 부정한 자들을 공동식사에서 배제하고 있다. 회심(悔心)은 공동체에 입단하기 위한 전제일 뿐만 아니라, 물로 행하는 의식들에 참여할 수 있는 전제가 되기도 했다(1QS 2, 25-3, 12). 위에 언급된 단락들에서 정결과 죄는 서로 관련되어 있다.

> 속죄하므로 그가 정결하게 되는 것이 아니다. 정화의 물을 통해 정결케 되는 것도 아니다. 바다나 강에서 거룩하게 될 수도 없다. 그리고 그가 어떤 정화의 물을 통하여 정결해지는 것도 아니다. 그가 항상 부정하게 된 것은 그가 하나님의 율법을 경멸했기 때문이다(1QS 3, 4-6).

정결 목욕과 속죄 사이의 이러한 관계는 종종 요한의 세례와 연결된다. 그리고 대체로 그것은 세례자 요한이 쿰란-에세네 사람이었고, 그곳에 있었다는 것을 증명하는 것과 관련된다. 마가복음의 보도에 따르면 요한은 실제로 설교했고, "죄 용서를 위한 회개의 세례"를 베풀었다(막 1:4). 그러나 그의 회개의 세례는 반복적으로 계속되지는 않았던 예언자적인 표적 행위로서, 최후 심판으로부터 구원을 의미하는 일회적인 행위다.

이때 세례자 요한이 복음서 전승에서 예언자들과 관련되어 묘사되지만, "세례자"란 별명을 지니고 있다는 것이 특히 눈에 띈다. 이러한 사실은 모든 다른 정결 관습으로부터 그를 분리하며, 그가 베푸는 세례는 그가 성경에 왜 등장했는지를 밝히는 주된 특징이 된다.

2. 부정 그리고 정결의 회복

쿰란 공동체에서 부정의 주된 원천은 대체로 구약성경에 따른 전통 및 일반적으로 초기 유대교 전통과 일치한다.

> 몽정(夢精) 후의 부정(예: 4Q 274, I, 1-9),
>
> 출산 후 어머니가 가져야 할 정결의 필연성(4Q 265, 2, 15-17),
>
> 피부질환이 있을 때의 부정(4Q 274, 1, 3; 4Q 266, 272; 269),
>
> 시체를 만졌을 때의 부정(11QTS 49, 5-6, 11-21; CD 12, 17-19) 등.

에세네 사람들은 다섯 시까지 일한 후에 함께 모여서 아마포로 몸을 두르고 매일 찬물로 그들의 몸을 씻었다. 이렇게 몸을 청결하게 한 후에 그들은 함께 공동식사를 시작했다(Bell. 2, 138).

요세푸스가 전한 세례자 요한에 대한 보도(Ant. 18, 116-119)와 에세네에 관한 항목(Bell. 2, 119ff.)에서 요구되는 생활의 변화와 올바른 삶의 방식이 '물 속에 잠기는 의식'(Wasserritus)보다 선행하고 있다는 사실은 눈에 띈다.

새로운 공동체 가입자는 일년 간의 시험 후에 비로소 정결 욕에 참가할 수 있도록 허락되었다(Bell. 2,138).

세례자 요한에 대한 보도에서 요세푸스는 덕(德), 의(義) 그리고 경건(敬虔)이 하나님 앞에서 받아들여지는, 세례를 위한 전제 조건이라고 명확하게 말하고 있다(Ant. 18,117). 요세푸스는 여기서 세례자 요한의 모습을 자기가 생각하는 에세네 사람들의 상(像)에 상당히 근접시켜 놓았다. 그는 세례자 요한의 상을 역사적으로 잘못 보고 있다.

3. 공통점과 차이점

세례자 요한과 쿰란에서 모티프의 연결(회심-정결 목욕-죄 용서)이라는 공통점을 인식할 수 있다고 할지라도(1QS), 물 속에 잠기는 의식의 실행과 의미에 나타나는 중대한 차이점들을 잊어서는 안 된다. 쿰란-에세네에서 물 속에 잠기는 의식은 제의적인 정결을 얻기 위해 제사장적-제의적으로 물 속에 잠기는 전통과 관련되어 있다. 더러워진 경우에는 다시 그 제의적인 행위를 반복해야 했다.

그리고 그 의식은 스스로 물 속에 잠기는 의식을 통하여 실행되었다. 복음서 기자들의 보도에 따르면 요한의 세례는 반복적인 제의적인 정결 목욕이 아니라 회개하여 돌아선 자들을 위한 최후 심판 앞에서의 일종의 일회적인 구원 세례다. 그런데 이 구원 세례는 세례를 베푸는 자, 즉 물 속에 잠기게 하는 자, 요한에 의해서 이루어진다. 그는 개종자 세례에서와 같이 수동적인 역할을 하거나 증인으로서 서 있는 것이 아니라, 능동적으로 물 속에 잠기게 하는 행위를 통하여 세례를 베푼다.

세례자 요한이 '세례자 요한'이란 이름을 받게 된 자신의 주된 특징에 있어서 그토록 쿰란 공동체와 근본적으로 차이가 난다면, 그리고 그가 제사장 혈통에도 자신의 자의식이 제식(祭式)적-제의(祭儀)적이지 않고 그와는 반대로 확실하게 예언자적이라면, 세례자 요한을 쿰란-에세네 공동체의 한 구성원으로 보는 것은 어렵게 된다. 만약 세례자 요한이 쿰란 공동체의 일원이었다면, 그는 쿰란 공동체의 다른 신학적인 신념들도 역시 선포했어야 했다.

공통점과 차이점을 근거로 하여 요한이 예전에 쿰란-에세네인이지만, 그가 우리가 알지 못하는 어떤 견해의 차이들 때문에 공동체를 떠났거나 떠나야 했었다고 가정하는 것은 공동체의 가입과 탈퇴라는 이중 가설을 전제로 한다. 이것은 방법론적으로 미심쩍다.

쿰란-에세네의 물 의식(儀式)으로부터 요한의 세례의 근원을 찾을 수 없다. 그의 세례는 유대교 안에서 일어난 하나의 혁신이다. 그 혁신이 유대교 안에서 계속되지는 않았지만, 그만큼 요한의 세례는 기독교를 위하여 더 중요하게 되었다. 쿰란의 본문들은 요한의 세례의 이러한 특수성을 더욱 분명하게 하고 있다.

제3장

1세기 마지막 1/3분기에 있었던 세례자 공동체들과 초기 기독교의 세례 논쟁*

번역: 배 재 욱 박사

- 마르틴 헹엘(Martin Hengel) 교수님의
1986년 12월 14일의 60세 생신을 축하드립니다[1] -

세례자(洗禮者) 요한에 관해 질문하고, 그에 의해 시작되어 사방으로 번져가던 세례 운동을 연구하면, 예수와 요한의 역사적 관계와 그들의 선포의 관련성과 차이점을 올바르게 이해할 수 있다. 그리고 이것은 우연히 된 일이 아니다. 복음서 기자들이 예수의 역사를 표현할 때 이러한 관계 규정을 해석하는 것 역시 그들의 주된 관심사였다.[2]

---

* 이 논문은 Hermann Lichtenberger, "Täufergemeinden und frühchristliche Täuferpolemik im letzten Drittel des 1. Jahrhunderts,"Zeitschrift für Theologie und Kirche 84 (1987), 36-57에 실린 논문으로 한국어 번역은 헤르만 리히텐베르거/배재욱 번역, "세례자 공동체와 1세기 후반 1/3분기에 있었던 초기 세례 논쟁,"「신약연구」 6/1(2007.6), 203-239에 실렸고 그것을 다시 수정 보완했다.

1 1985년 12월 10일에 실시된 시험 강의(Probevorlesung)를 수정 보완했다. 이 강의에 대해 조언을 해 준 마르틴 헹엘 교수에게 특별히 감사의 마음을 전한다.

2 그것에 대해서 다음 책들을 보라. W. Wink, *John the Baptist in the Gospel Tradition* (Cambridge : Univ. Press, 1968); J. Becker, *Johannes der Täufer und Jesus von Nazareth* (BSt 63

세례자 공동체들과 초기 기독교의 세례 논쟁에 대한 이 논고(論考)에서 우리는 세례자 요한과 예수에 대한 역사적 질문을 처음부터 다루지 않고 세례자 추종자들에 관한 전승을 발견할 때 이 질문을 시작할 것이다. 여기서 가장 중요한 문서는 신약성경이다. 신약성경은 세례자 요한에 대한 가장 오래된 보도다. (후기) 탈무드 전승은 세례자 요한을 알지 못한다.[3] 이러한 초기 유대 전승의 침묵은 요세푸스의 잘 알려진 보도에 의해 깨어질 수밖에 없다(Ant. 18:116-119).[4]

(Neukirchen-Vluyn: Neukirchener Verlag, 1972); R. B. Gardner, "Jesus appraisal of John the Baptist. An analysis of the sayings of Jesus concerning John the Baptist in the Synoptic tradition"(Diss. theol. Würzburg, 1973).

[3] '톨레도트 예수'(Toledot Jeshu)의 가장 오래된 판들은 세례자 요한을 언급하지 않는다. 그것에 대해 다음 책을 보라. Samuel Krauss, *Das Leben Jesu nach jüdischen Quellen* (Berlin: Calvary, 1902; Nachdr. Hildesheim [u.a.]: Olms, 1977), 157; 크라우스(Krauss)는, L 사본이 선행자 세례자 요한과 그의 이름과 함께 등장한 '후발 주자' 바울을 함께 묶었다고 가정하고 있다(위의 책). Huldreich 버전(이를 위해 위의 책 33-35; 본문과 번역은 같은 책 64-117)은 세례자와 복음서 기자들을 혼합하고 있다. "하지만 일련의 올바른 것들이 그 서술에 기초를 이루고 있다. 요한은 예수를 따르는 자 중 우두머리다. 그리고 그는 그의 사람들에게 드러나는 특징으로 세례를 베풀도록 예수에게 충고한 사람이다"(158). 크라우스의 추측은 완전히 다른 지평 위에 있다(각주 12를 보라). 톨레도트에서 세례자는 (속아서) 마리아의 남편 요하난(Jochanan)이 되었다는 것이다. 슐리히팅(G. Schlichting)에 의해 발간, 번역, 해석된 톨레도트 예수의 번역본에서 세례자 요한에 대한 암시들은 우리의 문제 제기를 위하여 명백하게 후대에 이루어진 것들이다: Günter Schlichting, *Ein jüdisches Leben Jesu : die verschollene Toledot-Jeschu-Fassung Tam ū-mūʿād*; Einleitung, Text, Übersetzung, Kommentar, Motivsynopse, Bibliographie von Günter Schlichting. WUNT 24 (Tübingen: Mohr, 1982), 1982. 날짜 계산을 위하여 같은 책 1-20을 보라. 요하난(Jochanan)과 요하난을 세례자 요한으로 다듬은 경우에 대해서는 본문 27, 16(Schlichting, 116f.)과 각주 699(같은 책 221f.)를 보라. 요시폰(Josippon)에서의 세례자 요한에 대한 지적도 거기에 있다(그것을 위해 아래 글을 보라. A. A. Neuman, "A note on John the Baptist and Jesus in JOSIPPON," *HUCA* 23/2(1950-51), 137-149).

[4] 요세푸스의 세례자 증언을 위해서는 여전히 토대가 되는 서술인 Adolf Schlatter, *Johannes der Täufer*, hg. v. W. Michaelis, mit einem Geleitwort von Th. Schlatter(Basel: F. Reinhardt, 1956), 56-65와 함께 훌륭한 논문인 E. Nodet, "Jésus et Jean-Baptiste selon Josèphe," *RB* 92(1985), 321-348. 497-524, 322-331을 보라. Emil Schürer, *The history*

Q 자료에서 복음서들의 초기 세례자 증언과 후기에 산재하고 있는 2세기와 3세기의 기록들을[5] 제외하면 모든 보도가 1세기의 마지막 1/3분기로부터 유래한다. 이러한 입장은 복음서와 사도행전은 물론이고 언급된 요세푸스의 고대사 단락에도[6] 적용된다. 그렇지만 넓게 지지를 못 받는 한 부분이 있는데, 우리는 다행히도 거기서 유일한 비기독교적이면서 비유대교적인 '세례자에 관한 본문'을 만날 수 있다.[7]

---

of the Jewish people in the age of Jesus Christ(175 B.C.-A.D. 135). Band 1, ed. M. Black/G. Vermes/F. Millar (Edinburgh: Clark, 1973), 1973, 345-349도 보라.

[5] 클레멘트 위서(Pseudoclementinen)의 기본 문서, 유스티누스(Justinus, dial. 80,4)와 나사렛복음서(Nazaräer-Evangelium)를 보라.

[6] 세례자 요한에 의해 시작된 세례 운동과 만다교의 직접적인 연관성은 있음직하지 않다. 그래서 후기의, 부분적으로 기독교적 영향을 받은 만다교 본문들을 세례자 요한과 세례자 공동체를 위한 자료로서 이용되는 것은 금지된다. 그것들은 확실히 세례 운동이 서방을 향해서뿐만 아니라 동방에서도 확산되었다는 것을 증명하고 있다. 특히 마니의 아버지와 소년 시절의 마니가 직접 속해 있던 엘케사이 집단은 그것을 위한 자료가 된다(Alexander Böhlig, Die Gnosis, Band 3. Der Manichäismus; eingeleitet, übersetzt und erläutert von Alexander Böhlig unter Mitwirkung von Jes Peter Asmussen (Zürich: Artemis Verlag, 1980), 21 이하를 보라). 쾰른의 마니 사본(Kölner Mani-Codex, 92-97)은 이러한 귀속을 증명하고 있다. 그러나 그것은 Gerard P. Luttikhuizen, The revelation of Elchasai : investigations into the evidence for a Mesopotamian Jewish apocalypse of the second century and its reception by Judeo-Christian propagandists. Texts and studies in ancient Judaism 8 (Tübingen: Mohr, 1985)에 의해 헨리흐스(A. Henrichs)와 쾌넨(L. Koenen)과의 논쟁에서 반박되고 있다(27-30.156-164). 마니의 아버지와 마니 그리고 이븐 안-나딤(Ibn an-Nadim)의 피리스트(Fihrist)에 있었던 무그타실라(Mugtasila)와의 연관성에 대한 질문은 같은 책, 165-172를 보라. 쾰른의 마니 사본(Mani-Codex)의 발견과 편집 이전의 엘케사이와 엘케사이 집단에 대한 연구 상황에 대해서는 G. Strecker, Art. "Elkesai," RAC IV, 1171-1186(Lit 1186)을 보라. 마니와 무그타실라에 대해서는 같은 책 1177-1178을 보라.

[7] 여기서 비유대교적이라는 말은 인용부호 속에 넣어야 한다. 왜냐하면, 그 다음에 언급된 부분이 전적으로 유대교적인 세례자 집단들에 의해 유래한 것일 수 있기 때문이다. Kurt Rudolph, Antike Baptisten : zu den Überlieferungen über frühjüdische und - christliche Taufsekten. SSAW.PH 121/4 (Berlin: Akad.-Verl., 1981), 12를 보라: "이 단락은 개종자 세례나 에세네파의 목욕의식과 아무런 관계가 없고, 우리가 동시대의 유대교 안에서 가정해야만 하는 것처럼, 오히려 침례사상들의 영향을 받았다."

1. 시빌레 IV에 나타나는 세례자에 관한 본문[8]

로마의 범죄와 사람들의 범죄행위에 대해서 하나님은 이제는 조금도 더 자비로우실 수 없다고 시빌레 IV는 다음과 같이 말한다.

> 이제 이것을 알아야 한다. 하나님이 더 이상은 자비하시지 않다. 대신 진노로 이를 가시고, 사람들의 모든 세대는 동시에 큰불 아래서 망할 것이다 (158-160, Kautzsch II에 있는 Blaß의 번역).

다만 한 가지 구원이 있을 수 있다[는 것을 시빌레 IV는 말한다].

> 아! 너희 불쌍한, 죽을 운명에 처한 자들아,
> 이것에서 돌아서라.
> 그리고 크신 하나님을 진노케 말고,
> 칼과 불평과 살인과 범죄행위를 그치고
> 항상 흐르는 강물에 몸 전체를 씻으라(ἐν ποταμοῖς λούσαασθε ὅλον δέμας ἀεναίοισιν).

---

[8] 시빌레 IV의 본문에 대해서는 다음 책을 보라. J. Geffcken, *Die Orachula Sibyllina*. GCS 8 (1902; Nachdr. 1967; Berlin: De Gruyter, Inc, 2016); Alfons Kurfess, *Sibyllinische Weissagungen*. Urtext und Übersetzung ed. Alfons Kurfess (München: Heimeran, 1951); 시빌레 IV 381-389에 대한 새로운 번역과 서문 그리고 참고문헌을 위해서는 J. J. Collins, "Sibylline Oracles." in: James H. Charlesworth (ed.). *The old testament pseudepigrapha* 1: Apocalyptic literature and testaments (Garden City, N.Y.: Doubleday, 1983), 317-472를 보라. 다음에 주어진 번역은 E. Kautzsch, *Die Apokryphen und Pseudepigraphen des Alten Testaments Band 2: Die Pseudepigraphen des Alten Testaments,* Verb. mit Fachgenossen übers. u. hrsg. von E. Kautzsch (Darmstadt: Wiss. Buchges., 1975)에 있는 F. Blass를 따른다.

제1부 제3장 1세기 마지막 1/3분기에 있었던 세례자 공동체들과 초기 기독교의 세례 논쟁 63

그리고 지금까지의 범죄행위에 대해

하늘로 손을 펴서 용서를 빌라.

그리고 그렇게 하나님을 지독히도 믿지 않았던 것을 찬미(讚美)로 속죄(贖

罪)하라(συγγνώμην αἰτεῖσθε καὶ εὐλογίαις ἀσέβειαν πικρὰν ἰάσασθε).

그렇게 함으로써 하나님께서 동정심을 가지실 것이다.

그리고 그분은 너희를 멸망시키지 않으실 것이다.

너희가 너희의 영혼 속에 지극한 경건함으로 훈련할 때

그분은 자신의 진노를 다시 멈추실 것이다(161-169).

그러나 사람들이 회개하지 않는다면, 하나님은 끔찍하고 결정적인 불의 심판으로 땅과 모든 것을 멸망시키실 것이다.

앞에서 말한 시빌레 IV의 연대는 매우 정확하게 설정될 수 있다.[9] 시빌레 IV는 68년 7월의 네로 살해 이후인 68/69년에 제국이 네로의 부활(Nero revidivus)[10](124.137과 139)과 예루살렘과 유대의 파괴(125-127)에 대한 격앙된 기대로 전율했다는 사실뿐만 아니라, 79년에 있었던 베수비오화산(이

---

[9] 시빌레 IV의 기본 문서(Grundschrift)는 알렉산더 시대에서 멀지 않고, 반드시 유대적이지 않다. John Joseph Collins, *The Sibylline Oracles of Egyptian Judaism* : Rezension von Gerhard Delling (Missoula, Mont.: Society of Biblical Literature, 1974; Zugl. Cambridge, Mass, Harvard Univ., Diss., 1972; Dissertation series. *Society of Biblical Literature* 13), 381-382를 보라.
[10] 네로의 부활에 대해 M. Hengel, "Messianische Hoffnung und politischer 'Radikalismus' in der 'Jüdisch-hellenistischen Diaspora,'" in: David Hellholm(ed.), *Apocalypticism in the MediterraNEAn world and the NEAr East : proceedings of the International Colloquium on Apocalypticism*, Uppsala, August 12 - 17 (Uppsala, 1979; Tübingen: Mohr, 1983), 655-686, 669-671; Martin Hengel, "Entstehungszeit und Situation des Markusevangeliums," in: H. Cancik(ed.), *Markus-Philologie*, WUNT 33 (Tübingen: Mohr, 1984), 1-45에서 특히 39-43을 보라.

탈리아의 화산 이름-역주)의 폭발도[11] 서술하고 있다. 그리고 그것을 로마가 유대인들에게 행한 범죄 행위들과 연관시키고 있다.

> 그러나 만약 이탈리아의 땅이 갈라진 곳으로부터
> 화광 신호(Feuerzeichen)가 멀리 하늘에까지 번쩍인다면
> 그리고 많은 도시들이 불타고 사람들이 절멸(絶滅)되고
> 그리고 많은 검은 재(灰)가 거대한 천공(天空, Äther)을 채운다면
> 그때는 하늘에 계신 하나님의 진노를 깨닫게 된다.
> 왜냐하면, 그들이 순결한 경건의 줄기를 못 쓰게 했기 때문이다(130-136).

그 파국은 전쟁에서 유대인들을 살해한 로마에 대한 하나님의 보복이다. 여기서 성전 파괴를 [보복의] 이유로 말하지 않는 것이 이채롭다. 조금 전에 그 파국(破局)이 언급된 곳에서, 마르셀 시몬(Marcel Simon)[12]이 관찰했듯이, 전혀 애통이 없었다(115-118).

---

[11] 고대의 보도들은 소(小) Plinius의 *epistolae* 6,16.20(Tacitus에게); Sueton, *Titus* 8; Tacitus, *historie* 1,2,1; Martial 4,44,1; *Dio Cassius* 66,21 이하에게서; S. Herrlich, "Die antike Überlieferung über den Vesuvausbruch im Jahre 79," *Klio* 4(1909), 209-226. 그리고 이제 Dieter Richter(ed.), *Der brennende Berg: Geschichten vom Vesuv* (Köln: Diederichs, 1986), 9-18을 보라.

[12] M. Simon, "Sur quelques aspects des Oracles Sibyllins juifs," in: David Hellholm(ed.), *Apocalypticism in the MediterraNEAn world and the NEAr East Apocalypticism in the MediterraNEAn world and the NEAr East* (1983), (219-233), 229-230. 예루살렘 성전과의 관계에 대해서는 M. Simon, "Sur quelques aspects des Oracles Sibyllins juifs," 228-231과 V. Nikiprowetzky, "Réflexions sur quelques problèmes du quatrième et du cinquième livre des Oracles Sibyllins," HUCA 43(1972), 29-76을 보라.

위에 인용된 세례의 위치가 유대 잠수욕(Tauchbad) 관념과 완전히 다른 특색으로 인해 놀라게 된다. 유대의 잠수욕은 의식적인 정결을 이루기 위한 것이었다. 시빌레 IV에서 '항상 흐르는 강'에서 물 속에 잠기는 의식은, 죄 용서의 간청과 찬양과의 관련 속에서, 대파국(大破局)을 이끌기로 이미 준비한 하나님의 진노로부터 구출한다.

잠수-죄 용서 간청-속죄 찬양이라는 모티프들의 결합을 유대 정결 관습과 유비 속에서 보는 것은 불가능하다. 그것을 또한 유대교 제의에 참여할 자격을 부여한 가입 세례인 개종자 세례와의 유비로 보는 것도 아울러 불가능하다. 그 세례 진술들은 랍비 유대교의 제사장적-제의적인 관념들에 어울리지 않는다.[13]

그에 비해 학계는 쿰란-에세네적인 관념들에 가까운 것을 지적하고 있다.[14] 한편으로는 성전 제의와 거리 두기가, 다른 한편으로는 세례 진술이 이를 뒷받침할 수 있을 것이다. 특히 잠수욕-죄 용서 간청-속죄 찬양의 연결은 쿰란의 입장에 매우 가깝다. 거기서 회심(悔心)을 전제하는 잠수욕 행위들은 제의적인 정결법에 관계될 뿐만 아니라 속죄에도 관계되고 있다. 양자는 공동체에 주어진 하나님의 영에 의해 중재 되며, 계명들의 준수를 조건으로 가지고 있다. 찬송이 제사를 대신한다.[15]

---

[13] 그것에 대해서는 요약적인 J. Neusner, *The Idea of Purity in Ancient Judaism*, The Haskell Lectures, 1972-1973. SJLA 1 (Leiden: Brill, 1973); J. Neusner, *The Idea of Purity in Ancient Judaism*, The Haskell Lectures, 1972-1973, in: H. Lichtenberger(ed.). *Das pharisäische und talmudische Judentum*. TSAJ 4 (Tübingen: Mohr, 1984), 특히 74-92를 보라.

[14] B. Noack, "Are the Essenes referred to in the Sibylline Oracles?," StTh 17(1963), 90-102; V. Nikiprowetzky, *Réflexions*, 29-76을 보라.

[15] 그것에 대해서는 H. Lichtenberger, *Studien zum Menschenbild in Texten der Qumrangemeinde. Studien zur Umwelt des Neuen Testaments* 15 (Göttingen: Vandenhoeck und Ruprecht, 1880), 118ff.; H. Lichtenberger, "Atonement and Sacrifice in the Qumran

그러나 세례 진술의 배경으로 쿰란-에세네를 생각하는 것은 역사적으로 고려해 볼 때 확실히 어렵다. 왜냐하면, 에세네의 근거지는 '성지'(聖地, Heiliges Land)로 제한되어 있었기 때문이다. 그리고 그들은 68년 이후 공동체로서 살아남지 못했다.

그러므로 다른 집단의 문헌에서 발견되는 것은 기껏해야 에세네파의 전통들일 수 있다. [세례가] 쿰란-에세네에서 유래했다는 주장은 특히 에세네의 반복된 목욕법을 통해 이루는 제의(祭儀)와의 관계에서 실패하게 된다. 그것과 반대로 시빌레 IV에서는 단 한 번의 목욕으로 불 심판 앞에서 구원된다.¹⁶

기독교적인 영향력은 배제되어 있다. 왜냐하면, 기독교의 세례는 "…의 이름으로"(εἰς τὸ ὄνομα…) 세례를 받는다는 언급 없이 행하여지지 않기 때문이다. 설사 세례와 죄 용서의 결합이 기독교의 세례와 연결된다 하더라도 물 속에 잠기는 의식만으로는 별 의미가 없다. 불 심판 앞에서 잠수욕을 통한 구원은 하나의 마지막 해석의 가능성으로 이끈다. 물 세례-용서 간청-불 심판 앞에서의 구원이 결합하여 있는 배후(背後)에는 세례자 요

Community," in: W. S. Green(ed.), *Approaches to Ancient Judaism II* (Missoula, Montana: Scholars Pr., 1980), 159-171; H. Lichtenberger, "Enderwartung und Reinheitsidee. Zur eschatologischen Deutung von Reinheit und Sühne in der Qumrangemeinde,"(mit B. Janowski), *The journal of Jewish studies* 34(1983), 31-62를 참고문헌(60-62)과 함께 보라.

16 시빌레의 외형적인 형태 역시 에세네 사람임을 반대하고 있는데, 특히 헬라풍의 운율이 6운각인 시구(die griechischen Hexameter)와 비록 그녀가 노아의 딸로서 나타나지만, 이교도의 여사제 모습을 가지고 있는 것이 그렇다. M. Hengel, "Anonymität, Pseudepigraphie und 'Literarische Fälschung' in der jüdisch-hellenistischen Literatur," in: K. v. Fritz(Hg.), *Pseudepigrapha I. Entretiens sur l'ntiquité classique* 18 (Genf: NP, 1972), 229-329, 288; 유대 시빌레에 대해서는 286-292; 시빌레 IV에 대해서, 베수비오화산 폭발과 네로 부활에 대해서는 291을 보라.

한의 선포에 견줄 만한 어떤 신학이 서 있을 수 있다. 모든 복음서의 증언에 따르자면 요단 강에서 행한 요한의 세례는 그의 등장의 본질을 규정하고 있다.[17]

그 세례는 미래에 다가올 심판 앞에서 회개하는 자들에게 구원을 의미한다. 세례는 반복 가능한 정결 목욕이 아니라, 회개하는 자에게 최후의 심판 앞에서 주어지는 단 한 번의 구원 세례다. 시빌레 IV에서 말하는 세례 진술과의 관련성은 아래와 같이 명백하게 드러난다.

① 흐르는 물에서의 세례
② 임박한 심판의 순간에 세례의 유일성과 구원하는 의미
③ 세례의 효력을 위한 전제로서의 회심
④ 보편적인 불 심판으로서 임박한 심판

시빌레 IV를 바리새 - 유대적, 쿰란 - 에세네적 그리고 기독교적 세례 시행과 관련시키려는 모든 시도에 직면하여, 세례자 요한으로부터 유래한 세례 관념들과의 연관성이 가장 개연성이 높은 것으로 증명된다.[18]

시간상으로 본문은 베수비오화산 폭발의 직접적인 영향 아래 있다. 본문의 출처는 하나님의 징벌의 장소인 저 이탈리아를 지시하고 있다. 유

---

[17] 세례 장소인 에논(요 3:23)에 대해서는 C. Kopp, *Die heiligen Stätten der Evangelien*, (Regensburg: Pustet, 1959), 166-172; R. Schnackenburg, Das Johannesevangelium I. HThK IV (Freiburg: Herder, 1965), 450-451을 보라. 요단 강에 대해서는 H. Gese, "Der Johannesprolog," in: H. Gese, *Zur biblischen Theologie* . BEvTh 78 (Tübingen: Mohr, 1977), 152-201, 특히 189-201.

[18] 그것은 사 1:15-16과의 연관성이 있다고 해도 그러하다. J. Thomas, *Le mouvement baptiste en Palestine et Syrie*(150 av. J.-C.) (Gembloux: Duculot, 1935), 56을 보라.

대인들에게 행한 로마의 범죄 강조는 아마도 로마 자체를 시사하는 것 같다.[19] 베수비오화산 폭발이 하나님의 심판으로 이해될 수 있다는 것에 대한 인상적인 증거가 폼페이에 있다. 대참사가 진행되는 동안 유대인인 듯한 사람이 벽에 'SODOMA GOMORA'(소돔과 고모라: CIL IV, 4976)[20]라고 썼다.

베수비오화산의 대재난을 통해서 사전에 모사(摹寫)된 불의 심판(Ekpyrosis)[21] 앞에서 그곳에 이미 형성되어 있던 유대인 집단들에게는 한 가지의

19　J. J. Collins, *Sibylline Oracles*, 382는 대부분의 주석가처럼 시리아 혹은 요단 계곡 쪽으로, Nikiprowetzky(각주 12를 보라), 59는 이집트 쪽으로 기운다. 물론 제3권 혹은 제5권의 관점에서 제4권이 지리적으로 규정될 수는 없다.(이집트 유래설에 반대하여) 시리아 혹은 요단 계곡으로부터 유래 한다는 입장은 (어떤 다른 곳이 아니라) 바로 그곳에서 세례자 집단들이 있었을 것이라는 가정 위에 근거한다.

20　저자가 유대인인지 기독교인인지는 열린 채로 남아야 한다. A. Baldi, "Ljanatema e la croce. Ebrei e Cristiani in Pompei Antica." *Cava dei Tirreni*(1983), 61-62를 보라. 폼페이의 기독교인에 관한 질문에 대해서는 H. Kähler, "Christliche Kreuze aus Pompeji und Herculaneum." *Bollettino dell'associazione internazionale degli amici di Pompei* I (1983), 279-308을 보라. 발디(Baldi)에 의해 언급된 "*tono profetico*"(예언자의 소리)는 세 가지 상황들로부터 생겼을 수 있다. ① 폼페이에서의 생활에 대한 원칙적인 비판. ② 대혼란과의 직접적인 연관성 속에 있을 수 있다. ③ 그 사건 후 생존자들이 그 사건을 설명한 것일 수 있다(Baldi, 69도 아울러 보라). 마지막 해석은 M. Gigante에 따라 읽혀야 하는 CIL 6820이 분명히 해 준다. "*QUO BIBET FELEXS OSSA CINISQUE TEGUNT*"(즐겁게 마셨던 그 그릇들 위에 지금은 돌들과 재가 덮였다)(Ovid, Met. 7:521는 아래와 같이 받아들이고 있다: *ossa cinisque iacent*: 돌들과 재가 놓이다); CIL 6819는 명확히 대재난을 말한다: *post fata novissima*(새로운 재난 후에: D. Richter [Bremen] 교수의 언급).

21　아마 로마의 화재를 로마 기독교인들은 대파국(Weltenbrand)의 시작으로 본 것 같다. M. Joel, *Blicke in die Religionsgeschichte zu Anfang des 2. christlichen Jahrhunderts II* (Breslau: Schottlaender, 1883), 144 이하에서 순전한 가설을 주장했다. 그들은 "예언자적으로 선포된 내용이 성취되기 시작한 것에 대한 자기들의 기쁨을 감추지 않았다"는 것이다. H. Fuchs, "Der Bericht über die Christen in den Annalen des Tacitus," in: Viktor Pöschl (Hg.), *Tacitus*. WdF 97 (Darmstadt: Wiss. Buchges., 1969), 558-604 각주 4에 있는 Joel의 발표에서) Fuchs는 (같은 곳에서) 선고된 형벌에 기초하여 그 고발(Anklage)이 실제로 방화죄(Brandstiftung)로 나타났다는 사실을 증명하고 있다. Kleinfelder, s.v. incendium, in: PRE IX, 1244-1245를 보라. 더 나아가 P. Lampe, "Die stadtrömischen Christen in den beiden ersten Jahrhunderten. Untersuchungen zur Sozialgeschichte" (Diss. theol. Bern,

구원만이 있을 수 있었는데, 그것은 세례, 참 하나님께로 돌아섬, 죄 용서에 대한 간구다.

시빌레 IV는 특별히 유대인들에게만 그의 회심 설교를 하는 것이 아니라, 모든 사람, 즉 이방인에게도 하고 있다. 여기에서 먼저 있었던 세례자 요한의 세례와의 근본적인 차이점이 나타난다. Q의 보고에 따르면 요한은 유대인들에게 설교한다(마 3:7-10; 눅 3:7-9).

이것은 요한의 세례를 특별히 개종자 세례로부터 근본적으로 분리하는데, 개종자 세례는 이방인의 개종을 위해 행해졌고 이방인들을 제의적으로 받아들이게 하는 남자들의 할례 및 희생 제사와 나란히 이방인들을 위한 입회 의식들에 속했다.[22] 그렇지만 세례자 요한의 선포에도 이방인들을 향한 개방을 의미하는 한 가지 특징이 있다. 유대인들이 아브라함의 자손이라는 사실이 구원을 보장하지 않는다(마 3:9; 눅 3:8). 하나님은 돌들로도 자손을 만드실 수 있다.

1983), 71도 보라. 대파국에 대한 기독교적 기대의 문맥에서 방화죄(Brandstiftung)에 대한 비난에 대해서는 W. Rordorf, "Die neronische Christenverfolgung im Spiegel der apokryphen Paulusakten," *NTS* 28 (1982), 365-374를 보라. 세계 대화재에 대해서는 G. Mayer, *Die biblische Vorstellung vom Weltenbrand* (Bonn: Selbstverl. d. Oriental. Seminars d. Univ. Bonn, 1956); M. Hengel, *Judentum und Hellenismus*. WUNT 10(Tübigen: Mohr, 1973), 349-350, 367, 388, 431을 보라. 네로 치하의 기독교 박해에 대한 연구개관은 P. Keresztes, "The Imperial Roman Government and the Christian Church I: From Nero to the Severi." *ANRW* II 23/1(1979), (247-315), 247-257을 보라.

22 개종자 세례에 대해 Hermann L. Strack · Paul Billerbeck, *Kommentar zum Neuen Testament aus Talmud und Midrasch 1: Das Evangelium nach Matthäus* (München: Beck, ³1961), 102-112; K. G. Kuhn, Art. προσήλυτος, *ThWNT* VI, 727-745 특히 738-739를 보라.

요아킴 예레미아스(Joachim Jeremias)[23]는 이사야 51:1-2이 내포하고 있는 것을 다음과 같이 제시한다.

> 하나님이 이전에 아브라함이라는 반석으로부터 놀라운 방법으로 아브라함의 자손을 생기게 하셨듯이, 그분은 항상 다시 같은 방법으로 아브라함의 자손을 생명으로 불러내실 수 있다.

요한은 구원이 이방인들에게 넘어갔음을 선포한다. 그 세례자는 '아브라함의 자손,' 즉 유대 청중들을 향하며, 그리고 그들에게서 구원을 가져오는, 구원을 의미하는 혈통에 대한 확신을 빼앗는다. 동시에 그는 하나님이 새로운 아브라함의 자손들을 만드실 수 있다는 사실을 예고한다.[24]

첫 번째 결과를 써 보자. 시빌레 IV는 잠수욕 - 용서 간청 - 찬미를 통해

---

[23] J. Jeremias, Art. λίθος λιθίνος, ThWNT IV, (72-283) 275; R. Kratz, Art. λίος, EWNT II, (869-872) 870: "죽은 물질"(=이방인)로부터 "살아 있는 자손을," 그럼에도 그는 사 51:1f.를 참조하도록 지시한다. Siegfried Schulz, Q, die Spruchquelle der Evangelisten (Zürich: Theolog. Verl., 1972), 375는 불명료하다. "하나님은 이미 오래 전에 아브라함에게 자녀를 불러 일으켰다. 그들은 무지한 자들, 가난한 자들 그리고 슬퍼하는 자들, 즉 종말론적인 구원 공동체의 구성원들이다. 그들은 요한과 지상의 예수의 회개 요청에, 그리고 특히 지상의 인자의 종말론적인 역사에 믿음으로 동의했다"(마 21:32 참조).

[24] J. Becker, Johannes der Täufer, 32는 세례자 요한의 선포의 특징을 잘 인식하고 있다("하나님이 세례자가 살고 있는 돌 광야로부터 아브라함에게 자손들을 만드실 수 있다는, 요한에 의해 가능성의 영역으로 끌어당겨진 불가능성은 예기치 않게 예리하고 도발적이다." J. Becker, Johannes der Täufer, 113의 각주 62에서 에디오피아 에녹서 98:4[äth-Hen 98:4]에 대한 언급은 하나님의 '불가능의 가능성'[unmögliche Möglichkeit]을 적절하게 잘 설명해 주지만, 사 51:1-2과의 관련성은 놓친다). 그러나 베커는 심판 설교에서 장소를 너무 고려한 나머지 계약적인 특성을 간과하고 있다. "세례 없이는 유대인들도 심판대 앞에서 이방인들과 같은 단계에 있다"는 주장은 진술의 목적을 오해하고 있다.

불심판 앞에서 구원을 약속한다. 거기에 세례자의 선포와 매우 유사한 것이 나타난다. 그 원문은 시기적으로 1세기의 마지막 20년으로부터 유래하고, 지리적으로는 이탈리아 또는 로마로 이끈다. 그것과 함께 "세례자 디아스포라"에 대한 또 다른 흔적들이 보도되었는가 하는 질문이 나타난다.

2. 요세푸스의 세례자 증언[25]

시빌레 IV가 큰 개연성을 가지고 로마를 가리켰다면, 우리는 이제 요세푸스의 『유대 고대사』(*Antiquitates Judaicae*, Ant.) 18,116-119에 나타난 세례자에 대한 증언으로 안전한 바닥을 밟게 된다. 이 작품은 도미티아누스(Domitianus) 시대에 로마에서 나왔다. 여기서 우리는 세례자 요한에 대한 유대 사람들의 목소리를 들을 수 있다.

헤롯 안티파스(Herodes Antipas)[26]가 형제의 아내와 결혼한 것에 대한 보도는 공관복음의 표현과 일맥상통하고 있다. 요세푸스에 의하면, 그때 헤롯의 현재 부인인 나바테아 왕 아레타스(Aretas)의 딸은 헤롯의 이혼 의도를 알아차리고 자신의 아버지에게 그 사실을 급히 알렸다.[27] 그래서 그는 헤롯

---

[25] 위의 각주 4를 보라.
[26] 세례자 요한, 예수 그리스도와 안티파스에 대해서는 G. Theissen, "Das 'schwankende Rohr,' in Mt 11,7 und die Gründungsmünzen von Tiberias. Ein Beitrag zur Lokalkoloritforschung in den synoptischen Evangelien," *ZDPV* 101(1985), 43-55를 보라.
[27] 연대기적으로 아레타스를 통한 안티파스의 패전 시기를 36년 가을로(Josephus, Ant. 18,115. 120-126; E. Schürer, *The History*, 350. 그러나 눅 3:1 이하에서의 세례자의 등장은 29/30년으로 잡아야 한다는 어려움이 생긴다. 물론 이 사이에 놓인 여러 해 동안 요한이 살해당한 기억이 백성들에게서 사라지지 않은 상태여야 한다.

의 군대를 섬멸했다. 요세푸스에 따르면, 유대인들의 눈에는 이 패배는 세례자 요한을 살해한 것에 대한 하나님의 정당한 징벌이었다(116.119). 공관복음에 따르면 세례자는 헤롯과 헤로디아의 결혼 후에 살해되었다.

공관복음의 전승(마 3:1; 11:11f.; 14:2, 8; 16:14; 17:13; 막 6:25; 8:28; 눅 7:20, 33; 9:19)에서와 같이 요세푸스에게서도 요한은 세례자(ὁ βαπτιστής)란 별명을 가지고 있다(116).[28] 아돌프 슐라터(Adolf Schlatter)는 그것에 대해서 다음과 같이 바르게 언급하고 있다.

> 요한은 이 독특한 칭호를 기독교 공동체에서 처음으로 받아들인 것이 아니라, 이미 유대인들에 의해, 그리고 더군다나 세례 운동 시기에 직접 받았을 것이다. 끊임없이 도처에서 시행된 '세례들' 중에서 요한의 '세례'는 독특하고 본질에서 다르고 새로운 세례로서 주목을 받았고, 그것은 백성들이 환상을 불러일으켰고 그 환상이 요한 자신의 개성을 특성 있게 나타내도록 해주었다.[29]

그러나 '세례자'란 별명과 세례-경건한 생활-죄 용서의 관계 규정 사이의 괴리는 뜻밖의 일이다. 요세푸스의 글에서는 세례자 요한이 행했던 세례 가운데 죄 용서가 주어지지 않는다. 세례는 육체의 정결을 위한 잠수욕일 뿐이다. 영혼은 의를 통해 이미 깨끗하다.[30] 이것으로써 세례는 반

---

[28] J. Becker, *Johannes der Täufer*, 38-39와 비교하라. 요세푸스에게서 나타나는 βαπτιστής, βαπτισμός, βάπτισις의 사용에 대해서 E. Nodet, *Jésus et Jean-Baptiste*, 324를 보라.
[29] A. Schlatter, *Johannes der Täufer*, 61.
[30] 그것에 대해서는 특히 A. Schlatter, *Johannes der Täufer*, 60과 E. Nodet, *Jésus et Jean-Baptiste*, 322ff.를 보라.

복으로 시행된 유대적이고 특별히 에세네적인 목욕의식들과 같은 수준이 된다. 이것은 정결(ἁγνεια, 117)이라는 표현의 사용에서도 분명해진다. 목욕 의식(βάπτισις)은 죄 용서를 위해서가 아니라, 몸의 정결을 위해서다(ἀλλ' ἐφ' ἁγνεά τοῦ σώματος).

에세네파의 목욕법(Bell. 11:129: ἀπολούονται τὸ σῶμα ψυχροῖς ὕδασιν καὶ μετὰ ταύτην τὴν ἁγνειάν⋯[찬물로 몸을 씻고, 이 정결 의식과 함께⋯]; Ant. 18:19과도 비교하라-역주)[31]처럼 반누스(Bannus)의 목욕법[32]은 정결 의식을 위해 (πρὸς ἁγνείν) 밤낮으로 여러 번 시행되었다(Vita 11).

공관복음 전승에 따르면(막 1:4; 눅 3:3; 비교 마 3:6) 요한의 세례는 죄의 해방을 위한 회개의 세례(βάπτισμα μετανοίας εἰς ἄφεσιν ἁμαρτιῶν)에 역점을 두고 있으며, 요세푸스가 그 세례에 대해 기록하는 것과 같이, 외적인 적용에 있어서 근본적으로 다르다. 또 다른 관점이 중요하다.

요세푸스의 보도에서는 새로운 변화가 세례의 효능을 위한 전제로 나타나지만, 공관복음의 증언에 따르면 새로운 변화는 세례 후에 일어난다([눅 3:10-14의] 계층 설교 참조). 세례의 의미에 관한 한 요세푸스의 세례자

---

31 여기에 대하여 A. Schlatter, *Johannes der Täufer*, 60을 보라.
32 반누스(Vannus) 역시 찬물로 목욕 의식을 거행했다: 정결을 위해 밤낮으로 씻는다 (ψυχρῷ δὲ ὕδατι τὴν ἡμέρ αν καὶ τὴν νύκτα πολλάκις λουόμενον πρὸς ἁγνείαν: Josephus, Vita 11). 찬물 속에 잠수하는 의식은 엘카사이(Elkesaiten) 집단에게는 치료학상으로(폐병) 그리고(귀신)축출을 위해 중요한 의미를 가진다(Hippolyt, *Refutatio* 16, 1; 7일 동안 40번 찬물 속에 들어간다). 매일 세례 고수자들은(Hemerobaptisten) 여름철에도 겨울철에도 물 속에 몸을 담근다. 그것에 대하여 Epiphanius, *Panarion* 17,1-5; Kurt Rudolph, *Antike Baptisten*, 9를 보라. 『아담과 하와의 생애』(Vita)에 따르면, 낙원에서의 추방 후 아담은 요단 강에서 40일간을, 하와는 티그리스 강에서 37일 동안 목에까지 차는 물 속에 서 있기를 원했다. 그러나 하와는 마귀의 술책으로 이미 18일 만에 자신의 회개 행위를 끝냈다. 이것에 대하여 Kurt Rudolph, *Antike Baptisten*, 12-13도 보라.

보도는 요한의 세례에 대한 초기 기독교의 전승에 대치될 뿐만 아니라, 실제적인 기독교의 세례와도 대치된다.

요한의 세례는 그에게 세례자(ὁ βαπτιστής)란 별명이 붙도록 원인을 제공했다. 그런데 이 세례의 특징이 요세푸스에게서는 보이지 않는다. 요한의 인격적인 면도 신약성경으로부터 우리에게 알려진 낯선 특징 중 어느 한 가지를 보여 주지 않는다.[33]

요세푸스에게서 요한은 오히려 덕(Tugend)에 대해 설교하고, 세례받도록 초청하고, 큰 호응을 얻고, 대중 운동에 대한 공포로 인해 헤롯에 의해 체포되고 살해되었던 의로운 인물(ἀγαθὸς ἀνήρ)이다.[34] 그런데도 요세푸스의 묘사로부터 요한에게 세례와 죄용서 사이에 관념의 연상이 존재한다는 사실이 이론의 여지 없이 나온다. 그 관념의 연상은, 복음서들이 가리키듯이, "다른 곳이 아닌, 실제적 내용으로부터" 나온다. 요세푸스가 바로 이 관련성을 부인하고 있을지라도 말이다.[35]

요세푸스가 원시 기독교 전승과는 달리 독립적으로 기록했다는 것은 명백하다(요세푸스의 보도와 관련하여 죄 용서에 대한 세례를 말한 오리게네스의 c. Celsum I, 47이 이미 그렇듯이 요한과 예수에 관해서 일어난 많지 않은 것들과 함께 세례자 요한이 죄 용서의 세례를 베풀었다는 것을 어떤 이가 기록하고 있다[ὅτι τὸ Ἰωάννην γεγονέναι βαπτιστὴν εἰς ἄφεσιν ἁμαρτημάτων βαπτίζοντά ἀνέγραφέ τις

---

[33] ἀγαθόν 대신에 ἄγριον으로 읽도록 한 R. Eisler, ΙΗΣΟΥΣ ΒΑΣΙΛΕΨΥΣ ΟΨ ΒΑΣΙΛΕΨ ΣΑΣ II(1930), 58의 수정은 이러한 성격 묘사를 하고자 한다(Bell. 2,110.118에 대한 고대 러시아 번역본과 일치하여) L. H. Feldman (LCL, Josephus IX, 81 각주)이 이러한 시도를 회의적으로 보는 것은 마땅하다.

[34] E. Nodet, *Jésus et Jean-Baptiste*, 327: "Jean est un homme de bien, approvue par les Juits"(유대인에 의해 칭찬을 받은 요한은 의로운 사람이다).

[35] E. Schürer, *The History of the Jewish People*, 63.

τῶν μετ᾽ οὐ πολὺ τοῦ Ἰωάννου καὶ τοῦ Ἰησοῦ γεγενημένων[36]], 헬라어 번역은 역자의 것). 설교와 세례를 통해 일어난 거대한 대중 운동에 관한 그의 보도를 보면, 요세푸스는 세례자 요한에 관한 직접적인 지식을 가졌을 수 있다.

그러나 그의 표현은 전혀 명료하지 않다. 요한은 "세례자"로 불린다. 그런데 요세푸스는 그의 세례 활동에 관해 아무것도 보도하지 않는다. 세례 자체는 오히려 올바른 변화를 통해 영혼을 정결케 하는 제의적인 잠수욕(ritueller Tauchbad: 유대의 개종자 세례와 쿰란의 정결 의식 등을 일컬음 - 역주)과 같다. 그것으로부터 대중 운동이 일어날 수는 없었다.

요세푸스가 기독교 세례 전승을 받아들였다는 논리는 배제(排除)돼야 한다. 더욱 분명히 보게 되겠지만, 세례자에 대한 기독교적인 시각은 예수와 기독교 공동체를 위하여 세례자와 그의 추종자들을 낮게 평가하려고 노력했다.

요세푸스는 세례자에 대해 서술하면서 이러한 (기독교적인) 경향을 이어가고 극복할 이유가 없었다. 그렇지만 요세푸스가 기독교적인 세례 이해에 반대하여 자신의 세례자 상(像)을 논쟁적으로 기획했다는 것은 절대적으로 가능하다.[37] 그런데도 요세푸스가 자기 시대의 세례자의 제자들에 반대하여 비판적인 태도를 보인다는 가정이 더 개연성이 높다. 이러한 맥락에서만 요세푸스가 자신의 일시적인 경험에 따라 해석하는(Vita 11) 요한과 그의 세례에 대한 평가절하가 실제로 의미가 있다.[38]

---

[36] 오리겐에 대해서는 E. Nodet, *Jésus et Jean-Baptiste*, 330을 보라.
[37] K. Th. Kleinknecht(Tübingen) 박사의 언급.
[38] K. Haacker(Wuppertal) 교수의 언급.

복음서들에서의 경계 설정과 충돌이 나타내는 것처럼—예수와의 유비와 경쟁 속에서—요한은 그의 추종자들에 의해 메시아로 높임을 받았다. 이러한 배경 속에서 '선한 사람'(ἀγαθὸς ἀνήρ)은 분명하게 논쟁적인 어조를 갖게 된다. 요한의 역할은 미덕 설교와 세례로의 부름으로 끝난다. 이것 역시 요한이 오래전부터 그의 공동체들에서 변형됐던 모습과 완전히 대립하기도 한다.

만약 플라비우스의 증언(*Testamonium Flavianum* 18:63-64)[39]을 현존하는 기독교의 관점에서 이해한다면("그리스도인들의 … 무리가 소멸하지 않았다"[τῶν Χριστιανῶν...ἐπ ἔλιπε τὸ φᾶλον]), 요한에 대한 부분은 적어도 세례자를 따르는 그의 추종자들을 의미한다. 너무 많은 것을 말했다고 할지라도 이것만큼은 이론의 여지가 없다. 로마에서 그리고 로마로부터 요세푸스에 의해 하나의 세례자 상이 바깥 세계로 유포되었는데, 그 상(像)은 복음서들이 말하고 있는 세례자의 모습과 복음서들로부터 추론할 수 있는 세례자의 모습에 반대된다. 이렇게 함으로써 요세푸스가 토론 속에 개입하게 되었다.

아레타스와 안티파스간의 충돌 사건과 연관하여 보도하듯이, 요세푸스에게 세례자는 유대교의 역사에 속한다. 그의 서술은 세례자에 대한 특별한 숭배에 반대하는 함축적인 논쟁으로서 이해될 수 있다. 비길 수 없는 로마의 종교적인 다양성을 주시한다면, 거기서 세례자의 메시지에 대한 수용적 태도를 찾을 수 있다는 사실은 놀라운 일이 아니다.

---

39 그것에 대해서는 E. Schürer, *The History of the Jewish People*, 428-441의 책 속에 있는 P. Winter, "Josephus on Jesus and James." Ant. XVIII 3,3(63-4)와 XX 9,1(200-3)을 참고 문헌과 함께, 그리고 최근에는 E. Nodet, *Jésus et Jean-Baptiste*를 보라.

만약 오론테스[40](Orontes)가 티베르 강(Tiber)으로 흘러 들어간다면, 왜 요단 강 역시 그렇게 해서는 안 되겠는가?

첫째, 3세기 초 로마에서 나온, 회개 세례와 죄 용서를 위한 후대의 한 실례(實例)는 엘케사이 집단의 알키비아데스(Alkibiades)의 등장이다(Hipp., Ref 9:13-17).[41] 그는 하드리아누스 치세 3년(100/101; καινὴν ἄφεσιν ἁμαρτιῶν: 죄에 대한 새로운 용서)에 새로운 죄 용서의 선포와 함께 100년 전에 나온 엘케사이(Elkesai)의 메시지를 끌어와 그리스도인 가운데 있는 큰 죄인들에게도 유효한 죄 용서의 두 번째 세례(βαπτίσματι λαμβάνειν ἄφεσιν ἁμαρτιῶν)를 설파했다. 유대 기독교적 특성은 할례 요구와 율법에 대한 의무로부터 규명된다.

둘째, 유스티누스(Justinus)는 2세기 중엽 로마에서 'SIMWNI LEWI SANGTWI'(Dem heilgen Gott Simon; Dem heiligen götlichen Simon, 거룩한 신이신 시몬에게)라는 비문을 가진 시몬 마구스(Simon Magus)의 입상(Statue)을 보았다고 보도한다(Apol I:26). 이 보도가 그릇된 해석[42]에서 기인한 것이라고 해도, 그것은 아무튼 사람들이 2세기 2/4분기에 로마에서 시몬 마구스의 체류를 기억하고 있었다는 사실을 보여 준다.

---

40 Juvenal, Sat 3,62; 로마에 대한 Tacitus, ann. 15,44의 진술 참조: *quo cuncta undique atrocia aut pudenda confluunt celebranturque*(Rom, wohin von überall alle gräßlich und zu scheuenden Dinge zusammenströmen und gefeiert werden: 도처에서 모든 소름 끼치고 겁나는 것들이 떼 지어 모이고 축제가 열리는 로마).

41 그것에 대하여 요약한 G. Strecker, Art. "Elkesai," 1172-1173; G. P. Luttikhuizen, "The Revelation of Elchasai," 56 이하를 보라.

42 H. Cancik, "Gnostiker in Rom. Zur Religionsgeschichte der Stadt Rom im 2 Jahrhundert nach Christus," in: J. Taubes(Hg.), *Religionstheorie und Politische Theologie* II: Gnosis und Politik (München: Fink, 1984), (163-184), 163f.

이 사람은 베드로행전(Petrusakten)과 클레멘트 위서(Pseudoclementinen)를 통해 서로 확인되며, 아마도 역사적인 근거가 있을 것이다. 이 이단자의 우두머리는 나중에 클레멘트 위서(Pseudoclementinen)에서 로마에서 자신의 적대자였던 도시테오스(Dositheos)와 함께(hom II, 24,2) 세례자 요한의 제자로 나타난다.[43] 이보다 더 부정적으로 요한을 평가할 수는 없었다. 동시에 우리는 요한이 그의 추종자들에 의해 메시아로 숭상되었다는 사실을 알게 된다.

그러나 또한 요한의 제자들에 속한 사람 중에서, 중요하게 여겨지는 사람들은 백성으로부터 분리되었다. 그리고 그들은 그들의 선생이 그리스도와 같은 사람이라고 설교했다("*Sed et ex discipulis Iohannis, qui videbantur esse magni, segregarunt se a populo et magistrum suum velut Christum praedicarunt,*" rec I, 54,8).

---

[43] 클레멘트 위서(Pseudoclementinen)에 따르면(hom II, 23, 2) 요한은—예수가 달의 수에 따라 12제자를 가졌듯이—태음력(Mondmonat)의 날 수에 해당하는 30명의 제자들을 모았다. 가장 탁월한 두 명의 제자 시몬(Simon)과 도시테오스(Dositheos) 옆에는 제자들 중 헬레나(Helena)도 있었다. 그것에 대해서는 W. Bauer, *Das Leben Jesu im Zeitalter der neutestamentlichen Apokryphen* (Tübingen: Mohr, 1909) Nachdr.(재판), 1967, 105-106를 보라. J. E. Fossum, *The Name of God and the Angel of the Lord. Samaritan and Jewish Concepts of Intermediation and the Origin of Gnostism.* WUNT 36 (Tübingen: Mohr, 1985), 115 이하는 한편으로 모세와 같은 예언자에 대한 사마리아적인 기대와 세례자 요한과의 관련성을 지적하고 있고, 다른 한편으로는 일반적인 유대교적인 엘리야 관념에 대한 것을 참조하도록 지시한다. 모세 전승은 다음의 사실로 이끈다: 클레멘트 위서(Ps.-Clem.) Rec I, 54의 시리아 판은 요한의 제자들이 그들의 선생은 실제로 죽지 않고 은밀한 곳에 숨어 있음을 주장했다고 말하는데, 이것은 모세의 무덤이 알려져 있지 않고 모세는 항상 살아 있다는 전승과 일치한다(116; 그리고 각주 126도 함께 보라). 일반적으로 비교할 수 있는 사마리아 디아스포라를 지적해야 할 것이다(R. Riesner [Tübingen] 박사의 언급).

이들에게는 예수가 아니라 요한이 메시아다. 그는 예언자들보다도, 모세와 예수보다도 위대하다(rec I, 60, 1-2).

셋째, 에픽테투스(Epiktetus, Diss II, 9, 21)는 유대교 세례의식들을 알고 있다는 것을 보여 준다. 그에게서 개종자 세례에 대한 초기의 증거를 볼 수 있는지, 또는 그가 유대교적인 개종자 집단들과 접촉하고 있는지는 명확하지 않다.[44] 에픽테투스는 실제적 유대인과 표면상의 유대인을 구별한다. 첫째 부류의 사람은 "세례를 받고 결심한 자로서의 본질"(τὸ πάθος τοῦ βεβαμμένου καὶ ᾑρημένου)을 받아들이고, 다른 부류의 사람은 '행동으로'(ἔργῳ)가 아니라 '말로만'(λόγῳ) 유대인 행세를 하는 '파라밥티스타이'(παραβαπτισταί)에 속하는데, 이것은 "'특별한 세례자'(Sondertäufer) 또는 '반쯤 세례받은 자'(Halbgetaufter)를 가리키고, 분파적 흐름들에 대한 암시로 이해될 수 있다."

우리가 숙고한 내용의 결과를 요약해 보자. 시빌레 IV에서 온 세례 관련 본문과 요세푸스의 세례자 증언은 1세기 말경 로마에 초기 기독교 전승과는 독자적으로 세례 요한의 선포가 알려져 있었고 그의 선포에 가까이 서 있는 집단들이 존재했다는 결론을 도출하게 만든다. 이것은 놀라울지 모른다. 그러나 우리는 신약성경에 직접 요한의 제자들로 구성된 디아스포라 공동체에 대한 정보를 가지고 있다. 이제 이 사실을 말하는 본문으로 시야를 돌리고자 한다.

44　이것에 대해서 M. Stern, *Greek and Latin Authors on Jews and Judaism* I (Jerusalem: Israel Acad. of Sciences and Humanities, Jerusalem 1976), 542-544 (Nr. 254)을 보라. 또한 아울러 Kurt Rudolph, *Antike Baptisten*, 13도 참조 하라; Rudolph는 마땅히 다음을 참조 하도록 지시한다. 개종자 세례는 기독교 세례에 대한 반작용(Reaktion)으로서 특별한 의미를 얻었지만, 그것과 함께 잠수욕 행위들(Tauchbäder)에 대한 고양된 평가를 표명하고 있다.

3. 에베소의 요한의 제자들 (행 19:1-7)[45]

누가의 보도에 따르면, 바울은 에베소에서 자기의 두 번째 체류 시에 "어떤 제자들"(τινὰς μαθητάς)을 발견한다. 그는 그들에게 직접 질문한다.

"여러분은 믿을 때 성령을 받았습니까?"(εἰ πνεῦμα ἅγιον ἐλάβετε πιστεύσαντε)

그때 그들은 진기한 대답을 한다.

"우리는 성령이 있다는 것을 전혀 듣지 못했습니다"(ἀλλ᾿ οὐδ᾿ εἰ πνεῦμα ἅγιον ἔστιν ἠκούσαμεν).

바울이 그들에게 무슨(εἰς τί) 세례를 받았는지 질문했을 때, 그들은 "요한의 세례를 받았다"(εἰς τὸ Ἰωάννου βάπτισμα)는 것을 말하고 있다. 그 말에 대해 바울은 그들에게 대답한다.

"요한은 회개의 세례를 베풀었고"(Ἰωάννης ἐβάπτισεν βάπτισμα μετανοίας).

"그리고 백성들에게 그들이 예수라고 불리는, 자기 뒤에 오시는 분을 믿어야 한다고 가르쳤다."

그들은 바울의 그 말을 듣고 곧 "주 예수의 이름으로"(εἰς τὸ ὄνομα τοῦ κυρίου Ἰησοῦ) 세례를 받았고, 바울이 그들에게 안수했을 때 "성령이 그들 위에 내렸고"(ἦλθε τὸ πνεῦμα τὸ ἅγιον ἐπ᾿ αὐτούς), 그들은 방언을 말하고 예언했다.

45　참고문헌에 대해서는 G. Schneider, *Die Apostelgeschichte*. Teil 2: Kommentar zu Kap. 9,1 - 28,31. *HThK* 5,2 (Freiburg: Herder, 1982), 262를 보라. 우리는 이어지는 부분에서 Kurt Rudolph, *Antike Baptisten*, 11의 체념적인 평가를 넘어설 수 있기를 희망한다. "요한의 제자들의 운명과 관련하여 적은 수의 언급들이 제공해 주는 것은 많지 않다."

"모두 12명쯤의 남자였다"라는 소견도 덧붙여졌다.

이 단락에 대한 평가에서 해석은 여러 갈래로 나누어진다. 슈미탈스(Schmithals)[46]처럼 전체 부분을 누가의 상상으로 돌리지 않는 한, 누가의 의도와 기초가 되는 원자료를 구별해야 한다는 데에는 큰 합의가 이루어진 상태다. 이로부터 기본적인 질문들이 생긴다.

① 누가의 자료는 요한의 세례를 받았던 기독교인에 관해 말하는가 아니면 요한의 제자들에 관해 말하는가?
② 누가는 요한 공동체에 속해 있으면서도 기독교인인 사람들이 완전히 기독교로 넘어가는 과정을 묘사하길 원했는가?
아니면 요한 제자의 개종과 하나의 교회로 들어가는 과정을 묘사하고자 했는가?
③ 누가는 50년대의 사건에 대해서 말하는가?
아니면 그의 이야기는 그 당시의 당면 문제 해결을 나타내고 있는가?

우리는 먼저, 그리스도인들이 요한의 세례를 받아들였을 가능성을 생각해봄으로써 해답을 준비하고자 한다.

이 가능성은 초기와 관련하여 원칙적으로 긍정될 수 있다. 자세히 살펴보겠지만, 예수의 제자들은 부분적으로 요한과 그의 세례로 시작된 운동에서 왔다. 예수는 이 세례를 받았고, 그의 제자들은, 아마도 예수 자신도 역시, 공공연히 그것을 계속했다.

---

[46] W. Schmithals, "Die Apostelgeschichte des Lukas," *ZBK* NT 3/2(1982), 172.

알란트(K. Aland)⁴⁷는 이 에베소의 제자들을 부활절 이전 요한의 세례와 예수의 선포에 편입시키며, 팔레스타인에서 에베소로 이주한 그들이 성령 수여와 부활 선포(Osterkerygma)와 함께 "예수의 이름으로" 받는 부활 이후의 세례로부터 격리된 채 이러한 기독교의 초기 형태를 유지하고 있었다는 사실을 가능하다고 여긴다.

슈미탈스는 이 이야기를 누가의 상상 영역으로 돌리고 있지만(바로 앞에 나오는 이야기 단락의), 아볼로를 부활 이전에 선포했던 자들의 대표자로, 더 정확하게는 어록 자료(Q1)의 전달자들의 대표자로 보고 있다. 이들은 "십자가와 부활을 알지 못했고"⁴⁸, 그 결과로서 "예수의 이름으로" 베푸는 세례도 그들에게 알려지지 않았지만, 요한의 세례는 계속해서 이어갔다는 것이다.

이미 케제만(E. Käsemann)⁴⁹은 자신의 기초적인 분석에서 "우리는 성령이 있다는 것을 전혀 듣지 못했습니다"라는 열두 사람의 진술을 그들이 아직 오순절에 관하여 경험하지 못했다고 간단하게 결론짓는 것에 대하여 경고했다. 아래와 같은 질문이 여기에 덧붙여진다.

에베소에 있었던 그 열두 사람은 적어도 20년 동안 그 새로운 사정에 대해서 가르쳐 줄 수도 있었을 사람, 알려지지 않은 사람들을 제외하고 잘 알려진 사람들, 즉 에베소의 기독교인들, 브리스길라와 아굴라, 1차 체류

---

47   K. Aland, "Zur Vorgeschichte der christlichen Taufe," in: K. Aland, *Neutestamentliche Entwürfe. TB* 63 (München: Kaiser, 1972; 1979), (183-197), 189.
48   Walter Schmithals, *Die Apostelgeschichte des Lukas, ZBK* NT 3/2 (Zürich: Theolog. Verlag, 1982), 172; W. Schmithals, *Einleitung in die drei ersten Evangelien* (Berlin [u.a.]: de Gruyter, 1985), 404도 보라.
49   E. Käsemann, "Die Johannesjünger in Ephesus"(1952; in: E. Käsemann, *Exegetische Versuche und Besinnungen* I (Göttingen: Vandenhoeck & Ruprecht, 1964), (158-168), 159.

중일 때의 바울(?)(행 18:19), 브리스길라와 아굴라에 의해 가르침을 받은 아볼로 중에서 아무도 만나지 못했는가?

좀 더 나아가기 위하여 우리는 아볼로라는 인물[50]이 바로 앞의 이야기를 포함해 본다. 이를 통하여 처음에는 어려움이 더욱 커진다(행 18:24-28). 아볼로에 관해서 놀랄만한 것이 보도된다. 그는 알렉산드리아의 유대인으로 '언변이 좋은 사람'(ἀνὴρ λόγιος)이고 성경에 능한 사람이었으며, '주의 도'를 배워 '열심히'(καὶ ζέων τῷ πνεύματι) "예수에 관해 말하고 세심하게 가르쳤다"(ἐλάλει καὶ ἐδίδασκεν ἀκριβῶς τὰ περὶ τοῦ Ἰησοῦ). 이러한 찬사 위에 그림자가 드리워진다.

"그는 단지 요한의 세례만 알고 있었다"(ἐπιστάμενος μόνον τὸ βάπτισμα Ἰωάννου, 25절).

브리스길라와 아굴라는 에베소에서 그의 (회당) 설교를 듣고 그에게 '도'를 '자세하게'(ἀκριβέστερον) 가르쳤다. 그러나 그는 같은 장소에 있었던 '제자들'(μαθηταί)과는 다르게, 예수의 이름으로 세례를 받지는 않았다. 그는 박식한 스스로 교사이지만, 열두 명의 사람들과는 달리 더 정확한 가르침이 필요했다.

두 이야기를 종합해 보면, 모든 긴장과 모순에도, 이야기들의 내적인 연관성을 알 수 있다. 그것들은 현재의 형태에 있어서 사건의 장소인 에베소와 요한의 세례를 통해 결합하여 있다. 이로써 두 이야기가 누가의 원자료에서도 결합하여 있었다고 말한 것은 아니다. 아볼로를 에베소와 관련시키는 것은 확실하고, 열두 명과의 관련성은 그 경우에 누가가 기재했을 것

---

50 참고문헌에 대해서는 Schneider(각주 45를 보라), 258을 보라.

이다. 해석자들의 무기력함은 예를 들어 콘첼만(H. Conzelmann)[51]에게 나타난다. 누가는 역사의 무대를 에베소로 옮겼다.

"그 이야기는 모든 임의의 장소에 (그리고 팔레스타인에서 가까우면 가까울수록 더 잘) 맞을 수 있다."

반대로 요한의 세례가 제자들의 이야기(Jüngergeschichte)로부터 아볼로의 성격 묘사에 이르게 되었다고 주장할 수 있을 것이다. 그 성격 묘사가 나머지 묘사와 완전히 모순적이기 때문이다. 그와 같은 '주고받기 절차'('Tausch')와 '생략절차'('Subtraktionsverfahren')에서는 아무것도 더 이상 남아 있지 않았다.

모든 내부적인 개연성은 두 이야기가 원래 함께 짝을 이루고 있었다는 것과 원래의 장소가 에베소라는 것을 뒷받침한다. 두 보도는 사도행전 19:1-7에서 명백하게 활동 중이고 18:24-28에서 언급되는 동역자들인 브리스길라와 아굴라 뒤에 간접적으로 서 있는 바울이라는 인물을 통해서도 결합하여 있다.[52]

누가는 그 열두 명을, "부활절 이전의"(알란트[53], 슈미탈스[54]) 기독교인들로든, "성령을 받지 못한 사람" 혹은 "미숙한"(케제만)[55] 기독교인들로든, 기독교인으로 서술하지 않았다. 그들은 교회적으로도 하나의 "기독교적인 특수 그룹"(콘첼만)[56]이나 "하나의 거룩한 보편적 교회"(Una sancta catholica)에 받

---

[51] H. Conzelmann, *Die Apostelgeschichte*, HNT 7 (Tübingen: Mohr, 1963), 110.
[52] E. Haenchen, *Die Apostelgeschichte*, KEK 3 (Göttingen: Vandenhoeck & Ruprecht, ¹⁵1968), 492.
[53] K. Aland, "Zur Vorgeschichte der christlichen Taufe," 189.
[54] W. Schmithals, "Die Apostelgeschichte des Lukas," 172.
[55] E. Käsemann, "Die Johannesjünger in Ephesus," 167.
[56] H. Conzelmann, *Die Apostelgeschichte*, 110; 아울러 Kurt Rudolph, *Antike Baptisten*을 보라, 11도 보라: "일종의 반(半)기독교인(eine Art Halbchristen)."

아들여진 "교회적인 아웃사이더"(케제만)⁵⁷도 아니었다. 바로 그들에게 성령이 내주하지 않음, 더 정확하게는 성령의 존재에 대한 그들의 무지는 누가의 관점에서도 그들이 기독교인이 아니었다는 사실을 보여 준다.⁵⁸

그들의 공동체 조직에 대해서 우리는 아무것도 알지 못한다. 그러나 세례자 요한의 말을 높이 평가하는 일은 도가 지나칠 정도여서 그들은 바울이 세례자 요한의 말("…그리고 요한은 백성들에게 그들이 자기 뒤에 오시는 분, 즉 예수를 믿어야 한다고 말했다," 행 19:4)을 인용하여 설명하자 곧바로 "주 예수의 이름으로" 세례를 받았다.

57　E. Käsemann, "Die Johannesjünger in Ephesus," 162; G. Klein, *Die Zwölf Apostel: Ursprung und Gehalt und einer Idee*, FRLAnt. NF 59(Vandenhoeck & Ruprecht 1961), 177은 케제만을 수정하고 있다: 교회의 아웃사이더가 하나의 거룩한 교회에 받아들여지는 것이 아니라, "기독교적인 신앙에 친근감을 가지고 있는 혼합주의적인 아웃사이더"가 받아들여졌다. Hans von Campenhausen, "Taufe auf den Namen Jesu?," in: Hans von Campenhausen, *Urchristliches und Altkirchliches* (Tübingen: Mohr, 1979), (197-216), 206에게 아볼로와 에베소의 기독교인들은 "그리스도의 세례와 요한의 세례가 아직 동일한 것으로 여겨졌던 기독교의 첫 번째 확산 물결의 증인들"이다. 캄펜하우젠은 "소아시아까지 흩어져 있었던" "진기한 에베소의 기독교인들에게서 세례자의 제자들"을 보는 것을 거절한다.

58　어쨌든 그들은 완전한 의미에서 실제적인 기독교인들이 아니었다(Haenchen [각주 52를 보라], 492의 "불완전한 기독교인"과 비교하라). 왜냐하면, 누가에게서 (기독교적인) 세례와 사정에 따라서 안수함으로써 이루어지는 성령 수여(행 8:16; 2:38, 역으로는 10:44)는 함께 속하기 때문이다; 세례와 성령이 없는 기독교는 누가에게서 불가능하다(G. Barth, *Die Taufe in frühchristlicher Zeit*. Biblisch-Theol. Studien 4 (Neukirchen-Vluyn: Neukirchener Verl., 1981), 60-72를 보라. 누가가 세례자의 제자들을 제자들(μαθηταί)이라고 부른 것은 서사적인 이유에서다("체험된 연설"): 첫눈에 보기에 그들은 제자들(μαθηταί; 여기서는 단지 기독교인으로밖에 생각할 수 없는, K. Lake · H. J. Cadbury, *The Beginnings of Christianity* I, *The Beginnings of Christianity* I [London: Macmillan, 1933], 237)로 보인다. 그러나 이 이야기의 진행은 그들이 제자가 아니라는 것을 분명히 한다. 동일한 것이 "믿을 때에"(πιστεύσαντες)라는 말의 사용에 적용된다. J. Roloff, *Die Apostelgeschichte*, NTD 5 (Goettingen: Vandenhoeck Ruprecht, 1981), 281: "바울은 세례자의 제자들을 우선 아웃사이더들과 동일시하지 않는다. 이 '제자들'(1절) 뒤에 숨어 있는 것은 대화에서(2-4절) 비로소 밝혀진다."

아볼로에게 다만 기독교적인 재교육이 필요했다면, 에베소의 요한의 제자들은 새로운 세례(누가에게 그것은 재세례가 아니다!)를 통하여 기독교인들이 돼야만 했다. 누가가 그 열두 명의 사람들에게서 기독교인들이 아니라, 교회의 앞마당에 있는 요한의 추종자들을 보고 있으므로 우리는 그가 다만 50년대의 한 사건을 말하고자 하는 것이 아니라, 실제적인 문제를 해결하고자 했다는 것을 받아들여도 된다.

그래서 우리는 이곳 소아시아의 에베소에서 "세례자 디아스포라"의 또 한 가지 실례를 만나게 된다. 만약 우리가 시간상으로, 그리고 지리적으로 동일한 공간에 속하는 요한복음이 우리에게 줄 수 있는 설명에 관하여 묻는다면, 우리는 초기 기독교의 이 선교 지역에 머무르게 된다.[59]

4. 요한복음 속에 나타난 세례자 공동체와 기독교 공동체

신약성경 어디에서도 세례자 요한과 예수 사이의 대립이 요한복음만큼 날카롭게 강조되는 곳은 없다. 우리는 여기서, 그리고 아울러 다른 복음서들을 다룰 때도, 모든 개별 진술들을 다 다룰 수는 없다. 우리가 세례자 공동체들과 세례자에 대한 그들의 사상들에 대해서 듣고 아는 것만이 중요하다. 그때 우리는 다른 복음서들에서도 역시 의미가 있는 해석학적인 문제에 부딪히게 된다.

---

[59] R. Schnackenburg, *Das Johannesevangelium* I, 133f.를 보라; 다른 의견에 대해서는 K. Wengst, "Bedrängte Gemeinde und verherrlichter Christus," *Biblisch-Theol. Studien* 5(1981), 77-93을 보라.

우리는 세례자에 대한 기독교의 논쟁적인 진술들을 세례자를 신봉하는 자들에 대한 긍정적 진술들로 평가해도 좋은가?[60]

즉, "내 뒤에 오시는 이가 나보다 앞선 것은 나보다 먼저 계심이라"(ὁ ὀπίσω μου ἐρχόμενος ἔμπροσθέν μου γέγονεν ὅτι πρῶτός μου ἦν, 요 1:15)라는 요한의 말에서 세례자의 제자들이 요한에게서 선재 하신 분(Präexistntenten)을 보았고 세례자가 (기독교적 본문에서는) 이를 거부해야 했다는 사실을 끄집어내도 되는가?

전체 문맥 속에 편입시킬 때에만 우리는 이와 같은 진술들을 적절하게 다룰 수 있다.

세례자에 관해서든, 그 자신의 말들에서든, 명시적으로 언급되는 곳에서 우리는 더욱 명료하게 보게 된다. 복음서 기자의 시각에서 볼 때 요한이 빛이 아니라 빛에 대한 증거자라는 사실(1:7-8)은 비슷한 방법으로 "나는 그리스도가 아니다"(ἐγὼ οὐκ εἰμὶ ὁ χριστός, 요 1:20)라는 자기 진술처럼 요한의 제자들 믿음을 반영한다. 그는 자신이 엘리야나 (모세와 같은) 예언자인가 하는 질문도 부정한다(1:21-22).

세례자 운동은 예수 공동체들의 기독론과의 유비 속에서 형성되었던 '세례자 기독론'(Täuferchristologie)을 형성시켜 나감으로써만 계속 존속할 힘을 얻을 수 있었다. 공관복음서에서 앞으로 보게 되겠지만, 기독교 진영이 신학적으로 싸움의 대상으로 삼았던 하나의 "기독론적인" 발전이 발생

---

[60] 이 원칙적인 해석학적 문제에 대해서는 K. Berger, "Die impliziten Gegner. Zur Methode der Erschließung von 'Gegnern' in neutestamentlichen Texten," in: Dieter Lührmann(ed.), *Kirche: Festschrift für Günther Bornkamm zum 75. Geburtstag* (Tübingen: Mohr, 1980), 373-400을 보라.

하게 되었다.

요한복음에서도 성령은 요한과 예수 사이의 '특별한 차이'(*differentia specifica*)를 나타내는 결정적인 역할을 한다. 요한은 물로 세례를 주고, 예수는 성령으로 세례를 베푼다. 왜냐하면, 그가 세례를 받을 때 성령이 그의 위에 와서 머물렀기 때문이다.[61] 요한 자신이 그 광경을 보았기 때문에 그는 이 사건과 이러한 차이에 대한 증인이다. 왜냐하면, 하나님이 그에게 계시하셨기 때문이다.

"내가 보고 증거했다"(κἀγὼ ἑώρακα καὶ μεμαρτύρηκα, 1:34).

이러한 계시의 기독론적 목표는 예수가 "하나님의 아들"이라는 것이다 (다른 독법인 "하나님의 택한 사람," 사 42:1 참조). 그리스도나 엘리야나 그 예언자가 아니라 증인인 세례자 요한과 달리, 그가 하나님의 아들이다. '단지 증인'이라고 말한다면 그것은 틀릴지도 모른다.[62] 그러나 요한과 예수의 관계는 기독교적인 시각에서—그리고 이로써 두 사람에게 각각 편입된 '공동체들'의 관계는—더 명료하고 동시에 더 논쟁적으로 규정될 수 없을 것이다.

그런데도 예수와 요한 사이에는 공통점들이 있다. 두 사람은 세례를 베풀었다.[63] 예수 또는 그의 제자들이 베푸는 세례가 요한의 제자들에게 불

---

[61] R. Schnackenburg, *Das Johannesevangelium* I(HThK IV), IV, 75.
[62] J. Becker, *Johannes der Täufer*, 13: "요 1:19 이하에서 세례자를 예수를 위한 단순한 증인으로 격하."
[63] 드러난 실상은 베커(Becker)가 확정한 것을 뒷받침해 준다(각주 2를 보라), 13-14: "예수도 활동 초기에 세례자와의 유비와 의존관계 가운데서 세례를 베풀었다는 사실에서 출발해야 한다." 그러나 기독교의 세례가 결코 예수에게 소급되지 않는다는 점은 고려해야 한다(C.-J. Thornton, Tübingen의 언급).

쾌감을 유발하게 되어, 자기들의 스승에게 그 사실을 알린다.[64]

"보십시오. 이 사람이 세례를 주니 모든 사람이 그에게로 갔습니다"(ἴδε οὗτος βαπτίζει καὶ πάντες ἔρχονται πρὸς αὐτόν, 요 3:25ff).

30절에서 마무리되는 요한의 삼중적인 대답은 요한이 자기의 세례를 그러한 이유에서 중지(또는 적어도 제한)하겠다는 것으로 이해할 수 있는가? 그는 다음과 같이 대답한다.

① 어느 사람도 "하늘에서"(ἐκ τοῦ οὐρανοῦ) 주어지지 않은 것은 받을 수 없다. 즉 예수의 세례는 하나님에게서 왔다(세례자 요한의 세례와 관련하여 예수의 말씀 참조: "요한의 세례가 하늘에서 온 것이냐 아니면 사람들에게서 왔느냐"(ἐξ οὐρανοῦ ἦν ἢ ἐξ ἀνθρώπων, 막 11:27-33).

② 그는 직접 "자기 제자들이 증인의 제자들"이라고 말했다: "나는 그리스도가 아니라 그분 앞에 보내심을 받은 사람이다"(οὐκ εἰμὶ ἐγὼ ὁ Χριστός, ἀλλ' ὅτι ἀπεσταλμένος εἰμὶ ἔμπροσθεν ἐκείνου, 요 3:28).

③ 그는 신랑의 친구이며, 자신의 기쁨은 충만하다(3:29). 예수는 신부(즉 교회)를 가졌고, 요한은 (단지) 친구다.[65]

---

[64] 이 불평은 세례자의 제자들과 한 유대인과의 결례에 대한 다툼(요 3:25)으로 촉발되었다. 요한과 예수의 세례는 통상적인 유대 정결례들(Reinigungsriten)과는 근본적으로 다르다. 3:25에서 말하는 사건은 세례 혹은 정결례들에 대한 유대교와의 지속적인 토론을 동시에 반영하고 있다(O. Hofius[Tübingen] 교수의 언급).

[65] 특히 그는 "친구"로서 예수와 매우 가까이 서 있다. 그 점에서는 "단지 증인"이란 말을 제한해야 한다(각주 62를 보라). 증인 됨이 그를 예수와 묶어 주며, 그를 모세와 엘리야와 같은 지평 위에 세운다(막 9:2-13 병행구절; 요 1:34)!

종결 진술은 (복음서 기자의 관점에서) 예수와 요한의 관계뿐만이 아니라, 두 공동체의 관계도 특징짓는다.

"그는 더욱 커져야만 하고 나는 더욱 작아져야만 한다"(ἐκεῖνον δεῖ αὐξάνειν, ἐμὲ δὲ ἐλαττοῦσθαι, 요 3:30).

뒤에 오는 구절들(3:31 이하)은 여기에 더해 예수와 세례자의 대립을 날카롭게 한다. 예수는 "위에서 오시는 분"(ἄνωθεν ἐρχόμενος)이고, 요한은 "땅에서 난 사람…"(ὁ ὢν ἐκ τῆς γῆς …)이다. 이러한 진술들은 활기 있는 논쟁의 증거들이다. 요한복음은 세례자 공동체(Täufergemeinde)에 세례자 요한과 관련된 고도로 발전된 "기독론"(즉 세례자 기독론: 세례자 요한을 메시야로 생각하는 사상-역주)이 존재하는 것을 반영한다. 이 기독론은 기독교 공동체에 의해 반박되었다.

요한복음과 함께 우리는 에베소에 있던 요한의 제자들에게서처럼 소아시아에 있으며, 그것도 사도행전보다 조금 늦은 시기다. 요한복음에서의 "세례자 기독론"에 비해 에베소에서 만난 세례자 요한의 제자들이 가진 소박함이 눈에 띈다. 그들은 전승사적으로 요한이 기꺼이 자신의 자리를 비우는 논쟁의 초기 단계를 대표하고 있다.

이 경쟁 관계는 메시아론에 관계된 것이 아니라, 특별히 성령을 수여하는 세례에 관계된다. 공관복음서에서 마찬가지로 이른 시기의 층(특히 Q에서)을 만나게 되지만, 그 옆에는 세례자의 메시아성에 관한 질문도 있다.

이제 우리는 이 복합체로 향한다.

5. 공관복음서에 나타난 세례자 공동체와 예수 공동체

1) 예수가 세례자 요한에 의해 세례, 즉 세례자의 세례(Täufertaufe)를 받았다는 것은 초기 기독교 역사의 가장 확실한 보도에 속한다[66]

아마 예수는 자기처럼 요한에 의해 세례를 받은 사람들의 주변에서 얼마 동안 머물렀을 것이다. 예수의 제자 중 몇 사람이 세례자에게 속한 무리(요 1:40)[67]로부터 왔는데, 아마도 다른 사람들은 세례받지 않은 채 예수를 따랐다는 사실을 우리는 요한복음으로부터 알 수 있다. [그런데 그들이 세례받지 않고 예수를 따랐지만-역주] 나중에 시행된 '(예수의) 세례'(Jesus-Taufe)를 받았다는 보도가 나타나지 않는다. 예수와 처음의 제자들은 요한의 세례가 완전한 효력이 있는 것으로 승인했다.

초기 교회는 세례 행위와 죄 용서를 위한 회심 세례에 대한 이해를 넘겨받았다. 그러나 초기 교회는 "예수 그리스도의 이름으로" 세례를 베풀었다. 세 가지 구성요소로 이루어진 세례 양식(마 28:19)은 후대에 생겼고, 확장(아버지와 아들과 성령의 이름으로 확장됨-역주)을 통하여 간단하게 생성되지는 않았다.[68] 더 이상 "세례자"가 통합시키는 중요한 인물이 아니라, 믿

---

[66] 막 1:9-11; 마 3:13-17; 눅 3:21-22; 요 1:29-34; G. Barth, *Die Taufe in frühchristlicher Zeit*, 23-28, 37-43을 보라. 왜 예수가 세례를 받았는지에 대한 이유에 대한 고대 교회의 입장에 대해서 W. Bauer, *Das Leben Jesu im Zeitalter der neutestamentlichen Apokryphen*, 112ff.를 보라. 특히 이그나티우스의 서신(IgnEph 18:2)은 중요하다. 예수는 "물을 깨끗하게 하기 위하여"(ἵνα τὸ ὕδορ καθαρίσῃ) 세례를 받았다.
[67] 요 1:35 이하의 배후에는 "예수의 처음 제자들이 요한의 제자들이었다는, … 아마도 하나의 가능한 역사적인 메모"가 숨어 있다. J. Becker, *Johannes der Täufer*, 14를 보라.
[68] G. Barth, *Die Taufe in frühchristlicher Zeit*, 44-59에게서 세례 양식에 대한 좋은 개관을 볼 수 있다. 초기 기원들과 관련된 토론에 대해서는 이제 L. Abramowski, "Die Entste-

는 자는 세례에서 그리스도에게 바쳐지는데, 그것도 그와 연결된 모든 구원사건에 그렇게 된다.

기독교의 세례는 역사적으로 요한을 통한 예수의 세례에 그 유래와 기초를 두고 있다. 이로부터 초기 교회에서 후에 일어났던 문제들은 마태에게서 명백하게 나타난다. 한 논쟁에서 요한은 처음에 예수에게 세례 주는 것을 거절한다(마 3:14).[69] 에비온 복음서는 이러한 특징들을 강화한다.

이때 하나님의 아들의 무죄성뿐만 아니라(히브리 복음서: "내가 무슨 죄를 지었기에 그에게로 가서 그에게 세례를 받아야만 하느냐?"[*Quid peccavi, ut vadam et baptizer ab eo*?]를 보라), 예수와 요한의 서열 그리고 그것과 함께 그들의 공동체 간의 서열도 논의의 대상이다.[70]

2) 공관복음서의 설명에서 예수는 세례자가 감옥에 갇힌 후에(막 1:14; 마 4:12) 자신의 공적인 활동을 갈릴리에서 시작한다

누가는 이러한 생각을 위해서 요한이 구금된 후에야(눅 3:19-20) 예수의 세례를 기록한다(3:21-22). 말하자면, 공관복음에 따르면 예수는 요한의 세례 활동은 계승하지 않은 채 요한의 선포 사명을 넘겨받는다. 요한복음은 이와 달리 두 사람의 세례에 관하여 공관복음과는 반대로 보도한다(요 3:26; 그러나 4:2을 보라). 기간(둘의 세례 활동이 겹치는 기간 - 역주)은 비교적

---

hung der dreigliedrigen Taufformel – ein Versuch," ZThK 81 (1984), 417-446을 보라.
69 W. Bauer, *Das Leben Jesu*, 112-113을 보라.
70 에비온 복음서에서 예수는 요한에게 마지막으로 세례를 받은 사람이다(Epiphanius, haer. 30,13,7), 눅 3:21 참조; W. Bauer, *Das Leben Jesu im Zeitalter der neutestamentlichen Apokryphen*, 106의 각주 2를 보라.

짧게 어림잡을 수 있을 것이다.[71]

Q에 있는 세례자에 대한 예수의 증언도 예수와 요한의 동시적 활동을 뒷받침한다(마 11:7-8//눅 7:24 이하).[72] 요한은 감옥에서[73] 자기 '제자들'(μαθηταί)을 보내어 그들을 통하여 예수가 그 '오실 분'(ἐρχόμενος)인지를 질문하게 한다(마 11:2-6//눅 7:18-23). 요한의 '제자들'(μαθηταί)은 그의 시신을 매장한다(막 6:29//마 14:12).[74]

하위 배치(요한과 예수의 관계에서 요한[의 사역]을 예수[의 사역] 아래에 두는-역주), 종속(요한을 예수에게 속하는 것으로 보는-역주), 교대(요한의 자리와 사역을 예수가 대신하게 되는 역할-역주)의 유혹에도 불구하고 공관복음서 기자들은 요한복음의 기자와 마찬가지로 오해할 수 있는 여지없이 요한의 제자들이 스승이 살해당한 후에도 공동체로 결합되어 있었다는 것을 증명하고 있다.

요한과 그의 제자들에 대한 이러한 진술들은 초기 기독교와 동시대에 있었던 세례자 운동과의 논쟁의 역사를 반영한다. 세례자가 죽은 후에 그

---

[71] Q와 마가에게서는 억제되지만 요한에게서는 보존된 예수의 세례에 대해서는 Becker(각주 2를 보라), 13을 보라. "역사적으로 그것[그 전승]은 어떤 경우에도 과소평가되어서는 안 된다."

[72] 안티파스에 대한 비판에 대해서는 이제 G. Theissen, "Das 'schwankende Rohr,'" 54-55를 보라.

[73] 신속한 연락의 가능성에 대해서는 A. Strobel, "Die alte Straße am östlichen Gebirgsrand des toten Meeres," *ZDPV* 97 (1981), 81-92; R. Rießner, "Johannes der Täufer auf Machärus," *Bibel und Kirche* 39(1984), 176을 보라. "오실 분"에 대해서는 F. Lang, "Erwägungen zur eschatologischen Verkündigung Johannes des Täufers," in: Georg Strecker, *Jesus Christus in Historie und Theologie*: FS H. Conzelmann (Tübingen: Mohr, 1975), (459-473), 470-473을 보라.

[74] 막 6:29의 보도를 넘어서 마 14:12에서는 요한의 제자들이 예수에게 세례자가 살해당한 사실을 알린다. C. H. Kraeling, *John the Baptist* (New York · London: Scribner, 1951), 158-187은 특별히 요한의 신봉자(Anhänger)들의 지속되는 역사를 강조한다.

를 메시아적인 시각으로 보았던 세례자 운동이 있었고, 이 운동에서 예수 운동이 유래했다는 것을 인정함으로써 기독교 공동체는 시간적인 그리고 서열에 의한 귀속(歸屬)을 확인한다.

시간상으로, 그리고 구속사적으로 요한은 예수를 위한 선구자, 예수를 위한 증인이 된다. 그의 등장은 구속사의 전환점이 된다(마 11:12-13//눅 16:16). 그는 새로운 시대의 길을 준비하는 사람이 된다.[75]

서열에 있어서 세례자 요한은 예수에게 종속된다. 복음서들은 요한에게 다양한 시간과 장소에서 엘리야[76](마 11:14), (모세와 같은) 예언자[77](요 1:25), 메시아(요 1:25; 눅 3:15)와 같은 칭호가 부여되었다는 것을 인식하게 한다.

누가복음과 요한복음은 이 '기독론'과 씨름한다. 누가에게 특징적으로 존엄에 대한 진술들을 유지함으로써, 누가복음 1장 안에서, 특히 1:80에서 그의 등장(ἀνάδειξις)으로, 즉 (이스라엘의 통치자로서) 자신을 소개하는 데서 절정에 이른다.[78]

---

[75] J. Becker, *Johannes der Täufer*, 14는 침노하는 자에 대한 격언(Stürmerspruch)(마 11:12-13/눅 16:16)과의 연관성 속에서 "그 진술의 신학적 경향이 아마도 역사적으로 원칙상 정확한 소식으로서의 특성을 배제할 필요는 없다는 사실을 지적한다." 왜냐하면, 그 격언은 "세례자의 활약을 종결된 시기로서 회상하고 있기" 때문이다. 어떤 경우든 예수가 특정 시점부터 독자적이라는 점, 즉 더 이상 세례자의 제자의 역할로 등장하지 않았다는 점은 받아들여야 한다.

[76] 요한-엘리야의 관계는 E. Nodet, *Jésus et Jean-Baptiste selon Josèphe*를 보라, 328에 따르면 엘리야-아합-이세벨과 함께 요한-안티파스-헤로디아의 평행 안에서도 나타난다 (후자는 "autre épouse d'un roi faible"[허약한 왕의 아내에 대한 한 또 다른 실례]).

[77] 고대 교회의 이러한 칭호 수용에 대해서는, W. Bauer, *Das Leben Jesu*, 108-109를, 그리고 Elia에 대해서는 앞의 책 109를 보라.

[78] A. M. Schwemer (Tübingen)의 언급; 거기에 대해서는 E. Bickerman, "ANDEIXIS," in: E. Bickerman, *Studies in Jewish and Christian History* III (Leiden: E.J. Brill, 1986), 1-6을 보라; E. Bickerman, "Jean-Baptiste au désert," *Studies in Jewish and Christian history* 3(1942), 7-21을 보라. 송가(Benedictus)와 세례자에게 속한 무리(Täuferkreis)로부터의 유래에 대해서는 기본적으로 Ph. Vielhauer, "Das Benedictus des Zacharias (Lk 1:68-79)"(1952), in: Ph. Vielhauer, *Aufsätze zum Neuen Testament*. TB 31 (Muenchen: Kaiser,

마태복음에서는 요한에게 엘리야의 역할을 준다는 점에서 그 경쟁 관계가 (요한복음이 말하는 것보다 - 역주) 덜 날카롭다.[79] 마가복음은 더 조금 논쟁적이며, Q는 과도하게 요한에 관해 말한다. 기대했던 것과는 정반대의 상황이다. "기독론적인" 논쟁은 후기 본문인 요한복음에서 한층 날카로워지고 그 정점에 이른다.[80] 우리는 이로부터 세례자 공동체의 신학적인 무게와 확장이 수십 년이 지나면서 줄어들기보다는 늘어났다는 결론을 내려야 한다. 필하우어(Ph. Vielhauer)의 판단은 이로써 확증된다.

"그 분파는 1세기 말에 절정을 이루었다고 보인다."[81]

세례자 공동체들에서의 신학적인 발전은 발전 단계의 연기와 더불어 초기 기독교의 신학적 발전과 나란히 진행되었다. 복음서 저자들은 초기 기독교를 향한 세례자 선교(Täufermission)로부터 나올 수 있었다. 그들은 실제로 있었던 위험(세례자 공동체가 가지고 있었던 세례자 기독론 등으로 인해 기인된 위험-역주)을 인식하고, 그것(세례자 공동체-역주)과 더불어 신학적으로

1965), 28-46을 보라. O. Böcher, "Lukas und Johannes der Täufer," *Studien zum Neuen Testament und seiner Umwelt* 4(1979), 27-44와도 비교하라.

[79] U. Luz, *Das Evangelium nach Matthäus (Mt 1-7)*. EKK I,1 (Zürich · Einsiedeln · Köln: Benziger, 1985; Neukirchen-Vluyn: Neukirchener Verl., 1985), 151, 각주 7(마 3:13-17에 대해서): "눅 3:15, 요 1:6-8, 24, 34과 클레멘트 위서(Pseudoclementinen)(Rec I, 54,8; 60,1-3)에서와는 다르게 마태는 세례자를 메시아로 생각하는—예수의 세례를 특별히 예민한 문제가 되게 하는 상황을 야기하는—세례자 집단(Täufergruppe)과 논쟁할 필요가 없었던 것으로 보인다.

[80] 그 논쟁은 클레멘트 위서(Pseudoclementinen)에서 극단적으로 계속된다(위의 책 46-47을 보라).

[81] Ph. Vielhauer, "Art. Johannes der Täufer," *RGG* 3 III, (804-808), 807. Günter Klein, "Zur Diskussion gestellt 3," in: Günter Klein, *Entmythologisierung des Evangeliums : diskutiert an zwei Beispielen: Die Gestalt Johannes' des Täufers. Das Pfingstwunder* (Kevelaer: Butzon & Bercker, 1968), 11도 보라. "그들은 신약성경 이후 시대에도 세례자에 대한 메시아적인 숭배를 유지했고 마지막 날에 있을 그의 재림을 기다렸다."

논쟁했다. 그 점에 있어서 우리는 회당과의 관계에서처럼 여기에서 서로 특성이 유사하고, 그러므로 더 격렬하게 진리의 문제를 놓고 싸우는 두 소수 집단의 논쟁을 위한 패러다임을 우리 앞에 가지고 있다.

이 다툼의 장소는 세례자 공동체들이 즐겨 배치되었던 요단 계곡이 아니었다. 우리는 일종의 '세례자 디아스포라'와 같은 것이 존재했었다는 것을 보여 주고자 했다. 아마도 세례자 공동체들은 로마와 소아시아에 실존했을 것이다. 우리가 우리 복음서들의 유래 장소를 함께 생각할 경우, 마가복음도 (70년 조금 전의) 로마로 이끌며, 어쩌면 누가복음도 로마나 소아시아로 인도한다(약 80년). 마태복음은 시리아 쪽을(약 80년), 마지막으로 요한복음(80-100년)은 소아시아 쪽을 가리키고 있다. 초기 기독교의 선교 지역들과 세례자의 유포는 말하자면 부분적으로 겹치고 있다.[82]

초기 기독교 공동체와 세례자 공동체의 관계 규정에서 기독교의 메시아론이 "세례자 기독론"에 미쳤던 영향력이 실마리 역할을 한다. 결론적으로 초기 기독교를 위한 세례자 운동의 의미에 관해 이제 역으로 질문해야 할 것이다. 기독교에 근본적인 내용이 되었던 것은 역사적으로 기독교가 요한에게 세례에 대하여 신세를 지고 있다는 사실이다.[83]

---

[82] 아마 이집트에서조차도(D Apg[사도행전의 D 사본] 18,25). Ph. Vielhauer, "Das Benedictus des Zacharias," 42도 아울러 비교하라.
[83] Kurt Rudolph, *Antike Baptisten*, 11은 세례가 "요한의 본래적인 생각"이었다는 점을 마땅히 인정한다. 개종자 세례로부터 요한의 세례가 유래되었다고 보는 것은 "연대기적인 근거들에서부터 이미 실패했다." 인상 깊은 것은 O. Böcher, "Johannes der Täufer in der neutestamentlichen Überlieferung," in: Gotthold Müller(ed.), *Rechtfertigung, Realismus, Universalismus in biblischer Sicht : Festschrift für Adolf Köberle zum 80. Geburtstag* (Darmstadt: Wiss. Buchges, 1978), (45-68), 58. "역사가는 기독교 본문들을 기록하는 경향들 이면에도 높은 자의식을 가지고 엄중하게 요구하는 전권적인 유대교 예언자 상

예수가 요한에게 세례를 받았다는 사실과 예수가 자기 제자로 부른 많은 사람이 확실히 예수나 그의 제자들에 의해 다시 세례를 받지 않고 요한의 세례로부터 왔다는 사실은 이를 받아들일 수 있는 가장 중요한 근거였다. 그러므로 사도행전 19:1-7에서 묘사된 장면은 요한의 세례가 지닌 본래 의미와 그의 세례를 다루는 예수의 방식에 반대되는, 신약성경에 나오는 유일한 '재세례'에 관한 보도다.[84]

초기 기독교는 죄 용서를 위한 회개의 세례로서 요한의 세례를 받아들임으로써 세례의 종말론적인 의미뿐만 아니라, 하나님에 의해 새롭게 창조된 아브라함의 자손들에게 선언되는 보편적 차원까지도 보존했다. 오리게네스(Origenes)는 자신의 21번째 누가복음 설교(21. *Homilie in Lucam*)에서 누가복음 3:2의 '광야에서'(ἐν τῇ ἐρήμῳ)를 해석하면서 이러한 문맥을 보았고 확장했다. 이에 의하면, '광야에서'(ἐν τῇ ἐρήμῳ)라고 되어 있는 이유는 광야는 듣지만 도시는 불순종할 수 있기 때문이다. 그런데 그는 광야를 민족들에게서 온 교회라고 말한다(ἔρημον δὲ τὴν ἐξ ἐθνῶν ἐκκλησίαν φησίν).[85]

을 탐지하고 있다; 예수의 스승으로서 (그리고 아마도 예수의 형제 야고보의 스승으로서) 세례자 요한은 후기 교회에 결정적인 교리 내용과 신앙 내용을 전수해 주었다. 그 외에도 윤리적·종말론적 의미가 있는 물 세례와 성령 세례라는 입회 의식을 전수해 주었다." 요한의 세례의 독창성에 대해서는 F. Lang, *Erwägungen zur eschatologischen Verkündigung*, 461-465, 472도 보라.

[84] 재세례 문제에 대해서는 히 6:4-6; Herm mand(헤르메스의 목자 Mudata) 4,3,1을 보라.
[85] Origenes in Lucam Hom. XXI, in: M. Rauer(ed.), *Origenes Werke 9*: Die Homilien zu Lukas in der Übersetzung des Hieronymus und die griechischen Reste der Homilien und des Lukas-Kommentars (Leipzig: Hinrichs, 1930), 141.

제4장

성만찬 전승에 나타나는 '언약'*

번역: 박 성 호 박사

언약에 대해 침묵하는 소위 '언약 침묵'(Bundesschweigen)[1]이 예수의 선포 중 성만찬 전승에서만 깨진다는 점은 눈에 띄며 수수께끼와 같다. 이때 "(…) 언약의 피"(막 14:24; 마 26:28)와 "내 피로 세운/세우는 새 언약"(고전 11:25; 눅 22:20)이라는 표현들이 전승사적으로 어떤 위치에 있고 그것들에 어떤 의미가 주어지는지는 신약성경에 대한 주석적-신학적 작업에서 가장 논쟁의 여지가 많은 문제에 속한다.[2]

---

* 1995년 10월 31일 뷔르츠부르크에서 '교회와 유대교'라는 이름의 독일개신교회(Evangelische Kirche in Deutschland) 연구위원회에서 행한 강의의 개정본. 원고를 타이핑해 준 마리에타 헴멀레(M. Hämmerle)와 여러 가지 도움을 준 프리드리히 아베마리(F. Avemarie) 박사에게 감사의 말을 전한다. 원서에는 "감사와 존경의 마음을 담아 게르트 예레미야스(G. Jeremias)에게 바칩니다"라는 헌정문이 있다-역주.

1 주제와 개념에 대해서는 Erich Grässer, *Der Alte Bund im Neuen: Exegetische Fragen zur Israelfrage im Neuen Testament*, WUNT 35(Tübingen: Mohr Siebeck, 1985), 9-16을 보라.

2 특별히 논쟁의 여지가 있는 것은 그 안에 대속에 대한 진술들이 나타나는가의 문제이다. 이와 관련하여 최근의 논의 가운데서 한편으로는 Peter Stuhlmacher, "Das neutestamentliche Zeugnis vom Herrenmahl," *ZThK* 84(1987), 1-35; Peter Stuhlmacher, *Biblische Theologie des Neuen Testaments*, Bd. 1: Grundlegung. Von Jesus zu Paulus(Göttingen: Vandenhoeck & Ruprecht, 1992), 130-143; Otfried Hofius, "Herrenmahl und Herrenmahlsparadosis," O. Hofius, *Paulusstudien*, WUNT 51(Tübingen: Mohr Siebeck, 1989), 203-240; 다른 한편으로는 Klaus Berger, *Theologiegeschichte des Urchristentums: Theologie*

전승은 예수의 마지막 만찬을 유월절 만찬으로 묘사한다.[3] 그것은 연대 확인과 장소 설정을 통해서, 그리고 유월절 잔치의 문맥을 암시하는 많은 개별적 특징들을 통해서 진행된다. 이때 특히 해석의 말들과 할렐(Hallel)을 상기시키는 마무리 송가에 주목해 볼 수 있다.

그러나 모든 문학적, 전승사적, 역사적 언급들에서 폭넓게 자리 잡은 합의사항은 주의 만찬이 한 가지 원인에만 귀착하여 (유월절 만찬이었든 아니든 간에) 예수의 고별 만찬으로부터 소급될 수 없다는 사실이다.[4] 특히 고려

---

des Neuen Testaments(Tübingen and Basel: Francke, 1994), 279-291을 보라. Klaus Berger, *Wer war Jesus wirklich?*(Stuttgart: Quell-Verlag, 1995); Manuel Vogel, *Das Heil des Bundes: Bundestheologie im Frühjudentum und im frühen Christentum*, TANZ 18(Tübingen and Basel: Francke, 1996), 79-97도 보라.

[3] 요 6:52-58; 13:1-30은 언약의 개념적 성격이 없기 때문에 고려하지 않기로 한다. 이에 대해서는 Stuhlmacher, *Biblische Theologie des Neuen Testaments I*(1992), 131-132 참조.

[4] 유월절 만찬으로부터의 유래와 관련하여 기초가 되는 것은 Joachim Jeremias, *Die Abendmahlsworte Jesu*, 3rd ed.(Göttingen: Vandenhoeck & Ruprecht, 1960)이다; Stuhlmacher, *Biblische Theologie des Neuen Testaments I*(1992), 133-134도 보라. 슈템베르거(G. Stemberger)의 이의 제기는 귀 기울여 들을 만하다; Günter Stemberger, "Pesachhaggada und Abendmahlsberichte des Neuen Testaments," *Kairos* 29(1987), 147-158를 보라. 헬레니즘적 제의 만찬들과의 연관성에 대해서는 Hans-Josef Klauck, *Herrenmahl und hellenistischer Kult: Eine religionsgeschichtliche Untersuchung zum ersten Korintherbrief*, NTA. NF 15(Münster: Aschendorff, 1982); Peter Lampe, "Das korinthische Herrenmahl im Schnittpunkt hellenistisch-römischer Mahlpraxis und paulinischer Theologia Crucis(1Kor 11,17-34)," *ZNW* 82(1991), 183-213; 그 외에 Gerd Theissen, "Soziale Integration und sakramentales Handeln: Eine Analyse von 1 Cor XI,17-34," G. Theissen, *Studien zur Soziologie des Urchristentums*, WUNT 19(Tübingen: Mohr Siebeck, 1979), 290-317 참조. Heinz Schürmann, "Das Weiterleben der Sache Jesu im nachösterlichen Herrenmahl: Die Kontinuität der Zeichen in der Diskontinuität der Zeiten," H. Schürmann, *Jesus – Gestalt und Geheimnis: Gesammelte Beiträge*, K. Scholtissek ed.(Paderborn: Bonifatius, 1994), 246은 신비제의들에서의 만찬들이 "이 성만찬의 이중 행동에 이르게 된 과정"을 설명할 수 없다고 강조한다; 빵 나눔/쪼갬을 동반한 축사 그리고 축사 및 포도주 잔의 제공은 유대교에서 손님과 함께 하는 식사의 특색을 그려낸다는 것이다(앞의 논문, 246-247). 앞의 논문, 250(Stuhlmacher, *Biblische Theologie des Neuen Testaments I*[1992], 136-137도 참조)와 함께 고려해야 하는 것은, 유월절 만찬이나 그 외의 절기 만찬들과 다르게 가장(Hausherr)의 잔이 모든 만찬 참여자들 가운데서 돌려진다는 점이다. 이것은 키두쉬

돼야 하는 것은 고별 만찬이야말로 [예수와 제자들의 일상적인 식탁공동체를 생각하면-역주] 예수가 자기 제자들과 가졌던 유일한 만찬을 서술하고 있지 않다는 점이다.[5]

예수가 자기 제자들과 가졌던 만찬들, 그러나 또한 다른 이들, 곧 바리새인들 그리고 세리들 및 죄인들과도 함께 나누었던 만찬들은 예수의 지상 사역에 대해서 우리가 확실하게 알고 있는 내용의 기본요소에 속한다.[6] 이 만찬 공동체들에서 하나님의 통치가 현실화된다. 만찬과 하나님의 통치는 예수에게서 직접 상관관계가 있으며, 이러한 관점은 언약의 의미에 대한 질문을 위해 가장 중요하다.

이어지는 개요는 이 문제점을 의식하게 하고, 구체적으로 언약 진술들을 다루고자 한다. 이 개요가 이러한 문제 제기에 기여할 경우에 한해서만 원시 기독교적 성만찬 전승이 유월절 예전 혹은 헬레니즘적 제의 만찬들과 가지고 있는 관계에 대한 논의가 잠시 다루어질 것이다.

이 두 가지 소급 가능성은 성만찬의 진행에 대한 이해와 관련하여 몇 가

잔을 한 명의 개별인에게 "보내는 일"(Senden)과 구별된다. 히브리어 kadosch('거룩한')에서 유래된 '키두쉬'라는 말은 대개 '축도/축사' 또는 '거룩하게 함'을 의미하며, 안식일과 다른 유대교 명절과의 연관성 속에서 나타난다. 이날 특정 포도주잔에 대해 특별한 축사가 이루어지는데('키두쉬 잔'), 이는 그 날이 거룩하다는 점을 강조하기 위함이다-역주.

5 Schürmann, "Das Weiterleben der Sache Jesu im nachösterlichen Herrenmahl"(1994), 243-244은 고린도 교회의 주의 만찬과 관련하여 세 가지 뿌리를 강조한다. ① "원시 공동체가 가졌던 매일의 만찬들은 확실히 예수가 그의 제자들과 가졌던 부활 이전의 식탁 공동체의 연장으로서 (…) 설명될 수 있다." ② 부활의 경험들은 "최소한 부분적으로는 만찬의 경험들이었다." ③ 부활의 경험 없이 성만찬 동작들의 수용은 설명될 수 없을 것이다. "그러나 여기에 세 번째이자 결정적인 원시 기독교적 주의 만찬의 뿌리가 놓여 있다: 예수의 고별 만찬에서의 이중적인 성만찬 행위 속에."

6 전반적인 문제에 대해서는 Bernd Kollmann, *Ursprung und Gestalten der frühchristlichen Mahlfeier*, GTA 43(Göttingen: Vandenhoeck & Ruprecht, 1990)를 참조하라.

지 점에서 기여하겠지만, 이 과정에서 언급되는 언약 개념을 해명하는 데에 가져다주는 바는 적다. 가장 일관되게 성만찬 말씀을 유월절 만찬의 맥락에서 읽었던 예레미야스(J. Jeremias)는 "언약사상이 오래된 유월절 예전에서 아무런 역할도 하지 않는다"는 점을 인정한다.[7]

1. 문제

성만찬 말씀은 신약성경에서 두 가지 기본 형태로 나타나는데, 곧 마태(마 26:26-29)가 광범위하게 따르고 있는 마가(막 14:22-25)의 버전, 그리고 바울의 것(고전 11:23-25)과 유사한 누가(눅 22:19-20)의 버전이다.

유대적 만찬의 전형적인 특징들은 네 가지의 만찬 묘사들에서 모두 나타난다. 하지만 고린도전서 본문과 관련해서는 람페(P. Lampe)가 클라우크(H.-J. Klauck)를 넘어서 그 진행 과정을 헬레니즘적이고 로마적인 만찬들과도 일치시킬 수 있다는 사실을 보여 주었다.[8] 유월절 만찬과 연결되는 점들은 이 버전에서 분명하지 않고,[9] 포도주는 당연히 축제 만찬을 떠올리

---

[7] Jeremias, *Die Abendmahlsworte Jesu*(1960), 187. 유월절 예전에서의 위치에 대해서는 Gustaf Dalman, *Jesus-Jeschua: Die drei Sprachen Jesu: Jesus in der Synagoge, auf dem Berge, beim Passamahl, am Kreuz*(Leipzig: Hinrichs, 1922)의 이전 작업들, 그리고 이제는 Stuhlmacher, *Biblische Theologie des Neuen Testaments 1*(1992), 133-137을 보라.

[8] Lampe, "Das korinthische Herrenmahl"(1991), 183-213.

[9] 예를 들어 바울의 표현 양식에 대해서는 Hofius, "Herrenmahl und Herrenmahlsparadosis"(1989), 211 참조: "고전 11:23b-25의 전통(Paradosis) 본문을 현재 기록되어 있는 형태 그대로 취할 경우, 유월절 만찬에 대한 어떠한 암시도 인지되지 않는다." "바울의 전통은 여기서 소위 예수의 성만찬 행동에 대한 서술을 제공해 주는데, 이 행동은 유대교 공동식사의 전형적인 예식 요소들을 보여 준다."

게 한다.

누가와 바울에게서 "식후에"(μετὰ τὸ δειπνῆσαι)라는 용법은 배부르게 먹는 만찬과의 연관성을 암시한다. 예전적 성격의 특징들은 마가와 마태 버전이 가지고 있다. 즉 마태복음은 마가복음의 빵 말씀에 나오는 "받으라"를 "받아서 먹으라"(λάβετε φάγετε)로 보충하고, 거기에다가 병행하도록 잔 말씀에서 "너희가 다 이것을 마시라"(πίετε ἐξ αὐτοῦ πάντες)라고 표현한다.

이로부터 누가와 바울이 더 오래된 양식을 보존하고 있다는 결론이 내려졌고(예를 들어 보른캄[G. Bornkamm][10], 슈바이처[E. Schweizer][11], 한[F. Hahn][12], 랑[F. Lang][13]), 이를 가지고 마가 우선권을 주장하는 견해(예레미야스[14], 슈툴마허[P. Stuhlmacher][15] 등에게서)가 반박되었다. 마가와 마태 버전이 빵 말씀

---

[10] Günther Bornkamm, "Herrenmahl und Kirche bei Paulus," G. Bornkamm, *Studien zu Antike und Urchristentum: Gesammelte Aufsätze 2*, BEvTh 28(München: Kaiser, 1959), 154.

[11] Eduard Schweizer, *Das Evangelium nach Markus*, 11th ed., NTD 1(Göttingen: Vandenhoeck & Ruprecht, 1967), 173.

[12] Ferdinand Hahn, "Die alttestamentlichen Motive in der urchristlichen Abendmahlsüberlieferung," *EvTh* 27(1967), 340.

[13] Friedrich Lang, "Abendmahl und Bundesgedanke im Neuen Testament," *EvTh* 35(1975), 527.

[14] Jeremias, *Die Abendmahlsworte Jesu*(1960), 162-163.

[15] Stuhlmacher, *Biblische Theologie des Neuen Testaments 1*(1992), 132-133. 반면, 바울-누가적 표현 양식을 극히 후대의 것으로 보는 Bernhard Lang, "Der Becher als Bundeszeichen: 'Bund' und 'neuer Bund' in den neutestamentlichen Abendmahlstexten," E. Zenger, ed., *Der Neue Bund im Alten*, QD 146(Freiburg: Herder, 1993), 208-209의 입장은 거의 설득력이 없다. 랑(B. Lang)은 적절하게 두 가지 가능성들에서 출발한다. "후기 신약적 표현 양식이나 일찍 나타났지만 특정 그룹들로 한정되는 사상이 주제다." 하지만 그러고 나서 약한 논거를 제시한다. "고전 11:23-25은 이상하리만큼 뜬금없는 맥락 속에 놓여 있고, 바울은 그의 논증에서 그 표현을 소급하지 않는다." 이로부터 랑은 "잔 말씀의 바울-누가적 원문 표현이 실제로는 신약성경의 후기에 나온 누가 이후와 바울 이후의 표현 양식을 묘사한다"(같은 책, 209)고 결론 내린다. 더욱 낯설게 느껴지는 것은 다른 가능성에 대한 언급, 곧 바울이 "바울-누가적" 표현 양식을 알고 그것을 인용하기도 하지만 내용적으로 받아들여서 계속 사유하지는 않으며 그 표현 양식이 생생했던 그룹들에 속하지 않는다는 설명(같은 책, 209 참조)이다. 우선순위의 문제에 있어서 Hofius, "Herrenmahl und Herrenmahlsparadosis"(1989), 205는 회의적이다.

과 잔 말씀 혹은 더욱 정확하게는 '피 말씀'(τοῦτο ἐστιν τὸ αἷμά μου) 사이에 나타나는 눈에 띄는 형식상의 병행성을 통해 강조된다면, 차이가 나는 시작 부분(τοῦτο τὸ ποτήριον)을 가진 누가와 바울 전승의 '잔 말씀'은 아직 그와 같은 예전적인 동기를 가진 병행화를 거치지 않은 것으로 보인다.

그러나 전승의 연대 문제와 관련해서 예전적 구성양식이라는 아주 명백한 이 표시를 과대평가해서는 안 된다. 왜냐하면, 이 모든 본문이 예배 관습의 영향을 받았기 때문이다.[16] 이것은 네 가지 양식 중 문학적으로 가장 오래된 바울의 것에도 해당하는데, 이 점은 각각 빵 말씀과 잔 말씀을 마무리하며 잔 말씀에서 더욱 넓고 조밀하게 표현된 기념사에서 특별히 분명해진다.

예전적인 동화(同化)는 고린도전서와 누가의 경우에도 빵 말씀과 잔 말씀에 대해 주어진 해석에 반영되었다. 이와 달리 마가복음과 마태복음에서는 빵 말씀에 대한 해석이 제공되지 않았지만, 피 말씀의 경우에는 바로 이러한 해석이 과도하게 주어졌다. 마태복음은 심지어 세례 이야기(마 3:2, 11 참조)에서 생략된 죄 용서를 추가시킨다.

예전적 형태 부여와 신학적 해석의 가능성이 가진 다채로움은 신학적으로 '불필요한 짐'(Ballast)으로부터 자유로울 수 있는 원문의 재구성을 허용하지 않는다. 흥미롭게도 이미 유스티누스(Justinus)가 『변증』(*Apologia*) I 66,3에서 "이것은 나의 몸 - 이것은 나의 피"(τοῦτό ἐστιν τὸ σῶμά μου - τοῦτο ἐστιν τὸ αἷμά μου)를 가지고 그와 같은 시도를 한 적이 있지만, 홀로 역

---

[16] 전반적인 경향에 있어서 지나치게 묘사함에도 Hermann Patsch, *Abendmahl und historischer Jesus*, CThM.BW 1(Stuttgart: Calwer Verlag, 1972), 88-89는 옳다.

사적인 개연성을 가지고 있다고는 주장할 수 없을 것이다.

그런데 최근에 피 말씀의 배후에 있는, "이것은 나의 피"(τοῦτο ἐστιν τὸ αἷμά μου)라는 표현의 원래 형태를 재구성하려는 랑(B. Lang)의 시도가 유스티누스와 동일한 방향을 가지고 있다. 랑은 그 말씀이 이러한 형태로는 "예수 자신의 피와 연결되지 않는" 것처럼 보인다고 말한다.

"'평범한' 식사에서 사용되는 잔의 내용물이 성전에서 이용되는, 즉 제단에 쏟아진 제물의 피와 비교된다."[17]

다르게 말해서, 피 말씀은 예수의 죽음이 아니라, 잔의 내용물을 가리키는데, 그것은 이러한 방식으로 희생제의의 피와 유사하게 된다.

"이것(말하자면 '그 잔')은 내 피다."[18]

이와 같은 방식으로 "예수의 식탁공동체에서 마시는 일은 특별한 의식적(儀式的) 의미가 있게 된다."[19]

이 의식적(儀式的) 상징 내용은 랑에게 물론 전적으로 일반적이고 막연하게 남는데, 이 불확정성에 실제적인 문제점이 있는 것이다. 예수의 식탁공동체에서 상징적으로 수용되어서 표현되는 요소들이 제의사건의 어떤 의미 요소들이어야 하는지가 불분명하고, 어떤 관점에서 예수의 식탁공동체 자체가 해석의 말씀을 통해 희생제의와 연관되는지가 명백하지 않다.

그와 같이 축소된 피 말씀은 예수의 모든 식탁공동체에 해당하지 않겠는가?

더 나아가 그 말씀이 예수의 만찬 공동체 자리에서 포도주에 대한 그의

---

[17] Lang, "Der Becher als Bundeszeichen"(1993), 205-206.
[18] 앞의 논문, 205.
[19] 앞의 논문, 206.

축사 안에서 날마다 사용돼야 하지 않았겠는가?

그런데 랑에 의해 주장된 원래의 형태는 예수의 죽음 이전에 있었던 고별 만찬 상황과 어떤 관계가 있는가?

필자가 보기에, 신약성경에서 전승된 모든 버전의 공통점에 못 미치는 최소 상태로 축소하는, 랑(B. Lang)에 의해 추구된 방식은 막다른 골목으로 이끌 뿐이다.

여기에 추가돼야 하는 것은 랑의 재구성에서 빵 말씀이 완전히 제거된다는 점이다. "내 피"가 성전 제사를 가리키면서도 예수의 죽음과는 아무런 관계가 없다면, 반대로 "내 몸"이 성전 제사와 아무런 관련이 없지만, 예수의 자기희생과 죽음을 가리킨다는 사실은 반드시 숙고하여야 한다.[20]

2. 피와 언약 – 언약과 대속

랑(B. Lang)의 재구성 시도에서 눈에 띄는 점은 특히 네 개의 모든 신약 본문들에서 공통적으로 나타나는 언약 모티프를 배제한 일이다. 그러나 잔 말씀으로부터 '언약'(διαθήκη)을 이렇게 제거하는 것은 역사적으로 바람직하지도 않고 신학적으로 합리적이지도 않다.

마가복음과 마태복음에 있는 "나의 언약의 피"(αἷμά μου τῆς διαθήκης) 용법은 출애굽기 24:8의 "보라 언약의 피니라"(ἰδοὺ τὸ αἷμα τῆς διαθήκης)를

---

[20] 반면 유월절 만찬의 관점에서 해석하는 Stuhlmacher, *Biblische Theologie des Neuen Testaments 1*(1992), 135-136 참조.

모방했고, 이로써 시내산에서의 언약 체결 이야기를 암시한다.

"보라 언약의 피니라"라는 해석의 말과 함께 모세는 백성에게 피를 뿌리며, 그렇게 함으로써 백성이 하나님과 체결한 언약에 대한 의무를 지게 한다. 이것, 즉 언약에 대한 이스라엘의 의무가 여기서 핵심이다. '대속'이라는 주제에 대한 직접으로 명확한 암시는 아직 나타나지 않으며, 피를 뿌림의 모티프에서도 그렇다.[21]

그러나 이 모티프를 수용하는 마가복음과 마태복음에서는 다르다. 소유 대명사를 끌어들임으로써 이 피가 예수의 피를 의미한다는 사실이 확실하게 규정되기 때문이다. "내 피"(마가복음/마태복음)는 예수가 여기서 언급하는 언약이 자기 자신의 피, 즉 그의 죽음을 통해 체결된다는 사실을 부각시켜 공표한다.[22]

이것이 바울(과 이와 비슷하게 누가)에게 나타나는 "내 피로 세운 새 언약"(ἡ καινὴ διαθήκη ἐν τῷ ἐμῷ αἵματι) 양식으로 넘어가는 가교인지는 잠시 미결 상태로 두어야 한다. 그러나 분명한 것은, 예수의 "언약의 피"가 의무를 확정 짓기보다는 언약 수립의 기본 토대라는 사실이다.

그러므로, 출애굽기 24장과의 연관성으로부터 명백해지듯이, 먼저 예수의 피를 통한 언약의 '수립'에 대해서 말해야 한다. 이 언약의 의미에 관하여 묻는 일은 그다음 단계에서 이루어져야 한다.

---

[21] 하우스만(J. Hausmann, Budapest)의 구두 지적. 이와 다르게 Klara Myhre, "'Paktens blod' i vinordet: En undersøkelse av henspillingen på Ex 24,8 i Mark 14,24/Matt 26,28," *TTK* 4(1984), 270, 279-280.

[22] 빵 말씀의 경우에는 종종 부인되지만 피 말씀 혹은 잔 말씀이 예수의 죽음을 시야에 두고 있다는 사실에 대해서는 광범위한 합의가 이루어진 상태다.

이때 출애굽기 34장이나 열왕기하 22/23장에 상응하게 '언약 **갱신**'[23]이 주제가 되고 있는가?

그렇다면 열왕기하 22/23장에서 요시야 왕이 자신의 회개를 통해서 가져오는 언약 체결을 위한 '윤리적 선행 조치'는, 랑(B. Lang)의 생각처럼, "많은 사람을 위하여 흘리는 그의(문자적으로 '나의') 피"(막 14장[14:24])를 통하여 언약을 가능하게 한 예수의 죽음이라는 '제의적 선행 조치'로부터 물론 구별되었어야 한다.[24]

이 언약 수립을 통해 대속이 함축되어 있다는 점은 대속 개념의 도움을 받는 출애굽기 24:4-8의 언약 예식에 대한 해석이 비기독교적인 고대 유대교의 전통 형성에서도 입증된다는 사실을 통해서 확증된다. 그래서 타르굼 옹켈로스는 출애굽기 24:4-8에 대하여 다음과 같이 말한다.

> 모세는 피를 가져다가 백성을 속죄하기 위해 제단에 뿌리고(לכפרא, Pa.) 말했다. "이것은 언약의 피니…."[25]

이에 따르면, 피 뿌림은 "여호와의 모든 말씀을 우리가 준행하리이다"라는 7절의 말씀을 회고함으로써 백성의 자기 의무 부과에 대한 확언으로 이해하기보다는 속죄행위로 보아야 한다.[26]

---

[23] Lang, "Der Becher als Bundeszeichen"(1993), 202.
[24] 앞의 논문, 202.
[25] 이것은 약간 다른 원문 표현으로 출 24:8에 대한 Targum Jerushalmi I(=TJI)에도 나타난다.
[26] Rudolf Pesch, *Das Abendmahl und Jesu Todesverständnis*, QD 80(Freiburg: Herder, 1978), 95-96 참조.

출애굽기 24장이 성만찬 전승의 피 말씀과 가지는 또 다른 연관성에 대해서는 랑(F. Lang)이 지적했다.

"옛 언약이 피의 의식(출 24:6-8)과 만찬(출 24:11)을 통하여 수립되었듯이, 예수의 피를 통해 일어난 새 언약의 수립은 만찬에서 기념된다."[27]

3. 대속과 대리

베르거(K. Berger)는 그의 최근 저작들에서 "한편으로는 빵과 잔 또는 잔을 마심 사이의 은유적 관계, 그리고 다른 한편으로는 예수의 인격(헬라어로 σῶμα) 또는 그의 잔인한 죽음과 언약 사이의 은유적 관계"를 강하게 부각했다.[28] 하지만 기껏해야 아주 넓은 의미에서만 그에게 동의할 수 있다.

"'이것이 나다, 너희를 위해 주어진 나,' 그가 인간들에게 포괄적으로 생명을 의미하기 때문에"[29]라는 베르거의 빵 말씀 해석이 이미 충분하지 않다면, "'**나의** 언약의 피'라고 하는 것은 그(예수)가 모든 사람에게 피가 뿌려진다는 출애굽기 24:4-8의 내용을 이제 하나의 잔으로부터 모든 사람이 마시는 일을 통해서 대체하기 때문"[30]이라는 그의 논증에는 잔 말씀과 관련해서 어떠한 공감의 가능성도 빠져 있다.

비교 점은 "하나의 (특별한) 액체가 모든 사람에게 분배된다는 것"[31]이

---

[27] Lang, "Abendmahl und Bundesgedanke im Neuen Testament"(1975), 533.
[28] Berger, *Theologiegeschichte des Urchristentums*(1994), 285.
[29] 앞의 책, 285.
[30] 앞의 책, 285(진한 글씨체는 저자의 강조).
[31] 앞의 책, 285.

며, 이것이 "많은 사람을 위하여 흘리는 바"라는 말에서 표현된다는 것이다. 다르게 말하면, "모든 참여자에게 피를 뿌리는 일은 공동모임에서 모두가 마시는 일을 통해 상징적으로 복제된다. 출애굽기 24:8과의 비교를 위한 제3의 것(Tertium comparationis, 두 사물을 비교하기 위한 제3의 존재-역주)은 모든 언약 참여자들이 흘려지는/뿌려지는/마시는 공통의 재료에 균등하게 참여하는 일이다."[32] 그와 같은 해석은 신약성경의 어법을 상당히 무시할 때에만 가능하다.

첫째, '(내가) 피를 쏟는다'(ἐκχύννω αἷμα) 용법은 구체적으로 '피를 흘리다/쏟다'[33]를 의미하며 다른 뜻은 없다. 이것은 잔혹한 죽음을 가리키는 히브리어 표현(דם שפך)에 상응한다.[34] 일반적으로 '쏟다'(ἐκχύννω 또는 ἐκχέω)는 동사는 액체의 쏟음이나 흐름을 표현하지, (액체의) 마심을 의미하지 않으며, 포도주의 '쏟음'과 관련해서는 마태복음 9:17과 누가복음 5:37을 비교해도 좋을 것이다. 단어 사용과 사상에 있어서 '피 흘림'에 대한 언급을 여럿이 모여서 포도주를 마시는 일[35]의 은유로 이해하는 것은 불가능하다.

---

[32] 앞의 책, 285.
[33] Walter Bauer, *Griechisch-deutsches Wörterbuch zu den Schriften des Neuen Testaments und der frühchristlichen Literatur*, K. Aland and B. Aland eds., 6th ed.(Berlin and New York: Walter de Gruyter, 1988), 498-499.
[34] Rüdiger Liwak, "שפך," *ThWAT* 8(1995), 428-438 참조; Stuhlmacher, *Biblische Theologie des Neuen Testaments 1*(1992), 139도 참조.
[35] Berger, *Theologiegeschichte des Urchristentums*(1994), 285 참조. 베르거를 따르면서도 더 힘주어 그리고 더 구체적으로 논증하는 Vogel, *Das Heil des Bundes*(1996), 95이 이것을 설명한다: "더 이상 피투성이의 의식(출 24장의 의식을 말함)을 통해서 언약이 맺어지는 것이 아니라, 동일한 하나의 잔으로부터 모두가 마시는 일을 통해서 맺어진다. '많은 사람을 위하여 흘리는'(ἐκχυννόμενον ὑπὲρ πολλῶν)으로 두 가지 과정의 공통점이 호명된다: 하나의 액체가 모든 사람에게 분배된다. 피투성이의 언약 체결에서는 의식의 모든 참가자들에게 피를 뿌림으로써, 포도주로 진행되는 언약 체결에서는 동일한 잔으로부터 모든 만찬 참가자들이 마심으로써." 앞의 책, 83도 참조.

둘째, 베르거를 따르면서 그의 논증을 심화시키는 포겔(M. Vogel)은 고린도전서 11:25에서 "'잔'(ποτήριον)이 환유적(換喩的, 환유법은 어떤 사물을, 그것의 속성과 밀접한 관계가 있는 다른 낱말을 빌려서 표현하는 수사법으로서 '포도주' 대신 '포도'라는 단어를 사용하는 것이 한 가지 예-역주)으로 잔의 내용물을 위해서가 아니라, 함께 마심, 즉 포도주를 함께 마시는 모임을 위해 사용된다"[36]고 상술한다.

[그러나-역주] 신약의 증거들[37]을 점검해 보면, '잔'이 어디에서도 포도주를 함께 마시는 모임을 뜻하지 않는다는 점을 알 수 있다. 그것은 환유적으로 용기의 내용물[38]이나 용기 자체[39]를 위해 쓰이며, 몇몇 구절들에서는 한 가지 의미와 똑같이 다른 한 가지 의미를 가리키는 것일 수 있다.[40] 이에 의하면, 바울과 누가의 잔 말씀에서도 '잔'은 십중팔구 잔이나 그것의 내용물을 의미하지, '한 잔씩 돌리는 자리'나 축하하는 공동체를 뜻하지 않는다.

그러한 이유에서 그밖에 람페(P. Lampe)의 견해도 유지될 수 없는데, 그에 따르면, 고린도전서 11:25c의 "이것을 행하여"(τοῦτο ποιεῖτε)가 11:25b의 "이 잔"(τοῦτο τὸ ποτήριον)을 받아들임으로써 "잔(ποτήριον)이 포도주라는 요소보다는, 오히려 잔에 대하여 축복하며(10:16) 감사를 말하는 '행

---

[36] Vogel, *Das Heil des Bundes*(1996), 83. Berger, *Theologiegeschichte des Urchristentums*(1994), 285도 참조: "마시는 모임을 '잔'이라 부른다."
[37] 베르거와 포겔은 신약성경의 구절들뿐 아니라 신약성경 밖의 어떠한 근거 구절도 제시하지 않는다.
[38] 바울과 누가의 잔 말씀들 외의 29개 신약 구절들 중 11개 구절들에서: 마 10:42; 20:22, 23; 막 9:41; 10:38, 39; 요 18:11; 고전 10:21(bis); 11:26, 27.
[39] 13개 구절들에서: 마 23:25, 26; 26:27; 막 7:4; 14:23; 눅 11:39; 22:17, 20; 고전 11:25, 28; 계 14:10; 17:4; 18:6.
[40] 나머지 5구절들에서: 마 26:39; 막 14:36; 눅 22:42; 고전 10:16; 계 16:19.

위' 및 동일한 하나의 잔으로부터 함께 마시는 '행위'를 위해 다시금 사용
될"⁴¹ 수 있다는 것이다.

'잔'(ποτήριον)이 잔을 가리키는지, 또는 잔의 내용물을 의미하는지는 빵
말씀과의 병행으로부터 결정되는데, 빵을 먹게 되었다면, 마시게 된 것은
잔의 '내용물'일 수밖에 없다.⁴²

셋째, 신학적으로 정말 이해할 수 없는 것은 베르거가 "본래 언약 체결
에 해당하는 예수의 죽음과 그 죽음의 형식적인 승인 사이를"⁴³ 구별한다
는 점이다. 포도주를 함께 마시는 모임을 통한 예수의 죽음의 이러한 '승
인'에는 언약에서 체결된 것을 최종적으로 현실로 전환하는 일이 또 하나
의 특별한 행위로서 추가된다.

"주님이 오시는 그때 언약은 또한 현실화된다."⁴⁴

그러나 언약이 지금 아직도 유효하지 않다면, 주의 만찬은 어떤 역할을
하는가?

---

41 Lampe, "Das korinthische Herrenmahl"(1991), 207; Vogel, *Das Heil des Bundes*(1996), 83 각주 30번 참조.
42 종종 간과되는 빵 말씀과 잔 말씀 사이의 내적 연관성은 그 배후에 있는 아람어 혹은 히브리어를 통해서도 잘 나타난다. 그런데 오히려 Jeremias, *Die Abendmahlsworte Jesu*(1960), 193, 213처럼, 바로 "그가 나누어 주는 것이 (…) 인격으로서의 그 자신"(Stuhlmacher, *Biblische Theologie des Neuen Testaments 1*[1992], 136; 거기서는 오로지 빵과 연결)이기 때문에, 인격 전체를 시야에 두고 있는, 두 가지 해석의 말들을 포괄하는 용법인 '살과 피'(히브리어: *basar wadam*, 아람어: *bisra udema*)를 생각해야 한다(Dalman, *Jesus-Jeschua*[1922], 129-131; Eduard Lohse, *Märtyrer und Gottesknecht: Untersuchungen zur urchristlichen Verkündigung vom Sühnetod Jesu Christi*, FRLAnt. 64[Göttingen: Vandenhoeck & Ruprecht, 1955], 125와 지금 다시 Stuhlmacher, *Biblische Theologie des Neuen Testaments 1*[1992], 136; Vogel, *Das Heil des Bundes*[1996], 82에 반대하여). 70인역이 '몸'(σῶμα)을 사용하는 곳은 대부분의 경우 '살'(히브리어: *basar*)가 쓰여 있다.
43 Berger, *Theologiegeschichte des Urchristentums*(1994), 285.
44 앞의 책, 고전 11:26과 관련하여.

베르거의 구별은 출애굽기 24장에 대한 이중적인 수용으로 이끈다. 곧 한편으로는 예수의 죽음에, 다른 한편으로는 이와 구별하여 만찬에 적용된다는 뜻이다. 다시 한 번 의문을 제기하게 된다.

예수의 죽음이 만찬을 통해 '승인'된다는 것은 도대체 무엇을 의미하는가?

베르거는 잔 말씀이 예수의 죽음을 가리킨다는 사실에서 출발하지만, 대속신학적 이해는 배제한다.

> 성만찬에서 잔을 마심에 대한 신약의 모든 해석에서 (…) 피는, 비록 다양한 방식일지라도, 그리고 그 어디에서도 대속의 죽음을 의미하지 않을지라도, 부분적으로 예수의 죽음을 가리킨다. 그러나 모든 곳에는 출애굽기 24:8에 나오는 언약 체결 의식이 유형론적 전제다. 짐승들의 피는 언약 체결시 모든 참여자에게 뿌려진다. 일종의 혈맹관계가 그들 사이에서 맺어지는 것이다.[45]

마가복음 14:23-24에서 이 피투성이의 의식이 마시는 일을 통해 대체된다는 것이다. 이때 이해하기 어려운 점으로 남는 것은, 한편으로 예수의 죽음에 대한 암시가 인정되면서도, 다른 한편으로는 언약 수립을 넘어서는 구원론적 의미는 부인된다는 사실이다. 오로지 마태복음 26:28에서만 "죄 사함을 얻게 하려고"(εἰς ἄφεσιν ἁμαρτιῶν)를 통해서 죄 용서에 대한 생각이 도입되고, 그럼으로써 출애굽기 24:8에 대한 타르굼의 해석에 상응

---

[45] 앞의 책, 286.

하게 대속의 관점도 두드러지게 된다는 것이다. 하지만 여기에서도 해석의 방향은 달라진다.

> 시내 산에서 짐승들의 피가 죄 용서를 이루었듯이(또는 이루어야 하듯이?[원문 그대로]), 어떤 경우든 지금 형식적인 언약 체결로서 모든 사람이 하나의 잔에서 마시는 일은 죄를 용서한다.[46]

그러나 속죄를 일으키는 것이 예수의 죽음이라는 사실을 베르거는 분명하게 배제한다. "왜냐하면, 예수의 언약은 피가 아니라 포도주와 함께 기능하기 때문이다."[47]

베르거는 확고하게 예수의 죽음을 언약을 통해 선물로 주는 것이 아니라 오로지 언약 수립에만 도움이 되는 것으로 보는 노선을 따른다.

베르거가 잔 말씀의 "너희를 위해"(ὑπὲρ ὑμῶν)를 위해 이사야 53장의 의미를 부수적으로 '너희에게 유리하게'로 상대화시키는 반면,[48] 포겔은 마가복음의 잔 말씀 어법에 관한 그의 논의에서 이사야 53장의 문제를 분명하게 다룬다.

"야웨의 종의 대리적 자기희생 사상(사 53장)과 출애굽기 24장으로부터 차용한 언약의 피 모티프를 가지고 의심할 여지 없이 예수의 죽음 해석을 위한 두 가지의 완전히 다른 해석 수단이" 제시된다는 사실, 그리고 만일 마가복음 14:24에 실제로 두 개의 그와 같이 "양립할 수 없는 과정들이 … 서로 끼워졌다면," 적어도 "이러한 연결의 강제성이 그와 같이 연결한 신

---

[46] 앞의 책, 286-287.
[47] 앞의 책, 287.
[48] 앞의 책, 285-286.

학적 절박함을 표시할 것"[49]이라는 사실을 그는 정당하게 부각한다.

그러나 포겔은 이러한 가설적인 비현실화법을 넘어설 엄두는 내지 못한다. 이미 다음 단락에서 그는 한 발 뒤로 물러선다. "그러나 이사야 53장을 배경으로 하여 마가와 마태의 잔 말씀을 해석하는 것은 결코 불가피하지 않다"[50]라고 그는 말한다.

그 대신에 포겔은 "출애굽기 24:8에 나오는 피가 메시아 시대의 표식인 포도주를 통해 대체되는 새로운 언약 예식의"[51] 수립자로서 예수를 이해한다. 잔 말씀 속에 예수의 죽음에 대한 두 개의 완전히 다른 해석들이 서로 마주치게 된다는 사실을 포겔은—비록 가설적이기는 하지만—제대로 보았다. 그러나 틀린 것은, 그와 같은 차이를 처음부터 양립 불가로 판정하고[52] 그에 따라 있어서는 안 되는 것이 있을 수 없다고 결론을 내린 일이다.

모든 논쟁 시도에 반대하여 분명히 해야 하는 것은, "많은 사람을 위하여 흘리는"(τὸ ἐκχυννόμενον ὑπὲρ πολλῶν[막]), "많은 사람을 위하여 흘리는 바"(τὸ περὶ πολλῶν ἐκχυννόμενον[마])와 "너희를 위하여 붓는 것"(τὸ ὑπὲρ ὑμῶν ἐκχυννόμενον[눅])이라는 용법들이 이사야 53:12("그리고 그는 스스로 많은 사람의 죄들을 짊어졌고, 그들의 죄들 때문에 그는 넘겨졌다"[καὶ αὐτὸς ἁμαρτίας πολλῶν ἀνήνεγκεν καὶ διὰ τὰς ἁμαρτίας αὐτῶν παρεδόθη])를 받아들이고, 대속을 대리적 생명 내줌과 연결하며, 이를 통해 동시에 마태복음이 "죄 사함을 얻게 하려

---

49 Vogel, *Das Heil des Bundes*(1996), 94-95.
50 앞의 책, 95.
51 앞의 책, 95.
52 이러한 평가는 언약 체결을 하나의 '제도화된' 것으로, 대리적인 생명 내줌을 하나의 '인격적' 사건으로 보는 의심스러운 분류(법)를 통해서 뒷받침된다. Vogel, *Das Heil des Bundes*(1996), 94 참조. 그러나 그와 같은 부적합한 도식화를 유효한 것으로 보려고 할지라도, 주의 만찬에서 어떤 경우에든, 즉 그 만찬의 가능한 전승사적 배경을 완전히 도외시한다고 해도, '인격적'이고 '제도화된' 요소들이 서로 연결되어 있다는 사실은 인정할 수밖에 없을 것이다.

고"(εἰς ἄφεσιν ἁμαρτιῶν)로 타당하게 끝맺을 수 있게 한다는 점이다.

예레미야스가 이사야 53장에 대한 초기 유대교적 수용에서의 실마리들과 관련하여 보여 주었듯이,[53] "많은 사람들"에 대한 언급은 이미 관점의 보편적인 확장을 목표로 한다. 속죄하는 언약의 피 전통과 야웨의 종의 대리적인 희생 전통의 결합을 통하여 예수의 죽음에 대한 다양한 신약성경의 해석들이 하나의 잔 말씀에서 합쳐진다.[54]

4. 새 언약

잔 말씀에 대한 누가의 어법에서 해석 수단들이 가장 촘촘하게 누적되어 있다. 이것은 이미 언어적인 견고함에서 알 수 있으며, 이러한 견고함은 마가 전통에 근거를 두고 있는 "내 피로"(ἐν τῷ αἵματί μου)가 한편으로 뒤이어 나오면서 그 어구와 연결되는 "너희를 위하여 붓는 것"(τὸ ὑπὲρ ὑμῶν ἐκχυννόμενον)과 연결된다는 점, 그리고 다른 한편으로는 그 앞에 나오는 "새 언약"(ἡ καινὴ διαθήκη)과 연결되어 있다는 점에서 드러난다.[55]

누가복음에 나타나는 "내 피로"(ἐν τῷ αἵματί μου)라는 표현은 마가복음에 의존했을 뿐만 아니라, 그로부터 '위하여'(ὑπέρ)-양식도 받아들였다. 그러나 동시에 누가복음이 의존하고 있는(고전 11:25을 보라) 두 번째의 전통,

---

[53] Jeremias, *Die Abendmahlsworte Jesu*(1960), 221-222 참조; Stuhlmacher, *Biblische Theologie des Neuen Testaments 1*, 137-138도 참조.
[54] Martin Hengel, "Der stellvertretende Sühnetod Jesu: Ein Beitrag zur Entstehung des urchristlichen Kerygmas," *IKZ* 9(1980), 1-25, 135-147 참조.
[55] Vogel, *Das Heil des Bundes*(1996), 88.

즉 비마가적인 전통에는 "새 언약"(καινὴ διαθήκη)이 너무 단단히 고정되어 있어서 누가는 그것을 출애굽기 24장과 연결된 피 모티프에 덧붙여서 그 모티프와 융합시켰다.

그렇게 해서 마가 전통을 넘어 출애굽기 24장과 이사야 53장뿐만 아니라, 이미 고린도전서 11:23-25의 어법에서 유효해진 것처럼, 예레미야 31(38):31-34로 소급되는 '새 언약' 개념도 해석의 범주들로서 참여하게 된다. 여기서 예레미야서의 약속이 배후에 있는 만큼 '새 언약'의 규정 역시 다시금 죄 용서를 목표로 한다(렘 31[38]:34의 끝부분 참조).[56]

예전적으로 격려의 말 속에서 변경되었기 때문에 누가-바울 전통에서 이사야 53장과의 연관성은 더 불명확하다.[57] 그 연관성은 대개 마가복음에서 나타나는 형태("많은 사람을 위하여"[ὑπὲρ πολλῶν])의 예전적 발전으로서만 알아볼 수 있다. 누가복음이 '위하여'(ὑπέρ)-용법을 병행시켰는지, 또는 바울의 어법이 빵 말씀에서의 언급 때문에 '위하여'(ὑπέρ)-양식을 잔 말씀에서 생략했는가의 질문에 대해서는 최종적인 결정을 내리는 일이 불가능하다. 전체적인 해석에서는 누가-바울의 어법에서도 이사야 53장이, 비록 암시들로만 알아볼 수 있을지라도 결정적이다.

'성만찬의 말씀들'(verba sacramenti)이 가지고 있던 본디 원문 표현을 재구

---

[56] 앞의 책, 83이 "새 언약"(καινὴ διαθήκη)이라는 표현과 관련해서 고전 11:25에는 렘 31(38):34에서 언급된 죄 용서가 수용되지 않았다고 주장한다면, 그것은 너무 좁은 관점이다. "마음의 율법 혹은 하나님과 백성의 연합이나 보편적인 하나님 인식"이 바울적인 잔 말씀에서 명시적이지 않다는 것이 맞다면, "새 언약"이라는 표제어의 언급은 그 이외에 도대체 무엇을 의미한다는 말인가?

[57] Marie-Louise Gubler, *Die frühesten Deutungen des Todes Jesu: Eine motivgeschichtliche Darstellung aufgrund der neueren exegetischen Forschung*, OBO 15(Freiburg: Universitätsverlag; Göttingen: Vandenhoeck & Ruprecht, 1977), 239-240은 ὑμῶν과 사 53장의 연관성이 드러나지 않는 것으로 여긴다.

성할 수 없다는 사실은 분명하다(가장 오래된 것조차 그렇다!). 그러나 모든 것이 가리키고 있는 바는, '언약'이라는 표제어가—바로 이토록 다양하게 신학적으로 가득 차고 서로 다르게 소급될 수 있으므로—본래의 단어가 아니라도, 아주 많이 오래되었다는 사실이다.[58] 그렇게 해서 언약의 수립이 예수 자신에게 자신의 희생에 대한 해석 범주였다는 사실이 전적으로 가능해 보인다.[59] 그렇다면 예수는 언약에 대한 자신의 침묵을 결국 깬 셈이 된다.[60]

---

[58] 그 결정이 여기서 어떻게 내려지든 상관없이, 그레써(Grässer)가 "그리스도 사건과 그 사건의 구원론적 결과들이 언약신학적으로 (…) 더 이상 적합하게 이해되지" 못한다고 주장한다면(Grässer, *Der Alte Bund im Neuen*[1985], 126; 이에 대해 Vogel, *Das Heil des Bundes*[1996], 84, 각주 46), 필자가 보기에 그 조사 결과가 정말로 진지하게 받아들여지지 않은 것 같다. 언약사상의 두 전승 노선들 안에 그토록 까다롭게 고정되어 있다는 점이야말로 바로 그와 같은 시도를 지지해 준다. 다마스쿠스 문서(CD)의 '다마스쿠스 땅의 새 언약'을 신약성경의 언약 진술들과 대립시키는 일도 별로 도움이 되지 않는다. 그레써는 다마스쿠스 문서에 대한 '갱신된 언약'이라는 그의 해석으로 현재 일치되고 있는 의견의 노선에 서 있다(표제 논문인 Šemaryāhû Talmôn, "The Community of the Renewed Covenant: Between Judaism and Christianity," E. C. Ulrich and J. VanderKam eds., *The Community of the Renewed Covenant*[Notre Dame: University of Notre Dame Press, 1993], 3-24을 보라; 다마스쿠스 땅의 새 언약에 대해서는 Hartmut Stegemann, "Das Gesetzeskorpus der 'Damaskusschrift,' CD IX-XVI," *RdQ* 14(1990), 409-434; Hermann Lichtenberger and Ekkehard Stegemann, "Zur Theologie des Bundes in Qumran und im Neuen Testament," *KuI* 6(1991), 134-146; Hermann Lichtenberger, "Alter Bund und Neuer Bund," *NTS* 41(1995), 404-405을 보라). 물론 다마스쿠스 땅의 새 언약은 쿰란 공동체가 아니라 (그것의) 선구자격 공동체에 전형적이다. 이에 반해 쿰란 공동체를 위해서는 '새 언약'이 아니라 '하나님 언약'이 결정적으로 중요했다(Lichtenberger, "Alter Bund und Neuer Bund"[1995], 401-406을 보라).

[59] 예수의 언약 침묵이 원시 기독교에서도 계속된다는 Grässer, *Der Alte Bund im Neuen*(1985), 126의 관찰이야말로 본래성을 지지해 주지 않는가?

[60] '나라/왕국'(βασιλεία)과의 연관성은 Klauck, *Herrenmahl und hellenistischer Kult*(1982), 314가 제시한다. "마지막 만찬이라는 특별한 상황 속에서 예수는 자신의 임박한 죽음 앞에서 자신이 바꾼 새 언약의 예고를 통하여 자신의 나라/왕국 메시지를 속행시키며 미래를 위한 안전장치를 마련했을 것이다. 그러면 '언약'(διαθήκη)은 죽음에 직면하여 나온 '나라/왕국'(βασιλεία)에 대한 해석이었을 것이다."

제2부

기도와 선교

제5장

하나님에 대하여 말하기, 하나님께 말하기:

신약성경의 관점들

번역: 박성호 박사

제6장

'주인에게 추수할 일꾼들을 보내달라고 청하여라'

(마 9:38/눅 10:2)

번역: 장승익 박사

제5장

하나님에 대하여 말하기, 하나님께 말하기:
신약성경의 관점들 *

번역: 박 성 호 박사

우리는 신학자들로서 하나님에 대하여 말해야 한다. 그러나 우리는 인간이며, 인간으로서 하나님에 대하여 말할 수 없다. 우리는 두 가지 모두, 곧 우리의 '해야 함'과 우리의 '할 수 없음'을 알고, 바로 이것을 가지고 하나님께 영광을 돌려야 한다. 그것이 우리가 처한 곤경이다. 다른 모든 것은 그에 비하면 아주 쉬운 일이다.[1]

---

* 이 논문은 튀빙겐대학교 개신교 신학부와 뷔템베르크 개신교 목회자 협의회가 "하나님에 대하여 말하기—하나님께 말하기"라는 주제로 2010년 7월 9일 개최했던 '연구의 날'(Studientag)에 행해진 강의의 원고다. 주제와 관련된 여러 개의 강의에 이어서 참석자들(목회자들과 신학생들)이 여러 개의 그룹으로 나뉘어져서 함께 토의시간을 가진 후, 마지막으로 다시 한 곳에 모여 종합하고 정리하는 방식으로 하루 동안 진행된다. 매 학기 한 번씩 개최되며, 이 주제와 관련해서는 신학부에서 공부 중인 학생들 외에도 약 500명의 목회자들이 참석했다. 특히 논문의 마지막 장(4. 대화를 위한 관점)은 오후에 진행되는 그룹별 토의를 염두에 둔 것이다. 발표된 글들은 나중에 한 권의 책으로 출판되었다-역주. Hermann Lichtenberger and Hartmut Zweigle, eds., *Als Theologen von Gott reden und das Reden zu Gott: Theologie in Gottesdienst und Gesellschaft*, Theologie Interdisziplinär 10(Neukirchen-Vluyn: Neukirchener Theologie, 2011).

1 Karl Barth, "Das Wort Gottes als Aufgabe der Theologie: Vortrag am 3. Oktober 1922 in Thüringen, Elgersburg," K. Barth, *Das Wort Gottes und die Theologie: Gesammelte Vorträge* (München: Kaiser Verlag, 1924), 158. 물론 전혀 다른 입장을 가진 Rudolf Bultmann,

바르트(K. Barth)는 우리가 하나님에 대하여 말하지 못하는 불가능성을 하나님께 말해야 하는 필연성과 연결한다. 이때 생기는 의문은 이렇다.

'무엇이 먼저인가?

하나님에 대하여 말하기인가, 아니면 하나님께 말하기인가?'

필자는 이 질문에 아직 대답하지 않으려고 한다. 어쩌면 오늘 이 '연구의 날'이 하나의 답을 줄 수 있을지 모른다. 필자는 '하나님께 말하기'로 시작한다.

1. 기도

구약성경과 초기 유대교 시편들 그리고 유대교의 기도 실천에서 마주치게 되듯이, 신약성경에서 기도를 위한 전제 조건과 토대는 이스라엘의 기도다.[2] 이때 한편으로는 성전 예배에서 사용되는 시편 기도들(시편을 가리킴-역주)의 역할에, 다른 한편으로는 회당들에서의 기도들에 주목해야 한다. 눈에 띄는 것은 이집트에 있는 회당들이 기도처(προσευχαί)라 불린다는 사실이다.

"Welchen Sinn hat es, von Gott zu reden?," R. Bultmann, *Glauben und Verstehen I*, 5th ed.(Tübingen: Mohr Siebeck, 1964), 26-37도 보라: 한편으로 "하나님이 전적으로 다른 존재"(29)라는 사실이 반드시 유효해야 하며, 다른 한편으로 불트만은 자신의 인간학적 단초로부터 다음과 같이 단언한다: "하나님에 대하여 말하려고 한다면, 추측컨대 반드시 자기 자신에 대하여 말해야 한다"(28).

2 Peter Wick, *Die urchristlichen Gottesdienste: Entstehung und Entwicklung im Rahmen der frühjüdischen Tempel-, Synagogen- und Hausfrömmigkeit*, 3rd ed., BWAnt. 150(Stuttgart: Kohlhammer, 2003)를 보라.

로마를 위한 증거와 빌립보에 있는 증거(행 16:13)도 하나씩 있다. 시편 기도가 초기 유대교에서 어떤 의미가 있었는지는 한 가지 수치가 설명해 줄 수 있을 것이다. 구약성경의 '시편'에 있는 150개의 시편과 성경 및 초기 유대교 전승에 있는 그 이외의 수많은 시편을 넘어(예를 들어 집회서 51장의 "이제 모두 하나님께 감사하자"나 카디쉬[하나님을 찬양하는 성화의 기도로서 가장 중요한 유대교의 기도 중 하나]처럼-역주) 쿰란 발굴물들에서 200개가 넘는 또 다른 시편들이 우리에게 주어졌다.

말하자면, 쿰란 발굴물들은 그 발굴 이전까지 우리가 구약성경과 유대교 전승으로부터 알고 있었던 것보다 더 많은, 지금까지 알려지지 않던 시편들을 우리에게 제공해 준다. 이것은 기도의 종교로서 유대교의 명성에 큰 영향을 미친다.

신약성경에서 우선 필수불가결의 중요성을 가지고 있는 것은 예수의 기도다.

1) 예수의 기도와 제자들의 기도

(1) 기도에 대한 예수의 가르침들

복음서들은 기도하기 위해 인적이 드문 장소나 산으로 물러나는 경우든(막 1:35; 6:46 // 눅 4:42; 5:16), 자기 제자들 앞에서 기도하는 경우든(눅 11:1), 예수의 기도행위에 대해 자주 보도한다. 기도하는 예수의 모습은 누가복음에 나타나는 특징이다. 세례받을 때(눅 3:21), 열두 제자를 임명하기 전에(눅 6:12), 베드로의 고백이 있기 전에(9:18) 그리고 변화산에서 변모하기 전에(9:28-29) 그는 기도했다. 무엇보다 누가복음에 나타나는 기도하는 주님의 예는 주기도문 요청의 계기가 된다.

① 주기도문[3]

마태복음 6:9-13에 의하면, 예수는 기도에 대한 교훈(6:5-13)을 주면서 주기도문을 가르치는데, 이 교훈에서는 기도할 때 이방인들의 "중언부언"과 "말을 많이 함"에 반대하여 짧은 기도인 주기도문이 제시된다. 누가복음에서 제자들이 "주여 요한이 자기 제자들에게 기도를 가르친 것과 같이 우리에게도 가르쳐 주옵소서"(11:1)라고 말하게 만든 것은 기도하는 예수의 모습이다.

그리고 나서 곧바로 11:5-8의 간청하는 친구, 11:9-13의 "구하라 그러면 너희에게 주실 것이요"처럼 기도에 대한 그 이외의 지침들이 이어진다. 누가의 특수자료에 있는 기도 교훈은 특별히 간청하는 과부(18:1-8)와 바리새인과 세리(18:9-14)에 대한 예화들이다. 누가복음은 거의 기도의 복음서라 할 수 있다.

바로 이 복음서의 처음 부분에 기도문들이 나오는데, 마리아의 찬가(*Magnificat*, 1:46-55), 사가랴의 예언(*Benedictus*, 1:68-79), 천사들의 찬양(*Gloria in excelsis*, 2:14)과 시편들에 나오는 기도언어의 촘촘한 조직과도 같은 시므온의 찬송(*Nunc dimittis*, 2:29-32)이다.[4]

---

[3] 마지막으로 Eduard Lohse, *Das Vaterunser: Im Licht seiner jüdischen Voraussetzungen*, F. Schweitzer ed.(Tübingen: Mohr Siebeck, 2008); Eduard Lohse, *Vater unser: Das Gebet der Christen*(Darmstadt: Wissenschaftliche Buchgesellschaft, 2009)를 보라.

[4] Ulrike Mittmann-Richert, *Magnifikat und Benediktus: Die ältesten Zeugnisse der judenchristlichen Tradition von der Geburt des Messias*, WUNT II/90(Tübingen: Mohr Sie-

(2) 문자적으로 전달된 예수의 기도들

① 주기도문(마 6:9-13, 눅 11:2-4)[5]

② 감사기도(마 11:25-26)

천지의 주재이신 아버지여 이것을 지혜롭고 슬기 있는 자들에게는 숨기시고 어린아이들에게는 나타내심을 감사하나이다 옳소이다 이렇게 된 것이 아버지의 뜻이니이다(마 11:25-26).

③ 겟세마네에서의 기도(막 14:32-42)[6]

마가에게서는 기도의 호칭인 "아빠 아버지여"(αββα ὁ πατήρ, 막 14:36), 마태에게서는 "내 아버지여"(πάτερ μου, 마 26:39), 누가(22:42)와 누가 버전의 주기도문(11:2)에는 "아버지여"(πάτερ, 눅 22:42과 11:2)가 나온다.

마태에게서 중요한 것은 26:42에 있는 "아버지의 원대로 되기를 원하나이다"(γενηθήτω τὸ θέλημά σου; 히 5:7 참조: "그는 육체에 계실 때 자기를 죽음에서 능히 구원하실 이에게 심한 통곡과 눈물로 간구와 소원을 올렸고 그의 경건하심으로 말미암아 들으심을 얻었느니라")로서, 이것은 오직 마태 버전의 주기도문에서만 언급되는 세 번째 간구 "아버지의 뜻이 … 이루어지게 하옵소서"(γενηθήτω

---

    beck, 1996)를 보라.
5 위를 보라.
6 Reinhard Feldmeier, *Die Krisis des Gottessohnes: Die Gethsemaneerzählung als Schlüssel der Markuspassion*, WUNT II/21(Tübingen: Mohr Siebeck, 1987).

τὸ θέλημά σου)를 명시적으로 받아들인다.

누가복음은 마가복음(14:36)과 마태복음(26:39)에 있는 "그러나 나의 원대로 마시옵고 아버지의 원대로 하옵소서"[7]에 천사가 예수에게 힘을 북돋우어 주었다는 사실(22:43)을 분명하게 추가한다.

④ 십자가 상의 기도

마가복음/마태복음에 따르면, 예수는 시편 22편 1절에서 온 "내 하나님이여 내 하나님이여 어찌(혹은 더욱 좋은 번역은 '무엇을 위해'?) 나를 버리셨나이까?"라고 말하며 숨을 거둔다.

누가복음에서도 예수는 시편의 말씀으로 기도한다.

"내가 나의 영혼을 주의 손에 부탁하나이다"(시 31:5).

그 전에 그는 자신의 살인자들을 위해 중보기도 했었다.

"아버지 저들을 사하여 주옵소서 자기들이 하는 것을 알지 못함이니이다"(눅 23:34상).

⑤ 요한복음에 나타나는 예수의 기도

요한복음도 유명한 대제사장적 기도(요 17:1-26)와 함께 일련의 짧은 기도들을 전해주고 있는데, 예를 들어 11:41-42(죽은 나사로를 무덤에서 불러내기 전에, "아버지여, 내 말을 들은 것을 감사하나이다"[πάτερ, εὐχαριστῶ σοι ὅτι ἤκουσάς μου])과 12:27-28("지금 내 마음이 괴로우니 … 아버지여 …")이 있다.

---

7 헬라어 원문 표현에서 경미하게 변형되었다.

(3) 간접적으로 전달된 기도들

복음서들은 예수의 기도가 가진 원문 표현을 전달하지 않을 때도 그의 기도에 대해 알고 있다. 이를 위해 가장 먼저 언급돼야 하는 것은 누가복음 22:31-32의 "시몬아, 시몬아, 보라 사탄이 너희를 밀 까부르듯 하려고 요구하였으나 내가 너를 위하여 네 믿음이 떨어지지 않기를 기도하였노니"다.

예수가 기도한 내용이 구체적으로 무엇이었는지에 대해서는 몇몇 구절들에서 알 수 있다. 마가복음 8:6에서 예수는 4,000명과의 식사 전에 (4,000명을 먹이기 전에) 기도한다(더욱 정확하게는 '축사'[εὐχαριστεῖν]). 마가복음 14:22-25(병행)의 만찬과 유사하게 마가복음 14:26의 "그들이 찬미하고"(ὑμνήσαντες)는 확실히 '할렐'(시 113-118편, 유대인들이 축제 때 부르는 찬송가-역주)이다. 우리는 기도가 당연하게 드려졌던 회당(예를 들어 눅 4:16-30)과 성전(예를 들어 눅 2:41-50; 요 10:22)에 머무는 예수를 발견한다.

그러나 그가 외딴곳에서 기도했던 일도 확실하게 입증되고 있다(예를 들어 막 1:35; 6:46; 눅 5:16; 6:12; 9:18, 28-29).[8] 아무리 예수의 기도를 일반적인 유대교의 관습 안에 배열한다 하더라도 예수의 기도에는 눈에 띄는 그 무엇이 있었음이 틀림없다. 왜냐하면, 빵에 대한 그의 축사와 분배가 엠마오 도상의 제자들에게는 그를 알아볼 수 있는 특징적 요소가 되었기 때문이다(눅 24:30-31).

---

[8] Joachim Jeremias, *Neutestamentliche Theologie*, Vol. 1: Die Verkündigung Jesu, 2nd ed.(Gütersloh: Gütersloher Verlagshaus Gerd Mohn, 1973), 183-184에 따르면, "외딴 곳에서 기도하는 예수에 대한 하나의 최종적인 전승이 보존"되었다.

직접 또는 간접적으로 전달된 예수의 기도들 외에 마태복음 9:37-38의 "추수하는 주인에게 청하여…" 혹은 겟세마네 단락(막 14:32-42 병행)처럼 제자들을 향한 예수의 기도 요구들도 보인다.

복음서들에 나타나는 예수와 그의 제자들의 기도 전승의 밀도가 우리를 놀라게 할지도 모른다. 자기 아버지를 향한 기도는 예수에게 자신과 하나님의 깊은 관계 그리고 시험에서의 강화에 대한 표현이다. 이것은 제자들의 기도에도 해당한다. 기도는 응답에 대한 확신에서 나오지만, 그것은 또한 늘 위험을 겪는 가운데서, 아니 시험을 당하는 중에 나오는 기도이기도 하다.

"시험에 들지 않게 깨어 있어 기도하라"(막 14:38).

또는 주기도문에서는 "우리를 시험에 들게 하지 마시옵고 다만 악에서 구하시옵소서"(마 6:13)다. 예수의 기도가 몸소 기도의 조건들을 분명하게 해 준다.

> 아빠 아버지여 아버지께는 모든 것이 가능하오니 이 잔을 내게서 옮기시옵소서 그러나 나의 원대로 마시옵고 아버지의 원대로 하옵소서(막 14:36).

예수는 하나님에 대해 아이와 같은 '아빠' 호칭을 스스로 사용하며 주기도문에서 하나님을 향한 기도에 제자들이 참여하도록 한다.

2) 바울에게서 나타나는 기도[9]

바울서신의 교훈적이고 논쟁적인 문체를 고려하면 바울에게서 복음서들에서와 유사한 밀도로 기도에 대한 진술들과 기도들이 발견된다는 사실은 놀랍기만 하다. 확실히 불완전하기는 하지만 그것들은 여기에 함께 정리될 것이다.[10]

---

[9] 개관은 Wolfgang Fenske, *"Und wenn ihr betet ...."(Mt 6,5): Gebete in der zwischenmenschlichen Kommunikation der Antike als Ausdruck der Frömmigkeit*(Göttingen: Vandenhoeck & Ruprecht, 1997), 269-270을 따른다. Roland Gebauer, *Das Gebet bei Paulus: Forschungsgeschichtliche und exegetische Studien*(Gießen: Brunnen-Verlag, 1989)도 참조하라.

[10] ① 서신들의 서두에서 바울은 (대부분) 규칙적으로 "그가 자신의 기도 중에 편지의 대상인 공동체를 생각한다는 사실"을 알린다: 롬 1:8-10, 그러나 이미 살전 1:2; 빌 1:3-11.
② 축복과 은혜 기원을 포함한 서신의 서두, 은혜의 기원을 포함한 결미: 롬 1:7; 살전 1:1; 5:28.
③ 그는 공동체에 규칙적으로 기도할 것을 몸소 촉구한다: 살전 5:17.
④ 공동체에 감사함으로 기도하라는 촉구: 빌 4:6.
⑤ 한 마음으로 영광 돌리기: 롬 15:6.
⑥ 그는 자신의 사역을 위해 기도해 줄 것을 공동체에 촉구한다: 살전 5:25; 롬 15:30-33: "… 너희 기도에 나와 힘을 같이하여 나를 위하여 하나님께 빌어 나로 유대에서 순종하지 아니하는 자들로부터 건짐을 받게 하고…."
⑦ 바울은 이스라엘을 위해 기도한다: 롬 10:1.
⑧ 그의 활동의 목표는 사람들이 하나님께 감사하는 것이다: "너희도 우리를 위하여 간구함(δέησις)으로 도우라 이는 우리가 많은 사람의 기도로 얻은 은사(χάρισμα)로 말미암아 많은 사람이 우리를 위하여 감사하게 하려 함이라(εὐχαριστηθῇ)"(고후 1:11).
⑨ 바울은 식사 때 감사를 드린다: 롬 14:6.
⑩ 사람들의 멸망은 하나님을 영화롭게 하지 않기 때문이다: 롬 1:18, 21, 25.
⑪ 바울은 "방언할 줄 알았으나," "지성을 가지고(개역개정: "깨달은 마음으로") 기도하고 감사하는 것을 강조한다": 고전 12-14장; 특히 "내가 만일 방언으로 기도하면 나의 영이 기도하거니와 나의 마음은 열매를 맺지 못하리라 … 그렇지 아니하면 네가 영으로 축복할 때에 알지 못하는 처지에 있는 자가 네가 무슨 말을 하는지 알지 못하고 네 감사에 어찌 아멘 하리요 너는 감사를 잘하였으나 그러나 다른 사람은 덕 세움을 받지 못하리라"(14:14, 16, 17).
⑫ 기도들의 수신자는 하나님이다. 예외는 고후 12:8로서, 거기서 τὸν κύριον는 그리스도다(Fenske, "Und wenn ihr betet …"[1997], 269-270에 의거하여).

몇 가지 특별한 점들만 끄집어내 보자.

(1) 로마서 7:24-25에 나타나는 탄식과 감사의 밀접한 연결

오호라 나는 곤고한 사람이로다 이 사망의 몸에서 누가 나를 건져내랴 우리 주 예수 그리스도로 말미암아 하나님께 감사하리로다!(롬 7:24-25)

(2) 바울의 기도에 나오는 '아빠' 호칭인 "아빠 아버지"(αββα ὁ πατήρ)

양자의 영을 받았으므로 우리가 아빠 아버지라고 부르짖느니라(πνεῦμα υἱοθεσίας ἐν ᾧ κράζομεν· αββα ὁ πατήρ[롬 8:15]).

너희가 아들이므로 하나님이 그 아들의 영을 우리 마음 가운데 보내사 아빠 아버지(αββα ὁ πατήρ)라 부르게 하셨느니라(갈 4:6).[11]

바울이야말로 이 '아빠' 호칭이 예수에게로 소급되는 특별함을 묘사한다는 사실을 증명해 준다.

---

11 롬 8:26("이와 같이 성령도 우리의 연약함을 도우시나니 우리는 마땅히 기도할 바를 알지 못하나 오직 성령이 말할 수 없는 탄식으로 우리를 위하여 친히 간구하시느니라") 참조.

(3) 고린도후서 12:9에 있는 바울의 기도에서도 겟세마네에서 했던 예수의 기도("그러나 나의 원대로 마시옵고 아버지의 원대로 하옵소서"[막 14:36])에 상응하는 점이 발견된다

> 여러 계시를 받은 것이 지극히 크므로 너무 자만하지 않게 하시려고 (ὑπεραίρωμαι) 내 육체에 가시 곧 사탄의 사자를 주셨으니 이는 나를 (주먹으로) 쳐서(κολαφίζῃ) 너무 자만하지 않게 하려 하심이라 이것이 내게서 떠나가게 하기 위하여 내가 세 번 주께 간구하였더니(τὸν κύριον παρεκάλεσα) 나에게 이르시기를 내 은혜가 네게 족하도다(=내 은혜 외에 너는 아무것도 더 필요하지 않다) 이는 내 능력이 약한 데서 온전하여짐이라 (고후 12:7-9).[12]

눈에 띄는 점은 바울이 이것을 14년 전의 승천이라는 맥락(고후 12:1-5)에서 보도한다는 사실이다.

(4) 마지막 고찰

이것은 불완전한 개관일 수밖에 없다. 초기 기독교도 기도라는 신앙 양태다. 위에서 회당의 명칭이 기도처(Proseuchai = προσευχή[기도])라는 점을 지적했다. 초기 기독교는 한 분 하나님에 대한 (거의) 독점적인 기도를 유대교와 공유한다. 이것이 유대교와 기독교를 여러 신 또는 많은 신의 이름

---

[12] 이에 대해서는 Ulrich Heckel, *Kraft in Schwachheit: Untersuchungen zu 2. Kor 10-13*, WUNT II/56(Tübingen: Mohr Siebeck, 1993)를 보라.

중 하나의 남신/여신을 부를 수 있는 이교적 기도 실천(예: 이시스[Isis])으로부터 구분시켜 준다.

당장 대답할 수 없는 질문들이 남는다.

바울은, 바울의 공동체들은 주기도문을 알고 있었는가?

그들은 '아빠'라는 호칭을 알고 있었는데, 주기도문도 그러했을까?

원시 기독교에서 널리 알려진 것은 마라나-타("우리 주여 오시옵소서!")였다. 이를 위해서는 고린도전서 16:22을 통해 바울뿐만 아니라, 디다케 10:6 그리고 헬라어로 번역된 형태로는 요한계시록 22:20도 중요한 증언을 한다.

원시 기독교적 찬가 전체(빌 2:6-11; 고전 13장; 골 1:15-20; 엡 5:14; 딤전 3:16; 딤후 1:9-10; 딛 3:4-7; 벧전 2:21-25; 히 1:3-4; 그중에서도 특히 요한계시록에 있는 노래들)는 초기 기독교 공동체들의 풍부한 시적 창의성을 증명해 준다. 디다케의 만찬 기도들도 보라(디다케 10장). 골로새서 3:16은 이를 위한 대표적인 예가 될 수 있다.

> 그리스도의 말씀이 너희 가운데 풍성하게 거하게 하여 너희가 모든 지혜로 서로 가르치고 권면하며 시들과 찬송들과 신령한 노래들을 너희 마음으로 부르라(골 3:16).[13]

---

[13] Ulrich Luz, *Der Brief an die Kolosser*, J. Becker and U. Luz, *Die Briefe an die Galater, Epheser und Kolosser*, NTD 8/1(Göttingen: Vandenhoeck & Ruprecht, 1998), 227에 따른 번역.

그러나 우리는 여기서, 예배에서든 일상 속에서든, 공적인 기도와 관련이 있는 또 하나의 관점에 주목해 보고자 한다. 산상설교에 따른 그의 기도 지침에서 예수는 공적인 기도 전반이 아니라 자기 과시를 위해 이용되는 공적인 기도를 비판한다.

여기서 종교적인 인간에게 주어지는, 아주 세심한 형태일지라도 자신의 경건성을 자기 과시에 이용되도록 하는 근본적인 유혹이 언급되고 있다. 기도가 하나님을 향한 기도하기와 말하기가 아닌 다른 목적을 위해 사용된다면, 그것은 기도가 아니다. 그 안에는 기도 오용의 가장 세심한 형태들도 포함된다.

> 신앙의 표명으로서의 기도, 위장된 설교로서의 기도, 신앙심 고취의 도구로서의 기도는 완전히 허튼소리이지, 기도가 아니다. 기도할 때 하나님 이외의 다른 사람에게 무엇인가를 말하려고 한다면, 그 기도는 기도가 아니다(K. Barth, *Kirchliche Dogmatik* III/4, 96).[14]

3) 예수를 향한 기도

신약성경에서 우리는 오직 세 곳에서만[15] 예수에게 드리는 기도를 명시적

---

[14] Ulrich Luz, *Das Evangelium nach Matthäus*, Vol. 1: Mt 1-7, 5th ed., EKK I/1(Neukirchen-Vluyn: Neukirchener Verlag; Zürich: Benziger Verlag, 2002), 426에서 인용.

[15] 복음서들에서 자주 볼 수 있듯이(예를 들어 마태복음의 경우 8:25; 9:18, 27; 14:28; 15:22; [16:1;] 16:22; 17:14; [19:25; 20:21;] 20:30-31, 33; 21:9, 15; 27:11), '역사적' 예수에게 드리는 간구들은, 그것들이 부활 이후의 복음서에서 부분적으로 이미 기도의 특성을 가지고 있음에도(예를 들어 마 8:25), 예수를 향한 혹은 예수에게 드리는 기도들에 포함되어서는 안 된다.

으로 찾을 수 있다. 그중 두 개는 기도 외침(Gebetsruf)이다. [하나님을 향한 기도가 예수를 향한 기도가 되는 과정에서-역주] 교량 역할을 한 것은 '예수의 이름으로' 혹은 '예수를 통해서' 하나님께 간구하는 기도들일 것이다.

가장 오래된 증거는 의심할 여지 없이 아람어로 된 마라나-타("우리 주여 오시옵소서!")다(계 22:20). 고린도전서 16:22과 디다케 10:6에 따르면, 이 기도 외침은 주의 만찬 예전에 속한다. 사도행전 7:59-60에서 스데반은 "주 예수여 내 영혼을 받으시옵소서"와 "주여 이 죄를 그들에게 돌리지 마옵소서"라고 간청한다. 이것은 예수와 유사하지만, 이제는 하나님이 아니라 높여진 주님께 드리는 기도다.

그리고 마지막으로 바울과 관련해서 그가 "육체에 [있는] 가시"로 인해서 "세 번 주께 간구"했음을 언급할 수 있겠다(고후 12:7-10). 높여진 그리스도가 기도의 수신자라는 사실은 문맥으로부터 드러난다.

2. 고백

기도가 오로지 하나님(혹은 그리스도)을 향한다면, 고백은 이중의 기능을 가진다. 즉 그것은 한 분 하나님과 주를 향한 고백이지만, 동시에 사람들 앞에서의 고백이자 증언이다. '증언하기'와 '선포하기'를 의미하는 히브리어 '야다'(ידה) 동사의 히필 형태는 이 두 가지 관점을 모두 포함하고 있다. 헬라어에서는 '고백하기'(ἐξομολογεῖσθαι)와 '증언하기'(μαρτυρεῖν)이다. 그와 같은 고백으로는 쉐마 이스라엘(שְׁמַע יִשְׂרָאֵל)이 있지만, 또한 세속적인 영역에도—신약성경에서도 보도되고 있는—두 시간 동안 낭독되는 "크다 에베소 사람의 아데미여"가 있다(행 19:28, 34).

공개적인 고백은 신약성경에서 종종 그 고백의 필연성으로 인해 드러난다. 공의회 앞에서 행한 예수의 고백(막 14:62 이하), 사도들의 고백(행 4:12)과 "너희 마음에 그리스도를 주로 삼아 거룩하게 하고 너희 속에 있는 소망에 관한 이유를 묻는 자에게는 대답할 것을 항상 준비"하라는 베드로전서 3:15에 따른 필연성은 공적인 고백의 가치를 알려준다. 이것은 의심할 여지 없이 예수 전승으로 소급된다.

> 누구든지 사람 앞에서 나를 시인하면 나도 하늘에 계신 내 아버지 앞에서 그를 시인할 것이요(마 10:32; 참조, 계 3:5).

그리스도를 향한 고백은 성령의 작용 때문에 일어난다(고전 12:3). 찬가들과 고백 양식도 마찬가지다. 그것들은 (신앙) 고백으로 갖는 의미 외에 교훈적이고 찬미적이며, 잘못된 가르침들과의 논쟁에서도 도움이 될 수 있다.

3. 예배

원시 기독교적인 예배를 위한 전제 조건은 우선 비교적 넓은 의미에서 볼 때 성전 예배, 그러나 보다 직접적으로는 순수한 말씀의 예배로서 회당 예배다.[16] 제사 없이 진행되는 순수한 말씀의 예배는 고대에서 엄청난 혁명이며, 원시 기독교가 단 한 번 일어난 예수 그리스도의 희생 이후 이 전통에 들어서게 된 것은 놀라운 일이 아니다.

우리가 신약 시대의 회당 예배에 대해 알고 있는 내용은 신약성경으로부터 알게 된 대개 우연적인 소식들과 겹친다. 토라 낭독 외에 예언서 낭독, 이에 더하여 낭독된 토라와 예언서에 대한 해석, 그러나 무엇보다도 공동의 기도가 있었다.

초기 기독교 시대의 특징이 된 것은—회당의 모임들과 다르게—가정집들에서의 만남('가정 공동체들')인데, 이를 통해 초기 기독교적 공동체 생활과 예배 생활의 아주 독특한 유형이 생겨났다. 이때 남녀 가장들(브리스가와 아굴라[롬 16:3]; 행 18:2 참조)이 특별한 역할을 했다.

신약성경에서 '예배'를 위해 사용되는 개념들은 대부분 제의적인 경향을 띈다. 예를 들어 직무를 행하기($\lambda\epsilon\iota\tau\text{o}\upsilon\rho\gamma\epsilon\hat{\iota}\nu$), 직무($\lambda\epsilon\iota\tau\text{o}\upsilon\rho\gamma\acute{\iota}\alpha$), 예배하기($\lambda\alpha\tau\rho\epsilon\acute{\upsilon}\epsilon\iota\nu$), 예배($\lambda\alpha\tau\rho\epsilon\acute{\iota}\alpha$), 경배($\theta\rho\eta\sigma\kappa\epsilon\acute{\iota}\alpha$), 제사(행위)($\theta\upsilon\sigma\acute{\iota}\alpha$), 제단($\theta\upsilon\sigma\iota\alpha\sigma\tau\acute{\eta}\rho\iota\text{o}\nu$), 바치기($\pi\rho\text{o}\sigma\phi\acute{\epsilon}\rho\epsilon\iota\nu$), 희생제물을 드리기($\dot{\alpha}\nu\alpha\phi\acute{\epsilon}\rho\epsilon\iota\nu$)를 보라. 다만 모이기($\sigma\upsilon\nu\acute{\epsilon}\rho\chi\epsilon\sigma\theta\alpha\iota/\sigma\upsilon\nu\acute{\alpha}\gamma\epsilon\sigma\theta\alpha\iota$)라는 개념들이 우리에게 회당과 비슷한 현상을 보여 준다. 원시 기독교적 예배가 제의적 언어를 사용할지라도, 그 예배는 그런데도 그리스도와의 연합 그리고 상호 간의 연합으로서 공동체를 기반으로 하는 사건이다.

우리는 원시기독교적 예배들에 관한 단편적인 소식들만을 가지고 있다. 그러나 다음의 사실만큼은 분명해 보인다.

---

[16] 이에 대해서는 Wick, *Die urchristlichen Gottesdienste*(2003)을 보라.

① 가정집들에서의 모임(롬 16:5 외에도 자주 나타남)

② 배불리 먹는 만찬과 주의 만찬으로 이루어진 공동체 식사(고전 11:17-26; 눅 22:14-20; 주의 만찬을 위해서 우리는 신약성경에 있는 제정사의 네 가지 증거 외에도 예를 들어 디다케[9:5]에 예배에서 배제되는 경우와 관련된 규정들이 있다)

③ 저녁 집회: 이 집회는 이른 아침의 회합을 통해 보충된다.[17] '주의 날'에 열리는 예배가 특별한 역할을 한다(계 1:10).

④ 바울(살전 5:27; 골 4:16 참조)과 다른 권위자들(계 1:5)이 기록한 편지들의 낭독

⑤ (전통적인) 시편들과 특별히 창작된 기독교적 시편들(골 3:16) 노래하기

⑥ 고백[18]

⑦ 기도[19]

⑧ '아빠'(αββα)라는 기도 호칭(롬 8:15; 갈 4:6)과 '마라나-타'라는 기도 외침[20]

⑨ 우리가 무엇보다도 서신의 서두들에서 볼 수 있는 축복 양식들[21]

⑩ 말씀 선포: 이 경우에 우리는 사도행전 그리고 주로 바울서신들로부터의 역추론에 의존할 수밖에 없다.

⑪ 제1세대 안에서 성령의 자유로운 활동(고린도전서)

⑫ 제2세대 안에서 성령의 활동(골로새서, 에베소서, 사도행전)

---

17 아래 플리니우스의 글을 보라.
18 위를 보라.
19 위를 보라.
20 위를 보라.
21 Ulrich Heckel, *Der Segen im Neuen Testament: Begriff, Formeln, Gesten*, WUNT 150(Tübingen: Mohr Siebeck, 2002).

⑬ 제3세대 안에서 성령의 규정된 활동(목회 서신)

　예배의 모임과 관련하여 우리는 초기 기독교의 한 가지 중요한 관점을 더 지적해야 한다. 예배의 모임들이 바깥 세상에 대한 일종의 대립적인 세계를 표현한다는 점이다. 이 점은 유대교(쿰란-에세네인들)와 헬라-로마 철학(예를 들어 피타고라스 학파)와 유사점을 가지고 있었던―분명히 누가에 의해 이상화(理想化)된―예루살렘 공동체의 재산 공유에 해당되는데, 아무리 자발적이었다고 하더라도 그 형태는 강제적이었고(아나니아와 삽비라!) 종국에는 공동체의 경제적 실존을 위협했다('가난한 자들'을 위한 바울의 모금을 보라!).[22]

　그러나 예배의 모임들이 바깥세상에 대한 대립 세계였다는 사실은 바울의 선교 활동으로 인한 소아시아와 그리스의 이방 기독교적 공동체들에 더더욱 해당하는데, 그곳에서는 들어보지 못한 사회적 모형들이 생겨났다. 공동체 만찬과 주의 만찬 자리에 노예들이 주인들과 함께 한 식탁에 앉아 있었다. 이것은 성별, 지위, 소유와 교육 수준을 통해서 극단적으로 분리되어 있던 고대 사회에서 상상할 수 없는 일이었다.

　고대 조합들(collegia)에서도 회원들은 각자의 지위에 머물렀다. 여기 원시 기독교적 예배와 만찬을 거행하는 자리에서 일어나는 일은 고대 헬레니즘-로마 사회에 대한 절대적으로 대립적인 세계를 묘사한다.

22　바울의 헌금 모금은 이중적인 기능이 있다. 한편으로 그것은 예루살렘 교회를 향한 이방 기독교 공동체들의 연대감과 감사의 표시였고, 다른 한편으로는 예루살렘 교회의 경제적 위기를 막고자 했다.

이 시점에서 기독교 예배에 대한 가장 오래된 이방인의 보도가 언급돼야 하는데, 그 이유는 이 보도가 두드러지게 2세기 초(110-112년) 기독교 예배의 특징들을 똑똑히 보여 주기 때문이다. 그 보도는 플리니우스 2세의 편지다. 플리니우스는 로마의 총독(*Legat*)으로서 흑해 해안가의 비두니아에서 기독교인들에 대한 소송들과 씨름하며 그 소송들에서 결정을 내려야 했다. 그는 트라얀 황제에게 문의하여 자문한다.

> 밀고자가 언급했던 또 다른 사람들은 처음에 자신들이 기독교인임을 시인했다가 다시 거두어들였습니다. 그들은 자신들이 전에는 기독교인이었지만, 지금은 더 이상 아니라고 말하며, 어떤 이들은 3년 전에, 어떤 이들은 그보다 더 오래전에, 때로는 심지어 20년 전에 포기했다고도 합니다. 이들 모두 역시 폐하의 그림과 신상들 앞에서 경의를 표하고 그리스도를 저주했습니다.
> 그러나 그들이 확신시키고자 했던 바에 의하면, 그들의 모든 잘못 혹은 모든 착각이라고는 그들이 정해진 날 해뜨기 전에 함께 모여 그들의 하나님인 그리스도를 대창(對唱)으로 찬양하고, 어떤 범죄를 저지르기 위해 서약을 하기보다는 오히려 도둑질, 강도나 간음을 저지르지 않고, 약속한 것을 깨뜨리지 않으며, 독촉받은 빚을 거부하지 않기로 맹세했다는 것입니다. 그리고 나서 그들은 흩어졌다가 식사, 곧 습관적이고 해로울 것 없는 식사를 위해 다시 모였다는 것입니다. 그러나 그 일은 폐하의 지시들에 따라 집회(정치 비밀 결사 조직)를 금지했던 저의 칙령에 따라 그만둘 수 있었을 것이라고 했습니다.

그래서 저는 소위 집사들이라고 하는 두 명의 여자 노예들에게 고문을 가하여 진실한 고백을 끄집어내는 것이 무엇보다도 필요하다고 생각했습니다. 제가 발견했던 것은 무질서하고 무절제한 미신뿐이었습니다(플리니우스의 편지 96:6-8).[23]

'하나님에 대하여 말하기—하나님께 말하기'라는 주제를 위해 이 서신으로부터 도출되는 것은 무엇인가?

1) 하나님께 말하기

① 아침 기도: "하나님이신 그리스도를 찬양"(*Christo quasi Deo carmen dicere*)
② 그리스도에 대한 고백: 고문 아래에서

2) 하나님에 대하여 말하기: 무절제한 미신

기독교인들에 대한 이 고대의 보도는, 필자가 보기에, 비교할 수 없는 방식으로 하나님에 대하여 말하기와 하나님께 말하기를 이루고 있는 것이 무엇인지를 교회 역사를 관통하여 설명해 준다. 로마의 관리이자 지성인이었던 사람에 의한 '미신'(*superstitio*)이라는 비판은 황제 숭배를 포함하는 국가의 신들과 제의들에 대한 거부를 가리킨다.

---

[23] Plinius Caecilius Secundus, Gaius. *C. Plini Caecili Secundi Epistularum Libri Decem – Gaius Plinius Caecilius Secundus Briefe*, Helmut Kasten ed. 3rd ed.(München: Heimeran, 1976), 642-643에 따른 번역.

이러한 비난은 오늘날 다른 옷을 입은 채 만나게 되지만, 지금도 신앙을 그 무엇을 통해서도 정확히 표현될 수 없는 이데올로기로 비방하려 한다.

플리니우스 본문보다 단지 약 20년 이른 시기에 요한계시록은 공동체들과 개별인의 실존을 위한 예배의 중요성을 보여 준다. 예배적 성격은 곧 시작 부분인 요한계시록 1:3의 첫 번째 축복 선언에서 나타난다.

이 예언의 말씀을 읽는 자와 듣는 자와 그 가운데에 기록한 것을 지키는 자는 복이 있나니 때가 가까움이라(계 1:3; 22:7도 보라).

공동체가 두드러지게 강조되고 주변 세계와 대조적으로 자신의 정체성을 발견하는 자리인 예배는 로마의 종교적이고 문화적인 세계화 프로그램에 대립하는 세계를 기념할 뿐만 아니라, 동시에 저항과 이 저항으로부터 나타나는 결과들에 대해, 즉 어린 양이 어디로 인도하든지 따라가도록(계 14:4) 공동체를 훈련시킨다. 예배는 공동체를 위한 정체성의 표지(identity marker)며, 바깥을 향한 경계의 표지(boundary marker)다.

4. 대화를 위한 관점들

1) 기도

신앙의 표명으로서의 기도, 위장된 설교로서의 기도, 신앙심 고취의 도구로서의 기도는 완전히 허튼소리이지 기도가 아니다. 기도할 때 하나님 이

외의 다른 사람에게 무엇인가를 말하려고 한다면, 그 기도는 기도가 아니다(Barth, *Kirchliche Dogmatik* III/4, 96).

2) 고백

이때 교리적인 '정확성'만이 중요한가, 아니면 하나님과 그리스도의 주 되심이 세상에서, 그리고 세상과 마주하여 고백되고 있는가?

3) 예배

예배가 일상적인 목회적 실무와 공동체의 삶에서 이례적인 것인가, 아니면 오히려 일상적인 것인가?

다르게 말해서, 예배가 대립적인 세계와 같은 어떤 것을 표현하는가, 아니면 일상을 조금 더 견딜 수 있게 해 주는가?

원시 기독교적으로 고린도 교회의 경우와 같은 초기 기독교 공동체들의 예배는 상상할 수 없는 일이 가능하게 된 하나의 참된 대립적 세계였다. 즉 노예들이 (그들의) 주인들과 함께 주의 식탁에 앉았던 일, 그리스도 안에서 하나가 된 일 말이다.

우리는 우리 전통들이 가진 이 요소를 '간식/식사 나눔 교회들'(Vesperkirchen, 교회들이 매년 정해진 기간[주로 겨울]에 사회적 약자들을 위해 시행하는 프로그램으로서, 주된 일은 따뜻한 점심을 대접하는 것이다. 유료이지만, 실제 가격은 상징적인 금액으로 매겨진다-역주)에서 재발견하고 있는가?

그로스헤니히(S. Großhennig) 목사가 언급한 목회적 일상으로부터의 인상적인 경험들(사비네 그로스헤니히[Sabine Großhennig] 목사는 같은 날 "'다양하게' 하나님에 대하여 말하기—교회 목사의 일상으로부터 생각해 보는 실례들"이라는 제목으로 강의-역주)은 일상적 체험의 일부와 대립적 세계의 일부로서 예배가 가지고 있는 이 긴장을 자각하게 해 준다.

바로 그와 같은 경험들에 근거해서 신약성경적-신학적 작업은 이미 원시 기독교 공동체들에서 비교해 볼 수 있는 현상들을 발견해 내고 거기서 시도된 해결책들을 오늘날의 기독교적 삶을 위해 유용하게 하거나 그것들의 역사적 한계들을 보여 주도록 [우리를] 예민하게 만들 수 있다.

그러나 교회 내에서의 활동과 교회의 사회를 향한 실천은 화해적인 공동체를 이룬 사람들을 묘사하고 있는 유대교와 신약성경의 완전히 '유토피아적인' 표상들과 기대들을 모범으로 삼을 수도 있다. '유토피아'(Utopie)는 '장소/자리가 없음'을 뜻하지만, 성경적 이해에 따르면 그것은 하나의 장소를 가지고 있으니, 곧 '하나님 안'(in Gott)이다.

제6장

'주인에게 추수할 일꾼들을 보내달라고 청하여라'
(마 9:38/눅 10:2)*

번역: 장 승 익 박사

파송 이야기는 역사적인 공관복음서의 묵시다(A. Schweitzer).[1]

1. 5-9장의 맥락 안에서의 마태복음 9:35-10:8

이 단락은 산상수훈 이후 8-9장의 기적을 연이어 보도하는 기적 이야기

---

* 이 원고는 1995년 5월 29일 독일의 바트 볼(Bad Boll)에서 있었던 목사회의에 앞서서 마 9:35-10:8에 대한 성경묵상에 근거한다. 당시 필자는 뷔르템베르그(Württemberg) 주교회의 초청을 받아 이 본문으로 강연을 했다. 이 단락(마 9:35-38; 10:2[2-4], 5-7)은 1995년 삼위일체 후 첫 번째 주일 설교본문이었고, 슈툴마허(P. Stuhlmacher) 교수의 주석적이고 신학적이고 교회론적인 논문과 연관되어 있다. 당시 회의는 뷔르템베르그 주 목사시험과 연관되어 있었는데, 놀라웠던 것은 당시 이 시험에 합격한 사람 가운데 극히 적은 사람이 목사직을 감당했다는 것이다. 당시 노회장이었던 슈툴마허 교수는 주교회의 책임자에게 다음과 같이 말했다. "나는 이 공간에서 수년 전 당신이 다음과 같이 외친 것을 기억한다. '추수할 일꾼을 보내달라고 추수하는 주인에게 구하라.' - 그리고 지금 그는 이것을 했고, 당신은 그들을 거절했다." 강연 내용은 그대로 유지했고, 원고를 정리해 준 해멀레(Marietta Hämmerle)에게 감사한다.

[1] Albert Schweitzer, *Das Messianitäts- und Leidensgeheimnis: Eine Skizze des Lebens Jesu*, Das Abendmahl im Zusammenhang mit dem Leben Jesu und der Geschichte des Urchristentums, 2. Heft, 2nd ed.(Tübingen: Mohr, 1929), 95.

의 마지막 언저리에 있다. 여기에는 메시아적인 말씀과 행위들이² 나타나 있다. 9:35에서 이 점이 명확하게 요약 정리되어 있다.

> 예수께서 모든 도시와 마을에 두루 다니사 그들의 회당에서 가르치시며 천국 복음을 전파하시며 모든 병과 모든 약한 것을 고치시니라(마 9:35).

마태복음 4:23에서 복음서 기자는 이 내용과 말씀을 미미하게 바꿔 표현하고 있다.

> 예수께서 온 갈릴리에 두루 다니사 그들의 회당에서 가르치시며 천국 복음을 전파하시며 백성 중의 모든 병과 모든 약한 것을 고치시니(마 4:23).

그리고 이것은 5-7장과 8-9장이 보여 주는 것처럼 '가르치다/선포하다'-'치료하다' 이 두 요소가 인클루지오(*inclusio*)를 이루고 있다. 바로 이어 나오는 제자 파송 단락에 이 두 요소가 나타난다.

> 전파하여 말하되 천국이 가까이 왔다 하고(10:7).

> 병든 자를 고치며 죽은 자를 살리며 나병 환자를 깨끗하게 하며 귀신을 쫓아내고(10:8).³

---

2 Julius Schniewind, *Das Evangelium nach Matthäus*, 10th ed., NTD 2(Göttingen: Vandenhoeck & Ruprecht, 1962), 8.
3 이 내용으로 보아서 어느 정도 짐작해 볼 때 이 설교단락은 8절 앞에서 끝나는가?

물론 이것은 8-9장에 나오는 기적 사이클과 제자 파송 사이의 유일한 연결점은 아니다. 8장과 9장에는 버거(C. Burger)[4]가 그 점에 대해 언급한 것처럼 공동체의 문제들에 대해서도 언급되고 있다.

루쯔(U. Luz)[5]는 기적 이야기를 "공동체의 기초 이야기"로 이해해야만 한다고 가르쳤다. 기적 이야기를 통해 공동체는 "스스로가 이스라엘의 메시아의 자비로운 손의 혜택을 입고 있음을 인식한다(8:1-4, 14-17)."

어떻게 제자도가 생기는가?

> 이스라엘에서부터 이방인에게로 가는 과정의 제자도 이야기는 이방인의 물가로 나아가는 제자들의 위험한 항해 속에 이미 배태되고 있다(8:23-34).

그리고 예수 이야기가 이스라엘을 넘어 바깥으로 퍼지는지도 그 안에 들어있다. 공동체는 또한 어떻게 이스라엘에 분리되고 그들의 역사가 정해지는 데에 대해서도 제자 이야기 안에서 본다.[6] 이러한 측면에서 예수 이야기는 이스라엘 자체의 이야기이기도 하다.

그러나 특별한 방식에서 예수 이야기는 제자들의 선포와 치유의 체험 자체의 근거가 되기도 한다. 필자는 단락을 나누는 것에 반대하여 '치유'를 강조한다.

---

4   Christoph Burger, "Jesu Taten nach Matthäus 8 und 9," *ZThK* 70(1973), 272-287.
5   Ulrich Luz, *Das Evangelium nach Matthäus*, Vol. 2: Mt 8-17, EKK 1/2(Zürich and Braunschweig: Benziger Verlag and Neukirchen-Vluyn: Neukirchener Verlag, 1990), 66.
6   앞의 책, 66에 따라서.

공동체의 구성원들은 예수에 대해 보도해주고 있는 것처럼 기적을 행하고 경험한다. 마태복음 10:1, 8은 치유가 제자들의 위탁에 있어서 연속적으로 일어나고 있음을 보여 준다. 마태에게서 교회의 본질적 특성을 본다.[7]

마태복음 17:19-20에서 어려운 점을 발견하게 된다. 예수가 고치신 간질이 있는 소년을 치유하지 못해 힘들어하는 제자들이 예수께 나아와 묻는다.

"왜 우리는 귀신을 내어 쫓지 못하였나이까?"

"그가 답하기를 믿음이 작은 연고니라."[8]

믿음만으로 모든 것이 가능하다(Burger는 순서를 바꾼다).

마태복음에 있어서 기적의 의미를 지금 잠시 생각해 보는 것은 어려운 일이다. 우리는 끝에 가서 이 점에 대해 다시 생각해 볼 것이다. 그리고 루쯔[9]는 이 점에 관해 결정적인 연구를 했다. 기적은 임마누엘의 확증이다. 임마누엘이 1:23부터 28:20까지 예수 이야기에서 긴장 관계에 있는 것처럼 '하나님이 우리와 함께하신다'라는 것은 공동체의 역사에 관해서도 긴장을 형성하고 있다.

예수의 기적 행위와 공동체의 기적 행위는 이 임마누엘을 설명한다. 그러나 임마누엘은 예수 그리스도의 현존 안에서의 하나님의 은혜와 자비의 배려다. 기적 담화들은 기적을 믿는 시대의 신비적인 유물 같은 것이

---

[7] 앞의 책, 66.
[8] '작은 믿음'/'믿음이 작은' 이 두 가지는 Q로부터 온(눅 12:28) 마 6:30에서 기인한 것인데, 이것이 흐름을 안내하는 동인이 된다(8:26; 14:31; 16:8).
[9] 앞의 책, 68-73.

나, 기적의 본디 의미를 마치 다른 어떤 곳, 즉 신비적인 것 뒤에서 발견할 수 있는 것 같은 것이 아니라, 그것들은 현실성의 드러남(Durchbrechungen)이다.

어떤 현실 체험이 그 경우에 드러났는가?
늘 그랬던 것처럼 자연법칙의 드러남인가?
필자는 루쯔[10]의 말로 새롭게 답을 하려고 한다.

> 다윗 자손의 행위를 통해 자연법칙이 드러난 것이 아니라, 인간적인 고난, 인간적인 두려움, 위협과 무지가 드러난 것이다. 자연법칙의 힘이 드러난 것이 아니라, 사탄의 힘이 드러난 것이다(비교, 마 9:34; 12:22-30). 기적이 인과성의 경계를 가리키는 것이 아니라, 하나님 나라 안에서 질병과 고통으로 인해 제압당한 세상의 끝을 가리키는 것이다. 그래서 예수, 즉 '우리와 함께 하는 하나님'이신 그리스도와 세상은 서로 대적하는 것이다.
> 예수의 행동들과 자연법칙과는 아무런 관련이 없고, 오히려 이스라엘의 고난과 고난당하는 사람의 일상적 체험과 연관이 있다. 예수의 기적 행위들은 일반적으로 사람들이 할 수 없는 것들을 서술한다. 결정적인 질문은 기적의 사고 가능성에 관한 추상적인 것이 아니라, 불행, 소외와 고난에 의해 지배당한 세상의 한가운데에서 구원, 도움 그리고 전체성에 관한 특별한 체험들의 현실성에 관한 구체적인 질문이다.

---

[10] 앞의 책, 71-72.

그리스도 안에서 하나님이 우리와 함께하신다는 것은 마태복음에서는 기독론과 밀접한 관계가 있고, 기적 안에서 공동체는 예수를 주로 체험한다. 이 주는 그의 긍휼히 풍성한 배려 안에서 드러난다. 그런 이유로 9:35의 요약 후 36절은 이렇게 쓰고 있다.

무리를 보시고 불쌍히 여기시니 이는 그들이 목자 없는 양과 같이 고생하며 기진함이라(9:36; 민 27:17; 왕상 22:17; 대하 18:16; 유딧 11:19; 겔 34:5 참고).

2. 요약(9:35)

마태복음 5-7장과 8-9장의 종결로서의 요약에 해당하는 9:35은 같은 어조로서 역시 요약에 해당하는 4:23로 거슬러 올라가는데, 4:23처럼 동시에 설교와 기적 반복에 대한 서론적 역할을 한다. 즉 (하나님) 나라의 복음 선포다. 만약 4:23이 예수께서 갈릴리 지경을 돌아다니셨고 그 지역 회당에서 가르쳤다고 말했을 때, 이것은 9:35에서는 한편으로 특별화시켰고, 다른 한편으로는 보편화했다고 할 수 있다.

"예수께서 모든 도시와 마을들을 다니셨고 거기 회당에서 가르쳤다."

이것은 마태복음의 세계화된 개괄에 상응된다(28:19-20을 보라)/ 누가는 "이 일은 한쪽 구석에서 생겨난 것이 아니다"라고 말한다(행 26:26). 예수의 영향력이 모든 도시와 마을들에서 생겨난 것처럼, 기독교 선교 역시 모든 족속으로 나아가야 할 것이다.

그러나 이제 우리가 거리감(Distanzierung)에 대해 주목해 보자. 이스라엘의 메시야는 회당에서 '가르친다.' 그러나 이것은 '그들'의 회당이다. 예수처럼 이스라엘 공동체도 하나님 나라의 복음을 전할 것이다. 그리고 그들은 동일한 경험을 할 것이다.

믿음과 불신앙이 생길 것이지만, 또한 이방인에게서도 믿음이 발견될 것이지만, 그것은 유대인에게서는 찾아볼 수 없는 믿음이다(마 8:10). 왜냐하면, 믿음만이 결정하는 것이고, 이러한 믿음에 유대인과 이방인이 함께 이를 수 있을 것이다. 마태 공동체는 약속과 심판과의 연관 속에서 그들의 체험을 기술한다.

> 동서로부터 많은 사람이 이르러 아브라함과 이삭과 야곱과 함께 천국에 앉으려니와 그 나라의 본 자손들은 바깥 어두운 데 쫓겨나 거기서 울며 이를 갈게 되리라(마 8:11-12).

3. 제자 담화(9:36-11:1): 짜임새

이것은 마태복음의 두 번째 커다란 담화다. 이 담화는 9:35(위를 보라)에서 11:1("예수께서 열두 제자에게 명하기를 마치시고 이에 그들의 여러 동네에서 가르치시며 전도하시려고 거기를 떠나가시니라")까지다. 제자 담화에서 위탁하신 복음 전파는 예수 자신의 사역과 상응하고(4:17), 또한 8-9장에 기술된 치유와도 그 맥을 같이 한다. 확실히 5-7장 및 8-9장과 연관 관계는 더 다양하다. 제자들의 운명과 삶의 태도는 상당 부분 산상수훈의 가르침과 일치한다.

> 제자들은 무장 해제 상태이고 …, 가난하고 …, 박해를 받는다 …. 그들은 하나님의 돌보심 아래 있고 … 염려할 필요도 없다 ….[11]

> 마태는 또한 예수가 제자들에게 준 위탁은 예수 자신의 사명과 다른 바 없을 뿐만 아니라, 그들의 전권과 운명 또한 바로 예수 자신의 것과 같다.[12]

제자 담화는 포괄적인 측면에서 볼 때 결국 예수 이야기의 교회론적인 적용이라 할 수 있다.

제자 담화의 전체 내용에 주목해 보자. 전체적인 의미를 살피는 차원에서 다음과 같이 개략적으로 얼개를 짤 수 있을 것이다.

① 9:36-10:5a 서론
② 10:5b-23 첫 번째 단락
③ 10:24-42 두 번째 단락
④ 11:1 종결부

제자 담화에 포함된 설교 단락은 부분적으로 우리가 서론이라고 말하는 단락에 포함되어 있다. 그리고 첫 번째 단락의 처음을 포함하고 있다. 이

---

[11] 앞의 책, 74.
[12] 앞의 책, 74.

런 측면에서 우리의 단락은 많든 적든 간에 전체 담화의 안내 혹은 서론의 역할에 해당한다고 할 수 있다. 또한, 이 서론을 주해할 때 담화는 반드시 함께 고려해야만 한다.

제자 담화는 마태복음의 다른 담화처럼 다른 복음서 기자들이 다른 자료들을 구성한 것과 같이 자료들을 재구성했고, 물론 많은 부분이 우리에게 알려진 서론처럼 자신의 고유한 내용도 있다. 그러나 또한 제자 담화는 그 자체의 고유한 삶의 자리에서 선택되었다. 제자 담화는 5-7장과 8-9장 후에 나타나는데, 그 이유는 마태가 예수의 설교와 행위와 제자들과의 관계를 밝히려고 했기 때문이다.

4. 목자와 추수(9:36, 37)

자료 간의 개별적인 관계들은 이미 우리의 단락에서는 그리 단순하지 않다. 무엇보다도 36절과 37절이 그러하다. 마태는 마가의 음식 이야기로부터 마가복음 6:34을 앞으로 가져 왔다.

> 큰 무리를 보시고 그 목자 없는 양 같음으로 인하여 불쌍히 여기사 (막 6:34).

마태복음 9:36에 첨가된 "고생하며"(ἐσκυλμένοι)라는 마가복음 5:35("어찌하여 선생을 더 괴롭게 하나이까[σκύλλεις]")에서 기인한다. 그리고 마태에서는 "기진함이라"(ἐρριμμένοι)에 의해 이 점이 더 강조되고 있다. 37절과 38절은 Q(눅 10:2) 파송 담화를 제공하는데, 마태는 "그때 그의 제자들에게 말씀하시는데"로 시작된다.

마태복음 5:1의 "무리를 보시고 산에 올라가시니"의 산상설교처럼, 이 담화 역시 무리 앞에서 말씀하신 것이다("무리를 보시고 불쌍히 여기시니"[9:36]). 그리고 이 두 개의 경우에 있어서 뒤이어 제자 담화가 등장한다("앉으시니 제자들이 나아온지라"[마 5:1]; "그때 그의 제자들에게 말씀하시니"[37절]; 산상설교의 수신자에 대해서는 여기서는 논외로 하겠다).

무리들 앞에서 파송이 이루어진다. 예수의 긍휼에 의하여 이루어진다. 왜냐하면, '무리'(ὄχλοι)는 '고생하고, 땅바닥에 내동댕이쳐 있고, 압박을 당하고 있고 바닥에 처해 있어 마치 목자 없는 양과 같은 신세이기 때문이다.' 이 적용의 배경이 되는 구약성경 구절들은 두 가지 관점에서 정리할 수 있다. 하나는, 지도자의 부재요(민 27:17), 다른 하나는 안전과 배려의 결여다(겔 34:5).[13]

8장과 9장을 함께 생각할 때 두 번째 입장이 우세하다. 어쨌든 중요한 것은 구약에 나타난 이스라엘과의 연관 속에서 볼 때 목자 없는 양의 이미지다. 마태가 단수 '목자'의 사용을 이스라엘의 목자로서의 예수(2, 6절 참조)를 염두에 두었는지는 확실하지 않다(여기에서 이스라엘의 지도자로서의 바리새인에 반하는 논쟁점을 볼 수 있는지는 나로서는 의문이 든다).[14]

---

[13] 자세한 것은 W. William D. Davies and Dale C. Allison, Jr., *A Critical and Exegetical Commentary on the Gospel according to Saint Matthew*, Vol. II: Commentary on Matthew VIII-XVIII, ICC(Edinburgh: T & T Clark, 1991), 147-148.

[14] 아무튼, Adolf Schlatter, *Das Evangelium nach Matthäus: Ausgelegt für Bibelleser*, Erläuterungen zum Neuen Testament, Vol. I, 7th ed.(Stuttgart: Calwer Vereinsbuchhandlung,

이미 예레미아스(J. Jeremias)[15]가 병행구절인 CD III, 9-10에 주목했다.

그리고 그는(즉, 심사관) 목자가 양을 모으듯이, 그리고 아버지가 그의 아들들과 흩어진 자들을 다시 모으듯이 긍휼을 품어야만 마땅하다. 그 어떤 압박당하는 자나 파괴자가 공동체에 있지 않도록 모든 압박을 풀어야만 한다.[16]

솔로몬의 시편 17:40에 있는 메시아에 대한 예레미아스의 암시[17]는 4Q504 2 IV, 6-7[18]로 보충된다.

1936), 151은 이 점을 매우 강조한다. "그래서 교회는 돌봄을 받지 못하고 있는 양떼에 비유된다. 어느 누구도 이 양 떼를 먹이거나 돌보지 않아 목적 없이 방황한다. 그런데도 그들은 많은 선생을 갖고 있다. 바리새인들은 학교에서, 시장에서 들판에서 사람들이 행여 하나님의 계명을 어기면 그들을 검거하기 위해 경계를 늦추지 않는다. 그런데도 백성들은 확실히 어떤 목자에게도 돌봄을 받지 못하고 있는 양과 같다."

15　Joachim Jeremias, "ποιμήν κτλ," *ThWNT* 6(1959), 484-501, 여기서는 497; 또한 Herbert Preisker and Siegfried Schulz, "pro,baton," *ThWNT* 6(1959), 688-692, 여기서는 691쪽의 11행을 보라.

16　번역은 Eduard Lohse, ed., *Die Texte aus Qumran*(Darmstadt: Wissenschaftliche Buchgesellschaft, 1964), 93, 95. 원문과 번역에 대해서는 이제 James H. Charlesworth ed., The Dead Sea Scrolls: Hebrew, Aramaic, and Greek Texts with English Translations, Vol. 2: Damascus Document, War Scroll, and Related Documents, PTSDSSP(Tübingen: Mohr and Louisville: Westminster John Knox Press, 1995), 54-55. "아버지처럼 자녀에게 하듯 그들에게 긍휼을 베풀도록 그에게 하라 그리고 양 떼를 위해 목자가 그들의 모든 곤경 속에서 지키듯이 하도록 하라. 그들을 묶는 모든 사슬을 풀도록 하라. 그리하여 그들의 회중 가운데 어느 사람도 빼앗기지 않고 짓밟힘 당하지 않도록 하라."

17　Jeremias, "ποιμήν κτλ"(1959), 488를 보라.

18　Maurice Baillet, ed., *Qumran Grotte 4*, III: 4Q482-4Q520, DJD VII(Oxford: Clarendon Press, 1982), 143-144; 번역은 Johann Maier, *Die Qumran-Essener: Die Texte vom Toten Meer*, Vol. II: Die Texte der Höhle 4, UTB 1863(München: Reinhardt, 1995), 608.

"네가 네 백성 위에 양의 목자(r'y ngyd)가 되기 위해 다윗의 언약을 세웠다."

백성들에 대한 압박/탄압/해체와 관련된 단어 군은 특별히 4Q501[19]에 분명히 나타난다.

> ² 황망한 상태에 있는 너의 언약의 아들들을 생각하라
> ³ […] 이미 인정된 자들, 도처에 방황하는 자들―누구도 돌아오지 않고, 파괴당했고―어느 누구도 연락이 되지 않고,
> ⁴ [… 그리고 어느 누구도 일]어서지 못하고

이것에 반하는 이미지가 주의 행위에 대해 말해 주는 시편 145:7-8을 수용한 종말론적인 내용의 4Q521[20]에 나타나는데(4-8행) 이는 다음과 같다.

> ¹² 그는 구멍 뚫린 자를 고치고 죽은 자를 살린다,
> 가난한 자/비천한 자에게 (좋은 것을) 선포한다
> ¹³ 그리고 [낮은 자]를 그가 배[부르게 하고, 떠]난 자를 이끌고

---

[19] 본문은 Baillet, *Qumran Grotte 4*(1982), 79-80; 번역은 Maier, *Die Qumran-Essener: Die Texte vom Toten Meer 2*(1995), 574. 또한 다음을 보라. 4Q509(본문은 Baillet, *Qumran Grotte 4*[1982], 184-215), 일부 조각 13+12, I: ① 그리고 버림받은 자, […] 없이 방황하는 자 ② 능력 [없이], […] 없이 그곳에 넘어진 자들 ③ 이해 없이 부러진 자들, [연결됨 없이] ④ 우리의 잘못으로 인하여 [그리고] 어느 누구도 고치지 못한다. ⑤ 위로하라, 저들의 잘못으로 넘어진다 [생각하라] ⑥ 슬퍼하고 울라(번역은 Maier, *Die Qumran-Essener: Die Texte vom Toten Meer 2*(1995), 627).

[20] 원문에 대해서 Emil Puech, "Une apocalypse messianique(4Q521)," RdQ 15(1992), 475-517을 보라; 번역은 Maier, *Die Qumran-Essener: Die Texte vom Toten Meer 2*(1995), 684. 더 참조할 것은 4Q525 3 II의 축복기도.

굶주린 자들을 풍[성하게 하고(?)…]

매우 분명하게 이 본문들은 압박의 방법과 종말론적인 구원과 연관된 마태복음 9:36의 지평을 드러낸다.

백성에 대한 긍휼함은 제자 담화로 이어진다(37절과 38절). 목자와 양의 이미지는 추수하는 이미지와 함께 간다.[21] 추수는 이미 구약에서 심판 지평과 닿아 있다.[22] 그리고 아마도 이것은 Q에 나타난 기본적인 의미일 것이다(또한, 마 13:39, 42; 심판으로서의 추수, 추수꾼들은 천사).

그러나 마태에게 있어서 선교적인 상황은 중요하다. 그는 양과 추수의 이미지를 서로 밀접하게 연결해 배열했고, 그 결과 이 추수 이미지는 곧 이스라엘의 참담함 그 자체다. 모순은 양에게 목자가 없다는 것에 있다. 이것은 큰 추수와 일할 사람이 적다는 대비다.[23]

---

[21] 인상적인 것은 도마복음 73과 Q가 많이 일치된다는 점이다: "예수께서 말씀하시길: 추수 때가 거의 다 왔지만, 일꾼은 적다. 추수를 위해 주인에게 일꾼을 보내달라고 간청하라!" 차이점은 ('추수의 주' 대신에 '주'; 소유대명사의 생략) 그리고 전승의 지속성에 관한 물음에 대해서는 Joseph A. Fitzmyer, *The Gospel according to Luke*, Vol. 2: X-XXIV, The Anchor Bible 28A(New York et al.: Doubleday, 1986), 842를 보라. 마 10:16/눅 10:3에 대해서는 Risto Uro, *Sheep among the Wolves: A Study on the Mission Instructions of Q*, AASF 47(Helsinki: Suomalainen Tiedeakademia, 1987); John S. Kloppenborg, *The Formation of Q: Trajectories in Ancient Wisdom Collections*(Philadelphia: Fortress Press, 1987), 192-197.

[22] 예를 들어 욜 4:1-13; 사 27:11-12; 이것은 묵시문학에서도 나타난다(바룩2서 70:2; 에스라4서 4:39).

[23] 일꾼은 선교적 개념이다. 이 점에 대해 Roman Heiligental, "ἐραυνάω," *EWNT* 2(1981), 120-123 참조; Davies and Allison, *A Critical and Exegetical Commentary on the Gospel according to Saint Matthew*(1991), 149-150.

간구(Bitte), 정확하게 주인으로 하여금 추수할 일꾼을 보내달라는 기도(Gebet)[24]는 이러한 마태의 선교적 관계 안에서 더해졌다.[25] 제자도와 연관되어 기도의 중요한 역할은 이미 산상설교에서 분명하게 다루어졌다.[26]

5. 권한 위임과 파송(10:1-5a)

2-4절의 열두 제자 목록은 마가복음 3:16-19과 상응한다. 마태는 의도적으로 짝을 이루도록 배열했다("두 명씩 짝을 이루며 파송") 마태는 12라는 수에 주목한다(세 번 등장: 1, 2, 5절). 열두 지파에 상응하는 열두 제자는 이

---

[24] Schlatter, *Das Evangelium nach Matthäus: Ausgelegt für Bibelleser*(1936), 152: "여기서 간구는 맞는 말이다. 왜냐하면, 추수는 하나님의 소유이기 때문이다. 그러므로 추수할 일꾼을 모으는 그 주문은 하나님의 일이다. 만약 제자들이 일할 일꾼이 부족해서 구한다면, 이것은 그들이 이미 자신의 중요한 사역에 동참하고 있다는 것을 의미한다." 또한, Eduard Schweizer, *Das Evangelium nach Matthäus*, 14th ed., NTD 2(Göttingen: Vandenhoeck & Ruprecht, 1976), 151: "…제자들은 또한 단순히 사역에 참여한 것이 아니라, 기도로 부르심을 받은 것이기도 하다."

[25] Ferdinand Hahn, *Das Verständnis der Mission im Neuen Testament*, WMAnt. 13(Neukirchen-Vluyn: Neukirchener Verlag, 1963), 103-111; Hubert Frankemölle, "Zur Theologie der Mission im Matthäusevangelium," Karl Kertelge ed., *Missiom im Neuen Testament*, QD 93(Freiburg: Herder, 1982), 93-129; Dorothy J. Weaver, *Matthew's Missionary Discourse: A Literary Critical Analysis*, JSNT.S 38(Sheffield: JSOT Press, 1990).

[26] mAvot 2,15를 참조해야만 한다. 이에 110년경에 살았던 랍비 타르폰스(Tarphons)의 말을 참조할 수 있다. "해는 짧고, 일은 많다. 일꾼들은 게으르고, 보수는 많다, 그리고 집주인은 압력을 받는다." 이 어구는 인생의 짧음과 연관되어 있다("날은 짧다," 이 말은 뒤이어 나오는 말을 분명하게 설명한다). 그럼에도 함께 할 일은 많고 남은 시간은 얼마 남지 않았다. 보수에 대한 생각에도—마 9:37/눅 10:2과 달리—Avot의 문장을 우리는 종말론적이라고 말할 수 없다; Joachim Gnilka, *Das Matthäusevangelium*, Vol. 1: Kommentar zu Kapitel 14:1-28:20 und Einleitungsfragen, HThK I/2(Freiburg et al.: Herder, 1988), 353과 각주 5; Davies and Allison, *A Critical and Exegetical Commentary on the Gospel according to Saint Matthew*(1991), 149를 보라.

스라엘의 대표로서 어려운 처지에 있는 이스라엘로 보내진다. 예수가 이스라엘로 파송되듯이, 그는 지금 열두 제자를 파송한다. 여기서 마태는 공동체의 파송을 내다본다.

열두 제자는 예수 때문에 보고된 그 일들을 감당하는 전권을 위임받았다.

> 예수께서 그의 열두 제자를 부르사 더러운 귀신을 쫓아내며 모든 병과 모든 약한 것을 고치는 권능을 주시니라(10:1).

열두 제자는 열두 지파를 대표하는 자로 선택되었다. 제자라는 개념은 이미 마태에게 있어서는 제자도의 명칭으로 일반적으로 사용됐다. 열두 제자의 특별한 역할에 대한 지식은 2절의 단수로 쓰인 '사도'라는 칭호에서 드러난다(그들은 1절에서 '제자'로 불림).

그들은 예수가 행하신 행위를 하는 전권을 부여받았다. 그것은 더러운 귀신을 내쫓고, 각종 질병과 각종 약함을 고치는 사역이었다(4:23; 9:35을 보라). 사도 목록에 대해서는 자세하게 다루지 않을 것이다. 필자는 다시 한 번 짝을 이루는 의식적 배열에 대해 언급하려고 한다. 마태는 마가의 형태를 간소화했을 뿐만 아니라 순서를 바꿨다.

이러한 치환은 마태복음 4:18-22에 나타난 네 명의 제자를 부르시는 사건의 적용이다. 마태는 9:9에 의하면 세리다. 베드로 앞에 있는 첫째라는 의미는 예나 지금이나 논쟁의 여지가 있다. 특별히 교회 연합적인 측면에서 더욱 그러하다. 베드로가 다른 제자들과 비교해서 특별히 다르지 않은 전권을 받았다는 것은 16:19과의 연관 지어 볼 때 18:18에 분명히 나타난다. 맺고 푸는 권한은 베드로와 마찬가지로 교회에도 주어졌다.

6. 이스라엘을 향한 제자 파송(10:5b-23)

또한, 이 단락에서도 우리는 제자는 예수가 행하신 것을 해야만 한다는 위임에 대한 기본적인 틀을 인식한다.

① 이스라엘의 양무리(10:6)
② 가면서 전파함(4:17/10:7)
③ 예수의 행위들을 행함(10:8)
④ "이방인의 길로도 가지 말고, 사마리아인의 고을에도 들어가지 말고"(5b절)
⑤ "오히려 이스라엘 집의 잃어버린 양에게로 가라"(6절)
⑥ "가면서 전파하여 말하되 천국이 가까이 왔다 하고"(7절)
⑦ "병든 자를 고치며 죽은 자를 살리며 나병 환자를 깨끗하게 하며 귀신을 쫓아내되 너희가 거저 받았으니 거저 주라"(8절)

계속해서 명령형이 이어지고 이러한 흐름은 15절의 아멘 말씀과 한 도시나 집에서 영접하지 않는 자들에 대한 회고로 마무리된다.

내가 진실로 너희에게 이르노니 심판 날에 소돔과 고모라 땅이 그 성보다 견디기 쉬우리라(10:15).

9-14절에 나타난 개별적인 말씀들은 흔히 '방랑하는 급진주의자' 혹은 삶의 방식과 나타남이 초대교회의 '방랑하는 급진주의 전도자'라고 표현될 수 있는 옷을 입은 초대교회 선교에 대한 통찰을 던져준다.[27] 이러한 선교사들은 또한 그들의 삶의 형태 안에서 예수께로 부르심을 받았다고 할 것이다.

예수께서 '나를 따르라' 그리고 '하나님 나라의 선포'로 부르신 것은 돌아다니시면서 복음을 전하는 예수와 함께 이해할 수 있다. 그렇게 선교사들은 그들의 길을 갔다. 그들에게 주어진 엄격함, 급진성 그리고 결단성은 바로 예수의 길과 일치한다.

마태복음 10:9-15이 꽤 진정성이 있다는 것은 이 본문이 변형됐거나 약화됐다고 볼 수 없는 근거다.[28]

5절 하반절과 6절에 나타난 지시 사항을 보자.

> 이방인의 길로도 가지 말고,
> 사마리아인의 고을에도 들어가지 말고
> 오히려 이스라엘 집의 잃어버린 양에게로 가라(10:5b, 6).

---

[27] 기본적으로 Gerd Theißen, "Wanderradikalismus: Literatursoziologische Aspekte der Überlieferung von Worten Jesu im Urchristentum," *ZThK* 70(1973), 245-271(=Gerd Theißen, *Studien zur Soziologie des Urchristentums*, WUNT 19[Tübingen: Mohr, 1979], 79-105); 지금은 다음을 보라 Ekkehard W. Stegemann and Wolfgang Stegemann, *Urchristliche Sozialgeschichte: Die Anfänge im Judentum und die Christusgemeinden in der mediterranen Welt*(Stuttgart et al.: Kohlhammer, 1995), 168 이하.

[28] Luz, *Das Evangelium nach Matthäus*(1990), 89.

제자들은 전권을 위임받았고 지금 파송되었다. 낯설고 이해할 수 없는 것은 5절 하반절의 '부정적' 파송이다.

"이방인의 길로도 가지 말고, 사마리아인의 고을에도 들어가지 말고."

예수께서 8:28-34에서 이방인의 땅에 있었던 이후에 이것은 이미 4:15의 이방의 갈릴리라는 말로 언급되었고, 마태 당시 이방인의 선교는 이미 진행 중이었다. 여기서는 단지 당시 사마리아 선교가 일반적이었던 때에 (눅 9:51-56; 10:30-35; 17:11-19; 요 4장), 예수께서 완전 특별한 관계를 맺으셨던 사마리아 도시들이 선교에서 제외된 채 있어야만 했다.

이방인과 사마리아 사람에 대한 선교 금지가 있는 반면에 '이스라엘 집의 잃어버린 양'에게로의 파송이 있다(6절). 여기 소유격은 부분적인 소유격이 아니라, 설명적인 소유격의 의미로 이해할 수 있다.

잃어버린 양들은 곧 이스라엘의 집이다. 이것은 의식적으로 9:36에서 '목자 없는 양들'에 적용되었다. 이것은 또한 이스라엘 선교를 지향하고 있다. 예수께서 8장(사람들이 예수에게 도시를 떠나라고 부탁드린 곳인 8:28-34을 제외하고)과 9장에서 이스라엘을 향해 움직이셨고 이스라엘에 대한 그의 긍휼은 여전했다(9:36). 파송받은 자들은 그들의 스승처럼 이스라엘로 파송된 것이다. 이점은 15:24의 예수 말에서 반복된다.

> 나는 이스라엘 집의 잃어버린 양 외에는 다른 데로 보내심을 받지 아니하였노라(15:24).

우리는 여기서 매우 심각한 문제를 대하게 된다.

이스라엘에게만 해당하는 선교가 열방을 향한 선교명령(28:19)과 어떤 관계에 있는가?

이 물음에 대한 대답은 이스라엘에서 이방인 선교로 가는 것을 받아들인 예수의 진보에 대한 추측의 근거로서 이루어져서는 확실히 안 될 것이다. 결정적인 물음은 이것이다.

어떻게 마태는 이 모순을 풀었는가, 아니면 최소한 유지했는가?

필자에게 가장 개연성 있는 설명은 예수의 시대가 바로 이스라엘을 위한 선교의 시대라는 것이다. 물론 예수 자신은 그때까지 이스라엘의 경계를 단 한 번 넘어갔다(8:28-34).

가면서 전파하여 말하되 천국이 가까이 왔다 하고(7절, 선포 위임).

제자들의 선포는 세례자 요한(3:2)과 예수의 선포(4:17) 그 자체였다. 그리고 그들은 또한 이것을 28:20의 선교명령 이후에 행한다("내가 너희에게 분부한 모든 것을 가르쳐 지키게 하라").

병든 자를 고치며 죽은 자를 살리며 나병 환자를 깨끗하게 하며 귀신을 쫓아내라(8절, 치유 위임).

제자들에 대한 치유 위임은 8장과 9장에 나타난 예수에 대한 보고와 상응한다. 동시에 (마귀를 축출하는 것만 제외하고) 11:2-5의 세례자 요한의 물음에 대한 답변과 일치한다(누가복음에는 7:21에 예수의 치유 행위에 관해 귀신을 내쫓는 기사를 받아들였다). 예수에게서처럼 마태에게 있어서[29] 제자들의 선포 위임과 치유 위임은 함께 속해 있다. 마태복음에서는 그러한 기적체험이 믿음과 밀접하게 나타난다.

7. 결론적 고찰

필자는 마태복음에 나타난 기적의 의미를 앞에서 말한 것과 연결했다. 기적들은 자연법칙들을 깨부수는 것이 아니라, 질병, 고난과 죽음 인간에 대한 폭력과 같은 불행의 법을 깨부수는 것이다. 그런 점에서 물리학의 범주에서 기적의 가능성에 대해 논한다는 것은 타당하지 않다.

마태는 물리학을 다루는 것이 아니라 긍휼에 대해 다루는 것이다. 그런데도 자비와 사랑의 체험으로서의 기적을 정의하기에는 충분하지 않은 점이 있을 것이다. 문제는 훨씬 더 근본적인 데 있다. 우리는 부지중에 우리에게 바르다고 생각하는 것을 선택한다.

단락 구분처럼 8절의 기적은 생략되었고(1절에서 전권에 대해 그리고 7절에 가서야 비로소 위임에 대해 언급되었다), 그래서 기적을 아무튼 생략하든지 말든지, 아니면 다르게 생략하든지 할 수 있다(예를 들어 9-15절의 방랑하는 급진주의처럼). 이러한 처리 과정은 이미 산상설교에서의 절충하는 것에서 잘 알려져 있다.

---

[29] 단락 구분은 7절에서 끝난다. 마태는 이것을 아마도 '믿음이 작은'이라고 부르기를 원했을 것이다.

이 본문과의 연관 속에서 유비를 말할 수 있다. 우리는 우리 자신을 본문에서 생략 없이 청취자로, 선포자와 교회로 설정해야만 한다. 그러고 나서 우리는 개별자로서 교회로서 그 결과들을 유지하면서 제자 담화에 따라 살기를 원하든지 아니면 문서화 된 조직교회의 주변에서 맴돌든지 선택해야 한다. 또는 제자 담화에 반대하는 결정을 솔직하게 말해야 한다. 왜냐하면, 오늘의 교회는 1세기 마태의 교회와는 역사적으로 다른 형태를 보이기 때문이다.

또한, 제3의 다른 길도 있다. 교회 안에서 급진적 제자도의 가시와 표지로서 마태 교회의 요소들로 살아 역사할 수 있다. 마태복음은 이점에 있어서 하나의 모델을 가진 것이다. 필자는 이것을 지금까지 추수의 이미지와 연결한 것이다. 알곡과 가라지는 심판 때까지 두는 것이다(마 13:24-30; 아우구스티누스[Augustinus]는 교회를 혼합체로 보았다). 이것으로부터 교회 안에 작은 교회 모델을 말하는 것의 위험은 크다. 그리스도를 따르는 급진적 제자도는 결국 모든 것을 사로잡는 요인이라는 것이 기회가 있다는 것은 아니다.

본회퍼(D. Bonhoeffer)는 우리의 본문의 목적에 대해 매우 솔직하게 예언자적인 명료함을 갖고 다음과 같이 기술했다.

"가면서 전파하여 말하되 천국이 가까이 왔다 하고, 병든 자를 고치며 죽은 자를 살리며 나병 환자를 깨끗하게 하며 귀신을 쫓아내되, 너희가 거저 받았으니 거저 주라"(마 10:7-8). 사신들이 전하는 소식과 그들의 영향력은 예수 그리스도 자신과 조금도 다르지 않다. 예수 그리스도의 능력을 부여받았기 때문이다. 예수께서는 하늘나라가 도래했음을 선포하라고, 이 복음을 확증하는 표징들을 드러내라고 명령한다. 병든 사람을 낫게 하고 나병 환자를 깨끗하게 하고, 죽은 자를 살리며, 귀신을 쫓아내라고 명령하신다. 선포는 사건이 되고, 사건은 선포를 증언한다. 하나님 나라, 예수 그리스도, 죄 용서, 믿음에 의한 죄인의 칭의, 이 모든 것은 귀신의 권능을 무력화시키고 아픈 사람을 고치고 죽은 자를 살리는 것과 조금도 다르지 않다. 이것은 전능하신 하나님의 말씀으로서 행위이고 사건이며 기적이다. 한 사람 예수 그리스도가 열두 사신 안에서 그 땅을 돌아다니며 자신의 일을 이루어 가신다. 제자들에게 허락된 왕적인 은혜는 창조하며 구원하시는 하나님의 말씀이다.[30]

---

[30] Dietrich Bonhoeffer, *Nachfolge*, 4th ed.(München: Kaiser, 1964), 180.

제3부

교회의 정체성과 역사

제7장
로마에서의 요세푸스와 바울:
네로 시대에 로마에서의 유대인과 그리스도인
번역: 문배수 박사

제8장
유대교 음식: 이방인이 유대 음식 관습을 바라보는 것과 그에 대해 유대인 스스로 내리는 정의
번역: 문배수 박사

제9장
"남들이 우리를 보듯 우리 자신을 바라보기"(로버트 번스): 로마의 지배 아래에 있는 유대인과 그리스도인—자기 인식과 타인 인식
번역: 박성호 박사

제7장

로마에서의 요세푸스와 바울:
네로 시대 로마에서의 유대인과 그리스도인*

번역: 문 배 수 박사

　로마에 있던 기독교 교회는 이스라엘 외 가장 중요한 기독교 공동체이고 그 흔적이 사도 시대에까지 거슬러 올라간다. 로마 기독교 역사는 유대 공동체와 매우 밀접하게 연결되고 유대 교회와 관련하에서 성장한다. 그래서 로마 기독교 초기가 어떠했는지를 묻는 것은 유대 공동체를 살펴보는 것을 뜻한다.

　유대 공동체와 로마 공동체 사이 공통점 및 차이점과 관련하여, 우리는 이스라엘과 교회에 대한 역사의 예를 살펴볼 수 있다. 이스라엘 땅에서 발생한 힘의 관계가 보여주는 것처럼 그곳에는 매우 긴장감 넘치는 공생의 관계가 발전했고, 로마에서 유대 기독교가 그 영향력을 잃게 된 후에 기독교 공동체는 유대 공동체가 가진 역사의 영향력을 자기 뒤로 흘려보냈다.

---

* 이 글은 기센과 에를랑겐에서 1985년에 강의한 것을 편집한 것이다. 필자는 구두 연설의 틀을 계속 유지했다.

로마에서도 마찬가지지만, 우리는 디아스포라 유대인 연대가 예루살렘을 향한다는 것을 알고 있다. 기독교가 로마에 처음 들어간 것이 기독교가 안디옥에¹ 이른 것과 거의 같다는 것은 개연성 있는 일이다. 초기 기독교에 관한 연구는 매우 기꺼이 안디옥에 세워졌던 교회를 보거나 2세기 로마를 살펴보았다.²

우리는 이제 어둠 속에 있는 초기 로마 기독교를 보면서 다음 세 가지 길로 그 주제에 더 가까이 다가가고자 한다.

① 각각 50년대와 60년대 유대인들과 그리스도인들에 대한 소식을 가려낸다(다음에 오는 1., 2.항목).
② 그것은 요세푸스와 바울이 로마로 여행하는 것에 동행하기 위함이다 (3.항목).
③ 결국 그것은 네로 시대 때 로마에서의 유대인과 그리스도인의 관계를 확정 짓기 위해서다(4.항목).

이미 초기 교회는 유대교, 기독교 그리고 이방 세계가 만날 수 있다는 가능성을 생각하고 편지교환을 언급했다. 유세비우스는 그것을 불가능하게 여기지 않았고(『교회사』 II, 17, 1), 베드로가 로마에서 복음을 전할 때 필

---

1 Rudolf Pesch, *Die Apostelgeschichte*, Vol. 1: Apg 1-12, EKK 5/1 (Zürich: Benziger Verlag and Neukirchen-Vluyn: Neukirchener Verlag, 1986), 349-358(참고문헌 목록과 함께)를 참조하라.
2 Peter Lampe, *Die stadtrömischen Christen in den ersten beiden Jahrhunderten: Untersuchungen zur Sozialgeschichte*, 2nd ed., WUNT II/18(Tübingen: Mohr, 1989)[참고문헌 목록과 함께]를 참조하라.

로와 베드로는 클라우디우스 황제 시대 때 로마에서 서로 교제를 나누었다고 한다. 비록 우리가 유세비우스의 설명에 동의를 못 한다 할지라도, 그의 판단은 두 인물이 갖는 중요성과 그들의 만남이 어떤 의미를 갖는지를 보여 준다.

바울과 세네카가 기독교 초기에 서로 만났다고 하는 것처럼 그 당시에 일어날 수 있는 유명한 인물들의 만남은 상상을 자극했다. 그것에 대한 증거는 임의로 만들어진 편지교환이다. 그들이 편지를 교환했다는 것은 히에로니무스(De viris illustribus III, 12)와 아우구스티누스(Epistulae 153)에게 이미 알려진 것이었고 이들은 그것을 높이 평가했다.

그래서 히에로니무스는 자신이 기록한 성자들의 목록에 세네카를 받아들였다. 세네카는 소위 신약성경에 있는 바울의 편지들을 알고서(첫 번째 편지), 바울이 참여한 상태에서 그것을 네로 황제에게 읽어주어야 한다고 주장한다(세 번째 편지).

세네카가 황제 앞에서 바울의 글을 읽어드렸다는 것과 그에 대한 황제의 반응을 (바울에게) 보고할 때(일곱 번째 편지), 바울은 안절부절못하며 이것이 다시 일어나지 않도록 해달라고 간청한다(여덟 번째 편지). 세네카는 바울의 반응을 보며 추측하기를 바울이 황제의 부인 포페아 사비나(Poppäa Sabina)를 두려워하기 때문이라고 여긴다. 여기서 포페아 사비나는 유대교를 좋아하는 여인으로 간주되었다.[3]

---

3 본문과 번역을 위해 Cornelia Römer, "Der Briefwechsel zwischen Seneca und Paulus," Wilhelm Schneemelcher, *Neutestamentliche Apokryphen*, Vol. 2: Apostolisches, Apokalypsen und Verwandtes, 5th ed.(Tübingen: Mohr, 1989), 44-50.

그것이 상상이라고 하더라도, 이방 세계-기독교-유대교가 매우 긴장감 넘치는 삼각형으로 만들어진다. 이방 세계는 세네카의 모습에서, 유대교는 소위 유대교를 좋아하고 거기에 공감을 표시하는 포페아 사비나 속에서, 그리고 기독교는 바울이라는 사람에게서 구체화된다. 이 세 위인들의 서로 간의 관계가 다음에 이어지는 사고를 연결시킨다.

1. 바울 시대에 로마에 사는 유대인들에 대한 보도

1) 필로

필로(Philo)는 유대 사절단 단장으로 주후 40년에 로마로 갔다. 그것은 38년에 알렉산드리아에서 일어난 대규모 유대인 학살에 대해 항의하고 유대인들이 헬라인들과 동일하게 안전이 보장된 권리를 가질 수 있도록 황제에게 요구하기 위해서였다.

헬라인들도 유대인들과 마찬가지로 반유대주의자 아피온의 인도로 사절단을 파견했다. 그러나 칼리굴라 황제는 유대인 사절단과 그들의 관심 분야를 무관심하게 다루며 그들을 낙담시켰다. 칼리굴라가 예루살렘 성전에 자신의 동상을 세우라고 명령하자 사절단의 의심은 최고조에 달했다.

필로는 그 속에서 다음과 사실을 분명하게 보았다. 알렉산드리아에서 일어난 유대인 학살과 황제가 유대인들을 간섭하는 것은 우연한 것이 아니라 (알렉산드리아 도시와 관련한) 그리스 헬레니즘 세계와 로마 세계 권력이 유대교와 유대인들이 믿는 유일신 신앙[4]에 대한 도전이었다. 그래서 그는 유대인들과 유대인들의 예배를 존중하고 그들에게 관대하게 대해 주었던 아우구스투스 황제를 기억한다.

> 그들이(유대인들이) 회당을 소유하고 있었고 거룩한 안식일에 특별히 그곳에 모여 그들 조상의 철학으로 가르침을 받는 것을 아우구스투스는 이미 알고 있었다. 황제는 유대인들의 회당에 어떤 변화도 주지 않았고 그들이 모여 율법을 해석하고 예물을 하나님께 바치는 것을 방해하지 않았다(『칼리굴라에게 가는 사절단』[Legatio ad Gaium], 155-156).

필로는 반유대주의 성향이 있는 참모들 말을 듣고 자기 자신에 대한 과대망상에 빠진 칼리굴라와 아우구스투스 황제의 넓은 마음을 서로 대조시킨다.

반유대주의 목소리는 대도시에 사는 민중을 지배했다. 그뿐 아니라 배운 사람들도 말과 글로 공공연하게 거기에 참여하고 반유대주의에 기여했다.[5]

---

4 『칼리굴라에게 가는 사절단』(Legatio ad Gaium), 188 참조.
5 본문들은 Menahem Stern, ed., *Greek and Latin Authors on Jews and Judaism,* Vol.1-3(Jerusalem: Israel Academy of Sciences and Humanities, 1976-1984)을 참조; Hermann Lichtenberger, "Paulus und das Gesatz," M. Hengel and U. Heckel eds., *Paulus und das antike Judentum*, Tübingen-Durham-Symposium im Gedenken an den 50. Todestag Adolf Schlatters(19. Mai 1938), WUNT 58(Tübingen: Mohr, 1991), 361-378, 여기서는 369-371도 참조.

2) 유대인들의 거주지와 회당 공동체의 구성

로마에서 유대인들 거주지와 그들의 법적 지위에 대한 가장 중요한 증거는 거듭 필로가 쓴 칼리굴라에게 보내진 사절단에 대한 기록이다(『칼리굴라에게 가는 사절단』, 155-156).

> 티베르 강 건너편 로마 도시의 상당한 부분이 유대인들 소유이자 그들의 거주지였다는 것을 아우구스투스는 잘 알고 있었다. 그들 중 많은 이들이 자유인이었고 로마 시민들이었다. 왜냐하면, 그들이 전쟁포로로 로마로 왔지만 그들의 로마 주인이 그들을 풀어주며 그들이 가지고 있었던 전통을 포기하지 않도록 해 주었기 때문이다. 유대인들은 회당을 가지고 있고, 특히 거룩한 안식일에는 그 안에서 모여 공공연히 조상들의 철학으로 가르침을 받는다.

유대인의 주된 거주지는 트라스테베레(Trastevere)였고 문서상 또한 다른 장소도 있는데, 예를 들어 로마에서 남서쪽으로 카페나(Capena) 성문 앞에 있다고 하는 크벨린페 에게리아의 하인이다(Juvenalis, *Satyricon* III, 10-18). 트라스테베레와 하인 두 곳에 유대인 거주지가 있었다는 것은 고고학 증거를 통해 확증되었다.

우리가 알고 있는 고대 로마 13개의 회당 공동체 중 서너 개 정도는 이미 1세기에 있었다는 것을 받아들일 수 있다. 그것들은 유대인에게 친근했던 아우구스투스의 이름을 딴 아우구스텐저 회당(Augustenser), 아우구스투스의 사위 마르쿠스 비스파니우스 아그립파(기원전 62-12)의 이름을 딴 아그립피넨저 회당(Agrippinenser) 그리고 히브리 회당이다.

헨리 레온(Harry J. Leon)과[6] 게오르게 라 피아나(George La Piana)에[7] 따르면, 히브리인 회당은 로마에 가장 오래된 회당에 속한다. 왜냐하면, 사람들이 명백히 다른 인종 집단과 차별화시키기 위해 히브리인 회당 이름을 선택했기 때문이다. 베르타쿠리 회당은(Vernaculi) 언어 때문에 '히브리인'들과 구별된다. 또한, 추가로 1세기에 이방인의 것으로 생각되는 비문에서 기도처(προσευχή)가 나오는데, 그것은 에스쿠이리아 성문과 콜리나 성문 사이의 공화정 성벽에서 발견되었다.

우리가 특정한 이름들을 증명할 수는 없지만 상당수의 공동체가 로마에 있었다는 것을 고려해야만 한다는 것을 필로가 기도처들(προσευχαί)에 대해 말하면서 증언하고 있다(『칼리굴라에게 가는 사절단』, 157).[8]

3) 로마 유대 공동체의 권리와 구성에 대해

제국의 서쪽지역과 로마에 있는 회당 공동체는 황제 시대와 같은 카이사르(시저) 시대 이후 법적으로 사회구성원(Kollegien)에 따른 단체와는 달리 다양한 면에서 괴롭힘을 당하지 않는 법인(*collegia licita*)으로 있었다.[9]

---

6 비교, Harry J. Leon, *The Jews of Ancient Rome*(Philadelphia: Jewish Publishing Society of America, 1960), 149.
7 비교, George La Piana, *Foreign groups in Rome during the First Centuries of the Empire*, HThR 20(1927), 183-403.
8 전체를 위해 Lampe, *Die stadtrömischen Christen*(1989[위의 각주 3 참조]), 20-28.
9 권리와 조직을 위해서는 다음을 참조. Baruch Lifshitz, "Prolegomenon," Jean-Baptiste Frey, *Corpus Inscriptionum Judaicarum: Jewish Inscriptions from the Third Century B.C. to the*

몇몇 회당들은 그들 나름의 행정조직과 직책을 가지고 있었지만, 회당이 전체로 감독이나 당회 밑에 놓이게 되는 중앙 집중적 구성형태는 로마에 있는 회당에 없었다. 사도행전 28:17에서 바울이 '유대 지도자들' (τοὺς ὄντας τῶν Ἰουδαίων πρώτους)을 자신에게 불렀을 때, 바울은 로마에 있는 유대 공동체의 대표자들을 생각했음에 틀림이 없다.

카타콤 지하무덤 비명에 새겨진 직책들은 분명 공동체들이 소아시아의 도시 지도자들(Archonten)의 체제뿐만 아니라 팔레스타인의 장로제도에 의해서도 영향을 받았다는 것을 보여 준다. 분명 이스라엘 땅과 소아시아에서 온 이주민들은 로마에 있는 공동체에서 그들의 새로운 고향을 발견했다고 우리는 결론 내릴 수 있을 것이다.

2. 바울 이전 시대와 바울 시대 때 로마의 기독교 공동체

1) 유래와 형성

로마 공동체는 바울에 의해 세워지지 않았고 바울이 로마서를 기록하던 때에 적어도 그리스도인들 안에서 상당한 명성을 얻었다(57/58).

너희 믿음이 온 세상에 전파됨이라(롬 1:8).

Seventh Century A.D., Vol. 1: Europe, 2nd ed.(New York: Ktav Publishing House, 1975), CⅡ-CXI.

그러나 그보다 더 이른 시기에 공동체에 대한 보도는 없을까?

무엇보다도 눈에 띄는 것으로 아우구스티누스의 증거를 지적할 수 있다(*Epistulae* 102,8). 그것에 따르면 '유대인의 율법'은 칼리쿨라가 통치할 때 아니면 그 통치 시기가 끝난 후 곧바로 로마에 들어왔다. 헹엘(M. Hengel)은 찬(T. Zahn)을 따르면서 유대인들이 기원전 2세기에 이미 로마에 있었다는 것을 증명할 수 있다고 한다.

"이 기사는 그리스도인이라는 유대인 분파와 관련되며 이들 그리스도인은 로마에 있는 유대 회당 안에서 선교 활동을 하고자 했다."[10]

이것은 클라우디우스에 대한 언급에서 말한 폭동과도 매우 분명하게 일치한다.

> 유대인들이 그리스도라는 자신들의 지도자 아래 계속 소란을 일으켰기 때문에 그는(로마 황제) 로마에서 유대인들을 쫓아냈다(Suetonius, *Caes Claudius* 25,4).

'오로시우스(Orosius)의 증거'에 따르면(7,6,15), 로마에서 추방당한 사건에 대한 연도는 49년이 가장 맞을 것 같다. 반면 '디오 카시우스'는 그 사건 시기에 대해 모든 집회를 금지한 41년을 말한다(60,6,6).

또한, 로마에 기독교 공동체가 이미 있었다는 것에 대한 간접 증거는 바울이 50년에 고린도에서 만난 브리스길라와 아굴라다.[11]

---

[10] Martin Hengel, *Zur urchristlichen Geschichtsschreibung*, 2nd ed.(Stuttgart: Calwer Verlag, 1984), 91.

[11] 비교, Lampe, *Die stadtrömischen Christen*(1989[위의 각주 3 참조]), 156-164.

아굴라라 하는 본도에서 난 유대인을 만나니 클라우디우스가 모든 유대인을 명하여 로마에서 떠나라 한 고로 그가 그의 아내 브리스길라와 함께 이달리야로부터 새로 온지라(행 18:2).

이 언급도 오히려 49년에 일어난 추방에 대해 말하고 있다. 브리스길라와 아굴라는 고린도에 오기 전에 이미 그리스도인이 되었음에 틀림이 없다. 그것은 다음의 이유들 때문이다.

① 성경 어디에서도 이들이 세례받았다는 것을 말하지 않는다.
② 만일 이들이 비그리스도인들이었다면, 과연 잠자리와 일자리를 바울과 같은 기독교 선교사에게 제공해 줄 수 있었겠는가?
③ 나중에는 브리스길라와 아굴라가 회심을 미리 했다는 것에 대한 설명도 없이 그들이 에베소에서 아볼로에게 기독교 신앙을 가르친다.

아굴라 부부가 로마에서 쫓겨나기 이전에 이미 그리스도인이었다는 것을 누가는 보고할 수 없었다. 왜냐하면, 누가는 바울을 로마에서 복음 전하는 설교자로 만들고 싶어 했기 때문이다(행 28:30). 그렇지만 누가는 로마교회가 바울을 존경하는 차원에서 바울을 마중 나갔다는 보도를 통해 보디올(한글개역성경에 따른 이름이고, 본문은 Puteoli로 되어 있음-역주)과 로마에 그리스도인이 이미 존재했다는 것을 시인해야만 했다(행 28:14-15).

2) 로마 기독교 공동체를 위한 증거로서 로마서

로마서에서 특별히 많이 논의되는 문제는 로마 그리스도인이 이방 세계[12]에서 왔다는 것이 로마서 편지 내용이나 구약성경 사용과 경쟁한다는 점이다. 편지의 내용과 구약성경 사용은 오히려 더 유대 기독교 독자들을 생각하게 한다(앞서 말한바 이방인들 속에서 유대교에 동정하는 사람들이 있었다는 것에 대한 말은 로마 그리스도인 정체성에 대한 배경을 보여 준다). 회당 내 이방인이지만 유대교에 우호적이면서 경건한 자들($\sigma\epsilon\beta\acute{o}\mu\epsilon\nu o\iota$)이 있었다. 우리가 그것을 생각한다면, 로마 기독교 유래에 대한 문제가 갖는 난해성은 사라진다.

바울이 로마서에서 율법에 대해 일관성 없이 때때로 매우 다르게 말했다는 것을 고려한다면, 다음에 이어지는 관점은 중요하다. 로마의 문학계와 일반 여론에서 매우 강하게 반유대주의 정서를 선동하고 유대인을 반대하는 목소리가 일어났으며 특히 유대 율법 준수에 대해 경멸하는 견해가 있었다. 그 점을 고려해 틀림없이 다음의 사실이 바울에게 중요했을 것이다. 즉, 율법에 대한 바울의 진술이 로마에 있는 이방 기독교인과 유대 기독교인에게 유대인을 악담하는 것으로 보이지 않게 하는 것이 바울에게는 중요한 역할을 담당했다. 그래서 바울은 율법의 거룩성을 재차 강조하며 율법은 거룩하고 의롭고 선한 것이라고 주장한다(롬 7:12).

동시에 분명하게 우리는 유대 기독교인에 대해 말하게 된다. 그들은 숫자상 적은 수였던 것 같지만, 편지의 내용으로 보건대 그들은 매우 중요한 역

---

[12] 비교, 롬 1:5-6, 13-15; 11:13, 17-18, 24, 28, 30-31; 15:15-16, 18; 9:3 이하; 비교, 15:9 이하. 6:17-21은 1:18 이하와 연결되어 있음.

할을 했다. 여기서 우선 브리스길라와 아굴라가 세운 가정교회를 말할 수 있다(롬 16:3-5). 안드로니고와 그의 부인 유니아는 바울의 친척으로서 함께 감옥에 갇힌 그의 '동지'였고 "사도들에게 유명한 자들"이었다(롬 16:7).[13]

우리는 신학적으로 1세기 후반 클레멘스1서에서 강한 유대교 전통을 감지할 수 있다. 이 전통은 당시 유대교 회당을 선호한 경건한 자들(σεβόμενοι)에게서 나왔을 것이다. 우리는 람페(P. Lampe)와 함께 회당 출신의 그리스도인 즉 이방 기독교인과 같은 유대 기독교인은 처음에 로마라는 도시의 기독교 신학을 형성하는 데 막대한 영향을 끼쳤다고 말할 수 있다.[14]

로마 내 유대인과 그리스도인에 대한 짧은 단편에 속하는 람페의 이 보고와 함께 우리는 유대에서 로마로 가는 두 여행자를 이끌어 들이고자 한다.

3) 로마에서의 요세푸스와 바울 — 로마 여행과 그곳에서의 체류

요세푸스와 바울 두 사람을 서로 연결하는 것이 보람된 것일 수 있다. 우리는 미리 그들의 몇 가지 공통점을 통해 그것에 대한 의미를 부여해야 겠다. 그 둘은 유대인이고 예루살렘에서 교육받은 경험이 있으며 바리새인으로서 한때 조상의 전통에 열심 있는 사람들이었다.

그 둘은 예루살렘에서 로마로 여행하며 생명이 위태롭게 되는 것을 경험했고 또 황제에게 법적인 일로 소송에 대한 결정을 의뢰했다. 로마의 화

---

[13] 롬 16장에 대해서는 Lampe, *Die stadtrömischen Christen*(1989[위의 각주 3 참조]), 124-153을 보라.
[14] Lampe, *Die stadtrömischen Christen*(1989[위의 각주 3 참조]), 60.

재는 그들 모두와 관계되지 않지만, 유대인과 그리스도인 사이에 분수계(分水界)와 같은 역할을 한다. 소위 로마 화재의 범인으로서 그리스도인은 박해를 받았지만, 유대인은 박해받지 않았다.

그렇지만 또 요세푸스와 바울은 매우 다른 면을 가지고 있다. 그 둘은 나이에 있어 한 세대 차이가 난다. 그들의 운명이 거의 서로 닿을 듯 말 듯 할 때, 한 사람은 자신의 경력을 새로 시작하고 다른 한 사람은 인생의 마지막에 가까이 있었다.

요세푸스는 예루살렘 제사장의 아들이고 대제사장 가문의 친척이며 또 자기 말에 의하면 하스모니아 왕가 출신이다. 반면 바울은 로마 식민지 영에서 자유롭게 된 사람의 후손 또는 로마 군대 용병의 후손이고 수공업자로서 경제적 지위가 중간 이상 되는 계층에 속한다.[15] 두 사람은 소설에서나 나올 것 같은 인생 반전을 경험하는데, 서로 매우 다르지만 당시 유대인들의 눈에 그들은 배교자였다.

그 둘은 저술가였다. 요세푸스는 유대 전쟁, 역사, 종교에 대해 전체를 소개하고 아피온이라는 사람이 나타나 글로 유대인들을 사냥할 때, 그것에 반박하는 글을 적었고 자기 자서전을 기록했다. 『유대 전쟁사』 외에 (아마 『자서전』을 포함해서) 요세푸스가 쓴 모든 글은 복된 삶이 율법의 영향 아래에서 가능하다는 유대교 중심적 사고를 하고 있다. 그리고 바울 편지의 중심 주제도 마찬가지로 율법이다(예를 들어 갈라디아서와 로마서). 그러나

15　바울과 관련해서는 Martin Hengel, "Der vorchristliche Paulus," M. Hengel and U. Heckel eds., *Paulus und das antike Judentum*, Tübingen-Durham-Symposium im Gedenken an den 50. Todestag Adolf Schlatters(19. Mai 1938), WUNT 58(Tübingen: Mohr, 1991), 177-293 참조.

바울은 율법이 참된 삶에 이를 수 있을까라는 질문을 던진다.

(1) 요세푸스

60년대 초 요세푸스와 바울을 로마로 이끌었던 길을 따라가 보자! 우리가 다루는 것은 요세푸스가 주후 70년 예루살렘이 멸망하고 난 후 로마에서 비교적 편안하게 이주 생활을 한 그때가 아니라 이스라엘에 봉기가 일어나기 수년 전 그가 갔던 로마 여행을 대상으로 한다. 요세푸스 홀로 그에 대한 증인이기에 그의 말을 들어보도록 하자.

> 내 나이 26세가 다 찬 후에 나는 다음과 같은 이유에서 로마로 가라는 임무를 맡게 되었다. 펠릭스가 유대 총독으로 있을 때 나는 이 임무 관련한 몇 가지 사항을 듣게 되었다. 즉 매우 유능한 제사장들이 작고 아주 사소한 일로 체포되어 황제 앞에서 자신을 변호하기 위해 로마로 보내졌다는 것이다. 특히 내가 이들 제사장이 불행 중에서도 하나님께 대한 경건을 잊지 않고 마른 무화과 열매와 호두로 자신들의 생명을 유지하고 있다는 것을 듣고서 그들을 구하고자 더욱 노력하게 되었다.
>
> 그렇게 나는 바다의 많은 위험 속에서 로마로 갔다. 우리의 배가 아드리아 바다 한가운데에서 가라앉았기 때문에, 그때 우리 배 안에 있던 사람들 숫자는 대략 600명이었는데, 우리는 밤새 어둠을 뚫고 헤엄쳐서 새벽녘에 우리를 위한 하나님의 섭리로 구레네 배가 나타났다. 그리고 우리는 다른 나머지 사람들보다 더 빨리 그 배로 헤엄쳐서, 나와 다른 사람들 대략 80명이 그 배에 오를 수 있었다.

구조를 받은 후 나는 이탈리아인들이 보디올(Poteoli)이라고 부르는 디카이아르키아(Dikaiarchia)로 갔다. 나는 아리투루스라는 연극배우를 알게 되었는데, 그는 네로에게서 총애를 받는 유대인이었다. 나는 그를 통해 왕의 부인 포페아를 알게 되어 가능한 빨리 유대 제사장들을 석방해 주도록 그녀로 하여금 황제에게 간청하게 했다. 포페아가 베푼 이 호의뿐 아니라 다른 큰 선물을 가지고 나는 나의 고향으로 돌아왔다(『자서전』[Vita] 13-16).

① 여행 연도

요세푸스가 로마로 가라는 임무를 맡은 년도는 63년이거나 또는 그 보다 조금 더 개연성이 있다고 생각되는 64년이었다. 그리고 그가 돌아온 것은 적어도 65년이었고 그해에 그가 방문했던 포페아 사비나가 죽게 된다.

어떤 권위가 그 자신을 로마로 보낸 것인지 요세푸스는 말하지 않는다. 비록 그가 그 제사장들을 모르는 것은 아니지만, 개인적인 일로 그것이 다루어져서는 안 된다고 생각했던 것 같다. 그들은 펠릭스(53-60?)에 의해 체포되어 황제 앞에서 변론하도록 로마로 보내졌다.

로마로 가는 사절단은 그 사절단을 보내는 쪽이나 받는 쪽에서 받아들일 수 있을 정도의 사회적 지위를 전제한다. 요세푸스의 출신 성분에 대한 자기 증거를 보았을 때, 이것이 분명 예루살렘 당국을 위한 것이었다는 점은 당연한 것으로 로마 내에서 이뤄진 요세푸스의 길은 로마 궁중의 사랑받는 유대 배우에 의해 평탄하게 된다.

그 제사장들은 작은 일이기는 한데, 그것이 무엇인지는 명확하지 않은 일로 황제에게 그것을 변론하기 위해 로마로 이송되었다. 요세푸스는 그들이 좋지 않은 상황임에도(καίπερ ἐν κακοῖς ὄντες) 하나님을 향한 경건(τῆς εἰς τὸ θεῖον εὐσεβείας)을 잊지 않았다는 것을 알고서 더욱 제사장들의 석방을 위해 노력하고자 한다. 제사장들의 신실함은 그들이 불결한 음식을 먹는 것을 사양하고 오랫동안 유지가 가능한 식료품인 마른 무화과와 호두로만 자신들의 생명을 이어가고 있다는 것으로도 드러난다.

요세푸스는 여행 시기와 여행 기간을 알리지 않고 단지 위험에 대해서만 말한다. 배가 아드리아해 한가운데서 파선당했고, 하나님의 섭리로(κατὰ θεοῦ πρόνοιαν) 어떤 한 배가 나타나 비교적 그 배에 빨리 도착한(φθάσαντες τοὺς ἄλλους) 요세푸스와 대략 80여 명만을 구조한다.

이 보도를 바울의 여행과 비교해 볼 때, 무엇보다도 여행 보고가 짧다는 것이 특이하다. 여행의 중간 거점들에 대해 아무것도 말하지 않고 또 '보디올'에서 로마에 이르는 길에 대해서도 말하지 않는다. 요세푸스는 곧바로 유대 배우이자 네로의 애인 아리투루스와 친하게 된 상황으로 설명을 건너뛴다.

② 사명 완수

요세푸스는 아리투루스를 통해 황제의 부인 포페아 사비나에게 접근해[16] 제사장들을 풀어주게 한다. 그는 다른 유대 사절단과 연결해서 포페아를 하나님을 경외하는 여자(θεοσεβής)라고 칭한다. 그녀는 네로 앞에서 유대 사절단과 관련된 것을 찬성하는 의미로 아그립바를 고소했다(Ant. XX, 195).

---

16 Tacitus, 『연대기』 XIV, 60에 따르면, 그녀는 62년에 네로와 결혼했다.

스몰우드(E. M. Smallwood)는 다음을 분명히 밝히는데, 하나님을 경외하는 의미(θεοσεβής)는 여기서 유대교 전문용어로 이해될 수 없다고 한다. 기껏해야 사람들은 그녀를 '종교적'이라고 표현할 수 있을 것이다. 즉 포페아는 유대인들이 갖는 종교적 확신에 대해 동정하는 차원의 이해만을 하고 있을 뿐이다.[17]

특이한 점은 그 전체 기록이 요세푸스 개인과 밀접히 관계된다는 것이다. 요세푸스는 개인적으로 제사장들을 알고 있다. 그는 홀로 여행하며(이것은 불가능하다) 자기 사절단 중에서 혼자 구조를 받는다(다른 80명은 유대 사절단과 아무 관련이 없다). 그는 아리투루스와 교분을 쌓아 결국 황제의 부인에게 소개를 받고 자신의 사명을 완수하여 포페아에게서 선물을 받는다.

그는 제사장들을 위해 보냄을 받은 것이지만 제사장들이 돌아왔다는 것에 대해 아무 말도 하지 않는다. 그것은 당연히 '자서전'이라는 문학 양식과 관련될 수 있지만 요세푸스가 자기 자신을 소개하기 위해 자기 외에 다른 모든 사람을 빼버렸다는 것은 특이하다. 그는 자기가 구원받은 것을 하나님의 섭리로 알고 그것에 감사한다. 우리는 그가 로마에서 유대 공동체와 접촉했다는 것에 대해 아무것도 알지 못한다.

(2) 바울

바울 선교의 목적지이면서 동시에 선교의 새로운 시작은 로마였다. 로마서는 바울이 이 선교 계획을 로마와 로마 공동체에 덧붙인 것이 어떤 의

---

17 비교, E. Marry Smallwood, *The Jews under Roman Rule from Pompey to Diocletian: A Study in Political Relations*, SJLA 20(Leiden: Brill, 1981), 278 각주 79.

미에 속한 것인지에 대한 증거다. 바울은 로마서 안에서 로마 공동체를 방문하고자 하고(롬 1:10-15; 15:22, 28, 32) 또 로마에서부터 스페인으로 선교를 옮긴다는 자기 뜻(롬 15:25-28)을 강조한다.

바울은 자신이 생각한 것과 또 로마 공동체가 희망했던 것과는 다르지만, 실제로 예루살렘에서 로마로 갔다. 우리는 바울의 편지에서 로마 여행에 대해 어떤 것도 듣지 못한다. 선교 현황에 대한 가장 중요한 증거자료는 사도행전이다(행 21:15-28:31). 우리는 우선 사도행전 보고를 따른다.

① 로마 여행

바울이 황제에게 호소한 것 때문에 그는 로마로 옮겨진다(행 22:25; 23:27; 25:21; 26:32; 로마 여행을 위해 23:11과 비교). 그것으로 우리는 사도행전에서만 나오는 바울의 시민권에 대한 논쟁을 마주하게 된다.

로마 여행에 대한 설명은 요세푸스의 여행 보고와 비교해 중요한 과정이 몇 개 있다.

첫째, 요세푸스가 자기 자신의 보고에서 중요한 인물로 나타난 것처럼, 바울도 누가의 전체 설명에서 주인공이다.

둘째, 바울의 바다 여행도 파선(행 27:27-41)으로 위협을 당한다.[18] 하나님의 뜻에 따른 여러 상황에서의 구조는 폭풍(행 27:20), 뱀에 물리는 것(행 28:3-6), 특히 죄수들과 동행한 군인들이 죄수들을 죽이려고 하는 것(행 27:42) 등 여러 어려움에서 비롯한 것이다. 왜냐하면, 바울은 로마에 이

---

18 바르네케(H. Warnecke)의 책으로 시작된 논쟁은 우리의 주제와 연결되지 않는다. Heinz Warnecke, *Die tatsächliche Romfahrt des Apostels Paulus*, SBS 127(Stuttgart: Verlag Katholisches Bibelwerk, 1987).

르러 거기서 복음을 전해야 하기 때문이다(행 23:11).

② 보디올에 도착해 그곳에 머무는 것(행 28:13-14)

바울에게 7일 동안 머무는 것을 제공한 기독교 공동체가(28:14, ἀδελφοί) 보디올에 있다. 어떤 조건에서 이것이 바울에게 가능했는지 밝혀지고 있지는 않지만, 죄수를 감시하는 책임자가 바울에게 가능한 최대의 자유를 허락해 준 것 같다. 그 책임자는 바울에게 그것을 허락해 줄 수 있을 정도의 권위를 가지고 있었다.

③ 로마 공동체를 통한 영접(행 28:14b-16)

"그래서 우리는 이처럼 로마로 갔다."

로마 공동체가 압비오와 트레이스 타베르네 광장으로 바울을 맞으러 나왔다(ἀπάντησις). '형제들의 마중'은 바울에게 감사와 용기를 낼 수 있는 동기가 된다(15b). 비록 누가는 바울을 원래 로마에서 복음 전하는 전도자로 만들기를 원하지만, 그런데도 누가는 여기 보디올과 및 환영 나온 로마의 기독교 공동체에 대해 어쩔 수 없이 말해야만 한다(행 28:30-31; 23:11).

④ 로마에 머무는 것에 대한 외부 환경

바울이 로마에 갇혀 있다는 것을 설명하는 전체 틀뿐 아니라 그것에 대한 개별 사항들은 불분명해 보인다. 16절에서 바울은 또한 자신을 지키는 병사와 함께 자유롭게 움직일 수 있도록 허락을 받는다.

이 감옥 장소가 30절에서 바울의 셋집이 아닌가?

또 로마에 있는 유대 공동체 대표자들을 영접할 수 있을 정도의 공간이 여기에서 나올 수 있겠는가?(비교, 행 28:17 이하)

바울이 2년 동안 자신이 세 든 집에 머물며(행 28:30)―감시하는 것에 대해서는 더 이상 말하지 않는다―자신에게 오는 모든 사람을 영접한다.

> (바울이) 하나님의 나라를 전파하며 주 예수 그리스도에 관한 모든 것을 담대하게 거침없이 가르치더라(행 28:31).

우리는 바울이 로마의 기독교 공동체와 접촉했다는 사실에 대해 그에게서 아무것도 듣지 못한다.

3. 사도행전과 바울의 마지막

왜 누가는 사도행전에서 자기의 보고를 이런 방식으로 끝내는가?
세 가지 가능성을 생각할 수 있다.

첫째, 누가는 재판의 결과와 바울의 계속되는 운명에 대해 알지 못했을까?
그것은 클레멘스1서 5:5-7로 보건대 매우 불가능하다.

둘째, 누가가 이 모든 것을 매우 잘 알고 있었다. 또 그는 2년간 감옥 생활 후 바울에게 일어난 것에 대해서도 알고 있었다.

셋째, 사도행전 처음에 나오는 데오빌로와 같은 독자들 역시 그 결과를 알고 있고 그래서 누가는 이미 그 사실을 잘 알고 있는 독자들에게 반드시 보고할 필요가 없다. 그러나 누가가 바울의 마지막에 대해 왜 침묵하는지 내부 근거들이 있어야 한다.

누가는 로마의 기독교 공동체가 로마 국가에 대해 관계하는 것에 부담을 주지 않으려고 한 것인가?[19]

만일 바울이 로마에서 구원을 받지 못했다고 한다면, 여행 중에 받았던 그 많은 구원은 도대체 어떤 결론에 도달하겠는가?

그렇지만 중요한 것은 바울이 로마에서 설교한다는 점이다.

누가는 감옥이 열린 감옥이라는 사실을 바울 설교의 독자들에게 두 단계로 묘사한다.

1) 사도행전 28:17-22

바울은 3일 후에 유대 공동체의 대표자들을 자신에게로 부른다. 바울이 말하는 것의 핵심은 이것이다. 즉 자신은 유대 민족과 선조들의 전통을 반대하여 어떤 것도 하지 않았다. 로마인들이 자신을 풀어주려고 했지만, 예루살렘에 있는 지도자들은 바울 자신으로 하여금 어쩔 수 없이 항소하게 했다. 바울이 공동체 지도자들을 부른 것은 자신이 "이스라엘의 희망 때문에 이 쇠사슬에 매여 있다는 것"을 그들에게 설명하기 위해서다(행 28:20).

---

[19] 비교, Wolfgang Stegemann, *Zwischen Synagoge und Obrigkeit: Zur historischen Situation der lukanischen Christen*, FRLAnt. 152(Göttingen: Vandenhoeck & Ruprecht, 1991).

사람들이 바울에게 대답하기를 자신들은 바울이 악하다고 말하는 편지나 사환을 받지 못했기에 자신들은 바울의 생각을 기꺼이 듣고자 한다고 말한다. 이 파(αἵρεσις)가 어디서나 저항을 받는다는 것을 이들은 이미 알고 있다.

2) 사도행전 28:23-28

다음 단계는 바울이 많은 유대 청중들 앞에서 설교하는 것이다.

> 바울이 아침부터 저녁까지 강론하여 하나님의 나라를 증언하고 모세의 율법과 선지자의 말을 가지고 예수에 대하여 권하더라(행 28:23).

설교가 청중들 속에서 믿음과 불신 사이를 나눈다(비교, 행 17:4). 바울이 이사야 6:9에 나타난 완고함을 자신의 청중과 연관 지으며 이제 구원은 이방인들에게 유효하다고 말하자, 그들은 바울에게 다양한 반응을 보이며 바울을 떠난다.

> 그런즉 하나님의 이 구원이 이방인에게로 보내어진 줄 알라 그들은 그것을 들으리라 하더라(행 28:28).

이제 그의 집은 모든 사람에게 열리며, 그는 2년 동안 하나님 나라와 '주 예수 그리스도'에 대해 '방해받는 것 없이 매우 담대하게' 사람들을 가르친다.

  누가의 설명은 몇 가지 질문을 던지고 있다. 처음에 곧바로 공동체 지도자 즉 로마에 있는 유대인 대표자들을 부르는 것에 대한 문제가 있다.

  바울이 원래 자신에게 오라고 청한 사람들은 누구일까?

  어떻게 그가 그들을 부를 수 있었고 또 그들은 어떻게 그의 초대를 따를 수 있었나?

  그리고 기독교와 공동체의 가르침에 관해 이 파가 어디서나 저항을 받고 있다는 것을 알면서도 그들은 자신들이 알지도 못하는 이 사람에게 갔을까?

  "믿음이 전 세계에 전해지고 있다"는 말이 로마에 있는 유대인들에게는 아무런 주의를 끌지 못하는데, 바울이 그런 공동체를 향해 오라고 부르는 것이 가능한가?

  실제 전체 설명에 대한 누가의 의도는 속에 숨겨져 있다. 즉 구원은 이방인들에게 향한다는 것이다(행 28:28). 바울이 여기서 갈라디아서 2:9에 나타난 협정사항과 반대로 유대인들에게 설교한다고 해서 그것이 누가의 상상을 뜻하는 것은 아니다.

  사도행전의 설명은 역사적으로 사실에 부합한 것일 수 있는데, 바울은 규칙적으로 회당에서 설교한다. 바울이 로마에서 회당을—더 정확히 말한다면 회당들을—방문할 수 없으므로 우선은 회당의 대표자들이, 그다음에는 많은 수의 유대인들이 그에게로 온다. 그들이 거부하자, 바울은 이방인들을 향한다. 누가는 바울 선교를 위한 자신의 주제를 여기서 그냥 단순히 사라지게 한다.

4. 로마에 있는 유대인과 기독교인의 관계에 대하여

1) 추방과 박해

아우구스티누스가 다소 신비스럽게 언급하기는 했지만, 그것은 60년대 로마에서 유대인과 그리스도인 사이 관계에 아마도 중요한 빛을 던져주는 것 같다. 우리는 이 외에 직접적인 증거를 가지고 있지 않다. 아우구스티누스는 그리스도인이 당시 이미―세네카 시대에―유대인들에게 매우 미움을 받았다고 말한다.

> 그러나 그리스도인들은 이미 유대인들에게 거의 적대적이었다(*Christianos tamen iam tunc Iudaeis inimicissimos*, 『하나님의 도성』 VI, 11).

그 외(행 28장에서 이미 말한 것을 제외하고) 1차 자료가 없으므로 우리는 재구성에 의존한다. 우리는 두 가지 역사적 사실, 즉 49년 클라우디우스 칙령과 64년경 네로의 지배 아래에서 그리스도인이 박해받은 사실에서 시작할 수 있다.

첫째, 49년에 클라우디우스 지배하에서 추방령이 내려졌을 때 유대인과 그리스도인 모두가 쫓겨났다. 그리스도인들도 이 일을 겪었다는 것을 브리스길라와 아굴라가 증언하고 있는데, 이들은 고린도에 있다가 나중에 다시 로마로 들어갔다.

수에토니우스 본문은 그것에 대해 추측하기를, 기독교 선교사들에 의해 유대 공동체 안에서 소동이 일어났고, 그 소동이 추방으로 이어졌다고 한다. 유대인과 그리스도인은 늦어도 네로 지배 초기(54년)에 다시 로마로 돌아왔다. 브리스길라와 아굴라에게서 우리는 그리스도인들이 자신들의 가정 공동체를 구성하고 있었다는 것을 볼 수 있다.

둘째, 64년경 네로의 박해에서 그리스도인만 어려움을 겪었다. 이제 로마 당국은 유대인과 그리스도인 사이를 구별할 줄 안다. 클라우디우스 칙령 이후 유대인과 그리스도인이 50년경에 다시 로마로 돌아온 후에 그들은 스스로 상대방에 대해 분명하게 자신들을 차별화시켰음에 틀림없다.

이 분리에 따른 이익은 무엇보다도 유대인들에게 돌아갔다. 유대인들은 추방의 원인으로서 소동을 야기한 이들과 더 이상 관계를 맺지 않았다. 그들은 로마 당국이 그리스도인에 대한 압박을 시작하던 시기에 자신들의 특권 그리고 네로 황제 부인이 자신들을 후원해 주는 것을 즐거워할 수 있었다.

2) 그리스도인과 로마에서 일어난 화재

로마 화재는 처음에는 한 주 동안 이어졌고 그 후 다시 한 번 더 사흘간 분노하듯이 맹렬히 타올라 전체 로마 도시를 파괴했다(64년 7월 18/19일에 시작). 그 화재에 대한 책임을 수에토니우스와 디오 카시우스는 직접적으로, 그리고 타키투스는 숨겨서 간접적으로 네로에게 돌렸다.

그리스도인들(*Chrestiani*)에게 방화에 대한 책임이 있다고 지적한 것은 소문을 통해서이며 그 소문은 일반 백성이 아니고 황제에게서 나온 것이었다. 복수형 '크레스티아니'를 그리스도인들로 이해할 수 있다는 것은 의심의 여지가 없다. 왜냐하면, 타키투스는 계속 이어지는 글에서 그들을 기독교 설립자 그리스도에게 돌리기 때문이다.

쾨스터만(Erich Koestermann)은 그 단어를 크레스티아니 속에서 폭동을 선동했던 크레스투스(Chrestus; Suetonius, *Caes Claudius* 25,4)의 유대교 추종자들로 보려고 하며, 타키투스가 크레스티아니 단어를 그리스도인들로(Christen) 착각해 잘못 보고 그것을 동일시했다고 주장한다.[20] 우리가 당연히 이 견해를 반대한다.[21] 타키투스가 말하는 것 전체를 설명할 수 있는 호멜(H. Hommel)의 해석을 보라.[22]

크레스티아니의 실제 의미를 알고 있는 타키투스는 단어가 갖는 이중의 의미를 통해 온갖 종류의 범죄에 해당하는 사람들을 조롱하기 위해 이 단어를 사용한다.

> 크레스티아니(*Chrestiani*)는 그리스어를 어느 정도 알고 있는 사람들에게는 독일어의 '어리숙한 사람들'(Biedermänner)과 같은 의미가 있다.[23]

---

[20] 비교, Erich Koestermann, *Cornelius Tacitus Annalen*, Vol. 4: Buch 14-16(Heidelberg: Winter, 1968), 10-11, 253-254.
[21] 비교, Martin Hengel, "Entstehungszeit und Situation des Markusevangeliums," H. Cancik ed., *Markus-Philologie: Historische, literargeschichtliche und stilistische Untersuchungen zum zweiten Evangelium*, WUNT 33(Tübingen: Mohr, 1984), 1-45, 여기서는 35와 각주 133.
[22] Hildebrecht Hommel, "Tacitus und die Christen: Ann. XV 44,2-5," *ThViat* 3(1951), 10-30, 여기서는 15-17(= Hildebrecht Hommel, *Sebasmata*, Vol. 2, WUNT 32 [Tübingen: Mohr, 1984], 174-199).
[23] Hommel, "Tacitus und die Christen"(1951[위의 각주 23 참조]), 16.

즉, 어리숙하고 순진한 사람들이 로마 도시의 방화범인 셈이다. 네로는 그리스도인들에게 죄를 뒤집어씌우고 그리스도에게 신앙을 고백하는 자들을 감옥에 가둔다. 이제 죽음의 나사가 돌아가기 시작한다.

> 매우 많은 사람이 기소되면서 화재를 일으켰다는 범죄보다는 그 사람에 대한 증오로 유죄판결을 받았다(『연대기』[Annales] XV, 44,4).

여기서 그때 이뤄진 고소 중 하나를 접하게 되는데, 그것은 유대인에 대한 공격이 그리스도인에게로 넘어간 것이다. 즉 그리스도인을 증오하는 것은(odium humani generis) 유대인들이 모든 외부인에게 적대적이라고 하면서(adversus omnes alios hostile odium) 유대인들을 비난하는 것과 같은 것이다 (『역사』[Historiae] V, 5,1).

그리스도인들을 죽음에 이르게 한 형벌에 대한 잔인한 묘사가 나온다 (『연대기』 XV, 44,4-5). 우리는 형벌의 종류에서 거꾸로 유대인과 그리스도인 관계에 대한 중요한 정보를 얻게 된다.

첫째, 주머니에 넣고 바느질로 꿰매는 형벌, 화형, 십자가형은 고통을 주기 위한 임시방편이 아니고, 로마에서 실제 이루어진 형벌에 따른 것이다. 화형은 이미 로마 광장에 세워진 12판 법률 항목에 방화에 대한 형벌로 나와 있었다. 그런 형벌이 그리스도인들에게 옮겨진 것이다.[24]

둘째, 십자가형이 증언하는 것은 바티칸 정원에서 죽임을 당한 그리스

---

[24] 추가로 다음의 증거사항 참조: Lampe, *Die stadtrömischen Christen*(1989[위의 각주 3 참조]), 71.

도인들은 로마 시민권을 가지고 있지 않았다는 것을 의미한다.[25] 그것으로 최소한 그리스도인은 박해를 받았지만, 유대인은 왜 박해받지 않았는지에 대해 일부분이나마 설명할 수 있다. 필로가 이미 아우구스투스 황제 때 증언한바,[26] 유대인들이 가지고 있었던 로마 시민권이 네로의 잔인한 사형 집행에서 유대인들을 지켜주었다. 그러나 백성들은 나중에 그리스도인들에게 동정심을 보였다.

> 전체 과정이 끝나고 화해의 분위기가 퍼져 나갈 때, 백성들이 순교자들의 잔인한 운명에 대해 동정한다는 보도만 나온다.[27]

백성들의 동정을 설명하면서 타키투스는 황제에 대한 자기 나름의 판단을 아무도 능가할 수 없을 정도로 매우 분명한 어조로 표현했다.[28]

네로가 로마의 화재 시 그리스도인을 박해할 때, 우리는 유대인과 그리스도인 관계를 묻는 질문을 제기했다. 우리는 그에 대해 매우 중요한 결과들을 다음과 같이 요약하고자 한다.

① 우리는 유대인들이 그 당시 박해를 받았다는 것에 대한 어떤 보고도 가지고 있지 않다. 하지만 바울과 세네카 사이에 이뤄졌다는 가상의 편지

---

25 노예에게 가하는 형벌로서의 십자가형에 대해서는 Martin Hengel, *The Atonement: A Study of the Origins of the Doctrine in the New Testament*(London: SCM Press, 1981)을 참조하라.
26 비교, 『칼리굴라에게 가는 사절단』, 155.
27 Hommel, "Tacitus und die Christen"(1951[위의 각주 23 참조]), 30.
28 이에 대해서는 Koestermann, *Cornelius Tacitus Annalen*(1968[위의 각주 21 참조]), 258을 참조하라.

교환은 그리스도인과 유대인이 모두 방화범으로 처형되었다고 말하고 있다(Brief XI, 12).
② 유대인이 그리스도인을 고소했다거나 유대인이 단지 그리스도인 처형에 찬성하면서 그것을 방관했다든지 간에, 유대인이 네로의 그리스도인 박해에 참여했다는 직접적인 어떤 증거도 없다. 또 유대인이 소위 유대인의 친구라고 하는 포페아 사비나가 그 박해과정에 개입했다는 주장은 그에 대한 증거가 없기에 그것은 단지 완전한 추측일 뿐이다.
③ 화재에 대한 형벌이 방화에 대한 비난을 돌리기 위한 것일 수 있다.
④ 십자가형은 로마에 있는 그리스도인 대부분이 로마 시민권을 가지지 못했다는 것에 대한 증거다.
⑤ 그 밖에 그리스도와 유대인 사이 차이는 로마 당국자들에게 분명하게 주목받았음에 틀림없다. 이것은 유대교 공동체와 그리스도교 공동체 사이 조직에 있어 서로 분리되었다는 것을 전제한다.

네로가 왜 그리스도인들을 방화범으로 만들었는지에 대해 생각해야 한다. 로오돌프(W. Rordorf)는 이것을 종말에 세상은 불에 탈 것이라고 그리스도인들이 기대를 하고 있었던 것과 연결될 수 있다고 한다.[29]

그러나 유대인들의 묵시 사상에도 화재가 일어난다는 생각(ἐκπύρωσις)이 있는데, 그 비난이 왜 유대인들에는 향하지는 않는 것일까?(시빌레[Sibylline] 3, 48; 4, 172).

---

[29] Willy Rordorf, "Die neronische Christenverfolgung im Spiegel der apokryphen Paulusakten," NTS 28(1981), 365-474.

5. 시작 당시의 공통점들

 우리가 가지고 있는 그림은 단편적이다. 요세푸스가 로마에 머물렀다는 것이나 아니면 바울의 마지막 여행과 그의 운명에 대한 결론 그 어느 것도 우리 앞에 분명히 드러나지 않는다. 네로 시대에 로마에 있었던 유대교 공동체와 기독교 공동체에 대한 소식은 조각조각 나뉘어 있고 그에 대한 해석이 의심할 바 없이 확실한 것만은 아니다. 그러나 우리가 사실로 받아들이는 것은 매우 귀중한 가치가 있다.
 즉 50년대와 60년대 초 두 작은 집단의 역사는 서로에 대해 가깝기도 하고 동시에 서로에 대해 구분 짓고 있다. 하지만 그 둘은 전체주의 국가와 매우 막강한 세계 권력의 그림자 밑에서 존재하며, 서로 방법상의 차이와 함께 그 세상 권력에 대해 이 땅에 속하지 않는 나라를 세울 수 있었다.
 그 두 집단은 제각각이기는 하지만 우선은 전체 공통된 것에서부터 시작한다. 기독교는 모든 것이 유대교에서 왔기에 그에 대해 유대교에 감사해야 한다. 마르시온의 길과 인연이 맺어지는 곳마다 중요한 공동의 관계, 즉 구약과 신약 사이 한 하나님 그리고 유대인과 그리스도인 사이 한 성경에 대한 공동의 관계가 사라졌다. 그리고 성경에 증언된 메시아에 대한 희망이 확실히 분리되었다. 예를 들어 세계에서 더할 나위 없이 탁월하고 단호한 바울이 이해하고 설교한 것처럼, 구원의 보편성과 은혜의 무조건성은 예수 그리스도를 전하는 것에 속한 것이다.
 유대인과 그리스도인의 초기 역사는 고통스러운 길을 예감하게 한다. 기독교는 그 고통과 함께 유대교에서 자라난다. 유대인과 그리스도인의 초기 역사는 바리새인 바울의 모습에서 모범적으로 구체화된다.

우리가 또한 다음의 두 과정을 눈여겨보면서, 처음의 이 공동체성에 대한 것을 알게 된다.

첫째, 로마에 있었던 유대인들에 대한 처음의 확실한 보도는—유감스럽게도 우리는 그를 상세히 조사할 수 없다—기원전 139년과 관련되고 그것은 추방에 관한 기사다. 로마에 있었던 그리스도인들에 대한 처음의 확실한 보도는 클라우디우스 지배하에서 로마 그리스도인이 로마 유대인들과 함께 추방된 것에 관한 기사다.

둘째, 처음에 그 두 집단은 무시받았다. 다시 말해 유대인들에 대한 공격은 곧바로 그리스도인에 대한 공격으로 넘어간다. 우리는 그에 대해 인간에 대한 증오라는 예를 언급했다. 이 공동의 역사는 십자가에 달린 당나귀가 언덕에 있다는 조롱의 십자가 상에서 그 끝판을 본다. 유대인의 공격에서 나온 당나귀는 십자가에 달린 그리스도인들의 신이다.

우리는 처음으로 돌아가며, 아마도 칼 바르트가 교회 연합을 위해 했던 말을 더 잘 이해할 수 있을 것이다.

> 결국 교회 연합에 대한 매우 중요한 질문은 우리가 유대교에 대해 어떻게 관계를 설정하는가다.[30]

---

30 Hans-Joachim Barkenings, "Das eine Volk Gottes: Von der Substitutionstheorie zur Ökumene mit Israel," B. Klappert and H. Starck eds., *Umkehr und Erneuerung: Erläuterungen zum Synodalbeschluss der Rheinischen Landessynode 1980 'Zur Erneuerung des Verhältnisses von Christen und Juden'*(Neukirchen-Vluyn: Neukirchener Verlag, 1980), 167-181, 여기서는 178에 따라 인용.

제8장

유대교 음식:
이방인이 유대 음식 관습을 바라보는 것과
그에 대해 유대인 스스로 내리는 정의

번역: 문 배 수 박사

유대교 식사는 그리스나 로마 지역출신 비유대인과 비그리스도인 고대 저자들이 유대인을 보는 관점에서 매우 중요한 요소다. 유대인은 식사할 때 다른 사람들로부터 자신을 분리시키며 돼지고기를 먹지 않고 안식일, 유월절 그리고 숙고트, 즉 장막절 식사를 지켜나간다. 그렇지만 로마에 있는 유대인들이 안식일에 금식한다는 것은 추측에 불과하다.

그 정보가 문헌 자료나 직접 목격한 증인들의 보고에 근거한 것인지는 늘 분명하지 않다. 우리가 그와 관련된 채식주의와 육식주의를 고려해 보는 것은 유대교 이해에 중요하다. 결국 요세푸스에 의한 유대인 자신들의 초상화는 유대인 식사에 대한 이방인의 왜곡과 오해를 거부하기 위한 것이다.

1. 고대 이방인의 눈으로 본 유대교 음식

이 글은 비유대인과 비그리스도인 즉 그리스-로마 이방인이 유대교 음식을 어떻게 생각하는지를 보여 주는 것으로 제한된다. 특히 필로와 요세푸스는 유대교에서 스스로 그에 관해 설명하는 것으로 답한다. 그들은 그리스와 로마의 향연을 풍자하듯이 설명하면서 반대로 에세네파와 치료학파(Therapeuten)의 식사를 그리스 로마 향연에 대해 반대되는 이상적인 그림으로 소개한다.[1] 끝으로 유대교 음식을 유대인 스스로 소개하는 것은 요세푸스의 글 『아피온 반박문』(*Contra Apionem*)에 있다.

1) 고대 유대교에 대한 그림에서 유대교 음식

비유대인이 유대교 음식에 대해 관찰하는 것은 유대교라는 큰 그림에서 볼 때, 그것은 그리스어와 라틴어로 된 비유대교와 비기독교 자료에서 유대교 음식에 대해 어떻게 생각하는지를 보는 것과 같다.[2] 고대 저자들이

---

[1] 저자의 논문과 함께 다른 이들의 글들이 책에 함께 엮여 있다(David Hellholm and Dieter Sänger, eds., *The Eucharist – Its Origins and Contexts: Sacred Meal, Communal Meal, Table Fellowship in Late Antiquity, Early Judaism, and Early Christianity*, Vol.1: Old Testament, Early Judaism, New Testament, WUNT 376[Tübingen: Mohr Siebeck, 2017]). 그중에서 Jutta Leonhardt-Balzer와 Jörg Frey의 글을 참조하라.

[2] 그것을 위한 기본 책은 Menahem Stern, ed., *Greek and Latin Authors on Jews and Judaism*, Vol.1-3(Jerusalem: Israel Academy of Sciences and Humanities, 1976-1984)이다. 이 작품은 Reinach의 옛 모음집을 해체시킨다. Theodore Reinach, *Textes d'auteurs grecs et romains relatifs au judaisme*(Hildesheim: Olms, 1963[Repr. 1895]). 고대 작가들의 경우, 유대교에 대한 그림을 위해 다음을 보라! Nicolas Sevenster, *The Roots of Pagan Anti-Semitism in the Ancient World*, NT.S 41(Leiden: Brill, 1975). 그리고 근래의 것으로는 Peter Schäfer, *Judenhass und Judenfurcht: Die Entstehung des Antisemitismus in der Antike*, C.-J.

전하는 유대교에 대한 그림은 긍정의 단계로 그 결론이 난다 해도[3] 대부분 부정에 속한다.[4] 뇌트리흐스(Karl Leo Noethlichs)는 유대교 이해에 크게 도움이 되도록 다음의 항목들을 제공한다.[5]

뇌트리흐스의 설명 5.1.5의 의식 장소, 의식 형태, 의식 내용에서 '예루살렘 성전'과 '성전세'(58-59), '회당'(59), '특별 예식'(59-60), '당나귀 머리-섬기는 것'(60), '세례'(60), '금식'(60-61), 특히 '그리스인을 제물로 바치는 것'(61), '음식 규정'(61-62), '안식일'(62-63), '예식이 갖는 배타성'(63)으로 나눈 설명은 유대 음식에 대해 부정적으로 말하는 것과 비교될 정도로 많은 재료를 제공한다.

여기서 특별히 안식일을 언급할 수 있는데, 쉼에 대한 계명을 게으름으로 해석해서 사람들이 인생의 7분의 1을 게으름으로 허비한다고 비난한다.[6]

Thornton trans.(Berlin: Verlag der Weltreligionen, 2010)를 참조하라. Zvi Yavetz, *Judenfeindschaft in der Antike: Die Münchener Vorträge*, eingeleitet by C. Meier, Beck'sche Reihe 1222(München: Beck, 1997)도 보라. Rene S. Bloch, *Antike Vorstellungen vom Judentum: Der Judenexkurs des Tacitus im Rahmen der griechisch-römischen Ethnographie*, Historia 160(Stuttgart: Steiner, 2002)는 Tacitus, Historiae V, 2-13에 대한 분석과 해석에서 고대 유대교에 대한 전체 그림을 제공한다. 슈테른(Stern)의 모음집에 근거하여 Karl Leo Noethlichs, *Das Judentum und der römische Staat: Minderheitenpolitik im antiken Rom*(Darmstadt: Wissenschaftliche Buchgesellschaft, 1996), 44-75는 유대인들과 유대교에 대한 부정적이고 부분적으로는 긍정적이기도 한 태도들의 넓은 스펙트럼을 제시한다.

3   Noethlichs, *Das Judentum und der römische Staat*(1996), 67-69. 그 안에 철학하는 민족으로서 유대인에 대한 그림이 빠져 있다. 점쟁이, 꿈 해몽, 마술, 그리고 율법에 충실하며 가난한 자들을 돌보고 그리고 뛰어난 의약 기술이 있다는 것이 그 안에 확정되어 있다.
4   Noethlichs, *Das Judentum und der römische Staat*(1996), 44-67.
5   "① 유대교의 초기역사: 유대인의 도래와 이름. ② 하나님에 대한 생각, 종교성. ③ 비유대인이 가지고 있는 유대교 성경 지식. ④ 할례. ⑤ 의식이 거행되는 장소, 의식형태, 의식내용. ⑥ 정치체제. ⑦ 사회망, 경제상황, 민족성격. ⑧ 개종자." Noethlichs, *Das Judentum und der römische Staat*(1996), 45.
6   아우구스티누스가 전하고 있는 키케로에게서 이렇게 나타난다. Stern, *Greek and Latin*

2) 일반 음식

우선 유대교 음식에 대한 일반 견해를 요약해 설명할 수 있다. 그것에 대한 기초로서 타키투스의 『역사』 V, 5, 2에서 "유대인들은 음식과 잠자리에서 엄격하게 자신을 분리한다"라고 말한다.[7]

아우구스투스 황제는 달마다 나눠주는 곡물 배급에서 유대인들이 이 배급을 받으려 하지 않을 수 있음을 고려했다.

> 그러나 만일 분배가 안식일에 이뤄져야 한다면, 특히 유대인들에게 주고 받는 것, 일상의 일 중 무엇보다도 돈거래에 관하여 분배 담당 공무원은 유대인들을 위해 복지 관련 부분을 그다음 날로 미뤄야만 한다(필로, *Legatio ad Gajum* 158).[8]

카이사르 황제 이후로 모든 집회를 금지하는 법이 마련되었지만, 유대인은 그것과 무관하게 어떠한 방해도 없이 예식 식사를 계속 거행할 수 있었다. 왜냐하면, 최고 집정관 가이우스 황제가 로마 도시에서 모든 집회를 금지한다고 지시를 내렸을 때, 유대인들이 모여 돈으로 잔치를 연 것은 그들

Authors 1(1976), 431-432.

[7] 번역과 라틴어 본문은 Cornelius Tacitus, *Historiae – Historien*, Lateinisch-deutsch, J. Borst ed. and trans., unter Mitarbeit von H. Hross and H. Borst, Tusculum-Bücherei(München: Heimeran, 1959), 516-517("*separati epulis, discreti cupilibus*").

[8] Friedrich W. Kohnke trans., "Gesandtschaft an Caligula," Cohn, Leopold et al. eds., *Philo von Alexandria. Die Werke in deutscher Übersetzung*, Vol.7(Berlin: De Gruyter, 1964), 216에 따른 번역. 본문은 Stern, *Greek and Latin Authors 2*(1980), 17-23(Nr. 281).

이 금지 법규에서 예외에 해당했기 때문이었다(요세푸스, Ant. 14, 215).⁹

3) 돼지고기 먹는 것에 대한 금지

돼지고기를 먹지 못하게 한 것은 비 유대인의 눈에는 유대인들의 독특한 음식 관습에 속한다. 사람들은 추가로 그에 대해 다양한 이유를 대거나 돼지고기를 먹지 못하는 것을 조롱한다.

타키투스의 『역사』 V, 4, 1은 유대인이 돼지고기를 먹지 않는 것에 대한 근거를 말한다.

> 모세는 백성의 미래를 안전하게 하려고 새로운 종교관습을 들여왔는데, 그 관습은 일반세계의 관습과 반대되는 것이었다. 우리에게 거룩한 것이 유대인들에게는 모두 거룩하지 않은 것이고, 우리가 혐오하는 것이 유대인 처지에서는 허용된다. … 유대인들은 돼지고기 먹는 것을 삼가면서 옛 불행을 생각한다. 모세 시대 때 아주 심한 나병이 그들에게 임했고 그 병에 돼지들도 걸려 넘어졌다. 유대인들이 옛적에 오랫동안 기아로 고통을 받았다는 것의 증거는 지금 그들이 자주 하는 금식이다. 그들이 배고파 나무의 열매들을 강제로 빼앗아 먹었다는 것에 대한 증거로서 사람들은 발효되지 않는 유대교 빵을 먹고 있다.¹⁰

---

9 번역은 Flavius Josephus/Heinrich Clementz trans., *Des Flavius Josephus Jüdische Altetümer*(Wiesbaden: Fourier-Verlag, 1983)에 있는 II, 242.
10 Tacitus, *Historiae – Historien*(1959), 514-515.

아우구스투스 황제는 주위 사람들을 웃기려는 것처럼 "헤롯의 아들이 되기보다는 헤롯의 돼지가 되겠다!"고 말하면서 유대인이 돼지고기를 금지한 것을 비웃는다.[11]

유대인이 돼지고기 먹지 않는 것을 황제 칼리굴라가 조롱과 해학의 대상으로 삼았다는 사실은 알렉산드리아 출신의 유대인들이 사신으로 로마에 갔다는 필로 보고서에 들어 있다.

칼리굴라가 물었다.
"왜 너희는 돼지고기를 먹지 않는가?"
이 질문에 우리의 적 중에 일부는 소리 내어 웃었고 또 일부는 그것에 대해 재미있어 했다. 황제의 종이 황제의 경멸에는 황제의 의지가 들어있지 않다는 것을 보여 주었기 때문에, 또 다른 일부는 황제에게 알랑거리려고 황제가 말한 것이 재치 있고 해학이 넘치는 표현으로 비쳤다는 것을 보이고자 노력을 기울였다. 왜냐하면, 황제의 신임을 얻지 못한 사람들이 황제가 있는 자리에서 황제의 말에 작게 웃었다고 하면 그것이 그들에게는 위험한 것이기 때문이다.
우리는 그것에 대해 대답했다.
"어떤 사람들은 이 예식을, 또 다른 사람들은 저 예식을 금지합니다. 우리처럼 우리의 적들도 많은 것들을 금지합니다."
우리 중 누군가가 말했다.
"양고기는 흔히 일반인에게 매우 익숙한 영양 수단이지만, 우리와 마찬가

---

[11] Macrobius, *Saturnalia* II, 4, 11; 본문은 Stern, *Greek and Latin Authors 2*(1980), 665(Nr. 543).

지로 많은 사람이 양고기를 먹지 않는다고 합니다."

황제는 그것에 대해 웃으며 말했다.

"그 또한 맞다. 그것은 맛이 없기 때문이야."

(필로, *Legatio ad Gajum*, 361-363)[12]

돼지고기를 먹지 않는 것에 대한 오해는 유대교 내 돼지를 숭상하는 예식이 있다는 가정을 받아들이게 한다. 페트로니우스는 유대인들에게 돼지를 섬기는 예식이 있다고 주장한다(Petronius, *Satyricon* 단편 97 P.L.M.B. XLVII).

"유대인은 돼지를 위한 법을 허용하고 그것을 숭상한다."[13]

유베날리스(Juvenalis)는 돼지고기 금지한 것을 식인주의(*Kanibalismus*)를 금지한 것과 같은 것으로 생각한다.

몇몇 사람이 안식일을 엄격히 지키는 아버지를 풀어주고, 구름과 하늘의 신에게 기도한다. 또한, 그들은 인간의 육체를 그 아버지가 피한 돼지고기와 같은 것으로 여긴다. 그리고 곧 할례를 거행한다(Juvenalis, *Satyricon* XIV, 96-106).[14]

12　번역은 Kohnke, "Gesandtschaft an Caligula"(1964), 26-27.
13　본문은 Stern, *Greek and Latin Authors 1*(1976), 444(Nr. 195). '안식일 음식' 항목도 참조하라.
14　라틴어 본문은 Stern, *Greek and Latin Authors 2*(1980), 102(Nr. 301); 독일어 번역은 Quintus Ennius/Wilhelm Binder trans., *Römische Satiren*, W. Krenkel ed.(Darmstadt: Wissenschaftliche Buchgesellschaft, 1983[Repr. 1970]), 470; Schäfer, *Judenhass und Judenfurcht*(2010), 119-121도 보라.

4) 안식일 음식

(1) 소위 말하는 안식일 금식[15]

스트라보(Strabo)에 따르면,[16] 폼페이우스는 금식일에 예루살렘을 점령했다. 추측하건대 스트라보가 말한 것은 속죄일이 아니고 금식하는 안식일을 뜻하는 것 같다.[17]

폼페이우스 트로구스(Pompeius Trogus)에 따르면,[18] 모세는 안식일을 금식일로 선포했다. 왜냐하면, 출애굽 할 때 광야에서 칠일간의 금식이 끝나고 일곱째 날에 배고픔과 방황을 끝낼 수 있었기 때문이다. 타키투스(『역사』 V, 4, 2)도 유대인들이 출애굽 때 배고파 한 것을 자주 금식했다는 것과 연결시킨다. 로마인은 유대인이 소위 안식일에 금식했다는 것을 풍자화한다.

> 유대인인 그는 또 돼지 신에게도 기도할 것이다.
> 그리고 그는 가장 높이 있는 하늘의 귀에 대고 … 소리 지른다.
> 만일 그가 생식기 가장자리를 칼로 자르지 않고
> 또 멋있게 매듭 모양으로 그 끝을 제거하지 않는다면,
> 그는 백성들에게서 쫓겨나 그리스 도시를 방황할 것이다.

---

[15] Schäfer, *Judenhass und Judenfurcht*(2010), 134-135을 보라.
[16] Strabo, *Geographica* 16,2,40; 본문은 Stern, *Greek and Latin Authors 1*(1976), 297 (Nr. 115).
[17] Stern, *Greek and Latin Authors 1*(1976), 309(Nr. 115): Schäfer, *Judenhass und Judenfurcht*(2010), 134.
[18] Marcus I. Iustinus, *Historiae Philippicae*, Libri 36, Epitoma 2,14에서의 Pompeius Trogus; 본문은 Stern, *Greek and Latin Authors 1*(1976), 334-336(Nr. 137).

그렇게 되면 그는 율법에 따른 안식일 금식을 지킬 필요가 없게 될 것이다.[19]

마르티알리스(Martialis)에 따르면, 안식일에 금식하는 유대 여인이 숨 쉴 때 입에서 악취가 난다.[20]

끝으로 아우구스투스도 안식일에 유대인들이 금식하는 것에 대해 농담한다.

> 나의 사랑하는 티베리우스여, 내가 오늘날 하는 것처럼, 어떤 유대인도 확실하게 안식일에 금식하는 것을 지키지는 못할 것이다(Suetonius, Augustus 76).[21]

바클레이(John M. G. Barclay)[22]는 "로마에 사는 유대인들이 안식일에 금식했다는 확실한 증거가 있다"[23]라고 결론 내린다. (그렇지만) 페르시우스

---

[19] Petronius, Satyricon 97 P.L.M.B. XLVII; 본문은 Stern, *Greek and Latin Authors 1*(1976), 444(Nr. 195); 번역은 Schäfer, *Judenhass und Judenfurcht*(2010), 117.

[20] Martialis, Epigrammata IV,4; 본문은 Stern, *Greek and Latin Authors 1*(1976), 523 (Nr. 239).

[21] Suetonius, Augustus 76,2; 본문은 Stern, *Greek and Latin Authors 2*(1980), 110(Nr. 303).

[22] John M. G. Barclay, "Against Apion: Translation and Commentary," S. Mason ed., *Flavius Josephus: Translation and Commentary*, Vol. 10(Leiden and Boston: Brill, 2007), 328.

[23] 바클레이(Barclay)는 Margaret Williams, "Being a Jew in Rome: Sabbat Fasting as an Expression of Romano-Jewish Identity," John M. G. Barclay ed., *Negotiating Diaspora: Jewish Strategies in the Roman Empire*(London: T & T Clark International, 2004), 8-18에 관련된다. 또한 다음을 보라: Ranon Qatsof, "Le'inyan ta'anit beshabbat," *Sinai* 119(1979), 175-176. 윌리암스(Williams)에게는 그녀 자신이 유대교에 대한 지식을 가지고 있다고 여기는 아우구스티누스의 말과 마르티알리스가 언급한 악취에 대한 것(13쪽 이하)이 특별한 역할을 한다. 이제 돼지고기를 먹지 않는다는 것(Macrobius, Saturnalia II,4,11; 위를 보라)와 필로가 *Legatio ad Gajum* 158에서 보고하는 것처럼 안식일에 유대인을 고려한 것은 유대교를 포괄하는 전체 지식대상이 아니다. 윌리암스는 로마에 있는 유대인들이 안식일 금식하는 가장 중요한 이유를 예루살렘이 기원전 63년에 폼페이우스와 기원전 37년 소시우스에 의해 함락당해 많은 전쟁포로가 로마로 끌려왔다는 사실

는 유대인들이 안식일에 금식하지 않고 축제를 벌였다고 분명하게 증언한다.[24] 유대인이 안식일에 소위 금식한다는 것은 이방인이 자신의 환경에서 볼 때 유대인 금식에 대해 잘 모르기 때문에 일어난 일이다. 만일 그것이 아니라면 페트로니우스와 마르티알리스의 경우에서처럼 그것은 속죄일에 유대인이 금식하는 것을 풍자하며 비웃는 것이다.[25]

(2) 축제와 같은 안식일 식사

유대인이 안식일 관례를 지키는 것에 대해 비꼬는 것과 같은 설명이 있지만, 그 안에 나타난 안식일 촛대, 축제 음식, 포도주 등은 유대인이 안식일에 금식하지 않는다는 것에 대한 증거다(Persius, *Satiren* V, 179-184).

이보다 더 아름다운 것이 무엇이겠는가!
사람들이 헤롯의 날을 축하하여

---

[24] 을 든다. 이들에게 안식일은 기쁨과 감사의 날이기 보다는 오히려 슬픔과 회개의 날이었다(16). 필로는 *Legatio ad Gajum* 163에서 로마에 있는 유대인들의 범죄에 대해 보고하면서 그는 로마에 있는 유대인들의 금식과 슬픔은 알지도 못하고 조상의 철학에서 공공성을 띈 가르침에 대해 말한다. 추가로 로마에 있는 유대인들은 위에 언급한 두 가지 전쟁 상황에 근거할 뿐 아니라 오히려 그보다 더 오래 전 발레리우스 막시무스(Valerius Maximus) 때에 기원전 139년경 로마 유대인들은 로마에서 추방된다. *Facta et Dicta Memorabilia* I,3,3의 본문은 Stern, *Greek and Latin Authors* 1(1976), 358(Nr. 147a와 b). 추가로 페르시우스(Persius; 아래를 보라)는 분명하게 안식일 식사가 사치스럽다는 것을 증언한다. 로마에 있는 유대인들이 안식일에 금식했다는 것은 그것이 매주 반복되는 예식이었다는 것보다는 이방인들이 그것을 오해한 것으로 설명가능하다.
[24] 다음 본문을 참조하라.
[25] 그것은 안식일을 속죄의 날과 혼동한 것일 수 있다. 적어도 속죄의 날에 하는 금식으로서 안식일을 혼동했을 수 있다. Schäfer, *Judenhass und Judenfurcht*(2010), 134-135을 참조하라. 로마에 있는 유대인들이 소위 말하는 인식일 금식에서 정결예식과 같은 것을 다루었다는 것은 불가능하다(요세푸스가 보고하는 바에 따르면, 에세네파는 안식일에 응급상황에서 정결 예식을 행했다[Josephus, 『유대 전쟁사』 II, 147]).

초롱불[26]이 밝혀진 창문에 기름 섞인 연기를 뿜어낼 때,

제비꽃 화관, 그리고 붉은 그릇 위로 둥글게 테두리가 둘러 있을 때,

참치의 꼬리가 헤엄치고[27] 유리병이 포도주 맑은 거품을 일으키는 것.

너는 벙어리 된 입술을 움직이면서도 너의 얼굴은 할례 된 안식일 앞에서

창백해진다.[28]

우리는 여기서 우리의 주제를 위한 중요한 특징들을 접한다. 즉 안식일은 '헤롯의 날'로 불리며,[29] 연기 나는 안식일 촛대,[30] 축제 음식 그리고 안식일에 마시는 포도주를 경험한다. 쉐퍼(Peter Schäfer)에 따르면, 안식일 축제가 바로 다름 아닌 디오니소스 주신(酒神) 축제라고 하면서 플루타르크(Plutarch)는 안식일에 포도주 마시는 것을 지적한다.[31]

또한, 그는 "유대인들이 안식일 축제에서 서로 열심히 설득해 포도주에 취한다는 것을 알고 싶어 한다. 중요한 일에서 방해를 받게 되면, 그들은

---

[26] 안식일 촛불을 위해서 Seneca, *Epistulae morales at Lucilium* XCV,47을 보라; 본문은 Stern, *Greek and Latin Authors 1*(1976), 432-433(Nr. 188).

[27] 금요일 음식으로 생선을 위해 Stern, *Greek and Latin Authors 1*(1976), 437(Nr.190)을 보라.

[28] 본문은 Stern, *Greek and Latin Authors 1*(1976), 436(Nr. 190); 번역은 Aulus Persius Flaccus, *Die Satiren des Persius: Lateinisch und Deutsch*, O. Seel ed.(München: Heimeran, 1950).

[29] '헤롯의 날'을 위해서는 Clemens Leonhard, "Herod's Days and the Development of Jewish and Christian Festivals," B. Eckhardt ed., *Jewish Identity and Politics between the Maccabees and Bar Kokhba: Groups, Normativity, and Rituals*, JSJ.S 155(Leiden and Boston: Brill, 2011), 189-208 참조.

[30] 이에 대해서는 Seneca, *Epistulae morales at Lucilium* XCV,47 참조; 본문은 Stern, *Greek and Latin Authors 1*(1976), 432(Nr. 188).

[31] Plutarch, *Moralia* IV,6,2; 독일어 번역은 Christian Weise and Manuel Vogel eds., *Plutarch. Moralia*, Vol. 2(Wiesbaden: Marix, 2012), 100; 본문은 Stern, *Greek and Latin Authors 1*(1976), 523-524(Nr. 258).

최소 혼합되지 않은 순수 포도주를 맛보곤 한다."[32]

(3) 차가운 안식일 음식

『베르길리움 게오르기카』(Vergilium Georgica 1,336)에[33] 나타난 짧은 설명에 따르면, 토성(Saturn)[34]은 안식일 음식과 연결된다.

토성은 차가운 별이며 그래서 유대인들이 토요일에 차가운 음식을 먹는다는 것은 이미 잘 알려진 사실이다.

(4) 요약

안식일 식사에 대한 언급은 놀랍게도 매우 적다. 우리는 안식일 축제 음식에 대한 것보다는 소위 말하는 안식일 금식에 대한 증거를 더 많이 가지고 있다. 이것에 대한 이유는 다양할 수 있지만, 안식일이라고 하는 특이함이 일상의 음식보다는 오히려 금식이라고 하는 비범함에 더 연결될 수 있을 것이다. 비유대인이 안식일에 유대인의 집을 방문할 수 있었는지 또는 그것을 위해 어떤 조건이 있었는지 우리는 잘 알지 못한다.

32　같은 곳.
33　라틴어 본문은 Stern, *Greek and Latin Authors* 2(1980), 654(Nr. 537c): *Satis uest, Saturni stellam frigidam esse et ideo apus Judaeos Saturni die frigidos cibos esse*. 슈테른은 계속해서 Rutilius Namatiansus, *De Reditu Suo* I,389을 언급한다. 그곳에서 유대인이 지키는 추운 안식일에 대해 말하고 있다. 본문은 Stern, *Greek and Latin Authors* 2(1980), 662-663(Nr. 542).
34　유대인의 별 토성을 위해 Tacitus, 『역사』 V,2와 4; Bloch, *Antike Vorstellungen vom Judentum*(2002), 85-86 참조. 토성의 날로서 안식일을 위해 Tibull, Carmina 1,3,18(Stern, *Greek and Latin Authors* 1[1976], 319-320[Nr. 126])와 Cassius Dio, *Historia Romana* XXXVII,17,3(Stern, *Greek and Latin Authors* 2[1980], 349-353[Nr. 406]) 참조.

또 마찬가지로 비유대인이 안식일 음식에 참여한 여부와 또 그것이 성립된다고 하더라도 어떤 환경에서 그것이 이뤄진 것인지도 잘 알지 못한다. 페르시우스가 묘사하는 것은 실제로 자신이 본 것에서 취한 것이다.

5) 유월절 식사

발효되지 않는 특별한 빵에 대한 유일한 증거는 타키투스의 『역사』 V, 4, 2에 있다.

> 그들이 과거 오랫동안 굶주렸다는 것에 대한 증거는 오늘날 그들이 자주 금식한다는 것이며, 그것을 위한 증거는 그들이 한때 나무 열매들을 훔쳐 먹었음에 틀림이 없고 사람들이 누룩 없이 만들어진 유대 빵을 즐겨 먹고 있다는 점이다.[35]

6) 장막절(Sukkot)

장막절 축제의 특징에 대한 한 가지 증거는 플루타르크(Plutarch, *Moralia* VI, 2)다.[36]

---

[35] Tacitus, *Historiae – Historien*, (1959), 514-515. Stern, *Greek and Latin Authors 2*(1980), 37: "타키투스는 이것에 대해 말하는 유일한 이방작가다." 마찬가지로 타키투스는 이 요약에서 유일한 이방작가로서 안식년에 대해 말한다. 그에 대한 암시는 Suetonius, Tiberius 32,2에서 볼 수 있다. 추가로 Stern, *Greek and Latin Authors 2*(1980), 111-112(Nr. 305) 참조.

[36] 본문은 Stern, *Greek and Latin Authors 1*(1976), 523-524(Nr. 258).

우선 유대인들이 여는 축제 중에서 가장 크고 거룩한 것은 디오니소스 시간과 축제일에 상응한다. 왜냐하면, 그들은 소위 말하는 금식을 하면서 포도 수확이 가장 높을 때, 그들은 대부분 포도 덩굴과 담쟁이덩굴을 엮어 만든 장막이나 오두막 밑에 온갖 종류의 여름 과일로 채워진 식탁을 마련하기 때문이다. 그것은 그들이 장막절 전야제라고 부르는 것과 같다. 그러고 나서 며칠이 지나 그들은 다른 축제를 여는데, 말 그대로 그 축제는 바쿠스(디오니소스 주신의 다른 이름)라 불린다.

플루타르크는 유대인들이 개최하는 전체 3개의 디오니소스 축제를 말하는데, 그것들은 모두 장막절 축제에 포함된다.[37]

7) 포도주 마시기[38]

유대교 안식일 음식과 유월절에서 의무사항에 해당하는 포도주 마시기에 대한 언급은 놀랍게도 거의 없다. 페르시우스와 플루타르크 두 곳에서 언급된 것에 추가로 플루타르크는 유대인들의 포도주를 마시는 것의 중요성에 대해 다음과 같이 설명한다.

유대인들에게 도입된 많은 형벌 중에 거의 가장 싫어하는 것은 재판관이 벌을 받는 사람에게 일정 기간 포도주를 마시는 것을 금지한 조항이다. 이

---

[37] 이에 대해 Stern, *Greek and Latin Authors I*(1976), 560-562(Nr. 258) 참조.
[38] 이에 대해 Schäfer, *Judenhaß und Judenfurcht*, 136-137 참조.

벌로 고통을 겪는데…[연속되는 부분은 소실됨-원주].³⁹

여기서 내 생각에 스테른(M. Stern)은 나실인을 염두에 두고 있다.⁴⁰

8) 채식주의

유대인들이 제사를 지내며 소위 채식주의였다고 말하는 처음의 저자는 테오프라스트다(기원전 372-288/7).⁴¹ 포르피리우스(Porphyrius)가 그에 맞는 구절을 보도한다(Porphyrius, *De abstinentia* II,26).

그리고 테오프라스트가 실제로 말하기를, 유대인이 속한 시리아인은 옛적 처음에 했던 방법으로 살아 있는 제물을 바친다.⁴² 만일 누군가 우리에게 제물 바치는 것을 그와 똑같이 하라고 한다면, 우리는 그 일을 멀리할 것이다. 유대인들은 제물을 먹지 않고 밤에 희생제물 전체를 불태운다. 그들은 꿀과 포도주를 제물에 뿌려 제물을 망가뜨려 없애는데, 그것은 모든 것

---

39 본문은 Stern, *Greek and Latin Authors 1*(1976), 554(Nr. 258); 번역은 Weise and Vogel, *Plutarch. Moralia 2*(2012), 101.
40 Stern, *Greek and Latin Authors 1*(1976), 562(Nr. 258).
41 본문은 Stern, *Greek and Latin Authors 1*(1976), 10(Nr. 4). 이에 대해 Bezalel Bar-Kochva, *The Image of the Jews in Greek Literature: The Hellenistic Period*, Part I From Alexander and the Successors to the Religious Persecutions of Antiochus Epiphanes(333-168 B.C.E.) (Berkeley: University of California Press, 2010)도 참조하라. 필자는 필자에게 온 인쇄 전 초고를 인용한다.
42 '살아 있는 제물' 의미에서 이오타 부기가 없는 조트타인(철자 중 하나?-역주)에 대한 해결책을 위해서 Bar-Kochva, *The Image of the Jews in Greek Literature*(2010), 27-31 참조.

을 보는 태양이 그 흉한 장면을 보지 못하도록 하기 위해서다. 그리고 유대인들은 그 날에 이것을 행하면서 금식한다. 그들은 원래가 철학자들이기 때문에, 이 전체 시간 동안 서로 신에 대해 말하고 별 관찰에 몰두하며 기도로 신을 부른다. 이 과정들이 앞으로 드릴 다른 동물 중에서뿐 아니라 이미 제물로 드려진 것 중에서도 첫 과정에 속했기 때문에, 유대인들은 욕망에서가 아니고 당연한 것으로 이것을 행한다.

필자의 생각에 바르-코흐바(Bezalel Bar-Kochva)[43]는 신속하게 다음을 확증한다.

테오프라스트는 실제 유대교 희생 관습에 대해 정확하게 아무것도 말하지 않는다. 유대인은 희생을 드린 것이 아니라 단지 번제물을 불태운다. 그들은 희생으로 드려진 고기 일부를 먹는다. 또 그들은 제물을 산 채로 불태우지 않으며 희생 의식은 밤에 이뤄지지 않았다. 제사 참여자는 제사하는 동안, 아니면 그 이후에라도 금식하지 않았으며, 희생제물에 꿀과 포도주를 붓지도 않았다….

추가로 말하기를, 제물을 바치면서 별 관찰이나 신성에 관한 이야기를 하는 것이 아니라 그 과정은 음악과 노래 속에서 거행되었다고 한다.

우리가 다루는 것은 희생제물이 동물이나 사람이 되어 소위 잔인하게 불태워진다는 것에 대한 것도 아니고, 또 그 희생이 부끄러운 것이어서 그

---

[43] Bar-Kochva, *The Image of the Jews in Greek Literature*(2010), 34.

것을 어쩔 수 없이 하도록 그리스인에게 강요한다는 것도 아니다. 유대인들도 그것이 소름 끼치는 일이라는 것을 알았기에 재물을 (포도주와 꿀을 부어) 밤에 빨리 불태워 버려 새벽에는 아무것도 볼 수 없도록 했다.

우리가 던지는 질문 가운데 가장 중요한 것은 유대인들이 밤에 재물을 먹지 않는다는 것이고 그들은 희생된 고기에 대한 욕심에서가 아니라 필요해서 희생제물을 바친다는 설명이다.

테오프라스트가 말하고자 하는 바는 앞서 직접 말한 것에서 분명해진다. 즉 동물의 희생이 하나님을 기쁘게 하는 것이 아니라 사람들이 고기에 대한 욕망을 만족시키기 위해서 동물을 희생제물로 삼기 시작했다는 것이다.

그것과 반대로 유대인들은 동물의 희생을 그렇게 하지 않고, 고기를 먹고 싶은 욕망에서가 아니라 필연성에 의해 제물을 철저히 앞서 묘사된 바와 같이 잔인할 정도로 희생시킨다.[44] 희생제물을 바치면서 또는 그 과정 중에 금식한다는 것은 희생제물을 잔인하게 대하는 것에 대해 속죄하는 행위로 이해될 수 있다.

혹시 테오프라스트가 주장하는 것이 유대인들은 원래 채식만 먹는다는 것에서 출발한 것은 아닐까?

이것은 테오프라스트가 말한 것에 대해 문명화 이론(Zivilisationstheorie)이라는 틀로 확실하게 답할 수 있을 것이다. 유대인들은 오늘날에도 고기 먹는 관습이 없었던 그 초기 단계에 있다.

---

[44] 앞의 책, 24 참조.

유대인들에 대한 인류학 발전과정은 인간이 동물 희생을 제사에 사용하면서도 그 동물 고기를 먹지 않았던 상태에 있다.[45]

테오프라스트 견해를 전하는 포르퓌리우스는 유대인들이 고기를 먹지만, 그들이 분명 돼지고기를 먹지 않는다는 것을 알고 있다(*De abstinentia* I, 14; II, 61; IV, 11).[46] 포세이도니우스 역사(기원전 135-51)에서 스트라보에 따르면 (*Geographica* 16, 2, 37) 유대인들은 돼지고기를 먹지 않는다(*bromata* 항목).[47]

유대인들이 전혀 고기를 먹지 않는다는 초기 전통이 있었다. 그것은 역사상 사실과 완전히 맞는 것은 아니지만, 문화인류학 과정에서 유대인들은 인류 역사상 동물이든 사람이든 간에 고기를 먹지 않는 단계가 있었고 그것은 과거가 되었다. 테오프라스트의 말은 실제로는 맞지 않지만 그래도 그것은 문화인류학에 근거한 것이다.

세네카의 보고에 따르면 그는 어렸을 때 한동안 채식주의자로 살았다. 그의 아버지가 그것은 이방 문화의 관례일 수 있다고 알려주자 그는 그 채식주의를 그만두었다고 한다.[48]

---

[45] 앞의 책, 27.
[46] 앞의 책, 34.
[47] *bromata*는 여기서 고기와 관련됨에 틀림없다. 왜냐하면, 음식을 먹지 않는다는 것이 아무런 의미가 없기 때문이다. Stern, *Greek and Latin Authors* 1(1976), 300; Bar-Kochva, *The Image of the Jews in Greek Literature*(2010), 371. 그들은 예전에도 고기를 먹지 않을 뿐 더러 오늘날까지도 그러하다. 고기를 먹지 않는 것이 그들이 가지고 있는 신성이 있는 식사(*deisdaimonia*)에 대한 증거다.
[48] 영어 번역과 함께 있는 라틴어 본문은 Stern, *Greek and Latin Authors* 1(1976), 433-434 (Nr. 189).

9) 식인주의(Kannibalismus)[49]

중세 시대 이후로 유대인을 죽이고 그들을 쫓아내는 데 결정적인 역할을 한 것은 유대인이 예식을 거행하며 살인을 행한다는 소문이었다. 즉 그것은 유대인이 그리스인을 잡아먹기 위해 매년 예루살렘 성전에서 그리스인을 살찌우게 한다는 식으로 고대에 나타난다. 본문이 요세푸스 아피온 반박문에 있다(Josephus, 『아피온 반박문』 II, 91-96).[50]

> 안티오쿠스 4세(에피파네스)는 예루살렘에서 한 남성이 누워있는 침대를 발견했다. 그 앞에는 고기, 생선, 날개 있는 동물로 차려진 식탁이 있었고 왕은 그 광경에 놀라워했다. 왕이 도착한 것을 축하하자마자, 그 남성은 오른손을 왕에게 뻗치면서(보호를 구하는 행위) 자신을 해방시켜 달라고 애원했다.
> 왕은 그에게 자신을 믿고 그가 왜 여기에 있으며 이 음식이 무엇을 의미하는지 말해보라고 했다. 그 사람은 탄식하고 울면서 자신의 상황을 다음과 같이 탄원했다. 자신은 그리스인이며 생활비를 벌기 위해 그 지방을 지나가고 있었는데 갑자기 처음 보는 이방인들이 나타나 자신을 납치해 성전으로 유괴하고 여기에 가두었다고 했다.

---

49 Elias Bickerman, "Rituralmord und Eselskult: Ein Beitrag zur Geschichte antiker Publizistik," E. Bickerman, *Studies in Jews and Christian History*, Vol. 2, AGJU 9(Leiden: Brill, 1980), 225-255; 참조, Bar-Kochva, *The Image of the Jews in Greek Literature*(2010), 262-289.
50 기초에 해당하는 Bickerman, "Rituralmord und Eselskult"(1980), 225-255. 여기서 참조할 곳은 Schäfer, *Judenhass und Judenfurcht*(2010), 95-100.

그리고 거기서 누구도 자신을 보지 못했지만, 자신은 계속 음식으로 살찌 게 되었다. 처음에는 뜻하지 않은 안락함으로 좋았지만, 그것에 대해 의심 이 생겼다. 결국 가까이 있는 종들 중 한 명에게 물어 그것이 유대인의 비 밀 법이며 그 법에 따라 자신이 영양을 제공 받고 있다는 것 그리고 유대 인들은 그것을 매년 시간을 정해놓고 행한다는 것을 알게 되었다.

즉 유대인들은 여행하는 그리스인을 붙잡아 1년 동안 살찌우고 숲으로 데 려간다. 그리고 유대인들은 그를 잡아 유대인의 관습에 따라 그의 육체를 제사 지내고 그의 내장을 먹는다. 그들은 이미 죽은 자의 나머지 유골을 구덩이에 던진다. 그리고 그들은 그리스인을 제사 지내며 그리스인에 대 한 적대감을 간직한다고 했다.

그 사로잡힌 자가 계속 말하기를 며칠이 지나면 그에게 명령이 내려지기 에 이 극한 상황에서 자신을 해방시켜 달라고 왕에게 간청했다.[51]

필자의 설명은 비커만의 견해를 따르는데,[52] 그는 바르-코흐바가 이의 제기하는 것과의 차이점을 언급한다.[53] 이 이야기는 반유대주의, 즉 셈족 을 반대하는 선전 선동의 모든 단계를 가지고 있다.

(1) 증오를 위한 맹세

타키투스의 『역사』 V, 5에 따르면 유대인들은 지위가 낮을 때는 서로 확고하게 다른 유대인을 도우려는 동정심을 갖지만, [유대인 외] 다른 사

---

51 번역은 Bickerman, "Rituralmord und Eselskult"(1980), 225-226.
52 앞의 논문, 226-238.
53 Bar-Kochva, *The Image of the Jews in Greek Literature*(2010).

람들에 대해서는 싫어하는 혐오감을 가지고 있다. 이미 주전 3세기에 우리는 압데라(Abdera)의 헤카타이오스(Hekataios)에게서 그것을 읽는다.

> 모세 자신이 이방인으로 박해를 받았기 때문에, 모세는 유대인들이 사람을 싫어하고 이방인을 적으로 간주하는 삶의 모습을 갖도록 유대인을 이끌었다.[54]

(2) 저주

유대인들은 인간을 제물로 바치고 잔인하게 맹세를 하며 인간 제물 내장을 먹는다. 흔히 전쟁과 같은 갈등상황에서 인간을 제물로 바치는 것과 식인주의를 비난하는 것은 적에 대항하는 여러 선전 목록 중 하나다. 살루스트는 카틸리나의 공모(*coniuratio Catilinae*)라고 하는 고대 유명한 음모에 대해 보고한다(Catilina 22).

카틸리나가 같은 정당 동료를 자신의 범죄행위에 맹세하도록 규합할 때, 많은 이들이 그에 대해 말한 것처럼 그는 사람의 피를 포도주와 섞어 그릇에 담아 돌렸다. 그리고 거룩한 예식 행위를 하는 것처럼 모두가 저주문을 말하게 하고, 그것을 마신 후에 카틸리나는 자기 계획을 그들에게 말했다.

카시오스 디오에 따르면(*Historia Romana* 37, 30, 3) 카틸리나는 한 소년을 제물로 삼아 그의 내장에 맹세하고 그의 동료들과 함께 제물을 공동으로

---

[54] *Aegyptiaca bei Diodorau Siculus, Bibliotheca Historica* 40,3. 본문은 Stern, *Greek and Latin Authors on Jews and Judaism* I, 26[Nr. 11] 참조.

먹는 향연 자리에서 그것을 먹었다. 플루타르크의 보고에 따르면(Cicero 10). 공모자들은 서로에 대해 신의를 지키기 위해 제물로 바친 사람의 살을 먹은 것이다.

(3) 식인주의

인육 먹기는 기원후 2세기 중반 그리스도인을 비난하면서 나타난다.[55] 그리스도인은 인육 먹기를 통해 서로 연대한다고 주장한다. 공동체 내 그리스도인이 새로 들어오면, 사람들은 그로 하여금 무의식중에 곡식 가루로 덮여 있는 갓난아이를 칼로 찔러 죽이게 하고 아이의 피를 마시게 하고 그 몸을 먹게 한다.

이 무의식중에 일어난 행위를 통해 그는 다른 그리스도인과 공동으로 연결되어 공동체 일원이 된다(Minucius Felix, *Octavian* 9). 그 후 교회는 교회의 이단(몬타니스트, 마니교)에게 그들이 인육을 먹는다고 비난했다. 이것은 적을 무시하는 데 가장 즐겨 사용되는 주제다.[56]

---

[55] Andrew B. McGowan, "Eating People: Accusations of Cannibalism Against Christians in the Second Century," *JECS* 2(1994), 413-442. 그는 그리스도인들에 대한 식인주의 비난을 고대 식인주의에 대한 고발과 연결된 것으로 소개한다. 유대인과 그리스도인에 대한 고발을 연결시키는 것을 위해서는 McGowan, "Eating People"(1994), 417; Philip A. Harland, "These People are ⋯ Men Eaters: Banquets of the Anti-Associations and Perseptions of Minority Cultural Groups," Z. A. Crook and P. A. Harland eds., *Identity and Interaction in the Ancient Mediterra*NEA*n: Jews, Christians and Others*, Essay in Honour of Stephan G. Wilson(Sheffield: Sheffield Phoenix Press, 2007), 56-75.

[56] 채식주의와 식인주의 연결을 위해서는 McGowan, "Eating People"(1994), 423-438 참조; 근친상간과 식인주의 연결이 자주 있다. 참조, McGowan, "Eating People"(1994), 여러 곳에서.

(4) 성전 포로

성전 포로는 공포를 일으킨다는 (정치) 선전 주제에 속하며 그에 대한 다양한 증거가 있다.[57]

유대인들에 대한 고발은 그들이 인간을 혐오하고 무신론자들이라는 것이다. 왜냐하면, 그들이 비유대인의 신들을 경외하지 않기 때문이다. [유대교] 교육을 받은 사람들은 비유대인의 예배를 미신으로 평가절하 한다 (Cicero, *barbara superstitio*, pro Flacco 28,67). 나중에 타키투스도 유대인들의 예식을 부조리하고 저열한 것으로 말한다(hist 5, 5, 5).

비커만(E. Bickerman)은 그 설명 과정에 두 가지 다른 흐름이 하나로 섞여 있다고 본다.

① 성전 포로를 살찌우게 하고 작은 숲으로 데려가 그를 죽인다는 것
② 성전 희생을 육식 축제와 증오를 위한 맹세에 연결하는 것

바르-코흐바는 비커만의 구분에 이의를 제기하며 그 항목들은 다음과 같이 각각 나름의 이야기에 속해야 한다고 한다.

① 성전에 갇히는 것과 숲으로 이동하는 것
② 성전제물과 숲에서 죽이는 것
③ 불로 제물을 태우는 것과 육식주의
④ 제물을 완전히 불태우고 그 나머지를 구덩이에 던져버리는 것

---

[57] Bickerman, "Rituralmord und Eselskult"(1980), 236-238.

바르-코흐바는 이것들을 두 가지 유형으로 재구성한다.[58]

유형 A: 인간 희생, 즉 매년 그리스 이방인을 살찌우고 그를 (산) 제물로 불태운다—증오를 위한 맹세.

유형 B: 인육의 향연, 즉 그리스 이방인을 사로잡아 숲에서 죽이고, (그의 육신을 잘게 썰어) 그의 육체를 먹는다. 증오를 위한 맹세를 하고 육체의 나머지는 구덩이에 던진다.

첫 번째 유형에는 희생제물을 산 채로 불태우는 주제가 있고, 두 번째 유형에서는 육식 주제가 있는데, 그것은 희생제물을 먹어 치운다는 이야기가 잔인하게 살아 있는 희생제물을 불태운다는 이야기 과정과 겹쳐졌다.[59]

비커만은 피 흘린 것을 고소한 주범을 정치적 배경으로 이해하는데, 셀류코스 정권은 유대인에 대한 비난을 통해 안티오쿠스 4세가 일으킨 종교 박해를 정당화시켜야만 했다. 그와 비슷하게 쉐퍼역시 인간 제물이 애굽에서 비롯된 것으로 추측한다.[60]

그리고 바르-코흐바도 인간 제물 주제와 식육의 주제가 애굽에 뿌리를 두고 있다는 것에 확신하듯이 증언한다.[61] 피 흘린 것에 대한 고소는 단지

---

58 Bar-Kochva, *The Image of the Jews in Greek Literature*(2010), 275.
59 Bar-Kochva, *The Image of the Jews in Greek Literature*(2010), 276.
60 Schäfer, *Judenhass und Judenfurcht*(2010), 100.
61 Bar-Kochva, *The Image of the Jews in Greek Literature*(2010), 280-289.

포세이도니우스, 아폴리니우스 모론, 다마크리투스 그리고 아피온에만 있다. 그러나 타키투스는 피 흘린 것에 대한 고소를 자기가 모은 고대 고소문과 판결문에서 소개하지 않는다.[62]

2. 이방인들이 유대 식관습에 대해 표현한 것에 대한 유대교 반응: 요세푸스의 『아피온 반박문』[63]

게르버(Christine Gerber)는 요세푸스가 놀랍게도 외국법이라도 되는 것처럼 유대 음식법에 거의 관여하지 않고 있다는 것에 주의를 환기하며 『아피온 반박문』 II, 173-175, 2를 가리킨다.[64] 실제 요세푸스는 개별 율법 사항을 수긍이 가도록 증명하려 하지 않고, 크게 율법이 갖는 신성 근원만

---

[62] 앞의 책, 276에서 이미 소개되고 있는 것처럼, 유대인을 비방하는 살인죄 고소를 믿지 않았던 것이 어떤 역할을 했겠는가 하는 것은, 19세기까지 피의 고소 명분이 계속 남아 있었다는 것을 본다면 그 의문 제기가 맞지 않는 것 같다. 델리취(Franz Delitzsch, *Schachmatt den Blutlügnern Rohling und Justus*[Erlangen: A. Deichert, 1883]) 와 슈트라크(Hermann L. Strack, *Der Blutaberglaube in der Menschheit: Blutmorde und Blutritus*, zugleich eine Antwort auf die Herausforderung des "Osservatore Cattolico," 4th ed.[München: Beck, 1892])는 1883년에 헝가리에서 유대인에 대한 피의 고소를 불러 들이려 계획한다.

[63] 이에 대해 참조할 새 번역과 주석으로는 Flavius Josephus, *Über die Ursprünglichkeit des Judentums. Contra Apionem*, F. Siegert ed., 2 Vols., SIJD 6(Göttingen: Vandenhoeck & Ruprecht, 2008)(이하 Siegert, *Ursprünglichkeit*); Barclay, "Against Apion: Translation and Commentary"(2007). 계속해서 단행본인 Chritine Gerber, *Ein Bild des Judentums für Nichtjuden von Flavius Josephus: Untersuchungen zu seiner Schrift 'Contra Apionem,'* AGJU 40(Leiden et al.: Brill, 1997), 7 참조.

[64] Gerber, *Ein Bild des Judentums*(1997), 318와 여러 곳에서. "그처럼 그는 할례에 대해 아무 말도 안하고, 안식일 법을 단지 원래 이미지에 대한 해석 차원에서 말하고 음식법에 대해 거의 다루지 않는다."

을 지적한다.⁶⁵

그렇지만 요세푸스가 유대 음식에 대해 형식적으로만 말하려 한다는 것은 일부만 맞다. 왜냐하면, 요세푸스가 유대교 음식에 대해 제기된 심각한 고발에 대해서만 대응하여 논쟁해야 했기 때문이다. 즉 유대인들이 이방 민족에게 거룩한 동물들을 구워 먹어버린다고 하며, 유대인들은 온순한 집 동물들을 제물로 바치고 돼지고기를 먹지 않으며, 결국에는 사람을 잡아먹는다는 고발이 제기되었다.

1) 유대인들이 다른 민족에게는 거룩한 동물을 구워 먹는다는 비난

(1) 마네토

마네토가 비난하는 것에 따르면, 꼭 유대인들은 다른 민족과 종교에 거룩한 짐승만을 제물로 바치고 그것을 잡아먹는다. 출애굽 할 때 이스라엘 백성은 곧바로 화만 냈다.

> 그들은 도시와 마을을 불태우고 성전을 겁탈하며 신상을 망가뜨렸다. 그들은 그것으로도 충분하지 않아 지성소를 거룩하다고 존경받는 짐승들을 불에 굽는 부엌으로 만들었다. 유대인들은 성전의 제사장과 선지자들을 유대인을 위한 도살자와 정육점 직원이 되도록 했고 나중에는 다시 그들을 벌거벗겨 쫓아냈다(『아피온 반박문』I, 249).⁶⁶

---

65 Gerber, *Ein Bild des Judentums*(1997), 387.
66 번역은 Siegert, *Ursprünglichkeit 1*, 148.

요세푸스에 따르면 마네토는 자신이 유대인에 대해 비난하는 것을 소위 모세의 법에서 요약한다.

> 모세가 이스라엘 백성에게 가져다준 것은, 다른 신들에게 기도하지도 말고 애굽에서 예식으로 경외한 동물들을 꺼리지도 말고 모든 것을 잡아먹으며, 함께 공모한 동료들 외에 누구와도 연합하지 말라는 것이다(『아피온 반박문』, 260).[67]

요세푸스는 마네토가 말하는 출애굽 이야기를 거절하며 자신은 그 고발에 동의하지 않는다고 말한다.

(2) 유대인이 길들여진 동물들을 희생 제사로 드리며 돼지고기를 먹지 않는다는 비난[68]

여기서 요세푸스는 아피온과 논쟁한다.

> 그러나 아피온이 고소한 것 중 특별한 것은, 만일 아피온 자신이 그 자신과 나머지 이집트인의 주장에 모순된다는 반대주장이 없었다면, 아마 아피온의 말은 곧바로 의미가 있었을 것이다. 아피온은 우리를 비난하기를, 우리가 [길들여진] 동물을 희생제물로 바치며 돼지고기를 먹지 않는다고 한다. 그리고 그는 생식기 할례를 조롱한다(『아피온 반박문』 I, 137).[69]

---

[67] 번역은 Siegert, *Ursprünglichkeit 1*, 150. Barclay, "Against Apion"(2007), 145도 참조.
[68] 참조 Siegert, *Ursprünglichkeit 2*, 112; Barclay, "Against Apion"(2007), 240.
[69] 번역은 Siegert, *Ursprünglichkeit 1*, 182.

비록 요세푸스가 논쟁점을 약간 뒤로 미루고 아피온 말에 반격하는 것을 간과한다고 하더라도, 그는 그것에 가볍게 답한다.

> 우선 길들여진 집 동물을 죽이는 것은 일반 사람들에게 흔한 일이다. 아피온이 길들여진 동물들을 잡는 우리들을 고소한다고 하더라도, 아피온은 그것으로 자기 자신이 애굽 출신이라는 것을 증명한다. 만일 그가 그리스인이나 마케도니아인이라고 한다면, 그는 집 동물을 제물로 바치는 것에 대해 화를 내지 않았을 것이다. 왜냐하면, 그리스인들은 황소 백 마리를 신에게 드린 것을 찬양하기 때문이다. 그리고 그들은 향연을 위해 희생제물 동물들을 사용하면서 아피온이 두려워한 것처럼, 동물들이 없어져 세상이 고통을 겪지나 않을까 하고 그렇게 염려하지 않을 것이다(『아피온 반박문』 II, 138).[70]

요세푸스는 그리스인들에게 일상의 것, 즉 집 동물을 잡아 제사 드린다는 것으로 아피온의 주장을 반박하며 또 아피온이 이집트 출신이라는 것으로 그를 공격한다. 만일 그가 자신이 주장하는 것처럼 그 자신이 알렉산더 그리스인이었다면, 그렇다면 그는 그리스인이 제물을 많이 드린다는 것을 알았을 것이다. 그렇지만 아피온은 그리스인이 아닌 이집트인으로서 논쟁하며 또 사실 실제로 그는 애굽인이다.[71]

---

[70] 번역은 Siegert, *Ursprünglichkeit 1*, 183.
[71] 비교,『아피온 반박문』II, 29: "흔히 사람들이 말하는 것처럼, 비록 그가 애굽의 오아시스에서 태어난 애굽인이지만, 그는 자기 고향과 출신성분을 부인했다. (그의) 잘못된 정보에 따르면, 그는 알렉산더인이라고 한다. 그러나 그것은 그가 자기 민족의 하찮음을 인정하는 것을 뜻한다"(번역은 Siegert, *Ursprünglichkeit 1*, 164).

(3) 살쪄워서 요리된 그리스인(『아피온 반박문』 II, 97)

저런 환상의 소설은 연극에서 보여 주기 위한 것이고 또 부끄러움이 없다는 것과 잔인하다는 것을 자랑한다.[72]

요세푸스의 논박은 한편에서 거만하게 성전에 들어가 그리스인을 구하려 하지 않았던 안티오쿠스 4세와 관련지만, 요세푸스는 또 다른 한 편에서 묻는다.

왜 그리스인인가?
그것은 정말 그리스인 대신 애굽인이 될 수도 있다. 유대인의 관습은 애굽의 관습에서 나온 것이고, 만일 [원래의 본문에 나온 것처럼-역주] 비밀에 속한 이 법이 있다면, 유대인은 그리스인이 아닌 애굽인을 잡았을 것이다. 그리고 끝으로 음식에 관한 사항이다.
아피온이 말한 것처럼 모든 유대인이 이 희생제물 주위에 수천 명이 함께 모여 모두가 충분히 그 희생제물 살점을 먹는 게 과연 가능할까?(『아피온 반박문』 II, 100).[73]

그리고 그는 끝으로 다음과 같이 말한다.

---

[72] 번역은 Siegert, *Ursprünglichkeit 1*, 175; 참조, Siegert, *Ursprünglichkeit 2*, 108-109; Barclay, "Against Apion"(2007), 216-221.
[73] 번역은 Siegert, *Ursprünglichkeit 1*, 176.

왜 아피온은 없는 사람을 고안해서 존재했다고 말하나?

아피온은 그 사람 이름을 말하지 않았다 ….

또 왜 왕은 그 사람을 크게 배려해 주어 고향으로 돌아가게 해 준다고 말하지 않는가?

만일 왕이 그리스인을 고향으로 돌려보내 주었다면, 거기서 왕은 자신의 경건과 그 자신이 그리스인의 친구로 인정을 받을 수 있었고 유대인을 증오하는 것에 대해 모든 사람이 한결같이 공감하도록 할 수 있지 않았겠는가?(『아피온 반박문』 II, 100-101)[74]

2) 요세푸스의 입장에서 유대인이 갖는 이점

요세푸스는 체계에 따라서가 아니라 개별 항목으로 들어가 음식법과 관련해 모세 법 수여의 참된 과정을 강조한다.

첫째, 모세는 백성이 무엇을 먹어야 하고 또 무엇을 먹어서는 안 되는지를 결정했다. 모세는 일상 삶에서 가장 작은 일들에 관해서뿐 아니라 "자기 자신의 결정에 의해서가 아니라 미래 [율법] 적용자의 희망에 따라 음식에 관련해서도 결정사항을 남겨놓았다. 즉 사람이 어떤 것을 피해야 하고 또 어떤 것을 받아들일 수 있는가 하는 것이다"(『아피온 반박문』 II, 173-174)[75]

둘째, 금식과 음식법은 세상 어디에나 알려져 있다. 그것은 비밀 지식에 관한 것이 아니며 세상에 이미 소개되어 있다.

---

[74] 번역은 Siegert, *Ursprünglichkeit 1*, 176.
[75] 번역은 Siegert, *Ursprünglichkeit 1*, 191; 비교, Barclay, "Against Apion"(2007), 268.

그렇다. 일반 민중은 우리의 경건에 대해 시기했다. 그리고 그리스인이 사는 도시에서도 또 이방 도시와 백성 중에서 우리가 일하지 않는 일곱째 날 […] 관례가 관통되지 않은 곳이 없으며, 촛불 켜는 것과 우리의 음식법 중 많은 것이 함께 [그들 중에서] 고려된다(『아피온 반박문』 II, 282).⁷⁶

셋째, 희생제물 먹는 시간을 과도하게 사용하지 않는다.
그리스인이 희생을 드릴 때 많은 제물을 도축하는 것과는 다르게 유대인들은 무수히 많은 동물을 도축하지도 않고 또 그것을 먹지도 않는다.

(오히려) 우리는 스스로 먹고 마시기 위해 희생제물을 도축하지 않고—이것은 하나님의 뜻에도 맞지 않고 방탕하고 낭비하는 것이 될 수 있다—기준과 관례에 따라 옷을 바르게 입고 희생 제사에 참여한다. 그것은 우리가 희생 제사에서 기준을 갖기 위해서다(『아피온 반박문』 II, 195).⁷⁷

넷째, 미식을 위한 어떤 탐닉도 우리에게는 없다. 희생제물 관련해 먹고 마심으로 스스로를 만족하게 하는 스파르타인들과는 다르게, 유대인들은 엄격한 율법을 지킨다. 그러나 그것은 쓸데없는 일과 미식을 위해서가 아니다(『아피온 반박문』 II, 228b).⁷⁸

다섯째, 율법은 사람이 어떤 동물을 먹을 수 있는지 없는지 규칙을 정하면서도 동물들 착취를 제한한다. 율법은 "새끼 새들을 위해 둥지에서 사

---

76 번역은 Siegert, *Ursprünglichkeit 1*, 213; 비교, Barclay, "Against Apion"(2007), 328-329.
77 번역은 Siegert, *Ursprünglichkeit 1*, 196; 비교, Barclay, "Against Apion"(2007), 280.
78 번역은 Siegert, *Ursprünglichkeit 1*, 205; 비교, Barclay, "Against Apion"(2007), 392.

람들이 어미 새 취하는 것을 허락하지 않았다"(『아피온 반박문』 II, 213).[79]

요약하면, 요세푸스는 유대 음식에 대한 이방인의 표현에 대해 논쟁하면서 유대 음식법의 참 본질을 소개한다. 음식법은 모세를 통해 하나님의 법에 근거하기 때문에 사람이 먹는 성향을 그 자신 스스로 결정하도록 내버려두지 않는다.

음식법 규정이 드러나 있다는 것에 특별한 의미가 있다. 유대 식사 시간이나 음식은 모두 비밀이 아니며, 그것은 특별히 그리스인의 희생제물 식사나 그리스인과 로마인의 향연에서처럼 과도하게 넘치는 연회에 관한 것도 아니다.

3. 마무리 사색

그리스어와 라틴어를 사용하는 비유대인과 비기독교 저자들이 유대 음식을 소개하는 경우 그들의 견해는 고대 유대인에 대해 그려진 전체 그림에 적합하다. 동시에 타키투스가 크게 다루는 인종학적(ethnographische) 부연설명에서처럼, 비유대인이 유대인 역사와 관습에 대해 쓴 근거 자료를 받아들인 것이다(『역사』 V, 2-13).

동시에 수 세기 동안 유대인 음식 관습에 대해 경멸과 오류가 있는 설명이 계속 나타난다. 우리는 또한 그런 것이 유대인과 유대인 종교, 유대인이 살아가는 삶 형태에 대해 각자 개별 경험을 한 것을 생각할 수도 있을

---

[79] 번역은 Siegert, *Ursprünglichkeit 1*, 201; 비교, Barclay, "Against Apion"(2007), 294.

것이다. 하지만 이런 것은 부정으로 형성된 틀이 유대인을 긍정하는 그림으로 거의 바뀌지 않을 뿐이다. 음식 주제는 유대인 삶 현장에 중심 역할을 한다.

전체로 보건대, 유대인의 음식은 특별한 차이 때문에 관심의 대상이 되지만 다른 측면에서 그들 음식에 대해 오해를 하게 된다. 사람들이 다른 민족들과의 관계에서 특별하게 차이가 나는 이유를 유대인 아닌 비유대인 고대 저자들에게 묻고 있다는 것 또는 이미 오래전에 그리스어로 번역한 토라에서 그 이유를 받아들일 수 있다.

사람들은 수 세기 동안 지속한 왜곡과 오해를 계속 이어가며 받아들이고 있다. 유대인에 대한 고대의 잘못된 모습은 유대인에 대한 왜곡과 오해가 새 시대라는 옷을 입고 복귀하게 했고 또다시 옛 과거의 것이 현재로 돌아오는 것을 더욱더 강렬하게 그리고 가능하게 만들고 있다.

제9장

"남들이 우리를 보듯 우리 자신을 바라보기"(로버트 번스): 로마의 지배 아래에 있는 유대인과 그리스도인— 자기 인식과 타인 인식

번역: 박 성 호 박사

1. 들어가며

『아피온 반박문』(*Contra Apionem*)이라는 자신의 작품을 시작하면서, 요세푸스는 5,000년을 포괄하는 자기 민족의 역사를 헬라어로 서술했다고 밝힌 『유대 고대사』(*Antiquitates Judaicae*)를 상기시키며 다음과 같이 말한다.

그러나 많은 이들이 몇몇 사람에 의해 언급된 악의적인 비난들에 귀를 기울이며 내가 『유대 고대사』에서 쓴 것을 믿지 않는다는 사실을 목격했기 때문에, 이 모든 것을 간략하게나마 서술하고, 비방하는 사람들의 악의와 의도적인 거짓말을 밝혀내며, 다른 사람들이 무지에서 벗어나게 하면서도 진실을 알기 원하는 모든 사람에게 (특히) 우리의 오랜 역사를 가르쳐 주어

야 할 필요성을 느꼈습니다.¹

다른 사람들이 한 사람을 보듯이 자기 자신을 바라보는 일은 이 '(바라)봄'이 진리에 상응할 때에만 받아들여진다. 그것이 악의나 무지에 의해 변질되었다면, 적절하게 바라보는 방식이 가르침과 정보를 통해서 복원돼야 한다. 바로 이것을 요세푸스는 『유대교의 근원들(또는 근원성』(뮌스터의 요세푸스연구회가 번역한 책의 제목)에 대한 자신의 책에서 의도하고 있다. 이때 중요한 것은 '진실된 것'(τὰληθές)이며, 그는 진실된 것/진리를 알기 원하는 이들에게 시선을 돌린다.

자기 작품의 마지막에서 요세푸스는 "우리에 대하여 부당하게 썼던" 이들을 언급하며, 이제 "그들이 뻔뻔스럽게 진리에 반대하여 스스로 싸움을 시작했다는 사실을 입증했다"²고 할 때, 다시 한 번 '진리'(ἀλήθεια)에 대하여 말하게 될 것이다.

---

1 필자는 폴커 시거트(Folker Siegert)가 이끄는 [독일 뮌스터대학교의] Institutum Judaicum Delitzschianum 소속의 요세푸스연구회가 번역한 Flavius Josephus, *Über die Ursprünglichkeit des Judentums. Contra Apionem*, F. Siegert ed., 2 Vols., SIJD 6(Göttingen: Vandenhoeck & Ruprecht, 2008)를 따라 인용한다(이하 Siegert, *Ursprünglichkeit*). 요세푸스, *Contra Apionem* 1, 2-3; Siegert, *Ursprünglichkeit 1*(2008), 99; Institutum Judaicum Delitzschianum는 유대인들을 향한 선교활동을 위해 18세기에 처음으로 설립된 유대교 연구소다. 1886년 그 사이에 해체되었던 연구소를 프란츠 델리취(Franz Delitzsch)가 라이프치히대학교에서 다시 시작했고, 1890년 델리취가 사망한 후에 그를 기념하여 현재의 이름으로 개명했다. 그 후 나치 정권의 강요로 1935년 폐쇄되었다가 이듬해에 오스트리아 빈에서 활동이 재개되기도 했다. 1948년에 이르러서야 렝스토르프(K. H. Rengstorf)의 주도로 현재 위치인 뮌스터대학교에 자리를 잡았고, 현재까지도 유대교 연구 및 유대교와 기독교의 대화 문제에 집중하고 있다-역주.
2 『아피온 반박문』 II, 287; Siegert, *Ursprünglichkeit 1*(2008), 214.

사람이 타인의 거울에서 자신을 다시 인식하는 일이 그 거울이 왜곡시키지 않을 때만 가능하다는 사실을 요세푸스는 알고 있다. 일그러진 모습이 생기게 되면 그것을 바로잡아야 한다.

이 일은 타인의 입장에 일단 한 번 관여함으로써, 즉 그 입장을 진지하게 받아들이고 이해하려고 함으로써 일어난다. 바로 이 작업을 요세푸스가 한다. 그는 그 입장을 인용하고 논쟁을 벌이는데, 변론으로써 증명하기보다는 단정적이다. 자기 일에 확신이 있었기 때문에 그에게는 변론이 전혀 필요하지 않았다. 그가 단지 아는 것은 그것이 어떤 사람들에게는 이해하기 어렵다는 사실이었다. 그러므로 그는 참을성 있게 그리고 상세하게 설명한다.

하지만 먼저 한 걸음 뒤로 돌아가 보자. 구약 전승은 오래전부터 이 문제를 알고 있었다. 출애굽기 23:9을 보자.

> 너는 이방 나그네를 압제하지 말라 너희가 애굽 땅에서 나그네 되었은즉 나그네의 사정을 아느니라(출 23:9; 출 22:20 참조).

자기 자신의 정체성과 역사에 대한 앎은 다른 사람의 정체성과 역사에 대해서 알게 해 준다.

'너희들은 나그네 됨이 무엇인지 알고 있다.'

반대로 이집트에 있던 이스라엘과 그곳으로부터의 탈출에 대한 이방인들의 이야기들은 유대인들이 직접 이방 통치 아래에 있게 되었을 때 그들에게 위협이 되었다(마네토[Manetho]부터 타키투스[Tacitus]에 이르기까지). 이

지점에서 타인 인식은 반박돼야 했고, 요세푸스는 이것을 『아피온 반박문』에서 실행했다.[3]

유대인들은 다른 사람들이 그들에 대해 묘사했던 그림들에서 자신들을 재발견할 수 있었는가?

다른 사람들이 한 사람을 보듯이 자기 자신을 바라보는 일은 진실을 나타내 보일 수 있다. 그런데 다른 사람들이 잘못되거나 악의적인 표상들을 가질 수도 있다. 하지만 이 표상들도 자신에 대한 보다 나은 인식에 기여한다.

자기가 왜 거절되거나 증오의 대상이 되는지를 아는 일은 자기 자신에 대한 통찰을 얻었다는 것을 의미할 수 있다. 특히 그 거절이나 증오의 이유가 사실무근일 때 말이다. 말하자면, 우리 주제가 포괄하는 것은 정보들과 전통들이 상호 간에 많은 관련성을 가지고 있는 하나의 결합체계다. 우리는 그것으로부터 단지 몇 가지 관점들만을 제시할 수 있을 뿐이다.

미쉬나에 이미 포함된 두 개의 랍비 시대 이야기들에서 나타나는 문제 제기로 시작해 보자.

> 철학자 페로클로스가 … 악고의 대 스승(Rabban, 랍비보다 높은 지위의 인물에 대한 존칭-역주) 감리엘이 아프로디테의 목욕탕에서 목욕할 때 그에게 물었다. 그(페로클로스)가 그에게 물었다.
>
> "당신들의 토라에 의하면, '너는 이 진멸할 물건을 조금도 네 손에 대지 말라'(신 13:17)고 했는데, 어찌하여 당신은 (유대인임에도 이교적인) 아프로디테

---

[3] Siegert, *Ursprünglichkeit*(2008).

의 목욕탕에서 목욕하십니까?"

그(감리엘)가 그(페로클로스)에게 말했다.

"목욕탕 안에서 대답을 하지 않는 법이오."

(즉, 목욕탕 안에서는 나체의 상태로 하나님에 대하여 말하지 않는다는 것이다.)

밖으로 나가자 그는 그(페로클로스)에게 말했다.

"내가 그녀(아프로디테)의 영역으로 온 것이 아니라, (오히려) 그녀가 나의 영역으로 왔다오. 왜냐하면, 사람들의 말에 따르면 '목욕탕이 아프로디테의 장식으로 만들어졌다'라고 하지 않고, '아프로디테가 목욕탕의 장식이 되었다'라고 하기 때문이오.

혹은 만일 어떤 사람이 당신에게 많은 돈을 준다면, (그러면) 당신은 나체로 또는 사출된 정액이 묻은 상태로 당신의 우상(이 있는 신전)에 들어가서 그의 앞에서 소변을 보겠소?

그러나 이것(아프로디테의 동상)은 배수구 쪽에 있고, 모든 사람이 그녀(그 동상) 앞에서 소변을 본다오. 그리고 (결국) 이것만이 기록되어 있으니, '그들(이방인들)의 주상들을 [깨뜨리라]'(신 12:3)라고 했소. ['주상(들)'이라는 표현의 의미는 다음과 같다.] 신으로서 다루어지는 것은 금지되어 있지만 신으로서 여겨지지 않는 것은 허락된다오."[4]

---

[4] m. ʻAbod. Zar. 3,4; y. ʻAbod. Zar. 42d,45-48에 따른 미쉬나의 번역(*Übersetzung des Talmud Yerushalmi*, IV,7 *ʻAvoda Zara-Götzendienst*, G. A. Wewers trans.[Tübingen: Mohr, 1980], 102); 미쉬나와 게마라 b. ʻAbod. Zar. 44b(*Der Babylonische Talmud 9*, L. Goldschmidt ed. and trans., 2nd ed.[Frankfurt: Jüdischer Verlag, 1980(Org. 1967)], 572-574에 의한 번역).

사람들이 로마에 있는 (유대교) 장로들에게 물었다.

"그분(하나님)이 우상 숭배[즉 우상들]을 기뻐하시지 않는다면, 왜 그분은 그것들을 없애버리시지 않습니까?"

그들이 그들(질문자들)에게 말했다.

"그들(이방인들)이 세상이 필요로 하지 않는 한 가지를 숭배한다면, 그분은 (이미) 그들을 없애버리셨을 것입니다. 하지만 그들은 해, 달, 별들, 행성들, 산들과 구릉들을 섬깁니다. 그분이 바보들 때문에 세상을 파괴하셔야 합니까?"

그들이 그들(장로들)에게 말했다.

"상황이 그렇다면 그분은 세상이 필요로 하지 않는 것을 파괴하고 세상이 필요로 하는 것이 존속하도록 놓아두실 수 있었을 텐데요."

그들이 그들(질문자들)에게 말했다.

"하지만 그렇게 되면 우리는 숭배자들에게 힘을 실어 주게 되고, 그들은 '그것들이 신들이라는 사실을 인식하라. 왜냐하면 이것들을 그(하나님)가 파괴했고, 저것들은 그가 파괴하지 않았기 때문이오.'라고 말할 것입니다."[5]

로마에서 유대인들은 기원후 2세기의 팔레스타인에서와는 아주 다른 방식으로 우상 숭배와 맞닥뜨리게 된다. 팔레스타인조차 이방 여신들과 신들의 현존이 도시들을 지배하고 있었음에도 말이다.

---

[5] m. ʻAbod. Zar. 4,7; y. ʻAbod. Zar. 44a,43-48에 따른 미쉬나의 번역(Wewers, *ʻAvoda Zara-Götzendienst*, 139); 미쉬나와 게마라 b. ʻAbod. Zar. 45b-55a(Goldschmidt, *Der Babylonische Talmud* 9, 607-609에 의한 번역).

우리의 주제가 가지고 있는 관점은 악고의 목욕탕 안에서 또는 목욕탕 밖에서 이루어진 이방 철학자와 대 스승 감리엘의 대화에서 분명해진다. 이방 철학자는 랍비 감리엘이 악고에 있는 아프로디테의 목욕탕 안으로 들어간 일 자체를 놀랍게 생각한다. 이제 목욕탕 안에서의 벌거벗음 외에 한 가지 주된 걸림돌이 있는데, 바로 아프로디테의 동상이다.

그런 이유에서 그 학자는 목욕탕을 피해야 했는가?

이것은 위대한 스승에게서 기대했을 만한 모범으로서 역할이 아니었을까?

대 스승 감리엘은 자신이 목욕탕에 있는 아프로디테의 동상에 반대해서 할 수 있는 것이 없음을 알고 있으며, 그 질문을 표면적으로는 하나의 중립적인 일로 본다.

"내가 그녀의 영역으로 온 것이 아니라, 오히려 그녀가 나의 영역으로 왔다오."

그 동상은 기껏해야 목욕탕을 장식하지만, 그 목욕탕이 그녀 때문에 지어진 것은 아니었다.

하지만 그러고 나서 그는 공격으로 넘어간다.

'그 여신은 그녀의 이방 숭배자들에 의해서 더럽혀진다. 그녀 앞에 나체로, 제의상 불결한 상태로 있으며 소변을 보는 행동을 함으로써 말이다. 다시 말해, 사람들은 그녀를 향해 하나의 여신을 대하는 태도를 보이지 않으며, "신으로 여겨지지 않는 것은 허락되었다." 즉 나에게 문제가 되는 것이 무엇인가?'

이미 티베리우스 황제[6] 이래로 불경스러운 행동이 황제의 동상이 세워진 주변에서부터 금지되었던 일을 생각하면, 그 논증은 설득력이 있다.

> 어떤 사람이 아우구스투스의 초상 근처에서 노예를 채찍질하거나 자신의 옷을 갈아입으면, 아우구스투스의 초상이 새겨진 동전이나 반지를 화장실이나 유곽에 갈 때 가지고 가면, 그것은 사형에 처할 위법행위로 여겨졌다.[7]

그런데 이것으로 아직 문제가 해결되지는 않았고, 고백의 상황에서 대답은 분명 달랐을 것이다. 그런데도 이처럼 침착하고 확실한 방식의 논증은 우리의 문제 제기를 위해 중요한 것을 깨닫게 해 준다. 곧 다른 사람들이 한 사람을 보듯이 자기 자신을 바라보는 일이다. 철학자는 토라를 인용하며 감리엘의 아픈 곳을 건드린다.

유대교 선생으로서 그는 아프로디테 동상이 있는 이방 목욕탕으로 들어가는 것에 대해 어떻게 대답할 수 있는가?

---

6 Suetonius, *Tiberius*, 58.
7 Suetonius, *Tiberius*, 58; Gaius Suetonius Transquillus, *Leben der Caesaren*, A. Lambert trans.(München: Deutscher Taschenbuch-Verlag, 1972), 152에 따라 인용; Achim Lichtenberger의 지적, Thomas Pekáry, *Das römische Kaiserbildnis in Staat, Kult und Gesellschaft: Dargestellt anhand der Schriftquellen*, Das römische Herrscherbild Abt.3, Vol.5.(Berlin: Mann, 1985) 참조; 거기서 Historia Augusta, *Caracalla* 5,7에 대한 지적: "그 당시에 황제의 동상들이나 초상화들이 있던 곳에서 물을 버린 사람들은 유죄 판결을 받았다"(Pekáry, *Kaiserbildnis*[1985], 114). Cassius Dio LXVII 12,2에 따르면, 이미 도미티아누스 시대에 황제의 동상 앞에서 옷을 갈아입던 한 여자가 사형을 선고받았다(Pekáry, *Kaiserbildnis*[1985], 114).

이야기의 모든 청자는 이교적인 것한테서 떨어져야 한다는 점을 고려하여, 그리고 더 나아가 이러한 거리 두기를 위한 순교로 인해서 그 질문의 파괴력을 느꼈을 것이다. 여기에는 무엇보다 132-135년의 순교 사건들에 대한 기억이 남아 있다.

"내가 그녀의 영역으로 온 것이 아니라, 오히려 그녀가 나의 영역으로 왔다오"라는 첫 번째 대답은 실질적으로 만족하게 할 수 없다. 왜냐하면, 아프로디테가 침입자일지라도 그녀는 거기에 있고 대 스승 감리엘은 그녀 근처에 있기 때문이다. 그런데도 그 대답은 대단한 탁월함을 보여 준다.

두 번째 논증 과정은 평범한 관찰들을 넘어서 그 문제를 주된 논점으로 제시한다. 즉 아프로디테는 그녀의 (이방) 숭배자들에 의해서 전혀 여신으로 높여지지 않는다는 점이다. 사람들은 그녀 앞에서 나체로 있고, 아마도 제의적으로 불결한 상태이며, 그녀 앞에서 소변을 본다. 다시 말해서 그녀는 전혀 여신으로 대우받지 못하며, "신으로 대우받지 못하는 것은 허용된다."

이 논증의 형태는 '아보다 자라'(Avodah Zarah, 미쉬나의 '손상/피해' 규정의 여덟 번째 장으로서, 유대인들이 비유대인들을 어떻게 대해야 하는지를 다룸-역주)라는 장(章)에서 결정적이다. 숭배와 기도의 대상이 되는 초상들만이 신들의 초상들이며, 그러므로 혐오스럽다. 우리의 경우에서처럼, 한 동상이 경멸적인 대우를 받으면, 그것은 전혀 신상이 아니다.

철학자는 토라로 논증하고, 랍비는 아프로디테가 전혀 여신으로서 숭배되지 않으며, 따라서 곧 여신이 아니라는 사실을 증명한다. 우리 주제가 가진 의미와 관련하여 (이방) 철학자에게 주어지는 두 번째 답변은 그가 유대 학자의 관점을 분명히 알 수 있도록 해 준다. 즉 한 동상, 곧 그 앞에서 나체 상태로 있으며 소변을 보는 그와 같은 동상은 신성을 나타낼 수 없다는 것이다.

그러나 이로써 논증이 끝난 것은 아니다. (이방) 철학자는 여신들과 남신들의 동상 앞에서 불경하게 행동해서는 안 된다는 사실에 곧바로 동의했을 것이다. 철학자는 유대 학자의 입장을 자신의 것으로 삼는다. 흥미롭게도 이것은 그(유대 학자)가 본래 여신들의 동상을 향해서 이방인들이 표명해야 하는 경의를 상기시키는 방식으로 일어난다. 다시 말해서, 두 사람은 각각 다른 사람의 입장이 되어 보고 이로부터 각자 자신을 위해서 설득력 있는 논거들을 획득한다.

두 번째 이야기는 개별 관점들을 추가시킨다. 여기에서도 이방인과 유대인 사이의 논쟁이 주제다. 질문은 '하나님이 왜 자신이 기뻐하지 않으시는 이방 우상들을 파괴하지 않으시는가?'다.

이곳에서도 성찰의 단계는 우선 매우 실용적이다. 만약 이방인들이 세상을 위해 아무런 의미도 없는 현상들을 숭배한다면, 그것(하나님의 우상 파괴)은 당연히 일어날 것이지만, 그들은 해, 달, 별들, 행성들, 산들과 구릉들을 숭배한다는 것이다.

'그분이 바보들 때문에 자기(가 만든) 세상을 파괴하셔야 하는가?'

하지만 그러고 나서는 여기서도 신학적 논증으로 넘어가게 된다. 즉 하나님이 세상의 존속을 위해 필요하지 않은 모든 것을 파괴하신다면, 이방인들은 세상의 존속을 위해 필요한 것들이 신(성)들이며 그런 이유에서 하나님이 그것들을 보존해 놓으셨다고 주장할 것이다.

말하자면, 해, 달, 별들, 행성들, 산들과 구릉들이 계속 존재한다는 사실로부터 그것들이 신적이라고 결론 내릴 수 있다는 점을 유대교 장로들은 격렬하게 논박하고 있다. 본문은 대적자들이 유대교 입장에 반대하여 한발 더 나아가도록 한다. 즉 하나님이 만약 세상의 존속을 위해 중요하지 않은 모든 것을 파괴하신다면, 존속을 위해 중요한 것들은 신(성)으로 인정될 수 있을 것이다. 그러나 유대교 장로들의 뜻에 따르면 바로 이것이야말로 일어나서는 안 되는 일이다.

우리의 주제와 관련해서 한 가지 중요한 관점이 도출된다. 적들은 스스로 유대교 장로들의 태도를 보여 그들에게 하나님은 세상의 존속을 위해 필수적이지 않은 모든 것을 제거하실 수 있으리라는 사실을 은연중 불어넣으려고 한다. 유대교 진영은 곧바로 그 유혹을 인식한다. 그러면 파괴되지 않은 것, 곧 해, 달, 별들 등은 신성으로 표현할 수 있을 것이다. 그런데 유대교의 입장은 바로 그 점에 응할 수 없다.

두 이야기가 큰 양해의 마음을 가지고 노력하면서도 동시에 많은 오해를 보여 준다는 사실은 의미 있는 일이다.

"남들이 우리를 보듯 우리 자신을 바라보기"의 핵심은 일단 먼저 우리가 우리 자신을 바라보듯 우리를 나타내기 원한다는 사실에 있는 것처럼 보인다. 이 경우에 남들이 우리를 어떻게 보고 있는지를 인식하는 일은 종종 거절 반응들, 옹호 전략들과 거부로 이끈다.

우리는 네 단계에 걸쳐 주제에 접근할 것이다.

① 쿰란-에세네인들과 로마인들의 상호 인식(2.)

② 고대의 반유대주의(3.)

③ 로마에 대한 랍비들의 평가(4.)

④ 이방 세계와의 관계 속에 있는 기독교 공동체(5.)

2. 쿰란-엣세네인들과 로마인들: 내부적 관점과 외부적 관점

1) 쿰란의 하박국 주석 속에 나타나는 로마인들의 모습[8]

쿰란에서 온 주석서는 예언자의 성경 본문을 쿰란 공동체 자신의 시대와 연관 지어 연속적으로 해석해 나간다. 만약 하박국 1:6에서 "보라 내가 사납고 성급한 백성 곧 땅이 넓은 곳으로 다니며 자기의 소유가 아닌 거처들을 점령하는 갈대아 사람을 일으켰나니"라고 했다면[9], 이것은 곧바로 로마인들('깃딤 사람들')과 연결된다.

그것의 해석은 깃딤 사람들에게 해당하는데, 그들은 싸움에서 많은 사[람]들을 멸망시킬 수 있을 정도로 빠르고 강하여 [그 나라는] 깃딤 사람들의

---

[8] Hermann Lichtenberger, "Das Rombild in den Texten von Qumran," H. -J. Fabry et al. ed., *Qumranstudien*, SIJD 4(Göttingen: Vandenhoeck & Ruprecht, 1996), 221-231을 보라.

[9] 이어지는 번역들은 *Die Texte von Qumran*, Hebräisch und deutsch. Mit masoretischer Punktation, Übersetzung, Einführung und Anmerkung, E. Lohse ed. and trans., 4th ed.(Darmstadt: Wissenschaftliche Buchgesellschaft, 1986[Org. 1964])을 따른다.

지배에 [굴복되었다]. 그들은 [많은 나]라들을 차지했고 [하나님의] 율법들을 믿지 않는다(1QpHab II, 12-15).

정치적 확장과 통치는 하박국 1:6-7의 주석에서 계속해서 비난의 대상이 된다.

그것의 해석은 깃딤 사람들에게 해당하는데, 모든 민족이 그들 앞에서 두려워하[고 공]포에 빠져 있다. 그리고 의도적으로 그들의 모든 생각은 악을 행하는 일에 초점이 맞춰져 있고, 그들은 [술]수와 속임수[로] 모든 민족을 다룬다(1QpHab III, 4-6).

이러한 의미에서 하박국 1:8-9도 '깃딤 사람들'과 연결되어 해석된다.

그들은 그 나라를 [그들의] 말들과 그들의 짐승들로 짓밟는다. 그리고 그들은 포만감을 얻지 못한 채 모든 민족을 대머리 독수리처럼 먹어 치우기 위해 멀리서, 바다의 섬들에서 온다(1QpHab III, 9-12).

로마 지휘관들의 폭력, 로마 군대의 우세한 군사력과 그들의 포위 기술은 하박국 1:10 주석의 주제다.

그것의 해석은 깃딤 사람들의 통치자들에게 해당하는데, 그들은 민족들의 요새들을 경시하며 경멸하듯 그것들을 비웃는다. 그리고 그 요새들을 차지하기 위해서 그들은 많은 무리로 그 요새들을 에워싼다. 그리고 두려움과 공포로 그 요새들은 그들의 손아귀에 들어갈 것이다(1QpHab IV, 5-8).

"무자비하게 멸망시키는 것"이라는 하박국 1:17의 언급으로 [쿰란 공동체는-역주] 전쟁 수행의 잔혹함을 슬피 여기며 탄식한다.

그것의 해석은 깃딤 사람들에게 해당하는데, 그들은 검으로 무방비 상태의 소년들과 노인들, 여자들과 아이들을 죽이며, 심지어 모태 속의 열매(태아)에 대해서도 자비를 모른다(1QpHab VI, 10-12).

'깃딤 사람들의 통치자들'은 '죄의 집의 충고'에 따라 행동하는데, 이것은 아마도 로마의 원로원을 의미하는 것 같다. 그들은 '나라를 멸망시키기 위해서 순서대로' 온다(1QpHab IV, 11-13). 이 용법들은 로마의 군사력만을 시야에 두고 있는 것이 아니라, 교체되는 지방 장관들 혹은 지방 총독들과 경제적 착취도 염두에 두고 있다.

하박국 1:16b("이는 그것을 힘입어 소득이 풍부하고 먹을 것이 풍성하게 됨이니이다")에서 해석자는 로마가—유대 지방뿐만 아니라—다른 민족들의 부담으로 자신의 부에 이르게 된 방법들을 인식한다.

그것의 해석에 의하면, 그들은 자기들의 멍에와 자기들의 부역 짐, 자기들의 음식을 모든 민족에게 해마다 분배함으로써 많은 나라를 황폐하게 만든다(1QpHab VI, 5-8).

그리고 하박국 1:16a은 로마가 짊어지우는 재정적 부담 외에 로마 군단들에서 관리되고 있는, 군기(軍旗)들에 대한 종교적 숭배도 신랄하게 비난할 계기를 마련하는데, 정복자들은 자기들의 성공을 그 군기들의 덕분이라고 생각했다.

그리고 그들[깃딤 사람들]은 자기들의 소유를 바다의 물고기들처럼 그들의 모든 노획물로 축적한다. 그리고 "그물에 제사하며 투망 앞에 분향하오니"[합 1:15]라고 되어 있다면, 그것의 해석은 그들이 그들의 군기들에 제사하며 그들의 전쟁 무기들이 그들의 숭배 대상이라는 것이다(1QpHab VI, 1-5).

마지막 날에 있을 예루살렘의 마지막 정복도 로마인들의 손을 통해 일어날 것이고, 심지어 민족들로부터 모았던 예루살렘 제사장들의 부(富)도 그들의 손에 들어가게 될 것이다(1QpHab IX, 2-7).

그 끔찍한 종말론적 민족―그 민족은 해석자의 현재에서 '모든 민족'을 위협하는 그 잔인한 민족일 수밖에 없었다.[10]

깃딤 사람들이 퍼뜨렸던 공포는 마지막 때의 공포였다. 하박국 주석의 깃딤 사람들에게서 로마인들을 인식할 수 있다는 추측은 나훔 주석서인 4Q169(4QpNah) 단편 3+4 I, 3을 통해 확실해지는데, 거기서는 야반의 왕

---

[10] Gert Jeremias, *Der Lehrer der Gerechtigkeit*, StUNT 2(Göttingen: Vandenhoeck & Ruprecht, 1963), 29.

들(그리스, 즉 셀레우코스 왕조의 사람들)이 언급되며, 그 시기는 '안티오쿠스부터 깃딤 사람의 통치자 등장까지,' 다시 말해 유대 지방에서 안티오쿠스 4세(175-164년)로부터 시작되어 차례로 뒤를 이은 집정관들(또는 집정관 출신 지방 총독들)과 그 이후의 지방 장관들의 파견을 포함하는 로마의 정복에까지 이르는 시기를 가리킨다.

2) 에세네인들, 쿰란 그리고 로마에 대한 다른 유대적이고 기독교적인 관점들

로마, 로마의 군사적 확장과 정치적 통치, 정복당한 민족들에게 자행되는 착취 및 로마 종교에 대한 쿰란 공동체의 날카로운 비판은 에스라 묵시록(에스라4서 11:1-12:3)과 유대교 시빌레(Sibylline III, 158-161)와 같은 유대적-묵시적 본문들의 로마 비판과 어울린다. 기원전 1세기에 기록된 바리새적인 솔로몬의 시편(17-18편)에 나타나는 폼페이우스를 향한 날카로운 어조들이 이 그림을 보충한다.

처음 몇 세기 동안의 랍비 문학에서 로마를 향한 정신적 저항은 계속되고 반로마적 논쟁은 새롭게 전개될 것이다. 로마에 대한 유대교 측의 거부에 상응하는 기독교 쪽의 반응은 요한계시록의 격렬한 로마 비판에서 나타난다.

쿰란 본문들의 보존이 하박국 주석서의 저자가 그토록 가차 없이 명료하게 비판의 말을 했던 대상이자 전쟁 규칙(전쟁 두루마리)이 그토록 확정적으로 그 종말을 고대했던 로마 덕분이라는 사실은 역사의 쓰라린 모순이다. 기원후 68년 로마인들로부터 보호하기 위해서 쿰란 문서들은 동굴들에 숨겨졌고, 그 문서들의 소유자들이 죽임을 당하거나 흩어진 후, 그곳에서 잃어버린 염소를 찾아 나선 한 베두인 소년이 첫 번째 동굴을 발견할 때까지 1879년 동안 보관되어 있었다.

(1) 로마적 관점에서 본 에세네인들 1: 플리니우스

하박국 주석은 로마에 대한 하나의 특수한 유대교 그룹의 관점을 묘사하는데, 이 그룹은 적어도 에세네인들과 관련이 있다. 다행스럽게도 우리는 이 그룹에 대한 로마의 관점도 가지고 있다. 바로 대(大)플리니우스(Gaius Plinius Secundus)가 남겨놓은 『박물지』(*Naturalis historia*) V, 73의 메모다. 거기서는 에세네인들에 대하여 이례적으로 호감을 가지고 있는 묘사가 주제다. 그는 에세네인에 관하여 다음과 같이 묘사한다.

> [에세네인들은-역주] 외롭고 전 세계에 누구보다도 독특한 종족(*gens*)으로서, 어떠한 여자도 없이, 일체의 쾌락을 꺼리며, 돈 없이, 그리고 야자수들과만 함께 산다. 그 종족은 매일매일 균형 있게 신참자들의 무리를 통해 쇄신된다. 왜냐하면, 운명의 풍파로 인해 삶의 권태를 느낀 많은 사람이 그들의 관습을 받아들이기 위해서 그곳으로 옮겨가기 때문이다. 그렇게 해서 아무도 태어나지 않고도 수백 년 동안 지속하는 영원한 종족(하나의 *gens aeterna*)이 존속하니, 믿을 수 없는 일이다. 그들에게 다른 사람들의 삶의 권태는 이처럼 풍요롭다.[11]

---

[11] Gaius Plinius Secundus, *Naturkunde*, Lateinisch-deutsch, Book V: Geographie: Afrika und Asien, G. Winkler ed. and trans., in Zusammenarbeit mit R. König(München: Arte-

개별 진술들을 그것들의 역사적 내용과 관련해서 점검하지는 않으려고 한다. 에세네인에 대한 고대의 다른 보도들과 쿰란 발굴물들과의 관계들도 살피지 않으려고 하며, 오로지 에세네인들에 대한 놀라운 묘사만 지적하고자 한다. 고대 인종학의 틀에서 이것은 확실히 하나의 짧은 메모에 불과하지만, 그런데도 로마 독자들에게는 관심과 어쩌면 감탄까지도 일으키기에 적당했다.

(2) 에세네인에 대한 로마적 관점 II: 요세푸스

에세네인에 대한 또 다른 로마적 관점은 요세푸스에게서 찾을 수 있다. 여기서는 한 유대인이 글을 쓰고 있으며, 의도된 수신자들은 로마인들이다. 이것이 『유대 전쟁사』, 『유대 고대사』, 『자서전』, 『아피온 반박문』에서 각각 다를지는 몰라도, 『유대 전쟁사』에 있는 그의 아주 상세한 보도는 우리에게 전해진 그리스적 형태에서는 의심할 여지 없이 로마인들을 수신자로 삼았다. 이때 무엇보다도 로마인들과의 상호 작용들에 대해 보도하는 특징들도 중요하다.

> 어느 모로나 분명하게 그들의 특성을 밝혀낸 것은 로마와의 전쟁이었다. 그 전쟁에서 그들은 고통을 겪고 고문당했으며, 화형과 구타를 경험했고, 그들로 하여금 율법 수여자를 비방하거나 금지된 음식을 먹게 하려고 모든 고문실을 거쳐야 했다. 그러나 그들은 이것 아니면 다른 것을 하지 않은 채 동요하지 않았고, 괴롭히는 이들에게 아첨하거나 눈물을 보이지

---

mis & Winkler, 1993), 58-59에 따른 번역이다.

도 않았다. 그들은 고통 속에서도 웃음을 잃지 않고, 고문하는 자들을 비웃으며, 되찾게 될 것이라는 확신 속에서 기꺼이 그들의 생명을 내주었다(Bell. Ⅱ, 152-153).[12]

다른 방식으로 요세푸스에게서 한 가지 그리스-로마적 관점이 드러나기도 하는데—아마도 피타고라스 풍으로 기록된 출처 때문에[13]—엣세네인이 태양을 향한 아침 기도나 채식주의, 또는 영혼 불멸에 대한 가르침으로 추정되는 것과 같은 피타고라스적 삶의 방식의 특징들을 가지고 있다고 그가 말하는 데서 그렇다.

그리스인들의 아들들과 마찬가지로 그들은 선한 영혼에 대양 저편의 삶 그리고 비와 눈과 무더위에 의한 괴로움이 없고 오히려 대양으로부터 항상 부드럽게 부는 서풍이 신선함을 주는 장소가 할당된다고 설명한다. 이와 반대로, 나쁜 영혼들에 끊임없는 형벌로 가득한 어둡고 겨울과 같은 골짜기가 주어질 것이라고 말한다(Bell. Ⅱ,155-156).[14]

요세푸스는 이것을 고인(故人)들의 섬들 및 하데스와 연결한다. 유대교 종파들을 그리스철학 학파들과 비교할 때, 요세푸스는 아주 명백하게 자

---

[12] Flavius Josephus, *De Bello Judaico - Der jüdische Krieg*, Griechisch und Deutsch, Vol.1: Buch I-III, O. Michel and O. Bauernfeind ed. and trans., 2nd ed.(München: Kösel-Verlag, 1962), 211.
[13] Roland Bergmeier, *Die Essenerberichte des Flavius Josephus: Quellenstudien zu den Essenertexten im Werk des jüdischen Historiographen*(Kampen: Kok Pharos Publishing House, 1993)을 보라.
[14] Michel and Bauernfeind, *De Bello Judaico I*(1962), 213.

신의 그리스-로마적 독자층의 이해 가능성을 염두에 두고 있다. 그리스-로마 세계에서 유대적 '철학 학파들' 및 그들과 같다고 생각되는 학파들은 다음과 같다.

① 에세네파 – 피타고라스 학파(Ant. XV, 371)
② 바리새파 – 스토아 학파(Vita 12)
③ 사두개파 – 에피쿠로스 학파(Ant. X, 277)

이렇게 귀속시키는 주도적인 원칙은 운명(εἱμαρμένη)에 대한 질문이다.

바리새인들은 어떤 사건들이 운명의 일이라고 생각했다. 그러나 모든 사건이 그런 것은 아니다. 어떤 사건들에서는 그 일이 일어날지 혹은 일어나지 않을지가 각 사람에게 달려 있다(Ant. XIII, 172).

즉 그들은 "운명과 자기규정의 혼재라는 의미에서 스토아적 학풍의 대표자들"이다.[15] "그러나 에세네인들의 그룹은 운명을 모든 일의 주인으로 여기며, 인간들에게 운명의 뜻이 아니라면 어떤 일도 일어나지 않는다"라고 생각한다. 즉 그들은 '무조건적 운명'의 대표자들이다(Ant. XIII, 172).

사두개인은 예정을 부정하는데, 그들이 생각하기에 예정은 존재하지도 않고 인간의 운명도 그것에 따라 결과를 얻는 것이 아니다.[16]

15　Bergmeier, *Essenerberichte*(1993), 57-58.
16　앞의 책, 57에 따른 번역이다.

물론 세 개 혹은 네 개의 학파들 또는 그룹들의 묘사는 생활방식, 성경에 대한 태도, 심판에 대한 기대, 영혼 불멸 및 다른 많은 것들과 관련해서 훨씬 더 자세하고 내용상으로 풍부하다. 그러나 운명에 대한 물음이라는 대중 철학 주제를 가지고 요세푸스는 세 개의 종교적 그룹들을 그리스-로마적 학파들에 전혀 뒤지지 않는 철학 학파들로 만들었다.

자신의 진술에 따라 세 학파 그리고 추가로 바누스에게서 수습 기간을 시험해 본 후에 스스로 바리새인들을 따르기로 했음에도(Vita 10-12) 그는 명백하게 에세네인에게 호감을 느끼고 있다. 플리니우스와 요세푸스에게서 인종학적 관심이 있는 로마적 관점은 그들(에세네인들)을 향하고 있으며, 믿기 어렵겠지만 감탄을 자아내는 한 작은 민족, 유대인들을 인식한다.

이것은 이어지는 장(章)에서 유대인들을 기본적으로 부정적인 전조 아래에서 바라보는 로마적 반유대주의에 관한 내용과 모순적인 것처럼 보인다. 어쩌면 그 모순은 고대의 반유대주의가 유대인들 전체를 향하고 있으면서도 에세네인들과 관련해서는 이와 반대로 친절한 예외들이 나타난다는 사실로부터 설명될 수 있을지도 모른다.

3. 고대의 반유대주의[17]: 유대인들에 대한 이방인들의 인식[18]

유대교 관습들의 이질성과 유대인들의 상이성의 이유에 대한 물음과 관련하여 그리스 인종학은 그 '원인/죄목'(αἴτιον), 다시 말해 설명하려는 관습을 반영해 주는 역사적 사건을 묻는 과정에서 출애굽 이야기를 접하게 되었다.[19] 이미 기원전 300년경에 유대인들의 특징은 압데라의 헤카타이오스(Hekataios)에 의해 모세로 소급되었다.

> 그(모세)가 직접 외지인으로서 추방당했기 때문에, 그는 사람에게 적대적이고 이방인에게 적대적인(μισόξενος) 삶의 방식을 도입했다.

이 이야기가 명백하게 부정적인 특성들을 갖게 된 것은 얼마의 시간이 지나지 않아 이집트의 제사장이자 역사 서술가인 마네토에게서인데, 그는 이집트의 역사에서 이 탈출 이야기를 이집트를 잔혹하게 다스린 이방 통치세력의 추방사건으로 이야기한다.

---

[17] Peter Schäfer, *Judeophobia: Attitudes toward the Jews in the Ancient World*(Cambridge: Harvard University Press, 1997); 독일어 번역은 Peter Schäfer, *Judenhass und Judenfurcht: Die Entstehung des Antisemitismus in der Antike*, C.-J. Thornton trans.(Berlin: Verlag der Weltreligionen, 2010); Hermann Lichtenberger, "Judaeophobia – von der antiken Judenfeindschaft zum christlichen Antijudaismus," G. Gelardini ed., *Kontexte der Schrift*, Vol.1: Text, Ethik, Judentum und Christentum, Gesellschaft, Ekkehard W. Stegemann zum 60. Geburtstag(Stuttgart: Kohlhammer, 2005), 168-181을 보라..

[18] 이와 관련해서 이제 Schäfer, *Judenhass*(2010)를 보라.

[19] Elias J. Bickerman, "Ritualmord und Eselskult: Ein Beitrag zur Geschichte antiker Publizistik," E. J. Bickerman, *Studies in Jewish and Christian History II*, AGJU 9(Leiden: Brill, 1980), 227.

첫 번째 단락(I, 73-79)은 힉소스의 이집트 통치, 곧 그들이 어떻게 신전들을 완전히 파괴했는지를 묘사한다.

두 번째 단락은 '출애굽'을 나병과 다른 질병들로 인한 추방으로서 보도한다.[20]

이러한 이야기는 400년 동안 계속되다가 마침내 타키투스(Publius Cornelius Tacitus)가 기원후 2세기의 처음 십 년에 쓴 작품인 『역사』 중 유대인들에 대한 거대한 인종학적 부록에서 발견된다.

> 대부분 저술가가 동의하는 기원설은 이렇다. 이집트 전역에 퍼진, 인체를 오염시키는 역병이 발생했을 때, 보코리스(Bocchoris) 왕은 함몬 신탁소에 가서 치료법을 물었고, 거기서 왕국을 정화하고 신들이 가증스러워하는 이 종족을 다른 땅으로 쫓아버리라는 지시를 받았다. 그리하여 사람들은 그들을 찾아 모으고 집합시켰다.
>
> 그들을 황야로 추방하여 그들 자신의 운명에 맡겼을 때, 나머지 사람들이 모두 눈물을 흘리며 망연자실해 있는 동안 추방당한 이들 중 하나인 모세는 그들에게 신이나 인간 모두에게서 버림받았으므로 신들의 개입이나 인간들의 도움을 기대하지 말자고 촉구했다. 그들은 오히려 그들 위에 있는 하늘의 인도하심에 직면하여 자신을 믿어야 하며, 그들이 현재의 참상을 극복하게 해 주는 것은 일차적으로 이 천상적 조력자라는 것이다.

---

20 Zvi Yavetz, *Judenfeindschaft in der Antike: Die Münchener Vorträge*, eingeleitet by C. Meier, Beck'sche Reihe 1222(München: Beck, 1997), 67을 보라. 마네토의 본문은 Menahem Stern, ed., *Greek and Latin Authors on Jews and Judaism*, Vol.1: From Herodotus to Plutarch(Jerusalem: Israel Academy of Sciences and Humanities, 1976), 62-86(Nr.19-21).

그들은 동의했고, 무슨 일이 일어날지 전혀 모르고 길을 떠났다. 그들에게는 물이 부족한 것이 가장 견디기 힘들었다. 그들이 이미 들판 한가운데서 쓰러져 거의 탈진하기 일보 직전이었을 때, 야생 당나귀 한 무리가 그들의 목초지로부터 숲의 그림자가 드리워진 바위 쪽으로 몰려갔다. 모세는 그 뒤를 쫓았고, 이미 풀이 무성한 땅으로 미루어 짐작했던 큰 수맥을 찾아냈다.

이것은 사람들에게 적절한 위안이 되었고, 그렇게 그들은 6일간 쉬지 않고 여행하여 7일째 되던 날에 그때까지 그곳에 살고 있던 거주민들을 내쫓은 후에 땅을 차지할 수 있었다. 그곳에서 그들은 도시를 세우고 성전을 봉헌했다(『역사』 V 3, 1-2).

타키투스의 계속되는 설명에 의하면, 모세는 그 후에 백성의 호의를 확인하기 위해 새로운 관습들을 도입했는데, 이것들은 그 밖의 통례적인 모든 것과 모순된다. 여기에 속하는 것이 그가 지성소에 나귀의 상을 세워 놓고, 돼지고기의 섭취를 금지하며, 안식일과 안식년을 결정한 일이다. 간단히 말하면, "우리에게 거룩한 것이 유대인들에게는 전부 불경하다. 다른 한편으로 우리가 혐오스럽게 여기는 것이 그들에게는 허용된다."[21]

더 오래된 율법들은 후에 추가된 것들에 의해 보완된다. 그것 중에는 다른 모든 사람을 향한 증오의 율법이 단연 돋보인다.

---

[21] 『역사』 V 4, 1. 번역과 라틴어 본문은 Cornelius Tacitus, *Historiae – Historien*, Lateinisch-deutsch, J. Borst ed. and trans., unter Mitarbeit von H. Hross and H. Borst, Tusculum-Bücherei(München: Heimeran, 1959)을 따랐다. 본문은 Menahem Stern, ed., *Greek and Latin Authors on Jews and Judaism,* Vol.2: From Tacitus to Simplicius(Jerusalem: Israel Academy of Sciences and Humanities, 1980), 18(Nr. 281)에서도 참조.

"다른 모든 사람에게 적개심과 증오심을 품는다"(『역사』 V 5, 1).

이 비난은 유대인들 상호 간의 연대감, 그리고 이와 동시에 다른 사람들과의 분리에 대한 묘사와 관련이 있다.

"식사는 따로 하며, 잠자리도 따로 한다. 정욕에 탐닉하는 민족인데도, 다른 사람들과의 동침을 피한다."[22]

이어지는 설명은 음흉하다.

"그들끼리는 아무것도 금지되지 않았다."

타인에 대한 증오에는 소위 그에 상응하게 개종자, 즉 유대교로 넘어간 이방인들이 자기 자신을 지금까지의 삶과 완전히 분리해야 하는 의무가 속해 있다.

"신들을 무시하고, 조국을 부인하며, 그들의 부모·자식·형제자매를 대수롭지 않게 여기는 일을 배운다"(V 5, 2).

유대인들의 비밀스러운 음모에 대한 비난은 그들끼리는 아무것도 금지되지 않았다는 표현 혹은 "모세가 세상에서 통례적인 관습과 모순되는 새로운 종교적 관습을 도입했다"[23]는 말에서 감지된다. 이것은 특히 비유대인들이 이해할 수 없는 계명들, 곧 일상의 삶을 규정하는 유대교 관습들에 해당한다. 그 관습들 가운데 특히 네 가지가 언급돼야 한다.

---

[22] 『역사』 V 5, 2.
[23] 『역사』 V 4, 1(Stern, *Greek and Latin Authors 2*[1980], 18).

1) 할례

하나님이 이스라엘과 맺은 언약의 표시인 할례에 대한 반응은 몰이해와 경멸이다. 타키투스에게 할례는 (그가 그야말로 비난하는) 구별을 위함이다.

> 그들은 스스로 다른 민족과 구별하기 위해 할례를 행하는 풍습이 있다. 그들의 제의(祭儀)로 개종하는 사람도 이 풍습을 따른다.[24]

할례가 비웃음의 대상이 되어버리는 곳은 페트로니우스(Petronius)에게서다. 구두 수선공, 요리사, 제빵사 등 모든 것을 겸하고 있는, 정말 모든 것을 할 줄 아는 한 노예에 대해서 페트로니우스는 그에게 두 가지 잘못이 있다고 쓴다.

"그는 할례를 받았고 코를 곤다."[25]

2) 음식 계명들

타키투스는 돼지고기의 섭취 포기를 이집트에서의 추방과 연관시킨다.

> 유대인들은 과거의 재앙에 대한 기억으로 인해 돼지고기의 섭취를 금기시한다. 이전에 이 짐승(돼지)이 걸리곤 했던 끔찍한 피부병이 그들에게 직접

---

[24] 『역사』 V 5, 2. Juvenal, *Satiren* XIV 96-106(=Stern, *Greek and Latin Authors* 2[1980], 102[Nr. 301])도 보라.
[25] Petronius, *Satyricon* 68, 7-9(Stern, *Greek and Latin Authors* 1[1976], 442[Nr. 193]).

닥쳤었기 때문이다.[26]

"헤롯의 아들이기보다는 돼지가 되는 것이 더 낫다"는 아우구스투스(Imperator Caesar Divi Filius Augustus)의 시시한 농담은 잘 알려져 있다(이것은 돼지고기 섭취에 대한 유대교 금령과 가문 내부에서 나타난 헤롯의 광란을 암시하고 있다).[27]

몰이해와 조롱에 대한 생생한 인상은 알렉산드리아(Alexandria)의 필로(Philo Judaeus)가 제공해 주고 있는데, 기원후 38년 알렉산드리아에서 발생했던 소수민족 학살에 대한 불만을 전달하기 위해 칼리굴라(Caligula)에게 보내진, 필로 자신이 인솔한 유대 사절단에 대한 그의 보도에서다.

사절단의 말을 듣는 대신에 그(칼리굴라)는 갑자기 묻는다.

"너희들은 왜 돼지고기 섭취를 포기하는가?"
이 질문에 우리의 대적자들에게서 다시금 엄청나게 큰 웃음소리가 터져 나왔다. 일부는 그것을 재미있어했기 때문이고, 일부는 그(황제)에게 아첨하기 위해, 그의 언급을 재치 있는 농담과 유쾌한 진술로 보이게 하려고 노력했기 때문이다.[28]

---

[26] 『역사』 V 4, 1.
[27] 마크로비우스(Macrobius)의 본문(*melius est Herodis porcum esse quam filium*)은 Stern, *Greek and Latin Authors* 2(1980), 665(Nr. 543)을 따랐다.
[28] Philo, *Legatio ad Gajum* 361-363(Philo von Alexandria, *Die Werke in deutscher Übersetzung*, Vol.7: Gesandtschaft an Caligula, F. W. Kohnke trans.[Berlin: De Gruyter, 1964]에 따른 번역).

마카베오2서에서 서술되고 있는 백발의 엘르아잘과 한 어머니와 그녀의 일곱 아들의 순교는 돼지고기 섭취를 거부함으로써 일어났다는 사실(마카베오2서 6-7장)을 덧붙여서 언급해야 할 것이다.

3) 안식일 – 안식년

세네카(Lucius Annaeus Seneca)에 의하면, 유대인들은 그들의 인생의 1/7을 빈둥거림으로써 허비한다(Augustinus, *De civitate Dei* VI, 11에 언급된 Seneca). 안식일은 그렇게 유대인의 무위와 게으름의 표시가 된다. 그리고 안식년은, 곧 성경의 계명에 따르면 휴경의 해로서 땅을 쉬게 하라는 매 일곱 번째 해는 타키투스에게 무위도식에 대한 기쁨의 표현이다.[29] 사람들은 일의 쉼 외에 안식일 음식과 안식일 조명과 같은 유대교의 안식일 관습들에 대해 알고 있지만, 거기서도 조롱이 우세하다.

세네카는 안식일 조명에 대해서 다음과 같이 쓰고 있다.

"신들은 조명을 필요로 하지 않고, 인간들에게는 연기(煙氣)에 대한 기쁨이 없다."[30]

수에토니우스(Gaius Suetonius Tranquillus)는 아우구스투스의 말을 인용한다.[31]

"나는 오늘 유대인이 안식일에 금식하듯이 금식했다."

---

[29] 『역사』 V 4, 2.
[30] Seneca, *Epistulae morales at Lucilium* XCV 47(Stern, *Greek and Latin Authors 1*(1976), 432-433[Nr. 188]에 따라 인용).
[31] Suetonius, *Augustus*, 76(Stern, *Greek and Latin Authors 2*(1980), 110, Nr. 303에게서).

여기서 그는 잘못된 정보에 고착되어 있다. 세네카가 미신들(*superstitiones*)로 지칭하는 "유대인들의 성사(聖事)들"(*sacramenta Iudaeorum*)에는 "주로 안식일들"(*maxime sabbata*),[32] 곧 안식일이 속한다.

4) 영아 유기

신생아 유기는 고대에서 산아 제한의 한 가지 형태였다. 여기서 중요한 것은 법적인 물음이 아니고, 유대인들이 그런 일을 했을까 혹은 하지 않았을까를 생각하는 것도 아니며, 유대인들과 게르만인들의 영아 유기에 대해서 시사해 주는 바가 많은 타키투스의 두 가지 진술들이다. 두 민족에게 사생아들(*agnati*)을 죽이는 일은 파렴치한 행위였고, 타키투스는 이 일을 금지하는 것에 동의하는 것처럼 보인다.[33]

그러나 『게르마니아』(*Germania*)와 『역사』에는 사생아들의 양육에 대한 보도가 완전히 다른 논증 문맥 속에 있다. 타키투스는 사생아들을 죽이는 일을 금지하는 게르만인의 조치에 찬성하며, 이것을 자기 시대 로마에서의 성적 부도덕 및 산아 제한과 대조한다. 『역사』에서는 아주 다르다. 거기서 유대인들이 [영아를 유기하지 않고-역주] 모든 아이를 양육하는 일은 그들의 (너무) 많은 인구수의 이유다.[34]

32　Augustinus, *De civitate Dei* VI, 11(Stern, *Greek and Latin Authors* 1(1976), 431[Nr. 186]에 따라 인용).

33　René S. Bloch, *Antike Vorstellungen vom Judentum: Der Judenexkurs des Tacitus im Rahmen der griechisch-römischen Ethnographie*, Hist.E 160(Stuttgart: Steiner, 2002), 148.

34　Bloch, *Antike Vorstellungen vom Judentum*(2002), 149.

5) 유대인에 대한 적대감 – 유대인 공포증[35]

유대인 공포증은, 이방인에 대한 적대감을 가리키는 외국인 공포증이라는 개념에 상응하게, 유대인들의 유대인 됨으로 인해 비유대인들이 그들에 대하여 가지는 적대감을 의미한다. 이와 관련해서 우리는 이미 수백 년 전부터 나중에 기독교인들을 향해서도 나타났던 현상, 곧 누군가가 순전히 이름(*nomen ipsum*) 때문에, 다시 말해 유대인이라는—또는 후에는 기독교인이라는—한 가지 이유로 인해서 적대감과 박해를 받아야 한다는 현상이 있었음을 알고 있다.

우리가 이미 보았듯이, 이 적대감에는 명백하게 그들이 '외국인에게 적대적'이라는, 즉 모든 비유대인에게 적대감을 가지고 있다는 유대인들을 향한 비난이 포함된다.

그러나 유대인 공포증에는 다른 것도 함께 암시된다. 바로 매혹과 거부라는 상반된 감정으로 인해 야기된 유대인들에 대한 두려움이다.

유대인들에 대한 이러한 근본적인 적대감은 어디에서 온 것일까?[36]

이를 설명하려는 시도 중에서는 두 가지가 유력하다.

첫째, 유대인들은 그들의 이질성(할례, 음식 계명들, 통혼 금지, 안식일 등) 때문에 불신과 적대감을 불러일으켰다. 말하자면, 그들은 그들 자신의 거리 두기의 희생자들이며, 이로써 그 원인과 관련하여 그들은 자기들이 당하는 배제와 박해에 스스로 잘못이 있다는 것이다.

---

[35] Yavetz, "Judeophobia"(1993); Schäfer, *Judeophobia*(1997).
[36] Schäfer, *Judenhass*(2010)를 보라.

둘째, 유대인 적대감은 유대인들과 그들의 종교에 대한 근본적인 혐오가 아니라, 아주 특별한 정치적 조건들 아래에서 발생했다는 것이다. 이때 세 가지 갈등의 진원지가 결정적이다.

① 마카비 항쟁을 포함하여 기원전 175년부터 165년 사이의 시리아-팔레스타인, 그 후 로마에 대항한 첫 번째(기원후 66-73년)와 두 번째 유대 봉기(기원후 132-135년)
② 이집트, 그리고 이때 주로 세기 전환점의 앞뒤 100년 동안의 알렉산드리아
③ 로마 자체

이때 당연히 첫 번째 해석 시도를 규정하는 특징들도 어떤 역할을 한다. 그렇게 해서 유대인들은 주류 문화와 다른 사람들로 인식되었고, 부드러운 또는 엄격한 강요를 통해서 구속력 있는 것으로 여겨지는 전체 문화에 종속돼야 했다. 이처럼 단일화시키는 비유대적 '지배 문화'가 전적으로 다양할 수 있었다는 사실만큼은 지적돼야 하겠다.

그러나 공통적인 것은 지배 문화가 누가 유대인이고, 유대인이 어떻게 행동해야 하며, 그들이 무엇을 생각하고 무엇을 믿는지를 항상 규정할 수 있다고 믿는다는 사실이다('지배 문화의 결정력'). 고대의 예를 한 가지 들어보자.

그리스인들은 누가 야만인지를 규정한다.
유대인들은 어디에 속했는가?

그들은 알렉산드리아와 같은 도시에서 그리스인들로 여겨질 수 있었는가, 아니면 이집트의 토착민들, 즉 야만인들에 속했는가?

그들의 역사가 무엇이고 그들의 율법들이 무엇인지도 규정되었다. 사람들은 그것들과 관련해서 그들에게 묻지 않았고, 기원전 3세기 이래로 알렉산드리아에서—토라와 관련하여—실제적인 그리스어 번역본으로 주어졌던 그들의 성경도 읽지 않았다. 예를 들어 수백 년에 걸쳐 이어져 온 소문, 곧 유대인들은 전염성이 있는 피부병으로 고통받고 있었고 옴에 걸린 개들처럼 이집트에서 추방되었다는 소문 대신에 성경에서 그들의 탈출에 대한 참된 이야기를 읽을 수 있었을 텐데 말이다.

지리적, 시간적으로 그리고 집단의 특성에 따라 구분하려는 노력도 기울여지지 않았다. 휴경의 해에 대한 계명이 이스라엘 땅 자체에만 해당함에도 타키투스에게서 안식년과 관련된 문맥에서 제기된 게으름에 대한 고발은 모든 유대인에게 적용되었다.

언급된 두 가지 견해들로 돌아가 보자. 어느 것도 독점적으로 유대인에 대한 고대의 적대감을 설명할 수 없다.

첫 번째 견해는 희생자를 가해자로 만들 위험이 있다.

두 번째 견해는 유대인에 대한 적대감을 정치적 갈등들로 축소할 위험이 있다.

여기에 더해지는 것은—대개 받아들여지고 있는 것처럼—유대인에 대한 적대감이 마카베오 시대에 시작되었다는 사실이 역사적으로 맞는가 하는 질문이다.[37] 우리가 보았던 것처럼, 반유대적 선동은 훨씬 더 이른 시

---

37 Christian Habicht, "Hellenismus und Judentum in der Zeit des Judas Maccabäus," *Jahr-*

기, 곧 기원전 300년경 이집트에서 시작된다.

여기에 쉐퍼(P. Schäfer)가 특히 지적했던 한 가지 사건이 추가된다.[38] 바로 기원전 410년 엘레판티네(Elephantine)에 있던 유대교 성전의 파괴다. 페르시아 총독이 아마도 부재했던 때에 이집트인들은 유대 군인 출신 이주자들의 성전을 파괴했다. 유대인들과 그들의 문화에 대한 반감을 보여 주려는 기회를 엿본 결과였다.

마지막으로 한 가지 질문이 제기된다.

무엇이 유대인에 대한 로마의 적대감과 부정적 평가들을 갈리아인들, 스키타이인들 및 다른 야만인들에 대한 적대감 및 부정평가로부터 구분하는가?

다시 말해서, 유대인에 대한 적대감은 단지 외국인에 대한 적대감을 다루는 한 가지 방식에 불과한가?

츠비 야베츠(Zvi Yavetz)는 이 문맥과 관련하여 다음과 같이 쓰고 있다.

> 유대인들은 다양한 관점에서 다른 모든 사람과 똑같이 야만인이었다. 그러나 몇 가지 측면에서 그들은 이보다 조금 더 많은 특징을 가진 사람들이었고, 바로 이 '조금 더'가 우리의 특별한 주의를 끈다.[39]

---

    buch der Heidelberger Akademie der Wissenschaften 1974(Heidelberg: Heidelberger Akademie der Wissenschaften, 1975), 97-110을 보라.

38 Schäfer, *Judenhass*(2010), 177-197.
39 Yavetz, *Judenfeindschaft*(1997), 38.

이러한 '더 많이'는 그들의 종교 그리고 이와 연결된 종교적 실천에 근거를 두고 있었는데, 이 실천은 유대인들에게 본질적이고 그 자체로 배타적이다. 이것이 유대인들을 하나의 특별한 종교를 통해 규정된 한 인종으로 묶어주었다. 그러므로 유대교 신앙을 지키는 일은 고대의 이교적인 유대인 적대감에 결정적인 역할을 했다. 유대인들이 카이사르(Gaius Iulius Caesar) 이래로 자유롭게 신앙을 지키는 것을 보장받았음에도 말이다. 핵심적인 질문을 다시 한 번 표현해 본다.

유대인에 대한 적대감은 외국인 공포증의 현상에 속하는가, 아니면 하나의 고유한 범주를 형성하는가?

또는 오늘날의 용어로 말해보자면, 최선의 의도로 일어나고 있듯이 이방인에 대한 적대감과 반세미티즘을 병행시키는 것이 정당한가?

그리고 만약 병행시킬 수 있을지라도, 유대인에 대한 적대감이 왜 유대인들 없이도 존재하는지를 물어야 한다.

우리는 로마인들에게서 다른 민족들과 야만인들에 대한 인종적 비방과 동시에 존경을 표명하는 것을 볼 수 있지만, 유대인들에 대한 인정은 발견하지 못한다!(한 가지 예외는 에세네인들에 대한 대플리니우스의 친절한 말들이 제공[『박물지』 V, 73][40]). 우리는 보았다. 게르만인들 및 유대인들과 관련하여 타키투스는 그들이 사생아들도 양육한다고 보도한다. 게르만인들의 경우에 그는 이것을 자기가 속한 사회에 모범적인 것으로 제시하고, 유대인들의 경우에는 그것을 그들의 많은(즉 너무 많은) 인구수와 연관시킨다.

---

40 본문은 Stern, *Greek and Latin Authors 1*(1976), 470(Nr. 204)에서 참조.

또 한 가지 관찰이 우리에게 시사해 주는 바가 많다. 티투스(Titus Flavius Vespasianus)는 [유대인들을 정복했음에도-역주] '유다이쿠스'(Iudaicus)라는 칭호를 이름에 붙이지 않는다! 유다이쿠스라는 그 호칭이 그를 유대인들과 너무 가까운 관계로 만들었을 것이라는 사실과 관련이 있다는 정도만 언급하도록 하겠다. 하지만 이것은 기피돼야 했다. 그러므로 그는 헤롯 대왕의 증손녀인 베레니케(Berenice)와 헤어져야 했다(Suetonius, *Titus*, 7).

로마 대중들 사이에서 유대인들에 대하여 선동되고 최고의 인물들에 의해서조차도 그와 같은 유포행위가 격에 맞지 않는다고 생각되지 않았던 이 부정적인 표상에 대해 유대인들은 어떻게 대답하는가?

유대교에 대한 '진실'을 둘러싼 끈질긴, 그러나 결국에는 보람 없는 싸움의 한 예로서 요세푸스를 인정해 줄 수 있다. 비슷한 평가가 알렉산드리아의 필로에게 해당할 수 있을 것이다. 여기서 잠시 랍비들의 반응으로 시선을 돌려보기로 한다.

4. 랍비적 관점

두 명의 황제들이 랍비적 유대교의 기억 속에 유대인들의 철천지원수로서 낙인찍혀 있다. 바로 성전의 파괴자인 티투스 그리고 할례를 금지하고—어찌 됐든 거세 금지는 이렇게 이해됨—바르 코흐바(bar Kokhba) 봉기를 진압했으며 예루살렘을 이방 도시로 만들었던 하드리아누스(Publius

Aelius Hadrianus Augustus)다.[41]

티투스는 성전을 파괴했을 뿐만 아니라, 그 성전과 유대 종교를 더럽혔다. 그는 제단에 놓인 토라 두루마리 위에서 창녀와 함께 잤다.[42] 그 이상의 악행은 저지를 수 없다.[43] 말하자면, 티투스는 안티오쿠스 4세 에피파네스(Antiochos IV Epiphanes)의 시대에서 유래한 한 가지 전통적인 유형(Topos)에 따라 행동한다.

그 후에 티투스는 하나님의 대적자로서의 죽임을 당하게 되는데, 로마에 있는 목욕탕에서 포도주잔을 통해 '야만인들의 정복자'인 티투스의 뇌 속으로 들어갔던 한 마리 모기를 통해서였다. 그가 죽은 후 그 모기는 실제로 작은 비둘기 한 마리의 크기였다는 사실이 드러났다.[44]

티투스 상(像)이 부정적이라면, 하드리아누스의 모습은 상반된다. 하드리아누스는 랍비들과 토론하며 유대인들에 대한 존경을 표명하지만,[45] 그러면서 또한 "그의 다리가 으깨지기를!"이라는 수식어와 함께 지칭되는 사람이기도 하다. 반란자들의 마지막 보루인, 예루살렘 남동쪽에 있는 베타르(Betar)의 포위는 그의 악행의 상징이 되는데, 점령시 행해진 만행은 노골적이면서도 전통적인 유형에 따라 묘사된다.

---

41 Günter Stemberger, *Die römische Herrschaft im Urteil der Juden*, EdF 195(Darmstadt: Wissenschaftliche Buchgesellschaft, 1983), 69-74[Titus], 78-86[Hadrianus].
42 Stemberger, *Die römische Herrschaft*(1983), 70.
43 마카베오2서 6:4-5 참조: "왜냐하면, 이방인들은 이 성전을 온갖 방종과 향락으로 채웠기 때문이다. 그들은 창녀들과 놀아나고 거룩한 성전 경내에서 여자들과 관계를 맺었다. […] 그들은 제단 위에 허락되지 않은, 율법에 금지된 것들을 쌓아올렸다"(Stemberger, *Die römische Herrschaft*[1983], 72에 따라 인용).
44 'Abot de Rabbi Nathan B 7.
45 Stemberger, *Die römische Herrschaft*(1983), 78-82.

제3부 제9장 "남들이 우리를 보듯 우리 자신을 바라보기"(로버트 번스) 265

그들은 말이 자기 콧구멍에 피가 닿을 때까지 그들 가운데서 오랫동안 살인을 했다. 그리고 그 피는 40마일 떨어진 바닷속으로 흘러 들어갈 때까지 40스아 무게의 바위 조각들을 떠내려 보냈다.[46]

계속해서 어린아이들의 뇌로 더럽혀진 돌들(y. Ta'an. 69a, 11-13)도 언급돼야 한다. 혹은 한 바라이타(Baraita, 랍비 현인들[tannaim]의 가르침이나 법 해석 가운데 미쉬나에는 들어가지 않은 것들-역주)에는 다음과 같은 이야기가 있다.

> 대 스승 시몬 벤 감리엘이 말한다.
> "베타르에는 500개의 (학교) 건물들이 있었고, 그것 중 가장 작은 것은 적어도 500명의 아이를 수용했다."
> 그들(아이들)이 말했다.
> "적들이 우리를 향해서 오면, 우리는 이 철필/석필들을 가지고 그들을 향해 나아가 그들의 눈을 찔러서 실명하게 할 것입니다."
> 그러나 그들이 악한 일들을 저질렀기 때문에, 그들은 (이 아이들) 한 명 한 명을 그들이 사용한 두루마리로 돌돌 말아서 불태워 버렸고, 그들 가운데서 나를 제외하고는 아무도 남지 않았다.[47]

---

[46] y. Ta'an. 69a, 7-11(*Übersetzung des Talmud Yerushalmi, II,9 Ta'aniyot-Fasten*, A. Lehnardt trans.[Tübingen: Mohr Siebeck, 2008], 47의 번역).

[47] y. Ta'an. 69a, 13-18(Lehnardt, *Ta'aniyot-Fasten*[2008], 147의 번역).

권터 슈템베르거(Günter Stemberger)는 이와 관련하여 다음과 같이 적절하게 쓰고 있다.

> 이 기록들이 비록 과장되고 다른 곳에서 느부갓네살을 통한 예루살렘 정복과 관련하여 이야기되는 것을 상투적으로 반복할지라도, 그것들은 로마인들이 포위(공격) 후에 정복당한 사람들을 향한 보복을 감행하면서 보여주었던 그들의 특별한 냉혹성을 비춰준다.[48]

> 50개의 요새, 985개의 마을이 파괴되었고, 580,000명의 유대인들(?)이 싸움에서 전사했는데, 질병과 배고픔으로 인해 목숨을 잃은 사람들은 계산하지 않은 것이다.[49]

유대 지방의 거주민은 로마인들의 수중에 들어가게 되는 경우 노예로 팔려갔고, 그 가격은 헤브론의 노예시장에서 말 한 마리 값으로 내려갔다.[50] 다른 한편으로, 로마의 손실이 너무도 커서 하드리아누스는 원로원에 보내는 글에서 '그와 군대가 안녕하다'는 관례적인 도입구를 생략했다.[51]

---

48 Stemberger, *Die römische Herrschaft*(1983), 85.
49 Emil Schürer, *Geschichte des jüdischen Volkes im Zeitalter Jesu Christi,* Vol.1: Einleitung und politische Geschichte, 3rd and 4th ed.(Leipzig: J. C. Hinrichs'sche Buchhandlung, 1901), 698(Cassius Dio LXIX 14을 따름).
50 Schürer, *Geschichte des jüdischen Volkes 1*(1901), 698.
51 Schürer, *Geschichte des jüdischen Volkes 1*(1901), 698(*Cassius Dio* LXIX 14을 따름).

하드리아누스는 유대인들의 기억 속에 박해자로 각인되었고, 그 점에서는 안티오쿠스 4세와 비교될 수 있는데, 하드리아누스는 안티오쿠스의 헬레니즘화 정책을 완성하고자 했었다. 유대인들은 인문주의자이자 문화전달자이기를 원했던 하드리아누스를 그런 인물로 볼 수 없었다. 그는 할례를 똑같이 금지했었던, 돌아온 안티오쿠스였다.

5. 기독교 공동체와 이방 세계

1) 분리

기독교 공동체가 이방적 과거 및 주변 세계로부터 거리를 두어야 한다는 생각이 바울에게서 뚜렷하다고 할지라도(고전 6:9-11) 그는 잘못된 열정과 세상 도피를 경고한다. 고린도전서 5:9-11에서 그는 확실하게 잘못 이해되었던 이전의 편지를 언급하면서 이 오해를 제거하고자 한다.

> 내가 너희에게 쓴 편지에 음행하는 자들을 사귀지 말라 하였거니와 이 말은 이 세상의 음행하는 자들이나 탐하는 자들이나 속여 빼앗는 자들이나 우상 숭배 하는 자들을 도무지 사귀지 말라 하는 것이 아니니 만일 그리하려면 너희가 세상 밖으로 나가야 할 것이라 이제(즉 실제로) 내가 너희에게 쓴 것은 만일 어떤 형제라 일컫는 자가 음행하거나 탐욕을 부리거나 우상 숭배를 하거나 모욕하거나 술 취하거나 속여 빼앗거든 사귀지도 말고 그런 자와는 함께 먹지도 말라 함이라(고전 5:9-11).

요한계시록 18:4은 완전히 다르게 로마로부터의 탈출을 촉구한다.

> 내 백성아, 거기서 나와(사 52:11 참조) 그의 죄에 참여하지 말고 그가 받을 재앙들을 받지 말라(계 18:4).

요한계시록 18:4과 같은 노선에 서 있는 것은 비 바울적으로 보이는 단락인 고린도후서 6:14-7:1로서, 그곳의 6:17에서도 이사야 52:11이 결정적이다.

베드로전서는 낯선 곳에 있으면서 아직 목적지에 도달하지 않았다는 자의식을 특별한 방식으로 표현했다.

> 사랑하는 자들아 거류민과 나그네 같은 너희를 권하노니 영혼을 거슬러 싸우는 육체의 정욕을 제어하라 너희가 이방인 중에서 행실을 선하게 가져…(벧전 2:11-12).

공동체는 이 "나그네로 있을 때"(1:17)를 비싼 값으로 구속된 존재로서 살아야 한다.

그러나 나그네로 살고 있다는 자각은 이처럼 너무도 악하고 낯선 세상을 넘어서는 자기 높임이 아니라 세상 앞에서의 증거로 이끈다. 즉 이방인들은 "너희 선한 일을 보고 권고하시는 날에 하나님께 영광을"(2:12) 돌려야 한다. 이러한 모범적인 변화는 심지어 황제의 권력에 대한 종속을 포괄한다(벧전 2:13-17; 참조, 롬 13:1-7).

특별한 나그네 됨의 경험은 요한계시록이 대상으로 삼은 공동체들이 한다. 기독교 공동체가 동참하지 않고 있는 황제 숭배는 그들을 나그네로 만든다. 불참은 사회적이고 정치적인 공동체로부터의 추방과 배제로 이끈다. 짐승의 표를 갖지 않은 사람이라면 어느 누구도 사거나 팔 수 없다(계 13:17).

2) 예배의 대외작용 - 방언과 나그네/이방 손님

고린도전서 14:23-25의 내용은 다음과 같다.

모두가 방언으로 말하고 "알지 못하는 자들"(ἰδιῶται)과 믿지 않는 자들(ἄπιστοι)이 오면, 그들이 "너희를 미쳤다(μαίνεσθε) 하지 아니하겠느냐?"(14:23) 그러나 모두 예언을 하면, 그들은 "하나님이 참으로 너희 가운데 계신다"(14:25)고 말할 것이다.

바울은 고린도 교인들에게 다른 사람들, 즉 알지 못하는 사람들과 믿지 않는 사람들, 곧 이방인들이 그들을 두 가지의 서로 다른 예배 형태에서 어떻게 바라보는지를 보여 준다. 즉 방언하는 공동체는 미친 사람들로, 예언으로 말하는 공동체는 하나님의 증인들로 보일 것이다.

3) 요한계시록과 로마

필자가 알기로는 서력기원 전후 2백 년 동안의 본문 중에서 요한계시록만큼 로마에 그토록 적대적인 본문은 없다. 원칙성에서는 심지어 유대교 시빌레를 능가한다. 1세기 말로 기록 연대를 설정하든 2세기의 처음 10년으로 보든 상관없이, 황제 숭배를 결정적인 출발점으로 보는 거부의 원칙성은 그대로다.

요한계시록은 우리에게 여신 로마(*dea Roma*)가 아니라 음녀 로마(*lupa Roma*)를 호화롭게 보여 주는데, 그녀는 성도들과 예수의 증인들의 피에 취해 있다(17:6). 황제 숭배에 동참하라는 촉구 혹은 타협하라는 부당한 요구를 요한계시록은 로마 황제들과 그들의 주변 환경에 대한 거부와 악마화를 통해 무산시킨다.

여기서는 서로 다른 인식에 대한 또 다른 관점이 다루어져야 하는데, 바로 로마의 사치다. 이것은 그 '여자'의 옷과 장식에서 드러난다.

> 자줏빛과 붉은빛 옷을 입고 금과 보석과 진주로 꾸미고(계 17:4).

로마의 멸망을 슬퍼하는 상인들의 '물품 목록'이 나오는 18:12-14에 관심을 기울이기 전에, 소아시아의 수사학자 아엘리우스 아리스티데스(Aelius Aristides)의 본문을 살펴보기로 한다. 기원후 143년 로마에 대한 그의 감탄은 확실히 로마 상류층 대부분의 자의식에 꼭 들어맞는다.

물론 로마에는 이른 시기부터 사치에 대한 비판이 있었고, 황제들은 아우구스투스 이래로 조정해가면서 영향을 끼치려 했지만, 기원후 79년의 베수비오화산 폭발이 있었던 후 나폴리만(灣)의 도시들에서 발견된 발굴물들로부터 우리가 알아낸 사실에 따르면, 그것은 소용이 없었다고 할 수

제3부 제9장 "남들이 우리를 보듯 우리 자신을 바라보기"(로버트 번스) 271

밖에 없을 것이다.[52]

이곳으로 들어와서 매년 봄부터 늦은 가을의 매 전환기에 이르기까지 모든 나라에서 온 온갖 상품들을 운송하는 수송선들이 너무 많아서 도시는 전 세계의 공동 상업 중심지처럼 보인다.

인도에서, 더 나아가—말하자면— 심지어 '행복한 아라비아'(*Arabia Felix*, 아랍 반도의 남부 지역을 가리키며 고대 향료 무역의 거점-역주)에서 온 뱃짐들은 그 양이 하도 많아서 그곳의 사람들에게는 앙상한 나무들만 남아 그들이 이곳으로 와서 자기들의 생산품 가운데 필요한 것이 있다면 도로 요구해야 한다고 추측해 볼 수 있을 정도다(…).

그런데 당신들의 곡물 재배지들은 이집트, 시칠리아와 아프리카의 문명화된 지역이다. 배들의 출항과 입항은 결코 그치지 않아서 항구들에 대해서뿐만 아니라—적어도—운송선들을 위해 여전히 충분하다는 점으로 볼 때 심지어 바다에 대해서도 놀랄 수밖에 없다.

그리고 헤시오도스가 대양의 경계들에 대해서, 곧 모든 물이 하나의 출발점과 종착지로 서로 흘러 들어가는 한 장소가 있다고 한 것과 똑같이 모든 것이 여기서도 모이니, 얼마나 많이 존재하고 또 존재했든지 간에, 상업, 항해, 농업, 금속 정제, 예술 분야들 및 생산되고 땅에서 자라는 모든 것이 이에 해당한다. 여기서 보지 못하는 것은 [과거에] 존재했거나 [현재] 존재

---

52 Karl-Wilhelm Weeber, *Luxus im Alten Rom: Die Schwelgerei, das süße Gift* .... 2nd ed.(Darmstadt: Primusverlag, 2007) 참조; 사치에 반대하는 입법에 대해서는 Weeber, *Luxus im Alten Rom*, 157-165.

하고 있는 것에 속하지 않는다.⁵³

요한계시록 18:12-14의 '상품 목록'으로 가보자. 지상의 왕들(18:9-10), 상인들(18:11-17상)과 선원들(18:17하-19)의 탄식이 들어있는 18장의 전체 무대에서는 에스겔 26장과 27장이 그 기초를 이루고 있다.

'상품 목록' 또는 상품은 거기서 더 다양하며, 지리적-정치적으로 무역 상대국들과 연결된다(겔 27:12-22). 개별 교역 민족들은 계시록 18장에서 더 이상 언급되지 않으며, 상품들은 기원이 아니라 상관성에 따라 배열된다. 상업은 세계화되고 도매상인들의 손안에 있다.

그 상품은 금과 은과 보석과 진주와 세마포와 자주 옷감과 비단과 붉은 옷감이요 각종 향목과 각종 상아 그릇이요 값진 나무와 구리와 철과 대리석으로 만든 각종 그릇이요 계피와 향료와 향과 향유와 유향과 포도주와 감람유와 고운 밀가루와 밀이요 소와 양과 말과 수레와 종들과 사람의 영혼들(ψυχὰς ἀνθρώπων)이라(계 18:12-13).

목록은 다음과 같이 분류된다.

① 장식: 금과 은, 보석과 진주
② 옷감들: 세마포, 자주 옷감, 비단과 붉은 옷감

53　Aelius Aristides, 11-13(Aelius Aristides, *Die Romrede des Aelius Aristides*, R. Klein ed. and trans., TzF 45[Darmstadt: Wissenschaftliche Buchgesellschaft, 1983], 13-15에 따른 번역).

③ 가구 또는 기구/그릇들: 향목, 상아, 값진 나무, 구리, 철과 대리석으로 만든 것

④ 향수 재료와 향료: 계피, 향료, 향, 몰약과 유향

⑤ 음식물: 포도주와 기름, 고운 밀가루와 밀

⑥ 동물들: 소와 양, 말과 수레

⑦ 노예들: 노예들과 사람의 영혼들

⑧ 마음속으로 탐하던 '과일,' 화려하고 찬란한 모든 것

저자는 이때 에스겔 27장에서 최소한 열네 가지 물품을 문자적으로 수용하는데, 그중에 "사람의 영혼들"(겔 27:13)은 노예들을 위한 표시이며, 그 밖의 세 가지에서 다섯 가지는 물건에 따라 받아들인다(예를 들어 "양모" 대신에 "양들," 또는 "전쟁용 수레" 대신에 "여행용 수레"). 그러나 더 눈에 띄는 것은 그가 제시하는 새로운 것이다.

그것은 두로와 이를 전하고 있는 에스겔에게 (아직) 아무런 역할도 하지 않았지만, 이제는 로마의 사치에 관한 관심에 있어서 중심이 되고 있는데, 바로 진주, 자주 옷감, 비단과 붉은 옷감, 향나무(로 된 책상들), 대리석이다.

실제로 요한계시록 18:12-14에는 플리니우스의 목록에 있는 가장 비싼 스물아홉 개의 제품 가운데 열세 개가 발견된다.[54] 금, 은, 진주, 자주 옷감, 붉은 옷감과 비단은 이미 언급되었다. 인기 있는 사치품들은 내부 설

---

[54] Richard Bauckham, "The Economic Critique of Rome in Revelation 18," R. Bauckham, *The Climax of Prophecy: Studies on the Book of Revelation*(Edinburgh: T & T Clark, 1993), 338-383(Plinius, 『박물지』 37.204)을 따름.

비를 위한 이국적인 나무들이었는데, 이때 소위 향나무(ξύλον θύϊνον)가 돋보였다.

사치품들을 하나하나 살펴볼 수는 없고,[55] 13절의 마지막 두 항목인 "노예/종들(의 육체라는 화물)과 사람의 영혼들"로 만족하고자 한다. 상품 목록의 마지막은 매우 중요하게 노예들이 차지한다.[56]

"노예/종들"과 "사람의 영혼들"의 반복을 통해 요한계시록은 순간적으로 노예제도의 부당함으로 시선을 옮기는 데 성공한다. 사람들이 물품 목록에 [포함되어] 있다! 이것이 로마가 저지른 악행의 절정이다. 로마로의 이러한 "물품 인도 [행위들]"과 노예 시장들은 이제 끝이 난다. 로마의 멸망과 함께 '육체(라는 화물)'를 구매할 사람이 더 이상 없다.

문법적인 신호와 함께 저자는 속격(σωμάτων)에서 대격(ψυχὰς ἀνθρώπων)으로 뛰어넘어 감으로써 (선미를 선수보다 깊게 물에 잠기게 하듯이 문장의) 뒤를 더 무겁게 하는 것이 그에게 얼마나 중요한지를 '그리고 사람의 영혼,' '사람의 목숨'이라는 표현으로 우리에게 보여 준다. 바로 여기서 노예무역과 노예제도의 부당함에 대한 탄식을 들을 수 있다고 여겨진다.

55　Hermann Lichtenberger, "Rom, Luxus und die Johannesoffenbarung," W. Kraus ed., *Beiträge zur urchristlichen Theologiegeschichte*, BZNW 163(Berlin: Walter de Gruyter, 2009), 485-491.

56　기본적으로 Ludwig Friedlaender, *Darstellungen aus der Sittengeschichte Roms in der Zeit von Augustus bis zum Ausgang der Antonine*, Vol.2, Neunte neu bearbeitete und vermehrte Auflage besorgt von G. Wissowa(Leipzig: Verlag von S. Hirzel, 1920), 366-369('노예로 인한 사치'). Weeber, *Luxus im Alten Rom*(2007), 127-136; Pierre Prigent, *Commentary on the Apocalypse of St. John*, W. Pradels trans.(Tübingen: Mohr Siebeck, 2001), 508도 보라: "상품처럼 다루어지는 인간들을 언급하는 것으로 목록이 끝난다는 사실은 확실히 우연이 아니다."

그러나 요한계시록의 로마 비판은 훨씬 더 근본적이다. 그 비판은 우상숭배, 곧 황제의 신적 권리 주장, 로마 문화와 종교의 확산을 포함하는 세계 통치와 관계된다. 오늘날 우리는 그와 같은 세계화의 유물들 앞에서 감탄하며 서 있다. 스코틀랜드에서 북아프리카까지, 스페인에서 근동까지 고고학적 발굴은 군사시설, 성전, 극장, 수도 등에서의 통일된 문화를 우리에게 보여 준다.

그러나 모든 사람이 이것에 감탄하지는 않았다. 이것을 다르게 볼 수도 있었다. [요한계시록의-역주] 선견자는 그것을 철저히 다르게 보았다. 랍비 시대의 학자들도 그것을 다르게 보았다. 바벨론 탈무드(b. Šabbat 33b)는 2세기 중반의 지식인들이 나누었던 대화를 보도한다.

> 한번은 랍비 예후다, 랍비 요세와 랍비 시므온이 함께 앉아 있었고, 개종자의 후손인 예후다가 그들 가운데 있었다. 이때 랍비 예후다가 말하기 시작했다.
> "이 나라(로마를 가리킴)의 작품들이 얼마나 아름답습니까! 그들은 도로를 놓고 다리를 건설했으며 목욕탕들을 지었습니다."
> 랍비 요세는 침묵했다. 그러자 랍비 시므온 벤 요하이가 말했다.
> "그들이 세운 모든 것은 단지 그들 자신의 이익을 위해서 일어났습니다. 그들은 창녀들이 서 있도록 도로를 놓았고, 그들의 안락을 위해 목욕탕들을 지었으며, 관세를 받기 위해 다리들을 건설했습니다."

이러한 비판의 철저함과 위험성은 이어지는 설명에 가서야 분명해진다.

개종자의 후손인 예후다가 그들의 대화를 계속 전달했고, 이것은 정권에 알려지게 되었다. 이에 정권은 다음과 같은 결정을 내렸다. 칭찬한 예후다는 높여져야 하고, 침묵을 지킨 요세는 세포리스로 귀양을 보내야 하며, 비판한 시므온은 처형돼야 한다.[57]

그러나 시므온 벤 요하이는 기적적으로 살아남는다.

요한계시록은 자기만의 방식으로 이것을 더 근본적으로 바라보았다. 즉 로마의 통치권 주장과 이 통치권을 위해 요구되는 종교적 숭배는 그리스도 혹은 하나님 및 어린 양의 통치와 화해할 수 없는 모순 관계다. 그러므로 요한계시록에서는 사치의 억제, 검소함에의 호소가 아니라, 로마의 파괴가 중요하다.

이로써 사치의 문제도 해결될 것이다. 더욱 강조해서 말하자면, 어딘가에 사치가 허락된다면, 그것은 천상의 예루살렘이다. 이 도성은 보석과 금으로 건설되었을 뿐만 아니라, 또한 나무들의 풍요로움도 낙원과 같을 것이다(22:2). 민족들의 순례에 대한 기대를 수용하여 이제 이방인들이 그들의 보물들을 이 도성으로 가져오게 될 것이다(21:26).

유대교 시빌레 IV가 기원후 79년의 베수비오화산 폭발에서 70년의 예루살렘 파괴라는 하나님의 벌[58] 그리고 동시에 로마 멸망의 사전 모사(模

---

57   Goldschmidt, *Der Babylonischer Talmud I*(1980), 532에 따른 번역.
58   시빌레 IV, 130-136: "이탈리아 땅에서 갈라진 땅으로부터 불 구름이 번쩍이며 먼 하늘로 치솟아서 많은 도시를 태우고 사람들을 죽인다. 그리고 수많은 검은 재가 광대한 창공을 채운다. 연단(鉛丹, 3개의 납 원자와 4개의 산소 원자가 결합한 산화물로서 녹방지 도료에 사용-역주)과 비교될 수 있는 방울들이 저 멀리 하늘에서 떨어진다. 그러면 이로부터 하늘에 계신 하나님의 진노를 알아차려야 한다. 왜냐하면, 선한 이들과 경건한 이들의 무죄한 민족을 제거하려고 하기 때문이다"(*Sibyllinische Weissagungen*,

寫)⁵⁹를 보았을 때 예고했던 것이 요한계시록에서는 성취된 현실이었다. 애가들이 이미 불린다는 점에서 그렇다.

그것은 유대인(또는 기독교인)이 폼페이의 집 벽에 새겼던 글귀(*Corpus Inscriptionum Latinarum* IV 4976) "SODOMA GOMORA"(베수비오화산 폭발 이전인지 이후인지 불분명함)를 통해서 했던 것과 같은, 즉 글귀를 새긴 이가 폼페이의 멸망을 소돔과 고모라처럼 미리 내다보거나 혹은 이를 위한 확증을 찾은 것과 같은 도덕적인 저항도 아니다. 그것은 아주 단순하게 사물에 대한 다른 시각이다.

6. 맺음말: 남들이 우리를 보듯 우리 자신을 바라보기⁶⁰

제목의 첫 행은 스코틀랜드 시인 로버트 번스(Robert Burns)가 1786년에 지은 시 '이(虱)에게'(To a Louse)에서 왔고, 자주 인용되는 유명한 명언이 되었다. 그것은 제이콥 뉴스너(Jacob Neusner)와 어네스트 프레리히스(Ernest

---

Griechisch-deutsch, auf der Grundlage der Ausgabe von Alfons Kurfeß, J. -D. Gauger ed. and trans.[Darmstadt: Wissenschaftliche Buchgesellschaft, 1998], 121에 따른 번역).

59 시빌레 IV, 159-161: "[…] 그러면 하나님이 더 이상 자비롭기만 하신 것은 아니라는 사실을, 그분이 분노한 나머지 이를 갈며 엄청난 세계 대화재를 통해 인류 전체를 지상에서 완전히 없애버리려 하신다는 사실을 알게 된다"(Gauger, *Sibyllinische Weissagungen*[1998], 121-123에 따른 번역).

60 뢰츠(F. Lötzsch) 박사는 나를 칸트(I. Kant)의 인간론에 있는 격언에 주목하게 해주었다: "(사람들과 함께 나눔에 있어서) 다른 사람들의 자리로 각각 들어가 생각해 보기"; Immanuel Kant, *Immanuel Kant's sämtliche Werke in sechs Bänden*, Vol.1: Vermischte Schriften, F. Gross ed.(Leipzig: Insel-Verlag, 1912), 416(=Immanuel Kant, *Kant's Gesammelte Schriften*, Vol.7: Abt.1: Werke; Vol.7: Der Streit der Fakultäten. Anthropologie in pragmatischer Hinsicht[Berlin: Reimer, 1917], 228)에 따라 인용.

S. Frerichs)가 편찬한 모음집 『다른 사람들이 우리를 보듯 우리 자신을 바라보기: 고대 후기의 기독교인들, 유대인들, '다른 사람들'』(치코[Chico], 캘리포니아[California], 1985)의 제목과 신조이기도 한데, 특별한 이야기가 나를 이 책과 연결해 준다. 아마도 그 책의 이야기가 필자가 다룬 주제를 위한 가장 좋은 예인 것 같다.

현재 가장 탁월한 미국의 유대교 학자인 제이콥 뉴스너는 마르틴 헹엘(Martin Hengel)의 60세 생일(1986년)을 위해 한 권의 '살아 있는 기념논문집'을 계획했는데, 그것은 '다른 사람들이 우리를 보듯 우리 자신을 바라보기'라는 주제로 1984년에 개최된 학술대회였다. 하지만 이 기념논문집은 더 이상 헹엘에게 헌정되지 않았다. 그 이유는 예루살렘의 역사가들에 대한 태도에 있어서 이론(異論)이 발생했고 헹엘과 필자가 학술대회 참석을 거절했기 때문이었다.*

헹엘의 이름 삭제는—아마도 의도하지 않게—그의 이름을 잘못 쓴 색인에까지 이르렀다. 어쩌면 이것이 우리가 더욱더 조심스럽게 출발하여 요나단 츠비 스미스(Jonathan Zwi Smith)가 앞에서 언급된 모음집에 남긴 그의 위대한 주제 도입 논문 중 마무리 부분에서 시작하도록 해 준다. 즉 우리가 반대 방향의 문제 제기로 시작해야 한다는 사실, 우리가 우리 자신에 대하여 생각하는 것과 같은 방식으로 '다른 사람들'에 대하여 생각하는 것을 허락하는 방법론을 발전시켜야 한다는 사실이다.[61]

---

* 마르틴 헹엘과 저자의 불참은 예루살렘에 있는 히브리 대학교의 유대교 역사학자들이 고대 유대교에 대한 유대교 자료들을 무비판적으로 읽는다는 뉴스너의 비난 때문이었다. 예루살렘의 동료들에 대한 연대감에서, 그리고 이와 같은 학문적 과소평가에 대한 저항의 의미에서 헹엘과 저자는 뉴스너가 이미 보내준 항공권을 돌려보냈다-역주.

61 Jonathan Z. Smith, "What a Difference a Difference Makes," J. Neusner and E. S. Frerichs

그리고 나서야 다른 사람(들)의 눈으로 우리를 보고 그 사람(들)과 우리 자신을 더 잘 이해하는 일이 성공할 수 있을 것이다. 어디서 그리고 언제 성공하든, 이것이 하나의 선물이라는 사실을 로버트 번스는 알았다. 이러한 이유에서 이제 필자는 (영어 버전의) 시행들을 전부 인용하고자 한다.

> O would some power the gift to give us / to see ourselves as others see us
> (아! 우리에게 남들이 우리를 보듯 우리 자신을 살피는 재능을 주셨더라면).[62]

원문에 더욱 가까운 필자 자신의 [번역] 시도는 다음과 같다.

> 아! 어떤 힘을 통하여 우리에게
> 남들이 우리를 보듯 우리 자신을 살피는 재능이 주어질 수 있다면!

이때 가장 중요한 것은 우리가 우리 자신보다 다른 사람(들)을 더 진지하게 대하는 일이다. 그러면 그리스도인들과 유대인들 사이의 2,000년 된 '잘못된 만남'(Ver-gegnung, 마틴 부버[Martin Buber])이 진정한 만남(Be-gegnung)이 될 수 있을 것이다.[63]

---

    eds., *"To See Ourselves as Others See Us": Christian, Jews, "Others" in Late Antiquity*, Scholars Press Studies in Humanities(Chico: Scholars Press, 1985), 48.

[62] Robert Burns, *Liebe und Freiheit*, Lieder und Gedichte zweisprachig, R. Camerer ed., in Zusammenarbeit mit R. Selle, H. Meller and J. Utz(Heidelberg: Schneider, 1988), 139에 따른 번역.

[63] 이 만남을 위해서 Institutum Judaicum Delitzschianum과 그곳을 떠나는 연구소장 폴커 시거트가 결정적인 기여를 했다. 존경과 감사의 마음을 전한다.

제4부

메시아 기대, 율법 그리고 신비주의

제10장
제2 성전 시대의 메시아 기대와 메시아 상
번역: 장승익 박사

제11장 바울과 율법
번역: 박성호 박사

제12장
사도 바울의 신비주의:
알베르트 슈바이처를 다시 생각함
번역: 박성호 박사

제10장

제2 성전 시대의 메시아 기대와 메시아 상*

번역: 장 승 익 박사

역사적으로 신학적으로도 맞지 않는 유대 메시아 기대와 그 메시아에 대한 논의에 대해 다양한 메시아 기대와 종말론적 구원자 상이 있음을 제시하고자 하는 것이 본 소고의 목적이다.[1]

① 이 일을 위해서 상대적으로 제한된 쿰란 공동체에 나타난 구원자 상에 대해 논의를 시작하고자 한다.
② 외경과 위경에 나타난 메시아 상과 연관해서 생각해 보고자 한다.
③ 유대 헬라문헌과 연관 속에서 생각해 보고자 한다.
④ 메시아적-예언자적인 요구의 현실화의 예들을 제시하고자 한다.

---

* 논문의 대필을 위해서 에리카 라이만(Erika Reimann)과 헨릭 한센(Henrik Hansen)에게, 몇 가지 지적들을 위해서 뵈른 하이머(Björn Heymer)에게 고마움을 전한다.
1 전체적으로 논문집인 Leo Landman, ed., *Messianism in the Talmudic Era*(New York: Ktav Publishing House, 1979)을 보라(515-518쪽의 참고문헌도 함께).

1. 쿰란 공동체 기대에 나타난 구원자 상[2]

1) '그 예언자' 그리고 아론과 이스라엘에서 나온 메시아들[3]

이 세 종류의 종말론적인 상은 쿰란 공동체의 문헌 중 하나인 1QS IX, 10-11 규정에서 일치를 보인다.

> 온전한 길을 걷는 거룩한 남자들은 그들이 처음부터 공동체의 남자들로 훈육된 이전의 규정에 따라 심판받아야만 한다. 그 예언자와 아론과 이스라엘의 메시아가 올 때까지.[4]

그 예언자는 확실히 신명기 18:15에 의하면(4QTest 비교), '모세와 같은 예언자'이고, 아론과 이스라엘에서 나온 두 메시아는 스가랴 4:4에 따라 볼 때 기름 부음을 받은 두 아들이다.

---

2 항상 기본적으로 참조해야 할 자료로 Adam S. van der Woude, *Die messianischen Vorstellungen der Gemeinde von Qumran*, SSN 3(Assen: van Gorcum, 1957). 새로운 토론을 위해서는 Šhemaryāhû Talmôn, "Waiting for the Messiah: The Conceptual Universe of the Qumran Covenanters," S. Talmôn, *The World of Qumran from Within: Collected Studies*(Jerusalem et al.: Magnes Press, 1990), 273-300.
3 J. Liver, "The Doctrine of the Two Messiahs in Sectarian Literature in the Time of the Second Commonwealth," HThR 52(1952), 149-158(각주 1의 책에서 354-390쪽을 보라); Karl G. Kuhn, "The Two Messiahs of Aaron and Israel," K. Stendahl ed., *The Scrolls and the New Testament*(New York: Harper, 1957), 54-64.
4 쿰란 본문들의 번역은-이 책에 있는 경우에-Eduard Lohse, ed., *Die Texte aus Qumran*, 4th ed.(Darmstadt: Wissenschaftliche Buchgesellschaft, 1986)을 따르거나 의존한다.

이들과 관련된 전승들과 기능들은 쿰란 공동체 자체에서 기인한 것인데, 무엇보다도 세상의 또는 '평신도 메시아'(Laien-Messias)로 더 잘 이해될 수 있는 이스라엘의 메시아 이전의 아론 계열의 제사장적 메시아 규정에서 기인한다. 이와 관련하여 이스라엘의 메시아 이전 아론 계열의 메시아 사상과 연관된 종말론적 식사가 1QSa II, 18 이하에 나타난다.

> 제사장, 즉 제사장적 메시아가 먼저 식사 후에 그의 손을 내 뻗어야 하고, 그 후에 이스라엘의 메시아가 식사 후에 그의 손을 뻗는다.

이 세 종류의 메시아 상은 4QTest에 새롭게 나타나는데, 이 본문은 마지막 때 세 종류의 메시아 상 기대를 보여 주는 오경의 메시아 본문이다. 이 본문에 모세와 같은 예언자(신 18:18-19), 야곱의 별로서의 이스라엘의 메시아(민 24:15-17) 그리고 제사장적 메시아로서의 마지막 때의 대제사장과 같은 메시아 상들이 인용되어 있다. 이 모든 세 종류의 메시아 상은 심판의 기능을 제시함과 동시에 마지막 때 공동체의 기대에서의 그들의 역할에 대해서도 지시한다.

아론과 이스라엘에서 나온 두 메시아는 다마스쿠스 문헌(CD)에도 나타난다. 거기에는 물론 중세 사본의 교정 흔적이 보이는데, 이것은 물론 문법적으로 두 명의 메시아와 관련지을 수 있다. CD XII, 23-XIII, 2에는 쿰란 공동체의 주거를 위해 주어진 규정이 나오는데, 이 규정은 악인의 시대부터 아론과 이스라엘에서 나온 메시아의 도래 때까지 유효하다(CD XIV, 18 이하와 비교). CD XIX, 10에는 메시아의 심판 기능에 대해 다음과 같이 언급되어 있다.

이들은(슥 11:11에 나오는 가난한 무리를 가리킴) 고난의 때에 구원받을 것이나, 아론과 이스라엘에서 온 메시아가 오면 나머지 사람들은 칼에 잡혀갈 것이다.

다시 요약하면, 먼저 언급된 가난한 양들은 에스겔 9:4에서 언급된 표를 간직한 (그리고 구원받은) 자들이다.

그러나 나머지 사람들은 칼에 넘겨진 자들로서 언약의 원수들로 형이 집행된다. 마찬가지로 심판이 모든 자에게 주어지는데, 그들은 언약 안에 있는 자로서 율법을 지키지 않고 벨리알에 의해 멸망할 자들이다(CD XIX, 13-14).

CD XIX, 33-XX, 1에는 아론과 이스라엘에서 나온 두 메시아의 출현을 마지막 사건으로 묘사한다.

마찬가지로 다마스쿠스 땅에서 새 언약 안으로 들어온 모든 남자지만, 다시 생명수 우물로부터 타락하고 떨어져 나간 자들은 공동체 모임에 참석하지 못하고 여러 날 동안 공동체 구성원으로 계수되지 못한다. 왜냐하면, 의의 교사가 아론과 이스라엘에서 온 기름 부음받은 자(der Gesalbte)가 올 때까지 그들을 제외했기 때문이다.

유사한 메시아 상이 12족장 유언서에도 있다.[5] 두 종류의 메시아가 레위와 유다와 연관된다. 유다는 왕이지만 레위는 그보다 더 먼저다('요셉의 유언' 19:4). 마지막 때의 대제사장으로서 레위는 구원을 가져올 것이다.

'레위의 유언' 18장에 의하면, 우상을 섬기는 제사장이 벌을 받은 후에,[6]

> 주께서는 주의 모든 말씀을 계시할 새로운 제사장을 일으키실 것이다. 그가 이 땅에 진리의 심판을 행할 것이다. 그가 이 땅에 태양처럼 빛을 비출 것이며, 하늘 아래 모든 어둠을 제거할 것이다. 그 스스로가 주의 영광을 그의 아들들에게 진리 안에서 영원히 줄 것이다. 그리고 영원히 모든 세대에서 그의 후계자는 없을 것이다. 그가 제사장직을 수행하는 동안 열방은 이 땅에서 지식으로 충만할 것이며 주의 은혜의 빛을 받을 것이다. 그가 제사장으로 있는 동안 죄는 그칠 것이고, 악을 행하는 악인들은 잠잠할 것이다. 하나님께서 낙원의 문을 여시고 아담을 위협하는 칼을 치울 것이다. 그는 거룩한 자들이 생명나무 열매를 먹도록 할 것이며, 거룩의 영은 그 나무 아래에서 쉴 것이다. 그리고 벨리알은 그에 의해 포박당할 것이다.

요컨대, 메시아 기대와 연관된 구원의 충만한 때는 성경적 '구원 기대'와 밀접한 관계에 있는데, 마지막 때 대제사장의 출현과 함께 시작된다.

---

5   Liver, "The Doctrine of the Two Messiahs in Sectarian Literature in the Time of the Second Commonwealth"(1952), 368-384를 보라.
6   번역은 Jürgen Becker, *Die Testamente der zwölf Patriarchen*, JSHRZ III/1(Gütersloh: Gütersloher Verlagshaus Gerd Mohn, 1974)을 따른다.

2) 다윗의 싹

이스라엘의 메시아 기대는 또한 전통적으로 설명될 수 있는데, 그것은 마지막 날에 시온에서 나타나는 다윗의 싹이며, 사무엘하 7:11-14(4QFlor 11)에 나타난다. 다윗의 싹은 혼자 나타나는 것이 아니라, 마지막 때의 '율법 연구자'(Erforscher der Tora)와 함께 나타난다. 유사한 것이 4QPatriarchensegen에도 나타난다.

"의의 메시아, 다윗의 싹이 올 때까지."

그 외 율법을 보유하고 있는 모임의 남자들에 대한 논의도 있다.

다윗의 싹에 대해서는 18 기도문의 열다섯 번째 '축복의 말씀'(Beracha)을 들 수 있다.

> 다윗의 싹, 당신의 종을 속히 일어나게 하소서, 당신의 해방으로 인해 그의 뿔이 높아졌나이다. 왜냐하면, 우리가 날마다 당신으로 인한 구원을 바라고 있기 때문입니다. 찬양받으실 주여, 해방의 뿔이 싹트게 하소서.

3) 율법 연구자

이미 4QFlor에서 인용된 것처럼, '율법 연구자' 역시 종말론적 기대 상이다. 이 점은 '율법 해석자/연구자'가 '야곱의 별'로서 해석될 경우보다 분명해진다. 그는 다시금 '공동체의 지도자'와 함께 올 것이다.

4) 공동체의 지도자

이 점에 대해 CD Ⅶ, 18 이하는 다음과 같이 말한다. '야곱의 별'이 마지막 때의 율법 교사와 관계가 있다면, 심판을 집행하는 '야곱의 홀,' 즉 '전체 공동체의 지도자'와 또한 연관이 있다.

종말론적인 축복의 말씀을 담고 있는 1QSb에는 다윗 계열의 왕적 메시아의 모든 특징을 지닌 '공동체의 지도자'를 위한 축복의 형식문이 공지된다(1QSb Ⅴ, 20-29).

5) 11QMelch에 나타난 성령으로 기름 부음받은 마지막 때의 인물[7]

멜기세덱은 한편으로는 해방과 죄 용서를 선포하고, 다른 한편으로는 하나님의 심판을 집행하는 자다. 이러한 마지막 때의 메시아 상과 연관된 전체 목록은 메시아 기대 사상의 증거가 나타나지 않은 쿰란 공동체처럼 이미 하나의 밀접하게 제한된 그룹에서도 보인다.

다양성은 족히 약 200년 이상 지속한 역사를 가진 쿰란 공동체와 연관시킬 수 있는데, 물론 이 기간에 메시아 상에서 전개나 발전 등이 있었다.[8] 필자의 생각에 더 중요한 것은 한편으로는 지나간 공동체의 자의식과 관련이 있고, 또 다른 한편으로는 성경 해석과 관련이 있다는 것이다.

---

[7] 맨 처음에 출판된 것으로 Adam S. van der Woude, "Melchisedek als himmlische Er-lösergestalt in den neugefundenen eschatologischen Midraschim aus Qumran Höhle XI," *OTS* 14(1965), 354-373.

[8] 이것은 Jean Starcky, "Les quartes étapes du messianisme à Qumran," *RB* 70(1963), 481-505의 시도를 정당화한다.

그래서 공동체의 자의식과 관련하여 제사장적 그리고 정치적인 기능들의 분리와 두 종류의 메시아 상에 대한 자리매김 약 100년 이래 하스몬 왕조에서의 대제사장직과 왕권의 위치에 대한 비판적인 반응들이 있었을 것이다.

다른 측면에서는 공동체의 구조들과 신학적 기본 동기들을 반영하는데, 이것은 신자에 대해 우월하고 위에 있는 제사장적 사고(아론과 이스라엘의 메시아들)에서, 그리고 이어서 공동체 안에서의 성경 해석의 의미와 마지막 때의 율법 교사의 기대를 강요하는 대내외적 대적자들과의 대립(유사한 것으로 마카베오 1서 4:46, "무엇이 일어나야만 하는지를 말했어야 할 한 예언자가 일어날 때까지")에서 나타난다.

그러나 메시아 기대는 또한 성경적 전승에 바탕을 두고 있는데, 특별히 중요한 본문으로 민수기 24:17, 창세기 49:10, 이사야 11:1-4을 들 수 있다. 이 경우 매우 유용한 것으로 다양한 메시아 상들이 바뀌면서 나타난다는 점이다. 마지막에 한 메시아 상만 나타나는 경우는 극히 드문 변형이다. 다양한 메시아 상들이 나타나면 이들의 지위를 결정해야만 한다.

주의해야 할 것은 이러한 마지막 때의 구원자 상이 어디서 온 것인가에 대해서는 (하늘에 속해 있는 멜기세덱의 경우를 제외하면) 논의되지 않았다는 것이다. 또한, 이러한 구원자 상들이 초월적인 것인지 아니면 이미 현재 감추어진 것인지에 대한 물음은 제기하지 않거나 설명되지 않았다는 것이다.

가까운 미래에 종말이 오리라고 기대되었기 때문에 쿰란 공동체에서도 재림 지연이 문제로서 구체화했을 뿐만 아니라 이에 대한 답변도 있었다.

예를 들어 1QpHab VII, 7-8을 보자.

> 예언자가 예언한 대로 마지막 때가 모든 것을 넘어서 지연되고 있는데, 왜냐하면, 하나님의 비밀들은 놀랍기 때문이다.

하나의 중요한 맥락을 추가로 참조하면 좋겠다. 쿰란 공동체의 종말 기대는 1QM을 비롯한 많은 문헌에서처럼 메시아 상을 완전히 포기한다. 빛의 아들들과 어둠의 아들들의 마지막 전쟁 그리고 미가엘의 군대와 벨리알의 군대의 전쟁이 심한 전투와 후퇴 후에 기쁨과 희열로 끝나지만, 더 이상의 메시아 상은 필요치 않다.

구원의 시대에 반드시 하나의 구원자 상이 필요한 것은 아니다. 여기에 추가할 것은 더욱 풍부한 마지막 때의 구원자 상이 있음에도 쿰란 공동체가 유대적 구약성경의 전승 목록들을 다 받아들인 것은 아니라는 것이다. 예를 들어 다니엘서에서 출현하여 쿰란 공동체와 시기적으로 유사한 에녹에도 있고 복음서에도 승리의 특징으로 나타난 인자전승 상(像)이 빠져 있다. 아마도 쿰란 공동체의 종말 기대가 마지막으로 확실히 현실적이기에 초월적 존재의 출현("하늘의 구름을 타고")이 공동체에 동화되지 않았던 것이다(그러나 11QMelch에서 멜기세덱이 이 문제들을 해결한다).

쿰란을 마무리하면서 아마도 놀라운 결론을 내리고자 한다. 쿰란 공동체와 같이 상대적으로 폐쇄된 그룹은 다양한 종말적 구원자 상을 알고 있었고, 그러나 구원의 시대는 또한 그러한 구원자 상을 상상할 수 없었다. 이미 소개한 1QM 외에 비록 연대와 출처가 논란이 되어 주저하지만, 성전 두루마리 11QT29를 추가로 언급하고자 한다. 하나님이 스스로 창조하실 종말론적 성소는 그 어떤 구원의 중개자나 구원을 가져오는 사람의 출현 또는 행위 없이 가능하다.

다음 두 번째 단락에서 몇 가지 위경에 나타난 문헌을 살펴본다면 그 다양성은 더 커질 것이다.

2. 위경에 나타난 메시아 기대와 메시아 상[9]

이 부분에서는 몇 개의 예들로 충분하다.

1) 솔로몬의 시편

이곳에서는 온전히 현세적인 메시아 상이 나타난다. 대부분의 시편은 대략 헤롯 왕 시대 바리새적 전승의 노래들이다. 시인은 하나님 나라의 개시와 이방을 무찔러 이스라엘에 자유를 선사할 다윗 계열의 메시아 왕의 도래를 희망한다. 그 왕은 이사야 11장에 의하면 공의롭고 하나님의 영으로 충만한 자로서 더 외적인 폭력에 기대지 않고 이방이 그에게 굴복하고 그는 모든 이에게 복된 시간을 부여한다.

현세적인 기대들이 18:5-9에서 나타난다.[10]

---

[9] 요약적인 내용은 James H. Charlesworth, "The Concept of the Messiah in the Pseudepigrapha," *ANRW* II 19,1(1979), 188-218을 보라.
[10] 번역은 Svend Holm-Nielsen, Die Psalmen Salomos, JSHRZ IV/2(Gütersloh: Gütersloher

하나님이여! 구원을 베푸시는 은혜의 날, 선택의 날에 메시아가 다스릴 때 이스라엘을 정케 하소서. 그 날에 살아 있는 자들은 복될 것이고, 다가올 세대에게 허락하시는 주의 구원을 보는 자들 또한 복이 있도다.

주의 기름 부음을 받은 자의 지도로 그의 하나님을 경외함으로 성령의 역사 안에서의 지혜, 공의와 힘 안에서 그는 하나님을 경외함으로 공의의 일들을 이끌고 그것들은 하나님의 얼굴 앞에 있고 한 좋은 세대는 은혜의 날에 하나님을 경외함으로 충만해 있다(솔로몬의 시편 18:5-9).

2) 유대교 시빌레

첫 번째 유대교 신탁서의 저자는 노아의 며느리 중 한 사람을 고대 유대여 선지자로 만들었고, 그녀의 주장으로는 그녀는 후에 그리스로 이주했다. 시들은 세상의 창조부터 현재 그리고 이 현재에서 가까운 미래에 이르는 세상과 구원사에 대한 묘사를 포함한다. 심하게 끔찍스러운 공포 후에 메시아의 파송과 하나님 나라가 세워진다.

모든 열방은 참된 하나님의 법으로 돌아온다. 정치적이면서도 예민한 반로마적 정서를 지닌 시빌레의 특징은 무엇보다도 79년에 있었던 베수비오화산 분출 직후 기록된 시빌레 IV에 나타난다. 베수비오화산 분출은 유대 민족에게 행한 악(기원후 70년)에 대한 심판으로서 하나님께서 로마에 내릴 불의 심판을 위한 단지 전조에 불과하다.[11]

Verlagshaus Gerd Mohn, 1977)을 따른다.

[11] Hermann Lichtenberger, "Täufergemeinden und frühchristliche Täuferpolemik im letzten Drittel des 1. Jahnhunderts," *ZThK* 84(1987), 36-57.

3) 에디오피아 에녹서(=에녹 1서)에 나타난 인자

메시아 칭호는 소위 '그림 담화'(37-71장)이라고 불리는 에녹 1서 후반부에만 단 두 번 나온다.

'선택된 자'가 더 중요한데, 71장에 나오는 에녹과 동일시되고 있는 인자는 상대적으로 덜 중요하다.[12]

> 그리고 그가 나에게로 와서 그의 음성으로 인사한 후 말하기를: 너는 공의를 위해 태어난 인자다. 그리고 공의는 네 위에 거하고, 이날의 우두머리의는 너를 떠나지 않는다.
> 그리고 나에게 말하기를: 그가 너를 통하여 다가올 이 시대의 이름으로부터 구원을 부른다, 왜냐하면, 거기로부터 세상 창조 이래로부터 구원이 오기 때문이다. 그리고 그러한 구원이 영원부터 영원까지 너에게로 주어진다. 모든 사람이 너의 길을 걸을 것인데, 왜냐하면, 공의가 영원토록 너를 떠나지 않을 것이기 때문이다. 네 안에 그들의 거처들이 있고, 네가 그들의 유산이며, 그리고 모든 자는 영원부터 영원까지 너로부터 분리되지 않을 것이다. 그 날들의 연수가 인자 안에 있을 것이고, 의로운 자에게 구원과 평편한 길이 있을 것이다. 영의 주의 이름으로 항상 영원히(에녹 1서 71:14-17; 단 7:13-14도 보라).

---

[12] 번역은 Siegbert Uhlig, *Das äthiopische Henochbuch*, JSHRZ V /6(Gütersloh: Gütersloher Verlagshaus Gerd Mohn, 1984)을 따른다.

마지막으로 한 인물 안에 다양한 칭호들(에녹 - 인자 - 선택된 자[= 메시아])이 함께 엮어져 있다. 이 메시아적 인물은 다윗 계열이 아니라, 하늘의 세계에 속해 있는데, 그는 초월적 과제를 갖고 있다(예를 들어 심판자).

4) 에스라4서에 나타난 메시아와 메시아적 중간 나라

소위 네 번째 에스라 묵시록은 기원전 557년 예루살렘 멸망 후 30년 후에 살았던 에스라가 받은 계시에 근거를 둔 위경 중 하나다. 아마도 그 스스로가 같은 기능을 첨부했을 것인데, 그것은 587년 예루살렘 멸망 후 에스라(물론 100년 후에 살았던 저자가 고려하지 않았던 것)가 썼던 것과 같은 것이다.

그 스스로가 70년 예루살렘 멸망 후 그의 책을 썼는데, 그는 기원전 587년 예루살렘 설전 멸망과 유비를 시도하고 있다. 저작 시기는 확실히 알 수 있는데, 도미티아누스 황제(기원후 81-96년) 죽음 직후 또는 바로 전인데, 물론 또한 약 30년 후도 가능하다.

책 전체를 감싸고 있는 하나의 문제는 하나님의 약속과 연계된 그의 신실성에 대한 것이다. 에스라는 이 세계의 고난은 다가오는 미래 세계의 하나의 전제 조건으로서 한 과정이라고 가르쳤다. 율법이 말하는 이 세계를 신뢰하는 자는 다가올 세대의 유산을 상속받게 되지만, 하나님을 떠난 자는 심판에 처하게 된다.

7:26-44에서 에스라는 마지막 때의 과정을 설명한다.[13]

---

13 번역은 Josef Schreiner, *Das 4. Buch Esra*, JSHRZ V/4(Gütersloh: Gütersloher Verlagshaus

왜냐하면, 보라, 내가 네게 말한 표시가 적중할 때, 그 날들이 올 것이다. 그때 보이지 않던 도시가 나타나고 감추어진 땅이 드러날 것이다. 이전에 언급했던 역병에서 구원함을 받은 자마다 나의 기적을 볼 것이다. 왜냐하면, 내 아들 메시아가 그와 함께 있는 자들과 함께 나타날 것이고, 400년 동안 남은 자들을 복되게 할 것이다. 그 후에 메시아인 내 아들은 죽을 것이고, 인간의 호흡을 가진 모든 자들도 죽을 것이다. 세계는 7일 동안 이전의 침묵으로 곧 태초에 있었던 그 상태로 돌아갈 것이고, 그 결과 아무도 살아남지 못할 것이다.

그러나 7일 후에 아직 깨어 있지 않은 세계는 일어날 것이고, 과거는 죽을 것이다. 땅은 그 안에 잠자는 자들을 바깥으로 내놓을 것이고, 고요히 그 안에 안식하고 있는 먼지 또한 그렇게 할 것이다. 그리고 방들은 그 안에 맡겨진 영혼들을 바깥으로 내놓을 것이다.

지극히 높으신 분은 심판보좌 위에서 자신을 드러내신다(에스라4서 7:26-44).

마지막 때에 일어나는 과정에서 특이한 점은 일반적인 죽은 자의 부활과 이에 뒤이은 세계 심판 전에 이 땅에 400년 동안의 메시아 중간 시대가 있다는 것이다. 놀랍게도 이 중간 시대 후에 메시아는 남은 인간들과 함께 죽고, 세계는 원시의 혼돈으로 돌아가고, 그리고 나서 하나님은 일반적인 죽은 자의 부활과 함께 시작하는 새로운 시대를 창조한다.

Gerd Mohn, 1981)을 따른다.

메시아적 중간 시대에 대해서는 요한계시록 20:4-5과 메시아의 날들에 관한 랍비적 계산을 참조하라.

3. 유대교 디아스포라에 나타난 메시아적 기대

유대 디아스포라가 비(非)종말론적이고 비(非)메시아적인 기대를 하고 있을 것이라는 널리 퍼진 선입견에 반대하여 메시아 기대와 현실성에 대한 다음의 예를 들 수 있을 것이다.

1) 트라야누스 황제 아래에서 일어난 유대 봉기(기원후 115-117년)

키레나이카(키레네, 지금의 리비아 동부 지방-역주)와 이집트에서 트라야누스 황제의 치하 때 있었던 유대 봉기는—헹엘에 의하면[14]—기원전 31년의 악티움과 기원후 269-270년에 제노비아를 통한 이집트의 정복 사이에 이 지역을 덮친 가장 심했던 군사적이고 사회적인 충격이었다. 로마에 대항하는 이 전쟁에 대해서는 두 나라 사이의 섬멸전의 성격을 띠었기에 말할 수 없는 전쟁의 참상이 있었다고 기록된 바 있다.[15]

---

[14] Martin Hengel, "Messianische Hoffnung und politischer Radikalismus in der jüdisch-hellenistischen Diaspora," David Hellholm ed., *Apocalypticism in the MediterraNEAn World and the NEAr East*, 2nd ed.(Tübingen: Mohr, 1989), 655-686.

[15] 앞의 논문, 658.

유대적 측면에 있어서 군사적 주도는 유대인을 키레네로부터 이집트로 이끈 루쿠아스 왕의 통치하에서였다. 확실히 그의 목표는 예루살렘이었다. 이미 왕의 칭호가 보여 주듯 매우 확실히 이 유대 봉기는 종말론적 메시아적인 배경에서 이해돼야만 한다.

이 봉기에 대한 정치 사회적 근거와 더불어 생각할 수 있는 것은 종교적 배경인데, 당시 로마 제국의 압박과 통치하에서 하층민들의 고난을 통한 봉기에 바로 종교적 배경이 불을 지핀 것이다.

2) 필로, 『상과 벌에 대하여』(De praemiis et poenis) 165 이하[16]

비 종말론적인 유대인 철학자인 필로는 메시아 기대에 대한 생각과 이와 연관된 구원의 시기에 대해서 어떤 자는 벌과 심판을, 또 다른 자는 예측하지 못한 일을 당할 것이라는 생각을 전개했다,

> 만약 그들이 마음을 다해 회개하고 먼저 그들의 정결한 마음으로 그들의 참되고 올바른 양심 앞에서 그들이 행한 잘못에 대해 질책을 받고 회개하고 입으로 친족들에게 잘하겠다고 말하면, 도움이 되시고 자비로운 하나님께서 저들을 용서하실 것이다(신 30:1-3). 하나님은 저들에게 매우 특별하고 의미 있는 선물을 보장하셨고 신적 이성을 갖게 하셨고 하나님의 형상을 따라 인간을 창조하셨다.
> 만약 저들이 지구의 마지막에 전쟁 포로로 잡아 온 적들의 종이 된다면 약

---

[16] 번역은 Philo von Alexandrien, *Die Werke in deutscher Übersetzung*, L. Cohn and I. Heinemann eds., 2nd ed.(Berlin: Walter de Gruyter, 1962)을 따른다.

속처럼 어느 한 날에 모두를 풀어주어야 마땅하다. 왜냐하면, 덕을 위한 저들의 온전한 회심이 저들의 주인들을 끊임없이 놀라게 하기 때문이다. 주인들은 종들을 자유롭게 할 것이다. 왜냐하면, 그들 스스로가 더 나은 지배에 대해서 소극적이기 때문이다.

그러나 만약 저들이 예상치 못한 자유를 요구한다면, 그 전에 헬라나 이방 나라의 섬이나 육지에 흩어져 살던 자들은 갑자기 일어날 것이고 사방에서 그들이 지정한 장소로 몰려들 것이고, 다른 사람에게는 보이지 않지만, 다시 태어난 사람들에게는 보이는 신적이면서 동시에 초인간적인 임재에 의해 인도될 것이다(163-165).

그러나 그들이 돌아온 후에 아직 전쟁의 폐허가 된 도시들이 다시 세워질 것이다. 황폐한 곳에 사람이 살게 될 것이고 열매 맺지 못하는 땅이 조기에 열매 맺는 땅으로 돌아올 것이다. 아버지들과 조상들의 복된 관계들은 하나님의 은총에 의해 고갈되지 않은 물의 근원과도 같은 현재의 넘치는 축복과 비교할 때 조금씩 나타날 것이다. 개인과 모든 자에게 넘치는 복이 임할 것이고 어떤 시기도 없을 것이다(신 30:5). 큰 변화가 모든 것에 갑자기 나타날 것이다. 왜냐하면, 하나님이 후회하는 적들에 대해 저들의 저주를 돌이킬 것이기 때문이다(168-169).

3) 메시아적-예언자적 표상들의 현실화된 예들[17]

첫째, 요세푸스에 의하면 예루살렘 멸망 후 많은 시카리(로마에 저항했던 젤롯의 한 그룹으로서 시카[sica]라고 불리는 단도를 몸에 지니고 다녔다-역주)는 그들이 로마 통치에 저항하는 투쟁과 봉기 그리고 협력을 지속했던 이집트로 도망갔다. 이러한 맥락에서 그는 한 예언자적이고 메시아적 인물로 한 직조공 요나단을 언급했다.

> 그러는 사이에 시카리들의 광기가 키레네 도시를 덮쳤습니다. 그것은 확실히 매우 악한 직조공 요나단이었습니다. 그는 많은 가난한 사람들을 그 밑에 두었습니다. 그들에게 기적과 같은 현상을 약속했고 그들을 데리고 사막으로 들어갔습니다(Bell. VII, 437이하).

요나단은 다시 나타난 모세와 같은 존재였습니다. 표적과 기적을 동반한 새로운 사막 행렬이 마땅히 구원을 가져다주어야만 했다.[18] 우리는 요나단의 그룹과 유사한 예언적이고 메시아적인 일군의 여러 인물을 알고 있다. 몇 사람은 관심을 가질 만하다.

둘째, 유대적 메시아인 예언자 드다(44년경 로마 총독 파두스의 재임 당시, 행 5:36 참조)는 많은 사람을 이끌고 여호수아처럼(수 3장) 요단 강을 가르고

---

[17] 이 점에 대해 Daniel R. Schwartz, "1. Temple and Desert: On Religion and State in Second Temple Period in Judaea," D. R. Schwartz, Studies in Jewish Background of Christianity, WUNT 60(Tübingen: Mohr, 1992), 29-56을 보라.

[18] Hengel, "Messianische Hoffnung und politischer Radikalismus in der jüdisch-hellenistischen Diaspora"(1989), 666을 참조하라.

건너는 기적을 일으키겠다고 약속했다. 추측하건대, 그는 자기 추종자들을 요단 동편 사막으로 데리고 가서 다시 살아난 모세가 되어 새로운 출애굽과 함께 메시아 시대를 이끌기를 원했던 것 같다.[19]

셋째, 또 다른 묵시적이고 종말론적인 인물로 소위 '애굽인'(행 21:38 참조)이라고 불린 사람을 들 수 있다. 그는 추종자들을 감람산으로 모이게 해서 자기의 명령을 따를 것을 말하고, 여리고 성처럼 예루살렘 성벽을 무너뜨린 후 도시 안으로 들어갈 수 있다고 생각했다.

넷째, 모세와 같은(신 18:15) 예언자 전통에 선 인물로 사마리아인을 들 수 있다. 이 사람에 대해서 요세푸스는 빌라도 시대(기원후 36년)때 활동한 것으로 요세푸스의 『유대 고대사』 XVIII, 85에서 보고한다.

> 또한, 사마리아 사람도 소동에서 제외될 수 없었다. 한 남자가 사람들을 모으고 거짓으로 모든 것을 날조하여 군중들을 현혹했다. 그들에게 있어서 거룩한 산에 해당하는 그리심 산으로 그들을 오게 하고 모세가 가져왔다는 거기 파묻혀 있는 거룩한 기구들을 보이겠다고 약속했다.

다섯째, 시몬 바르 기오라(Simon bar Giora)는 흰 옷과 자줏빛 외투를 입고 성전에 나타나서 자기가 왕이요 메시아라고 드러냈다.

여섯째, 예언 때문에 첫 번째 유대 전쟁과 관련한 어떤 것을 들 수 있을 것이다. 타키투스와 수에토니우스는 요세푸스가 유대로부터 세계를 다스릴 자가 나올 것이라는 제사 문서의 오래된 예언을 끄집어냈다고 증명했

---

[19] 마 24:23-26도 참조하라.

다(타키투스, 『역사』[Historiae] V 13, 2). 타키투스에 의하면 이 예언은 그런데도 베스파시아누스 황제나 티투스 황제에 적용해 봄직하다. 그런데도 아마도 발람의 예언이 문제시된다고 할 수 있을 것이다(민 24:17).

제사 문서에 기록된 많은 것들은 설득력이 있다. 이 당시 고대 근동의 권력은 향상하고 있었고 남자들은 유대로부터 바깥으로 나왔고 세상을 통치하는 위세를 떨쳤다(『역사』 V 13, 2).[20]

대부분 전쟁을 선동한 예언은 어쨌든 성경에 있는 것으로 두 가지 의미가 있는 예언인데 그 시대 한 사람이 나타나 그 땅을 다스린다는 것이다. 이것은 그 백성에게서 나온 한 사람과 연결되어 있는데 그들의 판단에 있어서 많은 방식이 거짓으로 드러난다. 오히려 하나님의 말씀은 유대에서 황제로 부름을 받은 베스파시안 황제를 가리킨다(Bell. VI, 312-313).[21]

전체 동양에 매우 까다롭고 자기주장이 강한 신념이 널리 퍼져 있었다. 이것은 마치 운명과도 같은 것인데, 이 당시 유대 사람들이 통치를 요구한다는 것이다(수에토니우스, 『베스파시아누스』[Vespanianus] 4,5).[22]

---

20 번역은 P. Cornelius Tacitus, *Historien: Lateinisch/Deutsch*, Helmuth Vretska trans. and ed., Universal-Bibliothek(Stuttgart: Reclam, 1984)를 따른다.
21 번역은 Flavius Josephus, *De Bello Judaico - Der jüdische Krieg*, Griechisch und Deutsch, Vol.1: Buch 1-III, O. Michel and O. Bauernfeind ed. and trans., 2nd ed.(München: Kösel-Verlag, 1962)를 따른다.
22 Gaius Suetonius Transquillus, *Leben der Caesaren*, A. Lambert trans. and ed.(Zürich and Stuttgart: Artemis-Verlag, 1955).

5. 결론

처음에 언급한 것에 대해서 대부분 메시아 기대와 연관된 학적 주해 그 자체는 마지막에 인용했던 메시아 기대가 현실로 나타난 어떤 면에서 무정부적이고 혁명적인 옷을 입고 있었다. 이러한 메시아 상은 메시아가 올 것이라는 학문적으로 성경적 기대를 하는 그룹에서 기인한 것이 아니다. 즉 다윗의 집이나 대제사장 가계에서 나온 것이 아니다. 오히려 그들을 지지하고 후원하는 작은 자들로부터 기인했다(이 점에 대해서 키레나이카의 직조공 요나단[Jonathan]을 보라).

유대 메시아 기대에 대한 현실성이 퇴락했음에도 이러한 기대들은 필자에게 실제로 유대 메시아 희망을 표출하는 기폭제가 되었다.

제11장

바울과 율법*

번역: 박 성 호 박사

1. 서론

바울 행전에 나오는 바울에 대한 호의적이고 순진한 묘사는 잘 알려져 있다. 그 묘사에 따르면, 그는 이런 모습이다.

> 키가 작은 남자였고, 벗어진 머리와 굽은 다리를 가졌으며, 기품 있는 태도를 보였고, 눈썹은 붙어 있었으며, 코는 조금 돌출되어 있었고, 아주 친절했다. 그는 사람처럼 보이기도 했다가 천사의 얼굴을 하고 있기도 했다 (바울 행전과 테클라 행전 3).[1]

---

* 1989년 3월 2일 뮌스터대학교 신학부에서 가졌던 취임 공개 강의의 원고다. [원고에 담긴-역주] 강의와 동기의 특성은 유지되었다. 원고를 대필해 준 E. Reimann 씨와 교정을 위해 원고를 읽어준 K. Süchting 학생에게 고마움을 전한다.

[1] 번역은 Wilhelm Schneemelcher, ed., *Neutestamentliche Apokryphen in deutscher Übersetzung*, Vol. II: Apostolisches, Apokalypsen und Verwandtes, 5th ed.(Tübingen: Mohr, 1989), 216을 따랐다. 키에르케고르(S. Kierkegaard)는 다음의 글에서 이 본문을 연결시키는 것으로 보인다: "… 마치 바울이 키가 컸는지 작았는지, 얼굴이 아름다웠는지 아니면 그와 같

알다시피 더 거친 어조들도 있는데, [클레멘트 위서의 기초를 이루는 문서의 자료로 알려진-역주] '베드로의 선포들'(*Kerygmata Petrou*)에 나오는 '적대적인 사람'이라는 표제어와 율법으로부터의 배교라는 에비온 학파 사람들의 비판(이레니우스, 『이단 반박』I, 26, 2 *et apostolum recusant, apostatam eum legis dicentes*)으로부터 그에 대한 전적인 거부('그들은 바울 사도를 인정하지 않는다'[*Paulum apostolum non cognoscunt*], 『이단 반박』III, 15, 1)에까지 이른다.[2]

수백 년 동안, 아니 역사의 이천 년 동안 바울의 '성격 묘사'는 "정파들의 호의와 증오 때문에 혼란을 겪으며" 흔들렸다. 이때 의견이 확실하게 나누어질 정도로 당파성만이 항상 영향을 미친 것은 아니었다. 이것은 바울뿐만 아니라 그에게서 찾을 수 있다고 믿었던 유대교 상(像)에도 해당했다. 따라서 유대교와 유대교 율법에 대한 소위 잘못된 묘사를 바울 또는 그의 해석가들 또는 둘 모두에게 돌려야 하는지의 문제가 남는다.

쇱스(Hans-Joachim Schöps)는 이 부분에서 가장 명확한 태도를 보였고 가장 엄격하게 다음과 같이 표현했다.

> 기독교 교회가 조상들의 신앙 표상들로부터 멀리 떨어지게 된, 헬레니즘적 디아스포라에서 동화된 한 유대인에 의해서 유대교 율법에 대한 완전히 왜곡된 그림을 넘겨받았다는 사실은 영원히 기억될 것이다.[3]

앉는지를 우리가 알고 싶어하기라도 했던 것처럼 ⋯"(Soeren Kierkegaard/Anna Paulsen trans., *Der Pfahl im Fleisch: sowie wider Feigheit und vom Gebet*, Stundenbuch 12[Hamburg: Furche-Verlag, 1962], 55에서 인용).

[2] Andreas Lindemann, *Paulus im ältesten Christentum: Das Bild des Apostels und die Rezeption der paulinischen Theologie in der frühchristlichen Literatur bis Marcion*, BHTh 58(Tübingen: Mohr, 1979), 101 이하.

[3] Hans-Joachim Schoeps, *Paulus: Die Theologie des Apostels im Lichte der jüdischen Religions-*

이러한 "오해의 신학자"는 그 후에 "그의 추종자들에 의해서도 다시금 근본적으로 오해되었다."[4] 바울에 대한 이해의 역사는 "오해들의 사슬일 뿐"이며, 바울신학은 말하자면 "강화된 오해의 신학"이다.[5]

다른 사람들은 해석자들의 바울 상(像)인 '바울주의'를 "종이로 만든 감옥"으로 표현했는데, 바울은 그 감옥 안에서 "그의 여덟 번째 구금 생활에 시달리고 있다"는 것이다.[6] 이어지는 설명에서, 바울을 가두어버린 바울 해석사의 모든 간수를 다루는 일이 주제가 될 수는 없다. 왜냐하면, 그들의 편에 설 위험이 있기 때문이다.

이러한 위험이야말로 최근에 명명되었던 것처럼 "바울 연구에서 폭풍우의 중심"[7], 곧 '바울과 율법'이라는 주제를 향하게 될 때 우려해야 한다. '바울과 율법'은 바울의 설교와 서신 이래로 오늘날까지 바울 해석에서 가장 치열하게 격전을 치른 주제다.

모든 것이 말해졌고, 모든 것이 반박되었다. 논쟁은 때로 악명 높은 신학자들의 광기와 함께 진행되어서 많은 연구가, 로마 총독 베스도가 규명해야 한다고 생각했듯이, 바울이 아니라 그의 해석자들을 미치게 했다고 추측할 수 있을 정도다!

'바울과 율법'이라는 주제를 향하게 되면, 율법 이해와 성경 이해가 밀접하게 연결되어 있음에도 성경의 사용 및 성경 이해에 대해서 계속 질문

---

    geschichte(Tübingen: Mohr, 1959), 278.
4 앞의 책, 278.
5 앞의 책, 279.
6 Adolf Deissmann, *Paulus: Eine kultur- und religionsgeschichtliche Skizze*, 2nd ed.(Tübingen: Mohr, 1925), X-XI.
7 Günter Klein, "Ein Sturmzentrum der Paulusforschung," *Verkündigung und Forschung* 33(1988), 40-56.

하는 것이 연구의 대상이 되지는 않는다. 이 점은 '노모스'(νόμος)가 바울에게서 엄격한 의미의 '율법,' 곧 시내산-토라를 가리킬 뿐만 아니라, 오경 전체와 성경 전체를 명명할 수 있다는 사실[8]에서 이미 드러난다.

유대교 율법에 대한 널리 퍼져 있는 기독교적인 부정적 관점에 대해 우선 로마서 7:14에서 온 바울의 문장을 해석 과제로 제시해야 할 것 같다.

2. 바울의 율법 이해

1) "율법은 신령하다"[9]

구체적으로 말해서, 통용되고 있는 바울 해석의 한 노선을 따랐다면, 이 문장은 정확히 말해서 바울 자신에게서 볼 수 있기보다는 유대적인 또는 유대 기독교적인 적대자에 의해서 바울에 반대하여 제시되었어야 한다. 그러나 바울은 여기서 자기의 입장뿐만 아니라 기독교 공통의 입장을 표

---

[8] Walter Bauer, *Griechisch-deutsches Wörterbuch zu den Schriften des Neuen Testaments und der frühchristlichen Literatur*, K. Aland and B. Aland eds., 6th ed.(Berlin and New York: Walter de Gruyter, 1988)을 보라. 성경 해석에 대해서는 이제 Dietrich-Alex Koch, *Die Schrift als Zeuge des Evangeliums: Untersuchungen zur Verwendung und zum Verständnis der Schrift bei Paulus*, BHTh 69(Tübingen: Mohr, 1986)을 보라.

[9] 참고문헌 그리고 2차 문헌과의 토론에 대해서는 튀빙겐대학교에서 쓴 나의 교수 자격 논문인 *Studien zur paulinischen Anthropologie in Römer 7*, Vol. I-II(Habil. The University of Tübingen, 1985)를 보라. 기초가 되는 것은 Werner G. Kümmel, *Römer 7 und die Bekehrung des Paulus*, Untersuchungen zum Neuen Testament 17(Leipzig: Hinrichs, 1929; 중판은 München: Kaiser, 1974). 철자 R이 추가된 저자 이름들의 경우 로마서 주석서들을 가리킨다(서지사항을 모두 표기-역주).

현하고 있기 때문에("우리가 … 알거니와") 그 문장이 바울의 다른 율법 관련 진술들에 어떻게 맞는지를 물어야 한다. 바로 거기서 우선 질문들만이 제기된다.

우리가 그 외에 바울에게서, 곧 로마서와 더 나아가 갈라디아서에서 율법에 대하여 읽는 모든 것이 "율법은 신령하다"는 이 문장에 모순되지 않는가?

모순들에 직면하여 바울(사상)의 발전을 받아들이는 것으로 충분한가,[10] 아니면 논리적으로 율법에 대한 극단적 거부와 율법의 보수적 고수 사이에서 이리저리 흔들리는, 스스로 표현할 수 없는 것은 둘째 치고라도 도무지 명료함에 이르지 못하는 바울의 모습을 갖게 하지는 않는가?

그리고 율법이 정말로 신령하다면, 생명에 이르게 하도록 주어진 것(롬 7:10)이 실제로 생명으로 이끈다는 사실이 받아들여지고 성취되는 것을 무엇이 방해하는가?

바울은 그 이유로서 '나'의 '육신에 속한 상태'를 들며, 이로써 죄에 굴복된 상태가 함께 제시되었다. 이것은 "죄 아래에 팔렸도다"(7:14)라는 말로 표현된다.

그러나 인간은 어떻게, 그리고 왜 죄에 팔렸는가?

죄가 첫 번째 인간을 통해 세상에 들어옴으로써(롬 5:12 이하) 인류를 지

---

[10] Ed P. Sanders, *Paul and Palestinian Judaism: A Comparison of Patterns of Religion*(Philadelphia: Fortress Press, 1977); 독일어판은 Ed P. Sanders/Jürgen Wehnert trans., *Paulus und das palästinische Judentum: Ein Vergleich zweier Religionsstrukturen*, StUNT 17(Göttingen: Vandenhoeck & Ruprecht, 1985); Ed P. Sanders, *Paul, the Law, and the Jewish People*(Philadelphia: Fortress Press, 1983); Hans Hübner, *Das Gesetz bei Paulus: Ein Beitrag zum Werden der paulinischen Theologie*, 2nd ed., FRLAnt. 119(Göttingen: Vandenhoeck & Ruprecht, 1980).

배하는 힘이 되었기 때문이다.

왜 죄는 이것을 할 수 있었고, 또는 해도 되었는가?

바울은 이 질문에 직접 대답하지 않는다.

다른 문맥에서 그는 "진노를 내리시는 하나님이 불의하시냐?"(롬 3:5) 이런 비슷한 질문을 하지만, 이는 그 질문을 곧바로 인간적인 것으로서 거부하기 위해서다. 왜냐하면, 그 질문이 세상에 대한 하나님의 사법적 통치를 의문시하기 때문이다.

어떤 이유에서 죄는 다스리는 힘이 될 수 있었는가?

죄의 보편성에 이를 훨씬 넘어서는 은혜를 대립시키기 위해서인가?

하지만 만약 그렇다면 "은혜를 더하게 하려고 죄에 거하겠느냐"라는 로마서 6:1의 개인적으로 잘못된 결론은 '은혜가 가진 더 큰 힘이 드러나게 하려고 죄가 자신의 힘을 행사해야 했다'라는 식으로 보편적인 의미로만 방향을 바꾼 셈이 될 것이다. 우선, 바울이 마치 이것을 의미하고 있는 것처럼 보인다.

로마서 5:20도 율법이 범죄를 더하게 하려고 부차적으로 들어왔다고 말함으로써 이런 사고구조를 보여 주지 않는가?

즉 하나님의 뜻에 의하면 "죄가 더한 곳에 은혜가 더욱 넘쳤나니"(롬 5:20)가 유효할 수 있으려면 죄/범죄가 커져야 했다는 것이다.

율법의 역할이 이렇게 부정적인 의미로 소진된 것처럼 보인다면, 로마서 7:12-14의 진술들은 놀랍다.

어떻게 이러한 긍정적인 평가에 이르게 되었는가?

바울은 율법이 거룩하고 계명이 거룩하고 의로우며 선하다(7:12)는 대열에 왜 율법이 신령하다(7:14a)는 말을 덧붙이는가?

놀라운 것은 또한 '율법'과 '계명'에 대한 다른 규정들이 '선하다'는 예외를 빼고 다시 수용되지 않은 것과 마찬가지로 바울이 이 진술을 반복하거나 변형시키지 않는다는 점이다. 7:13은 있음 직하지 않은 것을 배제하고자 하는 바울의 단호함을 보도한다.

그런즉 선한 것이 내게 사망이 되었느냐 그럴 수 없느니라(롬 7:13).

이 질문의 부정과 더불어 재앙을 가져오는 죄의 역할로 방향이 유도되고, 죄가 힘을 얻는 데 있어서 계명이 중요한 역할을 한다는 점이 다시금 강조된다. 그러나 계명 자체는 이 논쟁 지점에서 스스로 죄의 영역에 속해 있다는 의심으로부터 이미 자유로워졌다(7절). 이것은 "율법이 신령하다"는 14절 진술로 이끈다.

그 문장을 그것에 부가된 "그러나 나는 육신에 속하여"라는 반대 개념 없이 읽어서는 안 된다. 이러한 '육신에 속한 상태'는 죄에 팔린 상태로서 규정된다. 이로써 선한 것, 곧 율법의 실천이라는 관점에서 인간 안에 있는 분열이 설명된다. 육신에 속한 육체적 인간은 신령한 영적 율법에 대립한다.

언어적으로, 그리고 실질적으로 "율법이 신령하다"라는 용법은 특이하다. 근사치 이상이 될 만한 참된 유비를 찾는 일은 지금까지 성공적이지 못했다. 그러나 신성한 천상 세계에 관한 유대교의 진술들은 율법의 본질, 기원과 기한을 위해 밀접한 병행구절들을 제공해 준다(Josephus, 『아피온 반박문』[Contra Apionem] Ⅱ,277; 바룩서 4:1; Josephus, 『유대 고대사』[Antiquitates Judaicae] Ⅲ, 286; ⅩⅡ, 37-38).

2) 영적 율법과 육체적 '나'

율법의 '신령함'에 대한 공통적 인식에 '나'의 '육신에 속한 상태'가 대립하고 있는데, 둘은 7:25a과 8:1 이하에서 해결책이 제시되기 전까지는 조정하기 어려운 세계들이다. 하지만 먼저 '나'가 자신의 전적으로 절망적인 상태와 구제 불능의 상황을 인식하고 표현해야 한다(7:14-24). 정확히 말하자면, 이 일도 7:25a과 8:1 이하로부터 일어난 구원을 회고하는 과정에서 일어난다.

그러나 하나님의 신령한 요구와 인간의 하나님 적대적이고 육신에 속한 체질 사이의 대립은 어떻게 해소할 수 있는가?

형식적으로 말하자면, 육체적인 '나'가 영적인 '나'가 되면서 해소된다고 할 수 있을 것이다.

그것은 어떻게 일어나는가?

양육을 통해서인가?

영적인 것이 육체적인 것에 대해 점점 더 많이 우위를 점할 수 있게 하는 교육(παιδεία)을 통해서인가?(악한 경향에 대한 선한 경향의 승리에 상응하게?)

하지만 로마서 7:14a에는 동일한 배타성을 가지고 8장에서 변형된 채 계속되는("육신을 따르지 않고 그 영을 따라 행하는"[8:4] 혹은 "만일 너희 속에 하나님의 영이 거하시면 너희가 육신에 있지 아니하고 영에 있나니"[8:9]) 대립 개념한 쌍이 나온다. 이러한 속행의 관점에서는 말하자면 서로 배제하는 '영적인'과 '육체적인' 사이의 대립이 명확하게 주제인데, 이 대립은 동화나 교육을 통해서 극복되지 않고 완전한 변화가 필요하다.

영적 인간은 이제 율법을 성취해야 하는가, 또는 성취할 수 있는가?

로마서 8:3-4이 매우 간결한 형태로 답을 준다.

> 율법이 육신으로 말미암아 연약하여서 할 수 없는 그것을 하나님은 하시나니 곧 죄로 말미암아 자기 아들을 죄 있는 육신의 모양으로 보내어 육신에 죄를 정하사 육신을 따르지 않고 그 영을 따라 행하는 우리에게 율법의 요구가 이루어지게 하려 하심이니라(롬 8:3-4).

바울의 기독론, 구원론, 율법 교리와 인간론의 집중도는 너무 높아서 해석자에게 어려움을 주는 언어적이고 내용적인 생략들이 일어나게 된다.

율법은 죄와 죽음으로부터 자유롭게 할 수 없었다. 육신으로 말미암아 연약했기 때문이다. 물론 그 연약함은 상대적이지 않고 절대적이며(롬 7:14 이하 참조), 부족함이 아니라 전적인 무능력이다. 많은 해석에서는 여기서 '대용물 모델'이 슬그머니 들어오게 된다.

"하나님은 말하자면 자신의 목표에 이르기 위해서 새로운 길을 택하신다"[11]는 것이다. 마치 옛길이 막다른 골목으로 밝혀져서 새로운 길이 발견돼야 하듯이 말이다. 선한 일을 하게 만들 수 없는 육신의 전적인 무능력을 통해서 율법의 유익한 효과가 막히게 되었다고 생각함으로써 바울은

---

[11] Otto Kuss, *Der Römerbrief*, Vol. 2: Röm 6,11-8,19(Regensburg: Pustet, 1959), 491.

육신이 율법의 성취를 가로막거나 어렵게 한다는 사실은 인정하면서도 율법의 길이 육신(과 이로써 육신 안에 거하는 죄)에게 근본적으로 닫힌 것은 아니라는 모든 입장에 반대한다.

자기 아들을 죄의 육신을 가진 형상으로 파송함으로써 하나님은 육신에다 죄의 선고를 내리셨다.

바울은 '왜 신/하나님은 사람이 되었는가?'(*cur deus homo*)[12]를 그제야 설명해 주는 부가적 표현인 "그리고 속죄 제물로서"(8:3; καὶ περὶ ἁμαρτίας에 대한 해석을 개역개정은 "죄로 말미암아"로 번역-역주)를 통하여 그것이 어떻게 일어났는지를 밝힌다.

성육신은 그리스도의 속죄적 죽음을 목표로 한다. 이로써 율법이 이제 생명을 줄 수 있고 신자가 토라의 성취로 생명을 가지게 되도록 율법의 무능력이 도움을 받은 것이 아니다. 그리스도는 오히려 율법이 범죄한 사람에게 선고하는 판결로부터 자유롭게 한다. 마치 죄인 대신에 죄에게 책임을 물으려는 것처럼 한 것이 아니다.[13] 죄와 죄인은 로마서 7:14-24에서 '나'의 의지에 반해서일지라도 통일성을 이루고 있지 않았던가.

그렇게 그리스도의 십자가에서 죄와 죄인은 선고를 받았다. 죄의 경우에는 그리스도 안에 있는 사람들에 대한 권세가 제거되었다는 점에서, 죄인의 경우에는 그리스도가 대신하여 사형 선고를 짊어지고 그를 노예로 만드는 죄의 권세로부터 해방했다는 점에서 그렇다.

---

[12] Adolf Schlatter, *Gottes Gerechtigkeit: Ein Kommentar zum Römerbrief*, 3rd ed.(Stuttgart: Calwer Verlag, 1959[1st ed. 1935]), 231.
[13] 이를 위해 Ulrich Wilckens, *Der Brief an die Römer*, Vol.2: Röm 6-11, EKK VI/2(Zürich et al.: Benziger Verlag and Neukirchen-Vluyn: Neukirchener Verlag, 1980), 126을 보라.

말하자면, 지금까지 율법의 성취를 막았던 죄는 그리스도의 죽음을 통해 제거되었다. 이로써 이제 율법의 '올바른 행위'는 육신이 아니라 영을 따라 사는 사람들에게서 성취된다. 다시 말하면, 영에 의해 규정된 사람들 안에서, 또는 그들을 통해서 (신령한) 율법은 성취된다.

바울은 이것을 변형시키면서 갈라디아서 5:13-14에서 구체화할 수 있다. 즉 자유는 육체의 기회가 되어서는 안 된다는 것이다. 이것과 반대되는 것은 서로 종노릇하는 사랑이며, 그 안에서 전 율법이 성취된다. 중요한 것은, 이후 16절부터 육체와 영/성령이 대립 개념으로서 주도적임에도, 여기 13-14절에서 육체와 반대되는 것으로서 사랑이 선택되었다는 점이다.

다시 말하면, 영/성령과 사랑은 한 편에 같이 서 있고, 육체는 그것들에 대립하는 것이다. 사랑 안에서 율법이 이처럼 성취되는 것은 '율법의 세 번째 사용'(*tertius usus legis*, '율법의 첫 번째 사용'은 하나님의 뜻을 알도록 인간에게 계시된 진리의 법과 연결되고, '율법의 두 번째 사용'은 불경건한 죄인을 제지하고 첫 번째 사용에 따라 살지 않는 이들을 정죄하기 위함이며, '율법의 세 번째 사용'은 중생한 사람이 죄의 본성을 죽이도록 하며 죄 많은 상태이지만 은혜 아래 살면서 올바른 생활을 하도록 돕는 데 사용된다. 마지막은 특히 멜랑히톤[P. Melanchton]과 칼빈[J. Calvin]에 의해 종교개혁 신학에 도입되었다-역주)을 증명하지 않는다.

"우리가 율법은 신령한 줄 알거니와 나는 육신에 속하여"라는 두 개의 문장 성분들의 철저한 병렬은 '나'의 육체적 본질이 신령한 율법에서 처음으로 명백해진다는 점, 즉 율법이 들춰내고 고발하는 자신의 증인 역할을 인지한다는 점^{14}을 분명히 한다.

율법이 물론 신령하다는 사실은 영적인 사람만 알고 있으며, 그를 통해서만 율법은 성취된다.

바울은 로마서 7장에서 잠시 '나' - 연설을 중단하고, 연결하는 '우리'로 넘어간다. 그래서 "우리가 율법은 신령한 줄 알거니와"라고 말한다. '같은 것이 같은 것을 통해서(만) 인식된다'라는 스토아 학파의 진술에 반대하여 (로마서에서 전혀 언급되지 않는) 인간의 영이 하나님의 영과 닮지 않았다는 사실이 고수돼야 한다. 만약 인간의 영이 하나님의 영과 닮았다면, 칭의와 새로운 삶은 '자기 구원'일 것이다.

이와 반대로 바울은 '나'가 육체에 의해 규정된다는 점, 즉 죄 아래에 팔렸다는 점(롬 7:14b), 그리고 자신의 존재와 자기 이해에 완전히 정반대되는 하나님의 영만이 그리스도로부터 인간이 율법의 신령한 본질을 인식하게 하고, 신령한 것으로 이해되는 율법을 사랑으로 성취하도록 할 수 있다는 점을 맹렬히 고수한다.

3) 율법에 대한 변증?

바울은 왜 율법이 거룩하고 계명도 거룩하고 의로우며 선하다는 점(롬 7:12), 곧 율법이 신령하다는 점(7:14a)을 이토록 고집함으로써 사람들

---

14 특히 Otfried Hofius, "Das Gesetz des Mose und das Gesetz Christi," *ZThK* 80(1983), 262-286(=Otfried Hofius, *Paulusstudien*, WUNT 51[Tübingen: Mohr, 1989], 50-74)이 이 점을 강조한다.

이 7:7 이하에서 율법에 대한 변증[15]을 제대로 보게 했는가?

그러나 이러한 지적으로는 한 가지의 부분적인 관점만 적중했다.[16] 실제로 중요한 것은 율법을 지나쳐 버리는 방식이 아니라 바로 율법과 계명을 도구화함으로써 유일하게 죽음으로 이끄는 죄의 효력을 폭로하는 것이다. 그래서 종국에는―율법의 신성함이 바울에게는 의심할 여지가 없음에도―그 율법이 변호되기보다는, 인간들을 굴복시키고 '육체'와 '(몸의) 지체들'을 지배하는 죄의 치명적인 권세가 언급된다.

인간적인 자기 합리화는 죄 아래에 굴복된 이러한 상태를 부인하고 죽음으로 가는 파멸적인 길에 대한 책임을 율법에 돌릴 것이다. 그래서 바울은 스스로 모든 것을 첨예화하면서 동시에 예상되지 않았던 질문을 하게 된다.

율법이 죄냐(롬 7:7a).

바울은 그 전에 전개한 논증에서 율법을 죄와 연결했지만, 죄와 율법을 어떤 방식으로든 동일시하는 일은 단호하게 피했다. 서신을 진행하는 과정에서 그는 이전에 반복해서 언급했던 율법과 죄(의 문제)를 화제의 실마리로 삼는다.

"율법이 죄냐?"

---

[15] Rudolf Bultmann, "Paulus," 2nd ed., *RGG* 4(1930), 1022; Günther Bornkamm, "Sünde, Gesetz und Tod: Exegetische Studien zu Röm 7," Günther Bornkamm, *Gesammelte Aufsätze*, Vol.1: Das Ende des Gesetzes: Paulusstudien, BEvTh 16(München: Kaiser, 1966), 51-69.

[16] Ernst Käsemann, *An die Römer*, 4th ed., HNT 8a(Tübingen: Mohr, 1980), 184.

바울이 '아니오!'라는 단호한 대답을 통해 앞으로 도피하지 않는다면, 그는 사실 기꺼이 '예!'라고 대답하고 싶었을 것이다. 신성모독적인 '예!'로 바울은 물론 스스로 모든 신학적 논증을 위한 토대를 제거했을 것이다. 토라-계명은 명령이나 합의에 기초를 두고 또한 명령이나 합의로 변경하는, 인간들의 공생을 위한 행동규칙들의 집대성이 아니라, 이스라엘을 향해, 그리고 이스라엘로부터 시작되어 전 세계를 위해 창조주의 구원 의지를 계시한 것이다.

이 구원 의지에 따라 삶과 세계는 하나님에게 부합하도록 형성돼야 한다. 이 율법은 모든 피조물의 기본 질서이며, 구원과 생명에 대한 창조주의 뜻을 표명한 것이다.

신약성경 시대의 유대교가 율법을 왜곡시켰고[17] 이러한 왜곡된 율법 이해를 고려하여 바울이 율법에 대한 자신의 비판을 표현했다는 무고(誣告)는 가장 최근의 저작물들에 이르기까지 나타난다. 정반대로 논증하면서도 동일한 방향을 취하여 바울이 헬레니즘적 디아스포라 출신의 유대인으로서 다른 한편으로 팔레스타인 유대교의 본질을 이해하지 못하고 그럼으로써 잘못된 방식으로 비판했다고 책임을 전가하기도 한다.

오히려 맞는 것[18]은 바울이 헬레니즘적이고 팔레스타인적인 유대교에

17　이와 같은 방식으로 비판에 관여하는 경우들은 전혀 예상할 수 없는 곳에서도 나타나는데, 예를 들어 Klaus Beyer, *Die aramäischen Texte vom Toten Meer*(Göttingen: Vandenhoeck & Ruprecht, 1984), 158가 '율법'에 대하여 말하고 있는 내용이다. "의미 있는 계명들을 통해 이스라엘을 민족으로서 설명하고 보존해 주는 하나님의 선물이 모든 유대인이 그 의미를 이해하지 못할지라도 성취해야 하는 가장 다양한 규정들의 우연적 집대성이 된다. 하지만 이를 통해서 율법은 개별인과 그의 이웃 사이에 끼어들게 되고, 결국 지나치게 꼬치꼬치 캐는 랍비적 결의론(決疑論)으로 끝난다. 그러나 하나님은 입을 다무시고 끝없이 먼 곳으로 사라지신다."

18　고대 유대교에 대한 보다 적절한 관점을 위해서는 Avot I,3에 나오는 소코(Socho)의 안

대한 지식을 가지고 율법-계명을 창조 원리로 인식했다기보다는 그리스도를 구원하시는 하나님의 지혜로서 인식했다는 사실이다. 이로써 그리스도가 율법을 대신하게 되었다는 것은 아니다. 그렇게 볼 때 그리스도는 고작 달리기를 잘 하지 못하는 율법이라는 후보자를 위한 대체 선수가 될 뿐이며, 율법을 통한 첫 번째 구원 시도가 실패하자 두 번째 시도로서 투입된 존재에 불과하다.

이처럼 해석할 때에만 바울의 하나님 상이 냉소적이고,[19] 그가 율법 이해와 관련하여 자신의 기독론과 구원론으로부터 나오게 된 지적인 문제들을 보지도 못하고 해결은 더더욱 못했다고 주장할 수 있다. 클라인(G. Klein)[20]은 [마치 종이/나무의 섬유질이 가닥으로 풀리듯이-역주] 바울을 논리적으로 분해해 버린 레이제넨(Räisänens)의 해석이 "바울의 율법 이해가 가진 실존적 의미에 대한 물음을 바르게 다루지 않는다"는 사실을 제대로 비판했다. 바로 갈라디아서 3:21 이하에 나오는 율법에 대한 부정적 규정들이야말로 다음의 사실을 증명한다.

티고노스(Antigonos)가 남긴 잘 알려진 명언의 수용이 중요할 것이다. "보상을 받으려는 의도에서 주인을 섬기는 종들처럼 되지 말고, 보상을 받으려는 의도 없이 주인을 섬기는 종들처럼 되어라." Emil Schürer, *Geschichte des jüdischen Volkes im Zeitalter Jesu Christi*, Vol.2: Die inneren Zustände, 3rd ed.(Leipzig: J. C. Hinrichs'sche Buchhandlung, 1898), 467이 "(이것은) 결코 바리새적 유대교의 지배적 분위기에 대한 바른 표현이 아니다. 바리새적 유대교는 실제로 보상을 받으려고 섬기는 종들의 모습과 비슷하다." 고 해석했다면, 신판인 Emil Schürer, *The History of the Jewish People in the Age of Jesus Christ(175 B.C.-A.D. 135): A New English Version*, Vol. 2, Geza Vermes et al. revised and ed.(Edinburgh: T & T Clark, 1979), 466은 "(이것은) 랍비 문학에 보존된 많은 유사한 충고들을 예시한다"고 설명한다.

19 Heikki Räisänen, *Paul and the Law*, WUNT 29(Tübingen: Mohr, 1983), 154.
20 Klein, "Ein Sturmzentrum der Paulusforschung"(1988), 51.

죄와 율법의 협연은 하나님의 구원 의지에 반대하여 아무것도 할 수 없었지만, 인간을 자신이 처한 객관적으로 절망적인 상태에 넘겨주었다. 이 절망적인 상태가 인간이 철저하게 은혜를 바라보게 했다.[21]

그러므로 "그리스도는 모든 믿는 자에게 의를 이루기 위하여 율법의 마침이 되시니라"는 로마서 10:4의 진술은 대체 모델의 의미로 이해될 수 없다. 그 모델에 따르면, 그리스도를 통한 하나님의 위기 대처 프로그램이 역사적 실패를 겪은 율법을 대체하게 된다.

그렇게 되면 기독론적 고백에 따라 종말론적으로 현실이 된 모든 것을 역사적으로 율법에 해당하는 것으로서 여겨야 할 것이다. 율법이 실패했던 것을 왜 이제 그리스도가 성공할 것이냐는 질문은 대답되지 않은 채 남게 될 것이다.

그러나 로마서 10:4은 그리스도와 함께 율법의 효력과 구속력이 끝났다는 것을 의미하지도 않는다. 만약 그렇게 해석한다면 두 가지 가능성이 있다.

첫째, '사랑하라, 그리고 네가 원하는 것을 하라'(*Dilige et fac quod vis*, 출처는 Augustinus, *In epistolam Ioannis ad Parthos*, VII, 8이며, 아우구스티누스가 요한일서를 가지고 행한 열 개의 강해설교 중 일곱 번째 설교로서 요일 4:4-12을 다룸-역주)라는 모토에 따라 더 이상 어떤 율법도 필요로 하지 않는 신자들을 통한 율법의 '자동적' 성취거나,

둘째, 어떠한 기준들 없이도 지낼 수 있는 율법으로부터의 자유다.

---

[21] 앞의 논문, 51.

두 가지 대답 중 어떤 것도 새로운 사람과 그 사람의 새로운 삶에 대한 바울적 표상에 적합하지 않다. 정반대로, 그러면 사람은 율법으로부터 자유롭겠지만, 동시에 그리스도 및 그의 계명과의 결합에서도 자유롭게 되고, 따라서 자기 자신을 넘겨줌으로써 다시 죄의 권세에 내맡기게 된다.

신자가 자신의 잘못으로 고발하는 율법과 더 이상 단독으로 관계를 맺기보다는 구원하는 그리스도와 연결되는 한,[22] 그리스도는 오히려 신자에게 율법의 마침이다.

3. 유대교 율법에 대한 비유대인들의 시각

로마서에서 율법과 계명의 거룩함을 강조하는 바울의 맹렬함은—중심에 서 있는 실질적-신학적 관심사를 제외하고—공동체 내적으로는 물론이고 공동체 외적으로도 해명할 필요성이 있었기 때문일 수 있다.

공동체 내적인 논쟁과 관련해서는 바울이 "선을 이루기 위하여 악을 행하자"는 논제를 주장했다는 비방을 언급하는 로마서 3:8[23]이 지평을 열어 줄 수 있다—다른 관점이 로마의 [기독교-역주] 공동체와 유대인들 모두에게 영향을 끼쳤을 수 있다. 즉 바울에게는 자신의 소위 '율법 비판'이 유대교 율법에 대한 로마의 반유대적 선동이나 경멸적인 조롱과 동일한 노선에 있는 것으로 보여서는 안 된다는 사실이 중요했음이 틀림없다.

---

22 Hofius, "Das Gesetz des Mose und das Gesetz Christi"(1983), 276-278(64-66)을 보라.
23 Peter Stuhlmacher, *Der Brief an die Römer*, 14th ed., NTD 6(Göttingen: Vandenhoeck & Ruprecht, 1989), 51을 보라.

보론(補論): 바울 당시의 동시대 로마인들의 관점에서 본 유대인들과 그들의 율법[24]

여기서 가장 먼저 언급해야 하는 사람은 세네카(Lucius Annaeus Seneca)다. 그는 유대인들과 로마 사회에서 그들이 하는 역할에 대한 자신의 반감을 공개적으로 표명한다. (Augustinus, *De civitate Dei* VI, 11에 나오는) 『미신에 대하여』(*De superstitione*)에서 세네카는, 아우구스티누스의 보도에 의하면, 미신들 가운데서 '유대인들의 성사(聖事)들, 특히 안식일'(*sacramenta Iudaeorum et maxime sabbata*)을 언급한다. 그리고 그는 안식일 준수를 다음과 같이 비판한다. "그들은 게으름으로 자기들 인생의 1/7을 낭비한다"(앞서 말한 문헌에서). 다른 곳에서 그는 안식일에 밝히는 등불들을 웃음거리로 삼는다. "신들은 등불이 필요하지 않으며, 인간들은 그을음을 좋아하지 않는다"(*Epistulae morales ad Lucilium* XCV, 47).

유대인들은 '가장 악랄한 집단'(*sceleratissima gens*)이자 범죄자 민족이며, "완패한 사람들이 그들에게 승리한 사람에게 법을 주었다"(*Victi victoribus leges dederunt*; 출처는 Augustinus, *De civitate Dei* VI, 11에 나오는 *De superstitione*)는 말에서 나타나듯이, 그들의 관습은 곳곳으로 퍼지고 있다. 그들의 신앙은 종교(*religio*)의 반대인 미신(*superstitio*)일 뿐이다.

페트로니우스(Gaius Petronius Arbiter)에게 유대인의 특징적 표시는 할례다(*Satyricon* 102, 14). 이를 가지고 그는 재능이 탁월한 한 노예를 조롱한다. 그 노예는 "많은 기술을 가지고 있지만, 두 가지 흠을 가지고 있는데, 그는 할

---

[24] 본문들은 Menahem Stern, ed., *Greek and Latin Authors on Jews and Judaism*, Vol. 1-3(Jerusalem: Israel Academy of Sciences and Humanities, 1976-1984)에서 참조.

례를 받았고 코를 곤다"(*Satyricon* 68,7-8). 유대교 율법에 대한 두 가지 왜곡 또는 오해가 페트로니우스에게서 나타난다. 한편으로 그는 유대인들이 돼지를 숭배한다고 주장하며, 다른 한편으로 안식일을 축제일로 여긴다.

마르티알리스(Marcus Valerius Martialis)와 유베날리스(Decimus Iunius Iuvenalis) 같은 조금 더 후대의 시인들을 함께 고려하면, [유대인들에 대한 – 역주] 표상/그림은 더 다채로워진다. 할례와 안식일은 마르티알리스에게서 주로 나타난다. 유베날리스는 유대교로의 단계적 개종을 매우 생생하게 묘사하는데, 이때 안식일, 천상의 신에 대한 숭배, 돼지고기의 섭취 기피, 로마법에 대한 경시(타키투스[Tacitus]를 보라), 비밀 유지 원칙과 같이 잘 알려진 주제들이 감지된다.

부모가 그들의 자녀들에게 끼치는 나쁜 영향에 관해 서술하면서 그는 유대교로의 개종이 아버지의 안식일 준수로 시작하여 아들의 할례로 끝난다는 사실(Juvenalis, *Satyricon* XIV, 105-106)을 지적한다. 거의 모든 이 주제들과 이를 넘어서는 다른 주제들은 타키투스(Publius Cornelius Tacitus)가 남겨놓은 유대인들에 대한 큰 부설(附設)에서 나타난다(*Historiae* V). 그가 쓴 내용은 고대 반 세미티즘의 교과서라고 할 수 있을 것이다.

유대인들의 율법(*mos*, 타키투스는 '관습, 풍습'을 뜻하는 이 라틴어 단어를 사용-역주)은 '역겹고 더럽다'(*absurdus sordidusque*). 그들의 율법은 불합리하고 혐오스럽다. 모든 비유대인을 향해서 유대인들은 적대적인 증오심을 품고 있다(*adversus omnes alios hostile odium*). 이 비판은 그 밖에 기독교인들에게도 금방 전이되었다. 이러한 상투적인 면은 기원전 3세기 이래로 글의 형태로 존재하는데, 교육을 받은 사람들이 그와 같은 글들의 영향력을 이용했다는 사실은 놀랍다. 이로부터 우리는 두 가지를 알 수 있다.

첫째, 반유대적인 경향도 포함되어 있고, 이러한 경향이 글을 쓸 줄 아는 로마인들에게서 나타난다는 점이다.

둘째, 그들 중에 유대인들과 그들의 율법에 대해 편견 없이 접근한 경우가 없다는, 놀랍고도 충격적인 사실이다.

이미 오래전부터 존재하던 70인역이 아니라, 수백 년 동안 질질 끌려온 소문들이 유대교에 대한 인식을 규정했다. 유대교 편에서의 답변은 그에 못지않게 단호했다. 이와 관련해서 우리는 로마서 1:18 이하에 나오는 이방인들에 대한 바울의 진술들이나 고대 유대교 소설인 요셉과 아세네트서로부터 이에 대한 개념을 얻을 수 있다.

하지만 근본적인 차이점을 살펴보자. 유대교 측의 답변은 소수민족의 답변이다. 그리고 이러한 차이점이 결정적이다.

거대한 반유대적 공격에 직면해서 유대 기독교인 바울은 자신의 유대인 동료들과 율법에 대한 자기 태도를 어떻게 결정해야 했을까?

자신의 율법 비판적인 진술들로 인해 로마의 반유대주의와 같은 영역에 있는 사람으로 분류되는 것을 두려워해야 하지 않을까?

율법의 신성함을 고집함으로써 그는 그와 같은 염려들이나 비방들을 저지할 수 있었다.

언급된 두 가지 관점들은 확실히 바울의 논증 중심에 서 있기보다는 오히려 지엽적인 의미가 있다. 하지만 그 관점들의 공동체 내적이고 외적인 가치가 간과되어서는 안 된다. 바울은 "율법은 신령"하다는 율법에 대한 자기 입장을 논증할 때, 내부를 향해서든 외부를 향해서든, '전략적'으로 하지 않고 신학적으로 한다는 점이 다시금 강조돼야 할 것이다.

그런 이유에서 율법에 대한 바울의 의견은 적대자들과의 논쟁 때문에 발

> 생한 것이 아니고, 그 논쟁을 통해서 전개되지 않는다. 그의 입장이 분명
> 히 어떤 구체적인 점들에서는 적대자들 덕분임에도 말이다. 그들이 유대
> 기독교인 출신이든 이방 기독교인 출신이든 간에 바울의 공동체 내적인
> 적대자들이야말로 바울이 그의 서신들에서 근본적인 진술을 하게 했다.
> 그의 구두 설교로부터 나온 많은 것들과 마찬가지로 이 진술들은 서신들
> 이 아니었다면 우리에게 전승되지 않았을 것이다. 율법과 복음으로 인간
> 의 실제적 실존을 밝혀냈다는 사실 대신에 바울에게서 율법과 복음에 대
> 한 교리를 기대하는 사람만이 바울의 신학이 구체적인 논쟁을 통해서 실
> 제로 도끼를 가지고서만 다가갈 수 있는, 관통할 수 없는 덤불숲이 되었다
> 고 주장할 수 있다.[25]

4. 율법 전체를 성취하기?

첫째, 이방인과 유대인 모두에게 죄가 있음을 명시하는 로마서 1:18-3:20로부터 바울이 율법은 원칙적으로 성취될 수 없다는 논제를 대변한다는 결론이 종종 도출되었다. 율법의 수여와 함께 율법 준수의 불가능성이 동시에 가정되었었더라면 바울이 로마서 1:18-3:20에서 고발하는 방식과 자신의 논증 맥락에서 '증명하는 방식'의 태도를 보일 수 없었을 것이라는 사실로 이에 대해 이의를 제기할 수 있다.

정반대로, 바울은 전 인류가 불순종으로 인해 발생한 죄과를 목표로 한

---

[25] 이를 위해 Klein, "Ein Sturmzentrum der Paulusforschung"(1988), 49-51 참조.

다. 말하자면, 그는 율법이 준수될 수 없다는 점을 증명하려 하기보다는 율법이 보편적으로 지켜지지 않는다는 점을 보여 주려고 한다. 이방인들과 유대인들이 죄를 지었고 짓고 있다는 사실, 바울이 바로 유대인들의 범죄들을 구약성경 본문에서 불경건한 이들을 묘사하는 성경 인용문들의 선집(選集)을 가지고 서술한다는 사실을 지적할 때, 여기서 경험적인 입증을 넘어서 원칙적으로 말해지고 있다는 점이 동시에 나타난다.

율법 성취에 대한 바울의 관점과 관련해서는 무엇보다도 빌립보서 3:6도 지적해야 한다. 거기서 바울이 기독교인이 되기 이전의 시간은 결코 '나는 계속해서 깊이 빠져들어 갔다'라는 모토 아래에서 서술되기보다는 "율법의 의로는 흠이 없는 자"로 표현되고 있다. 비록 바울이 자기 자신을 전통적-유대적인 광신자의 모범을 따라 단순화하여 묘사했을지라도,[26] 그 이상적 모습 속에는 여전히 토라의 원칙적인 준수 가능성이 계속해서 전제되고 있었을 것이다.

둘째, 유대 기독교인 바울이 유대고 율법에 대하여 벌였던 논쟁은 동시대적인 가능성과 관련하여 또 한 가지 특별한 관점에서 관찰돼야 한다. 바울은 율법을 다루는 문제에서 자기보다 조금 이전 사람인 필로(Philo Judaeus)의 길을 택하지 않는다. 필로는 헬레니즘화 된 알렉산드리아의 유대인으로서 [유대교의-역주] 의식법(儀式法)을 거부하거나 비유적인 의미로 이해하는 사람들과 논쟁하지만, '율법 전체'의 보존을 위해서 토라의 제의적이고 의식적인 계명들을 알레고리적으로 해석하려고 시도한다.

---

26 비느하스 전통; Martin Hengel, *Die Zeloten: Untersuchungen zur jüdischen Freiheitsbewegung in der Zeit von Herodes I. bis 70 n. Chr.*, 2nd ed., AGJU 1(Leiden: Brill, 1976), 61-78을 보라.

필로는 아리스테아스의 편지를 쓴 저자가 이미 약 150년 전에 걸었던 길을 계속 이어가는데, 이 점은 그가 예를 들어 쥐나 족제비와 같은 부정한 짐승들을 정치적 밀고자들로 해석했던 일에서, 그리고 마침내 의식법과 관련하여 확정적으로 모든 것이 "의를 위해 (율) 법적으로 규정되었고," "음식과 부정한 뱀들과 짐승들에 관련된 모든 말씀은 의와 사람들의 정의로운 공생을 지향하고 있다"[27]고 설명했던 일에서 나타난다.

바울은 이러한 '출구'가 아니라, 토라를 알레고리적으로 새롭게 해석하고 약화하는 일 없이 그 토라와의 근본적인 '논쟁'의 길을 선택한다. 율법의 어조가 가진 범할 수 없는 구속력을 이렇게 붙잡고 있음으로써 바울은 자신의 유대적인, 또한 바로 자신의 바리새적 스승들의 이해를 이어가는데, 토라에서 드러나는 하나님의 뜻, 인간의 죄과에 대한 망설임 없는 인지와 시인, 그리고 하나님의 자비의 무조건성에 대한 이해를 인정한다는 점에서 그렇다. 은혜의 무조건성은 바울에게 예수 그리스도의 대속적 죽음에서 명백해지며, 이것은 그를 유대교와의 논쟁으로, 그리고 스스로 자각하지 못했을지라도 결국 그 자신의 경계로 이끈다.

그러나 궁극적으로 그는 자신을 자기 민족의 역사에 깊이 뿌리를 내리고 있으면서 하나님의 부르심을 통해 유대인들과 이방인들로 이루어진 새로운 하나님의 백성 안으로 편입된 특별한 유대적 존재로 이해한다. 기독교는 안타깝게도 로마서 9-11장이라는 위대한 도입송(*Introitus*)을 잊어

---

[27] 아리스테아스의 편지 168-169; Norbert Meisner, *Der Aristeasbrief*, 2nd ed., JSHRZ II/1(Gütersloh: Gütersloher Verlagshaus Gerd Mohn, 1977), 66-67에 따른 번역; 이와 관련하여 Martin Hengel, *Judentum und Hellenismus: Studien zu ihrer Begegnung unter besonderer Berücksichtigung Palästinas bis Mitte des 2. Jh.s v. Chr.*, 3rd ed., WUNT 10(Tübingen: J. C. B. Mohr, 1988), 298 각주 371번도 보라.

버렸는데, 거기서 바울은 유대교와 자신의 관계에 대하여 다음과 같이 말한다.

> 나의 형제 곧 골육의 친척 … 그들은 이스라엘 사람이라 그들에게는 양자 됨과 영광과 언약들과 율법을 세우신 것과 예배의 약속들이 있고 조상들도 그들의 것이요 육신으로 하면 그리스도가 그들에게서 나셨으니 그는 만물 위에 계셔서 세세에 찬양을 받으실 하나님이시니라 아멘(롬 9:2-5).

바울이 자신을 이처럼 자기 민족과 동일시한다는 점을 위해서 데살로니가전서 2:14-16에서 보여 준 비방을 관대하게 봐줄 필요는 없지만, 우리는 데살로니가전서에 나오는 가슴 아픈 첫 언급과 비교하여 로마서 9-11장을 유대인들을 향한 바울의 마지막 진술이라고 생각해도 될 것이다.

1986년 4월 13일 로마의 유대교 회당에서 행한 연설[28]에서 교황은 로마서 9장의 말씀을 아우구스티누스에 의해서 윤색된 버전으로 다루었다.

> 여러분은 우리보다 우대받은 형제들이며, 거의 이렇게까지 말할 수 있을 것 같은데, 우리보다 나이 많은 형제들입니다.[29]

---

28 Papst Johannes Paul II., "Ansprache an die Vertreter der Juden im Dommuseum in Mainz," *Freiburger Rundbrief* 37/38(1985/86), 3-5.
29 Papst Johannes Paul II., "Ansprache an die Vertreter der Juden im Dommuseum in Mainz"(1985/86), 4. Heinz Schreckenberg, *Die christlichen Adversus-Judaeos-Texte und ihr literarisches und historisches Umfeld(1.-11. Jh.)*, 2nd ed., EHS.T 23/172(Frankfurt u. a.: Lang, 1990), 352-362(아우구스티누스에 대하여)를 보라.

셋째, 바울은 그렇게 이스라엘의 역사에서 율법 침해 및 이로 인해 율법과 그 저주를 통하여 일어난 유죄판결뿐만 아니라, 고대 이스라엘에서 조상들의 시대로부터 아브라함, 야곱, 모세와 다윗 엘리야와 바알 앞에 무릎을 꿇지 않았던 칠천 명(왕상 19:18; 롬 11:4)에게서 역사를 관통하여 가는 자기 민족의 길에 나타난 하나님의 '은혜의 흔적들'(*vestigia gratiae*)을 본다.

바울이 심지어 '율법 세우기'에 대하여 말할 때(롬 3:31), 그는 조상들의 이러한 약속과 순종의 역사를 연관시키는 것 같다. 즉 율법을 세운다는 말은 성경에서 증언된 하나님과 조상들 사이 약속의 역사를 바르게 이해한다는 뜻이다. 이스라엘에게는 하나님의 계시의 말씀들(λόγια τοῦ θεοῦ)이 맡겨졌다(롬 3:2). 그것이야말로 죽이는 율법(νόμος)이 아니라, 역사를 통과하여 가는 자기 민족의 길을 위한 유익한 선물이다. 바울에게 그 역사는 다윗 혈통에서 온(롬 1:3) 약속된 메시아 예수 안에서 성취되었다.

예수가 죽이는 율법을 극복하고, 그런 이유에서, 그리고 그럼으로써 율법의 마침이기 때문이다(롬 10:4). 죄인을 죽이는 율법이 가진 권세가 끝났다는 사실 안에서 율법의 거룩함과 유효성에 대한 철저하고 진지한 수용과 인간이 홀로 있으면서 해결할 수 없는 자신의 죄과에 대한 망설임 없는 자각이 동시에 드러난다. 또는 다르게 방향을 바꾸어 보면, 하나님 요구의 절대성과 은혜의 무조건성이 나타난다.

5. 결론

우리는 바울과의 대화에서 주로 로마서를 연결했다. 그러므로 마지막에 다시 한 번 로마서를 언급해도 될 것이다.

유대 기독교인 사울-바울이라는 인물이야말로 기독교가 유대교와 얼마나 밀접하게 연결되어 있는지를, 그것이 그의 덕분이라는 점을 분명히 한다. 출발점으로 돌아가면, 우리는 물론 동시에 유대교와 원시 기독교 사이에서 벌어진 논쟁의 처음으로 가게 된다. 이 논쟁은 유대 기독교인이자 이방 선교사였던 사울-바울이라는 인물의 형태로 나타난다.

우리는 유대교와 원시 기독교가 서로 논쟁하는 모습을 보지만, 둘은 로마가 가진 압도적인 세계 패권의 그늘 속에 있는 소수 집단이다. 각각 서로 다른 방식으로 둘은 이 로마 제국, 즉 이 세상에 속하지 않은 나라를 대안으로 제시할 수 있었다. 서로 다른 방식이긴 하지만 공통된 전제들로부터 출발하는 대안으로서의 나라 말이다. 원시 기독교의 모든 것이 유대교 덕분이다. 어디가 되었든지 간에 마르시온의 길을 가는 곳에서는 한 분 하나님과의, 그리고 유대인들과 기독교인들이 공유하는 한 성경과의 결정적인 관계가 상실되었다.

하지만 그 성경에서 증언된 메시아 소망이야말로 둘 사이의 분리를 가져왔다. 즉 구원의 보편성과 은혜의 무조건성에 대한 나사렛 예수 그리스도의 선포 말이다. 이 점을 바울보다 더 잘 이해하고 더 단호하게 설교했던 사람은 없다. 유대인들과 기독교인들의 초기 역사는 기독교가 유대교로부터 멀어지게 된 가슴 아픈 길을 알게 해 준다. 그 역사는 유대 기독교인이자 이방 선교사였던 바리새인 사울-바울이라는 인물에게서 모범적으로 구현된다.

두 가지의 거의 부수적인 역사적 사건들에 주목하면, 우리는 출발점의 공통점에 대한 어떤 것을 알아볼 수 있다(그리고 그럼으로써 우리는 다시 한 번 로마로 가게 된다).

우리가 다룰 수 없었던 문제이긴 하지만, 로마에 있던 유대인들에 대한 최초의 확실한 보도는 기원전 139년과 연결되는 추방에 대한 소식[30]이다. 로마에 있던 기독교인들에 대한 최초의 소식은 클라우디우스 황제의 통치 아래(기원후 49년)에서 유대인들과 함께 당했던 추방에 대해서 보도한다.[31] 이 추방사건으로 우리는 한 유대 기독교인 부부를 만나게 되는데—그들은 곧 이어 고린도에서 바울을 만남(행 18:2)—이 부부가 '여행을 좋아한다'는 식으로 표현된 적도 있다.

실제 현실은 "나라를 구두보다 더 자주 바꿨다"라는 브레히트(Bertolt Brecht, 독일의 극작가, 시인, 연출가-역주)의 말을 통해 더 잘 표현될 수 있다. 바울의 실존도 그렇게 묘사될 수 있다는 것이고, 오늘날까지 유대적 실존 자체도 물론 그렇다.

누가는 자신이 쓴 사도행전의 마지막(행 28:17 이하)에서 유대인들과 유대 기독교인 바울 사이에서 진행된 최초의 종교 대화에 대해 보도한다. 이

---

[30] Valerius Maximus, 본문은 Menahem Stern, ed., *Greek and Latin Authors on Jews and Judaism*, Vol.1: From Herodotus to Plutarch(Jerusalem: Israel Academy of Sciences and Humanities, 1976), 357-360에서 참조.

[31] 본문들은 Menahem Stern, ed., *Greek and Latin Authors on Jews and Judaism*, Vol.2: From Tacitus to Simplicius(Jerusalem: Israel Academy of Sciences and Humanities, 1980) 중 수에토니우스(Suetonius)와 카시우스 디오(Cassius Dio)에서 참조.

대화는 바울의 비타협적인 태도로 인해서 실패로 끝났고, 이로써 너무도 많은 종교 간의 대화들을 미리 보여 주었다.

사도행전에서 바울에 대하여 보도되고 있는 것처럼, 기독교인들과 기독교의 후손들이 유대인들에게 자행한 모든 범죄를 생각하면 우리는 유대인들을 우리에게 불러올 수 없을 것이다. 공통적인 것과 분리하는 것을 진지하게 받아들이는 대화를 통해 새 출발이 가능하다는 사실에 대해 우리는 감사하고 있다.

뮌스터에 있는 '델리취 유대교 연구소'(Institutum Judaicum Delitzschianum, 유대인들을 향한 선교 활동을 위해 18세기에 설립된 유대교 연구소로서, 우여곡절 끝에 1948년 렝스토르프[K. H. Rengstorf]의 주도로 현재 위치인 뮌스터대학교에 자리를 잡았고, 현재까지도 유대교 연구 및 유대교와 기독교의 대화 문제에 집중하고 있다-역주)의 가장 시급한 과제들에 속하는 것은 학문, 신학, 교회와 사회를 위해 너무도 중요한 (그리고 너무 일찍 중단된) 이 대화를 시작하고 계속 이어가는 일이다.

이러한 대화는 100년이 넘은 시간 전에 델리취(Franz Delitzsch)가 세웠던 목표, 곧 "기독교인들에게 유대교에 대한 더 나은 지식과 유대인들에게 기독교에 대한 더 나은 지식"을 갖게 하는 것에서 시작될 수 있다. 사도행전 28장에서 바울은 로마에 있는 유대교 대표자들과의 대화를 원한다는 자신의 소원을 자기가 이스라엘의 소망으로 말미암아 쇠사슬에 매인바 되었다는 말로 설명한다. 우리는 이러한 대화를 기독교의 소망으로 말미암아 필요로 한다.

출발점들을 이해하려는 시도는 우리를 우리의 현재로 데리고 온다. 바르트(Karl Barth)가 우리에게 과제를 제시한다.

궁극적으로는 실제로 한 가지의 큰 세계 교회 문제가 있을 뿐이다. 바로 유대교에 대한 우리의 관계들이다(1966).[32]

---

[32] Karl Barth, *Die kirchliche Dogmatik*, Band III: Die Lehre von der Schöpfung, Teil 2: Das Geschöpf, 2nd. ed.(Zollikon-Zürich: Evangelischer Verlag, 1959), 1005-1007; Karl Barth, *Ad limina apostolorum*(Zürich: EVZ-Verlag, 1967), 32-33; Hans-Joachim Barkenings, "Das eine Volk Gottes: Von der Substitutionstheorie zur Ökumene mit Israel," Bertold Klappert and Helmut Strack eds., *Umkehr und Erneuerung: Erläuterungen zum Synodalbeschluss der Rheinischen Landessynode 1980 – Zur Erneuerung des Verhältnisses von Christen und Juden*(Neukirchen-Vluyn: Neukirchener, 1980, 167-181(여기서는 178) 참조.

제12장

사도 바울의 신비주의:
알베르트 슈바이처를 다시 생각함

번역: 박 성 호 박사

　슈바이처(Albert Schweitzer)는 필자의 문화적 경험들에서 가장 먼저 만나게 된 사람 중 하나다. 첫째, 원시림에서 일한 의사로서, 둘째, 오르간 연주자와 바흐 전문가로서, 셋째, 신학자로서였다. 필자가 자란 곳들에서는 그의 신학을 약간 부끄러워하고 당황해하며 다루었지만, 사람들은 랑바레네(Lambarene, 아프리카 가봉 서부 무아앵오고우주[州]의 주도[州都]로서 슈바이처가 1913년 이래 병원을 세워 의료활동을 하며 선교했던 지역-역주)로 인해 마음속으로 그의 신학을 용서했다. 두 가지가 서로 관련이 있다는 사실을 사람들은 이해하지 못했던 것 같다.

　대학에서 공부하는 동안 『예수의 생애 연구사』[1]는 필자의 애독서가 되었고, 오늘날까지도 그렇다. 『사도 바울의 신비주의』[2]는 어렵게 이해할 수 있었다. 슈바이처는 스스로 그 책을 예수의 생애 연구사와 바울 연구사

---

[1] Albert Schweitzer, *Geschichte der Leben-Jesu-Forschung*, 2nd ed.(Tübingen: J. C. B. Mohr, 1913).
[2] Albert Schweitzer, *Die Mystik des Apostels Paulus*(Tübingen: J. C. B. Mohr, 1930).

(1911)³의 절정으로 보았고, 실제로 『신비주의』는 다른 두 권의 책이 보여주는 근본적인 사전 작업들 없이는 생각할 수 없다. 에리히 그래써(Erich Grässer)⁴는 『신비주의』를 가장 중요한 슈바이처의 신학 작품으로 여기며, 베르너 차거(Werner Zager)⁵도 이에 동의한다.

1. '사도 바울의 신비주의'의 역사에 대하여⁶

1930년 모어 지벡(Mohr Siebeck)에서 출판된 『사도 바울의 신비주의』 서문에서 슈바이처는 직접 다음과 같이 말한다.

> 『사도 바울의 신비주의』의 서론 역할을 하기 위해 기획된 장(章)이 한 권의 단행본으로 확장되었고, 1911년에 『바울 연구사』⁷로 출판되었다. 이 책에 이어서 그 첫 구상이 1906년으로 거슬러 올라가는 『사도 바울의 신비주의』가 곧 출판될 예정이었다(VII쪽).

---

3   Albert Schweitzer, *Geschichte der paulinischen Forschung*, 2nd ed.(Tübingen: J. C. B. Mohr, 1933).
4   Erich Gräßer, *Albert Schweitzer als Theologe*(Tübingen: J. C. B. Mohr, 1979), 176.
5   Werner Zager, *Liberale Exegese des Neuen Testaments: David Friedrich Strauß, William Wrede, Albert Schweitzer, Rudolf Bultmann*(Neukirchen-Vluyn: Neurkichener Verlag, 2004), 108.
6   Schweitzer, *Die Mystik des Apostels Paulus*(1930).
7   Schweitzer, *Geschichte der paulinischen Forschung*(1933).

병고와 『예수의 생애 연구사』의 개정판 작업 그리고 1913년의 첫 번째 아프리카 출항은 마무리 작업을 불가능하게 했다. 이 작업은 두 번째 유럽 체류 기간인 1927년 말에야 이루어졌다. 서문은 1929년 스데반의 날에 "랑바레네로 가는 오고웨 기선에서" 쓰였다(X쪽).

> 이 일이 지연된 덕분에 바울의 가르침에 대한 나의 이해는 라이첸슈타인(R. A. Reitzenstein), 부세트(W. Bousset), 다이스만(A. Deissmann) 및 다른 이들의 연구들과 논쟁하는 과정에서 보통의 경우 이상으로 나 자신에 관해 완전한 명료함에 이르게 되었고, 보다 광범위하게 설명할 수밖에 없도록 해 주었다(VII쪽).

사전 작업에 대해 우리는 1998년에 출판된 『스트라스부르 강의들』[8]에서 정보를 얻는다. 1989년 슈바이처의 딸이 새롭게 발견하여 그래써(E. Gräßer)와 취르허(J. Zürcher)에게 넘겨준 원고 중에는 1909년에 완성되어 1911년 여름학기에 스트라스부르에서 진행된 강의 "사도 바울의 신비주의: 교의사 연구"가 나타나는데, 인쇄본에서는 543-691쪽에 해당한다.

이미 1903년 여름학기에 28세의 슈바이처는 "종말론의 역사: 묵시록에 대한 강의의 서론"[9]에서 다음과 같이 간명하게 표현했다.

---

[8] Albert Schweitzer, *Straßburger Vorlesungen*, E. Gräßer and J. Zürcher eds. (München: Beck, 1998).
[9] 앞의 책, 369-459.

바울신학은 종말론 옆에 있는 어떤 것이 아니라 종말론적인 신비주의다.[10]

종말론의 발견에 대해서 슈바이처는 직접 『나의 생애와 사상으로부터』[11]에서 말했다("군사훈련 중인 열아홉 살에 내가 휴일을 맞아 국겐하임[Guggenheim]이라는 마을에서 마태복음 10장과 11장을 연구할 때…").[12]

2. '신비주의'의 개념

슈바이처는 자신의 책 초반부에서 이에 대해 다음과 같이 해명한다.

> 바울은 신비주의자다.
> 신비주의란 무엇인가?
> 인간이 지상적인 것과 초지상적인 것, 시간적인 것과 영원한 것 사이의 단절을 극복된 것으로 보고, 자기 스스로 아직은 지상적이고 시간적인 것 안에 존재하면서도 초지상적인 것과 영원한 것 안으로 들어가게 됨을 체험하게 되는 모든 곳에서 신비주의는 존재한다.[13]

---

[10] 앞의 책, 431.
[11] Albert Schweitzer, *Aus meinem Leben und Denken*(Leipzig: Evangelische Verlagsanstalt, 1931), 12-14.
[12] 이와 관련하여 Gräßer, *Albert Schweitzer als Theologe*(1979), 31을 보라.
[13] Schweitzer, *Die Mystik des Apostels Paulus*(1930), 1.

그러고 나서 슈바이처는 원시적인 신비주의와 완성된 신비주의를 구분한다. 원시적인 신비주의는, 예를 들어 동방의 밀교 제의들에서 나타나는 것처럼, "초지상적인 것과 영원한 것 안으로 들어가는 것을 … 밀의, 즉 마술적 행위를 통하여 실현되게 한다."[14]

반대로 그는 완성된 신비주의에 관해서 다음과 같이 말한다.

> (완성된 신비주의에서는-역주) 초지상적이고 영원한 것으로 들어가게 되는 것이 사유 행위를 통해서 일어난다. 이러한 사유 행위 가운데서 인격은 자기 자신을 이 삶 가운데서 지상적이고 시간적인 것에 예속된 것으로 느끼게 만드는 감성의 현혹을 벗어난다. 인격은 고심 끝에 존재와 현상을 구분하고 물질적인 것을 정신적인 것의 현현 양식으로 파악한다.
> 이렇게 인격은 영원한 것을 덧없는 것 안에서 인식한다. 존재 그 자체인 하나님 안에서의 모든 사물의 통일성을 인식하면서 인격은 생성과 소멸의 움직임에서 뛰쳐나와 무시간적 존재의 평온으로 들어가며 매 순간 자신이 하나님 안에 거하고 영원함을 체험한다.[15]

슈바이처는 이어서, 그와 같은 사유 신비주의가 "인류의 공유 재산"[16]이라고 설명한다. 그는 브라만, 붓다, 플라톤주의, 스토아주의, 스피노자, 쇼펜하우어와 헤겔을 언급하지만, 이 사유 신비주의를 기독교에서도 찾는데, 요한복음과 이그나티우스(Ignatius)에서 출발하여 아우구스티누스

---

[14] 앞의 책, 1.
[15] 앞의 책, 1-2.
[16] 앞의 책, 2.

(Augustinus), 빅토르의 위고(V. M. Hugo), 아시시의 프란치스코(Francisco Assisiensis), 마이스터 에크하르트(Meister Eckhart), 하인리히 수소(Heinrich Suso), 요한네스 타울러(Johannes Tauler), "그리고 독일의 신학적 신비주의의 다른 조상들"[17]에게서다. 더 나아가, 야콥 뵈메(Jakob Böhme)와 "개신교의 다른 신비주의적 이단자들"[18]에게서도 발견한다.

테르스티겐(G. Tersteegen), 앙겔루스 실레시우스(Angelus Silesius)와 노발리스(Novalis)의 노래들은 신비주의다. 신비주의는 슐라이어마허(F. D. E. Schleiermacher)의 저술들 가운데서도 교회적 언어로 표현되려고 한다.[19]

이 신비주의가 어떻게 형상화되든지 간에 "사유 신비주의는 존재의 궁극적 총괄 개념과 관계한다."[20]

"바울의 신비주의는 어떤 종류의 신비주의인가?"[21]

"그것은 원시적인 신비주의와 사유 신비주의 사이에서 아주 독특한 위치를 차지한다."[22] 왜냐하면, "사도의 종교적 표상들은 원시적인 신비주의의 그것들보다 높은 위치에 있기 때문이다."[23]

다시 말해서, 그의 신비주의는 "존재의 근원인 하나님과의 합일로 향했어야 한다. 그러나 바울의 신비주의는 그렇게 하지 않는다. 바울은 하나님

---

17 앞의 책, 2.
18 앞의 책, 2.
19 앞의 책, 2.
20 앞의 책, 3.
21 앞의 책, 3.
22 앞의 책, 3.
23 앞의 책, 3.

과 하나 됨이나 하나님 안에 거함에 대해 아무것도 말하지 않는다."[24]

신자들이 하나님의 자녀 됨은 하나님에 대한 직접적인 신비주의적 관계가 아니라 "그리스도와의 신비주의적인 연합을 통해" 매개되고 실현된다.

> 말하자면, 더욱 높은 신비주의와 더욱 낮은 신비주의는 뒤섞인 채 서로 침투한다. 바울에게 하나님 신비주의는 존재하지 않고, 인간이 하나님과의 관계를 시작하게 되는 그리스도 신비주의가 있을 뿐이다.[25]

슈바이처는 바울의 신비주의의 근본 사상을 다음과 같이 표현한다.

> 나는 그리스도 안에 있다. 그리스도 안에서 나는 나 자신을 이러한 감각적이고 죄악되고 덧없는 세계에서 벗어나 이미 변용(變容)된 세계에 속해 있는 존재로서 체험한다. 그리스도 안에서 나는 부활을 확신한다. 그리스도 안에서 나는 하나님의 자녀다.
>
> 이 '그리스도 안에 있음'이 바울의 가르침이 가진 큰 수수께끼다.[26]
>
> 바울은 그리스도 신비주의만을 알고 그 외에 어떤 하나님 신비주의도 알지 못하는 유일한 기독교 사상가다.[27]

---

24 앞의 책, 3.
25 앞의 책, 3.
26 앞의 책, 3.
27 앞의 책, 4-5.

'그리스도 안에 있음,' 즉 사도 바울의 '신비주의'는 종말론적이며 임박한 메시아 왕국과 세상의 종말에 대한 기대로부터 설명된다.[28] 다이스만[29]이나 부세트[30] 같은 사람들이 바울의 신비주의의 종말론적 차원을 완전히 배제했다면, 슈바이처에게는 그 안에 결정적인 구성요소들이 주어져 있다.

> 종말론이야말로 초월성의 지양(Aufhebung)을 꾀한다. 종말론은 자연적 세계가 초자연적 세계를 통하여 교체되도록 하며, 이 사건이 예수의 죽음과 부활 안에서 시작되도록 한다.
> 사변적인, 종말론적 기대 가운데서 타오르는 관찰 방식으로 볼 때, 그 즉시 시작되는 교체 작업이 준비되는 그 순간에 두 세계가 상대방 속으로 침투한 상태로 나타난다고 생각할 수 없는 것인가?
> 이로써 오늘날의 것과 시간적인 것 안에서 미래적인 것과 영원한 것을 체험하기 위한 전제 조건들이 주어진 셈인데, 이것이야말로 신비주의에서의 과정이다. 이렇게 만들어진 신비주의는 영원한 것과 시간적인 것의 혼재가 거기서 사고행위 때문에 생겨나지 않고 현실에서 실제로 있는 것이며 사고에 의해서 파악되기만 하면 된다는 사실을 통하여 다른 모든 신비주의와 구분된다.[31]

---

[28] 이와 관련하여 Gräßer, *Albert Schweitzer als Theologe*(1979), 181을 보라.
[29] Adolf Deissmann, *Paulus: Eine kultur- und religionsgeschichtliche Skizze*, 2nd ed.(Tübingen: J. C. B. Mohr, 1925).
[30] Wilhelm Bousset, *Kyrios Christos: Geschichte des Christusglaubens von den Anfängen des Christentums bis Irenäus*(Göttingen: Vandenhoeck & Ruprecht, 1903).
[31] Schweitzer, *Die Mystik des Apostels Paulus*(1930), 38.

이러한 종말론적인 구성요소들은 근동 및 헬레니즘의 밀의 종교들과의 연관 관계나 심지어 그것들로부터의 유래를 절대적으로 불가능하게 만들고(라이첸슈타인, 부세트, 다이스만과 다른 이들에 반대) 오직 유대교 묵시로부터만 이해될 수 있다.

첫 번째 중간 결산을 통해 이 관점의 진가가 인정돼야 한다.

① '그리스도 안에 있음'이 종말론적인 문맥 안에서 이해돼야 하고 유대교 묵시가 (이를 위한) 한정조건들을 제공한다는 사실은 오늘날 의심의 여지가 없다.
② 그러나 이렇게 종말론적으로 이해된 '그리스도 안에 있음'이 '신비주의'라는 단어로 적합하게 묘사되었는지는 의심해 보아야 한다. 불트만(R. Bultmann)은 '그리스도 안에'(ἐν Χριστῷ)가 "신비주의적 연대감을 위한 양식과는 거리가 멀다"고 말한다. 그것은 "일차적으로 교회론적인 양식이며 세례를 통해 '그리스도의 몸'(σῶμα Χριστοῦ) 안으로 편입된 상태를 표현한다."[32] 보른캄(G. Bornkamm)도 '그리스도 안에'라는 양식에 대해 비판적이다.

이 진술들과 다른 진술들은 신비주의와 공통점이 적다. 그들의 언어가 가까워지는 곳에서도 그렇다.[33] 예를 들어 다이스만이 제시하는 것처럼, 신비주의에 대한 정의들을 생각하면, 이러한 비판은 더 뚜렷해진다. 다이스만은 신비주의를 '보다 넓은 의미'로 이해하며, '신비

32　Rudolf Bultmann, *Theologie des Neuen Testaments*(Tübingen: J. C. B. Mohr, 1961), 312.
33　Günther Bornkamm, *Paulus*, UB 119(Stuttgart: Kohlhammer, 1969), 164.

주의'를 "이성적인 중개 없이 내적인 체험을 통해 신에게 가는 길을 직접 발견한 모든 (종류의) 경건"[34]이라고 부른다.

③ 따라서 '신비주의'라는 개념은 포기돼야 한다. 왜냐하면, "슈바이처는 한편으로 (신비주의를 시간적인 것과 영원한 것 사이의 분리를 극복한다는 의미로 봄으로써) 그 개념을 너무 넓게 잡고, 다른 한편으로는 (신비주의를 '그리스도 안에 있음'으로 이해하면서 바울이 하나님 신비주의를 알지 못했다고 설명함으로써) 너무 좁게 이해하기 때문이다."[35]

④ "바울에게서 '신비주의'라는 개념이 적합하지 않다는 점에 대해서는, 진지하게 말하자면, 더 이상 논쟁할 수 없다. 논의에서 그 개념이 사라지게 된 것은 무엇보다도 슈바이처의 공로다. 그는 자신의 종말론적-현실주의적 바울 이해를 통해서 바울주의의 비신비주의적 성격에 대한 통찰에 이르도록 도왔다."[36]

던(J. D. G. Dunn)은 "신비주의적 접근이 20세기의 중반부 10년 동안 바울 연구를 위한 생명력 있는 선택사항으로서 왜 그렇게 빨리 사라졌는지

---

[34] Deissmann, *Paulus*(1925), 118-119.
[35] Gräßer, *Albert Schweitzer als Theologe*(1979), 182. Bornkamm, *Paulus*(1969), 164: "왜냐하면, 하나님과 인간 사이의 경계들의 불분명함, 둘의 하나 됨이 신비주의의 본질에 속하기 때문이다. 그러나 여기서 질적인 차이는 존재한 채 남는다. 그리스도는 주님으로 남으며, 신자는 그의 소유다." 비판에 대해서는 Ed P. Sanders, *Paulus und das palästinische Judentum: Ein Vergleich zweier Religionsstrukturen*, StUNT 7(Göttingen: Vandenhoeck & Ruprecht, 1985), 646 각주 19도 보라. 샌더스는 비역사적인 성령주의와 성례전주의를 뜻하는 신비주의에 대한 이해가 슈바이처에 의해 엄격하게 거부된다는 사실을 지적한다.
[36] Gräßer, *Albert Schweitzer als Theologe*(1979), 182 각주 21.

를"³⁷ 분명히 하기 위해 구체적으로 슈바이처를 인용한다.

3. 슈바이처가 말하는 바울의 세계상

신비주의가 "구속에 관한 종말론적 표상의 다른 표현"³⁸에 불과하고 신비주의에서의 종말론적 해방이 "내면으로부터"³⁹ 직관된다면, 신비주의는 종말론적-우주적 문맥 안에 삽입되어 있음이 틀림없다. 슈바이처는 바울이 예수의 종말론적인, 임박한 기대를 변화된 세계 시간의 조건들 아래에서 일관되게 끝까지 사유한 것으로 본다.⁴⁰

예수의 종말 기대의 맞은편에는 메시아 왕국의 시작과 더불어 예수의 부활과 그의 재림에서 일어나는 시대의 전환이 있다. 예수의 부활은 죽은 자들의 부활 시작 그 자체다. 말하자면, 바울은 "중간기," 곧 "예수의 부활과 그의 재림 사이에 있는 세계의 순간(Weltaugenblick)"⁴¹을 위해 [서신들을 - 역주] 쓴다. 그는 자신에게 전달된 전승들을 이 새로운 상황에서 완전히 새롭게 숙고해야 했다.

> 그러나 예수의 부활이 증명하는 것처럼 죽은 자들의 부활이 이미 진행되고 있다는 사실이 무엇을 의미하는지에 대해 해명하는 자는 세계 시간에

37　James D. G. Dunn, *The Theology of Paul the Apostle*(Grand Rapids: Eerdmans, 1998), 393.
38　Schweitzer, *Die Mystik des Apostels Paulus*(1930), 114.
39　앞의 책, 113.
40　앞의 책, 113.
41　앞의 책, 100.

대하여 다르게 생각해야 한다. 예수의 부활과 그의 재림 사이의 기간이 가진 성격과 관련해서 결정적인 것은 그 외적인 모습이 아니라 그 안에서 작용하는 힘들의 방식이다.

예수의 부활을 통해 분명해진 것은 부활의 능력이, 즉 초자연적 세계의 힘들이, 피조세계 안에서 이미 작용하고 있다는 점이다. 말하자면, 인식(능력)이 있는 자는 자연적 세계가 존재하는 기한을 영광 가운데 있는 예수의 재림 때까지로 계산하지 않고, 예수의 부활과 메시아 왕국의 시작 사이의 중간 시기를 자연적 세계와 초자연적 세계가 혼재해 있는 것으로 파악한다.

예수의 부활과 함께 초자연적 세계는 이미 시작되었다. 다만 그 초자연적 세계가 아직 나타나지 않았을 뿐이다.[42]

이 세계관을 통해 종말론적인 신비주의가 설명된다. "예수에게서 드러나게 되었던 죽음과 부활의 능력들이 이미 메시아 왕국으로 택함을 받은 자들에게서 작용"하므로,[43] 믿음은 한편으로 순전히 기대하는 믿음이기를 중단하며, 다른 한편으로는 "신자들의 비밀스러운 존재 방식"[44]을 규정한다.

---

[42] 앞의 책, 99-100.
[43] 앞의 책, 101.
[44] Gräßer, *Albert Schweitzer als Theologe*(1979), 184.

신자들의 신비주의적-천성적인 그리스도와의 상관성에 힘입어 부활절 이래로 죽음과 부활의 능력들이 그들에게 영향을 미친다.⁴⁵

그들은 자연적 상태에서 초자연적 상태로 넘어가는 과정 중에 있으면서 자연적 인간의 모습을 메시아 왕국이 도래하는 날 곧바로 벗어버리기 위하여 그저 하나의 껍데기처럼 지닌 존재들이 된다. 비밀스러운 방법으로 그들은 그리스도와 함께, 그리고 그리스도 안에서 이미 죽고 부활했으며, 머지않아 부활의 존재 방식으로 그와 함께 살게 될 것이다.⁴⁶

말하자면, 바울의 신비주의가 보여 주는 기본적인 중심사상은 택함을 받은 자들이 그들 상호 간에 그리고 예수 그리스도와 함께 하나의 '몸 됨'(Leiblichkeit)에 참여하게 된다는 것인데, 이 한 '몸 됨'은 특별한 방식으로 죽음과 부활 능력들의 영향력 아래 있고, 이로써 죽은 자들의 보편적 부활 이전에 부활의 존재 양식에 이를 수 있게 되는 그러한 '몸 됨'이다.⁴⁷

---

45 앞의 책, 184.
46 Schweitzer, *Aus meinem Leben und Denken*(1931), 193. Gräßer, *Albert Schweitzer als Theologe*(1979), 184를 보라.
47 Schweitzer, *Die Mystik des Apostels Paulus*(1930), 116.

4. 세례와 '그리스도 안에 있음'

이러한 '몸 됨'에 속하게 되는 일은 믿음을 갖게 되는 것이나 믿음을 통해서가 아니라, 현존하는 믿음의 상태에서 받게 되는 세례를 통해 발생한다.

> 바울의 신비주의에서 독특한 것은, 바로 '그리스도 안에 있음'이 개별적인 인간에 의해 믿음의 특별한 노력으로 얻어지는 주관적인 체험이 아니라, 다른 사람과 마찬가지로 그 자신에게 세례 때 일어나는 그 무엇이라는 사실이다.[48]

세례받은 사람은 그리스도와 더불어뿐만 아니라 상호 간에도 한 몸이 된다. 그들은 "서로, 그리고 그리스도와 함께 공동 인격을 형성하는데, 이 공동 인격 안에서 출신 성분과 성별과 사회적 신분 같은 개별 인격들이 갖는 특수성은 더 이상 유효하지 않다."[49] 그들의 생명력은 영이며, 그것은 그리스도를 죽은 자들 가운데서 소생시켰던 같은 영이다. 그리고 이 영이 그들의 죽을 몸들도 살아 있게 할 것이다.

종말론적인 신비주의가 가지고 있는 현실주의는 바울이 그 신비주의를 헬레니즘에서 유래한 중생 사상으로 표현하지 못하게 한다. '새 창조'라는 유대적-묵시적 용법의 사용은 종말론과의 연관성을 보여 준다.

---

[48] 앞의 책, 118.
[49] 앞의 책, 119.

다이스만은 자신의 학문적 진가를 '그리스도 안에'(ἐν Χριστῷ)라는 표현에 관한 연구를 통해 보여 주었고, 그 표현을 중심적인 양식으로 인식했다.[50] 슈바이처는 그것을 "막다른 골목"으로 여긴다.

"'그리스도 안에 있음'이라는 표현은 그리스도의 신비주의적 몸에 참여하는 것을 언어적으로 축약한 것일 뿐이다." 그것은 신자들에게 일어나는 "집단적이고 객관적인 사건"임에도 "개인적이고 주관적인 경험"으로 잘못 이해된다.[51]

그런데도 슈바이처는 다시금 개인을 바라본다. "바울이 보기에 세례받은 사람은 자신의 모든 삶의 표현들에 있어서 '그리스도 안에 있음'을 통해 규정된다."

슈바이처는 이 표상을 일관되게 고수한다. 그는 고린도전서 7:12-14과 관련해서 다음과 같이 말한다.

> 부부가 서로 육체적으로 속해 있기 때문에[그러나 신자는 그리스도의 몸 일부이기 때문에-리히텐베르거 추가], 믿지 않는 쪽은 그의 어떤 행위와도 무관하게 그리스도에게 속하게 되고 그리스도에게서 나오는 죽음과 부활의 능력들의 영향력에 내맡겨지는데, 이 능력들이 그를 메시아 왕국에서 '그리스도와 함께 있음'으로 준비시킨다.[52]

---

[50] 슈바이처는 Deissmann, *Paulus*(1925)의 2판을 연관시킨다.
[51] Schweitzer, *Die Mystik des Apostels Paulus*(1930), 123.
[52] 앞의 책, 128.

성례전의 이해에서도 슈바이처는 구약성경적-유대적 전통을 바탕으로 하여 생각한다. 비록 성례전(세례와 성만찬)이 헬레니즘적 밀교제의에 대해 "외형적 유비"가 있을지라도, 그것들과 아무런 공통점도 가지고 있지 않다(누구보다도 다이스만, 라이첸슈타인, 부세트에 반대함). 성례전은 구원을 위해 표시를 받았다는 이미 구약성경적인 표상(겔 9:4-11)에서 유래한다. 이로써 성례전도 "종말론적인 형상들(Bildungen)"이다.[53]

개념성과 관련된 것을 한 번 제외하면, 한 가지 일을 증명하는 것만큼은 알베르트 슈바이처로서 명백하게 성공적이었다. 바울의 사유는 한편으로 우주적인 개념들을 통해, 다른 한편으로는 성례전적인 개념들을 통해서 규정된다. 그 개념들의 도움으로 그는 전적으로 적절하면서도 현실성에서는 해석을 요구하는, 십자가와 종말 사이에 놓인 믿음의 실존을 묘사할 수 있었다.[54]

이로써 드러나게 된 것이 무엇인지에 대해서는 나중에 다루게 될 것이다(신비주의와 윤리, 집단성 대 개인성 등).

---

[53] 앞의 책, 222 이하; 이것은 직접적으로 부세트에 반대하여 말한 것인데, 부세트는 "기독교적 성례전을 종말론으로부터 도출해 내려는" "희망 없는 시도"에 대하여 말한다 (222-223).
[54] Gräßer, *Albert Schweitzer als Theologe*(1979), 185.

5. 신비주의와 율법[55]

율법에 대한 바울의 태도는 무엇인가?

슈바이처는 그의 태도를 복잡하고 모순적이라 여긴다. 그리스도를 믿는 유대인들은 계속해서 율법에 따라 살 수 있지만, 신앙에 이르게 된 이방인들은 율법을 준수하는 과정에서 그리스도의 십자가를 부인하게 된다.[56]

슈바이처는 구별을 통해 해결책을 모색한다.

① 어떤 의미에서, 어느 범위에서 율법은 더 이상 유효하지 않은가?
② 믿는 자들은 더 이상 이런 식으로 유효하지 않은 율법과 어떤 관계여야 하는가?[57]

1) 어떤 의미에서, 어느 범위에서 율법은 더 이상 유효하지 않은가?

율법은 자연적인 세계, 천사적 존재의 지배 아래 있는 세계와 관계하고 있다. 이 세계가 예수의 죽음과 부활 후에도 여전히 존속하느냐 더 이상 존속하지 않느냐에 따라서 율법이 여전히 효력을 갖고 있느냐 더 이상 갖고 있지 않으냐가 결정된다. 천사의 지배는 예수의 죽음과 부활을 통해 치명상을 입었지만, 당분간은 유지된다 … 초자연적 세계가 이미 실현된 곳에서 천사의 지배와 율법은 더 이상 유효하지 않다. 자연적 세계가 유효한

---

[55] Schweitzer, *Die Mystik des Apostels Paulus*(1930), 175-200.
[56] 앞의 책, 184-185.
[57] 앞의 책, 185.

곳에만 천사의 지배와 율법은 여전히 유효하다.[58]

그것을 어떤 뜻으로 이해해야 하는가에 대해 슈바이처는 이어서 설명한다.

초자연적 세계는 그리스도 안에 있는 선택받은 자들이 참여하고 있는, 이미 죽음의 능력들과 부활의 능력들에 의해 뚫고 흘러들어온 '몸 됨'의 영역 안에서 이미 존재한다. 이 '몸 됨'의 바깥은 당분간, 즉 메시아 왕국 때까지 여전히 자연적 세계다. 말하자면, 율법은 그리스도 예수 안에 있는 자들에게 더 이상 유효하지 않다. 그들에 대하여 율법은 더 이상 어떤 권한도 갖고 있지 않다.[59]

2) 믿는 자들은 더 이상 이런 식으로 유효하지 않은 율법과 어떤 관계여야 하는가?

유대교에서 온 신자들은 율법을 지키고 있어야 하고 이교에서 온 신자들은 율법을 지킬 때 그리스도 안에서의 해방을 의심하게 될 것이라는 모순은 해결책이 필요하다. "이것 또한 '그리스도 안에 있음'의 신비주의에서 흘러나온다."[60]

---

[58] 앞의 책, 185.
[59] 앞의 책, 185.
[60] 앞의 책, 191.

누군가 그리스도 안에 있게 되는 순간부터 그의 본질은 이를 통해 완전히 규정된다. 그의 자연적인 존재 방식 및 그것과 함께 주어진 모든 상황은 무의미하게 되었다.⁶¹

그리고 이제 인상 깊은 표상들 가운데 하나가 뒤따른다.
"그는 마치 모든 보수작업이 무의미한, 철거를 위해 팔린 집과 같다."⁶²
이것은 '현재 상태'(*status quo*)의 가르침으로 인도한다. 짧게 말해서, "바울은 유대인과 비유대인으로 하여금 그들이 믿게 되었을 그때의 현재 상태, 즉 거기에 머물러 있을 것을 명한다. 이방 기독교인들의 자유를 위해 선봉에 선 그는 동시에 그들의 군주다."⁶³ 바울 자신에게 그의 신비주의로부터 도출된 '현재 상태' 이론은 고난을 의미한다.

6. 신비주의와 이신칭의⁶⁴ — '부수 분화구'(附隨 噴火口)로서의 칭의

종말론적인 신비주의 그리고 이와 연결된 그리스도와 신자들의 연합이 가지는 중심성과 관련해서 칭의론 또는 "사법적인 해방에 대한 가르침"⁶⁵은 바울 사유의 본래적인 중심을 이룰 수 없고 단지 하나의 "부수 분화구"

---

61 앞의 책, 191-192.
62 앞의 책, 192.
63 앞의 책, 193.
64 앞의 책, 201-221.
65 앞의 책, 220.

만 될 수 있다.⁶⁶ 슈바이처에게 그것은 "비자연적인 사상의 산물"⁶⁷이지만, 이신칭의에서 윤리에 이르는 데 생기는 어려움은 "바울에게 아무런 문제가 되지 않는다."⁶⁸

슈바이처는 여기서 자신의 동시대 사람들의 전통과 동일한 견해를 가지고 있다. 브레데(W. Wrede)는 바울이 칭의론을 유대교와 논쟁할 때에만 주장한다는 사실을 확인했다.⁶⁹ 그것은 "바울의 투쟁(적) 교훈으로서, 그의 인생의 투쟁으로부터만, 유대교 및 유대 기독교와의 논쟁으로부터만 이해될 수 있고, 이를 위해서만 사유된 것이다."⁷⁰

이 관점은 자유주의적인 종교사적 바울 해석의 공통점이었고, 슈바이처는 이에 동참하면서도 전적으로 유대적-묵시적 전통으로부터 논증했다. 슈바이처는 칭의론을 부인하지는 않지만, 그것을 가장자리로 밀어버린다. 그것은 '부수 분화구'가 된 것이다. "말하자면, 이신칭의의 가르침은 '그리스도 안에 있음'의 신비주의가 가진 구속에 대한 가르침이라는 주 분화구 안에서 형성되는 부수 분화구다."

> 이것이 비자연적인 사상의 산물임은 다음과 같은 사실, 곧 바울이 율법의 행위들을, 그리고 이로써 행위들 자체를 거부하는 믿음의 표상에 이르게 된다는 사실로 밝혀진다. 즉 바울은 윤리에 이르는 길을 스스로 차단한다.⁷¹

---

66 앞의 책, 220.
67 앞의 책, 220.
68 앞의 책, 220.
69 William Wrede, *Paulus*(Halle: Gebauer-Schwetschke, 1904).
70 앞의 책, 67. Gräßer, *Albert Schweitzer als Theologe*(1979), 188을 보라.
71 Schweitzer, *Die Mystik des Apostels Paulus*(1930), 220.

"이제, 오늘날의 바울 주석에서는 그와 같이 인위적인 논리가 바울의 것이 아니라 그의 해석자인 슈바이처의 것임이 확실하다."[72] 슈바이처는 칭의 메시지가 바로 그 '한 가지' 복음이며, 그 외에 다른 복음은 있을 수 없다는 사실(갈 1:6-10)을 인식하지 못했다. 그는 또한 토라를 거의 '오로지' 갈라디아서 3:19로부터만 이해함으로써 그것의 구속사적 의미도 오해했다.

"율법은 자연적인 세계, 천사적 존재의 지배 아래 있는 세계와 관계하고 있다."[73] 그리스도 예수 안에 있고 율법에 대해 죽은 사람들에게 그것은 더 이상 유효하지 않다. 그들은 "죽고 부활한 그리스도처럼 같은 방식으로 율법에서 벗어난다."[74]

그러나 각 사람은 자신이 부름을 받은 바로 그곳에 머물러야 한다는 '현재 상태'의 가르침이라는 관점과 관련해서 다음의 사실이 유효하다. 즉 믿음에 이르게 된 유대인은 유대인으로 남아 (율법을 지켜야 하며) 믿게 된 이방인은 율법 없이 지내도 된다.

그리스도 예수 안에 있는 사람들에게는 모든 상황이 무의미하게 되었는데, 다음의 사실이 유효하기 때문이다.

"그는 모든 보수작업이 무의미해진, 철거를 위해 팔린 집과 같다."[75]

율법이 어떤 이들, 곧 유대인들에게서 온 신자들에게 여전히 유효하므로 슈바이처는 로마서 10:4을 약화해야 했다.

---

72 Gräßer, *Albert Schweitzer als Theologe*(1979), 190.
73 Schweitzer, *Die Mystik des Apostels Paulus*(1930), 185.
74 앞의 책, 185.
75 앞의 책, 192.

바울이 말하자면 아주 일반적인 의미에서 그리스도가 율법의 마침(롬 10:4)이라고 말했다면, 이로써 그가 의미하는 바는 단지 그리스도와 함께 율법의 마지막이 시작되었다는 것뿐이다.[76]

그러나 그것(=율법의 마침)은 그리스도 안에 있는 사람들 안에서 실현된다. 자신의 신비주의로부터 슈바이처는 율법에 대한 바울의 논증이 보여주는 전체적인 문제성을 이해할 수 없었다.

7. 신비주의와 윤리

성례전과 마찬가지로, 윤리도 그리스도와의 죽음 및 부활의 신비주의 속으로 편입되며 그것(=신비주의)으로부터 이해된다.[77]

이것은 바울이 윤리를 '그리스도 안에 있음'의 신비주의로부터만 발전시키고, 절대 이신칭의로부터는 그렇게 하지 않는다는 주장으로 이끈다.[78]

율법의 행위들이 가지는 의미를 꼭 필요한 기력(氣力)으로 부정할 수 있기 위해서 바울은 믿음이 어떤 행위도 필요로 하지 않으며 어떤 행위도 원하지 않는다는, 그 자체로 모순된 일반적인 문장을 감수해야 한다. 구속에 관한

---

[76] 앞의 책, 186.
[77] 앞의 책, 285.
[78] 앞의 책, 286.

이러한 견해로부터 윤리를 정말로 설명한다는 것은 그에게 불가능하다.[79]

믿음으로 말미암은 칭의의 가르침에서 구속과 윤리는 마치 두 개의 도로와 같은데, 그중 하나는 한 골짜기에까지 이르고, 다른 하나는 이 골짜기로부터 계속 이어진다. 그러나 한 도로에서 다른 도로에 이르게 하는 교량은 존재하지 않는다.[80]

그러나 이 교량은 제공되어 있다!

바로 '그리스도 안에 있음'의 신비주의를 통해 그(=바울)는 구속 사상을 견지하고 있는데, 이로부터 윤리가 직접적인 방식으로 구속된 상태의 자연적 기능으로서 나타난다.[81]

왜냐하면, 그리스도가 그리스도 안에 있는 사람이 윤리의식을 갖게 하기 때문이다. 그리스도와 함께 죽음 및 부활함의 신비주의는 말하자면 "남김없이 윤리"[82]로 전환된다. 윤리를 그리스도 안에 있음의 신비주의로부터 끌어내는 일은 슈바이처가 행위뿐만 아니라 고난에 대해서도 말하게 한다.[83]

---

[79] 앞의 책, 286.
[80] 앞의 책, 287.
[81] 앞의 책, 287.
[82] 앞의 책, 287.
[83] 앞의 책, 293.

이제 그리스도와 함께 죽음 및 부활함의 윤리 안에서는, 다른 어떤 것에서도 볼 수 없듯이, 고난을 겪고 행동하는 윤리가 서로 뒤섞여 있다.[84]

고난을 겪는 사도는 바로 이 윤리의 화신이다.[85] 상당한 감동과 함께 "'그리스도와 함께 죽음'의 현현 방식으로서 고난"이라는 장(Ⅶ)[86]을 읽게 된다. 다른 장에서와는 달리, 슈바이처의 설명들에서 그 자신의 인격과 윤리를 알아차리게 된다. "이번에는 자기 자신의 신학이 사도의 신학과 겹쳐진다."[87]

종말론적인 기본적 특징에서, 반열광주의적인 성격에서 그리고 일상에서의 새로운 순종의 연단 속에서 그렇다. 무엇보다도 그가 "고난당하고 행동하는 윤리가 뒤섞여 있는 것"[88]을 보고 그것들의 구체화를 사도 자신에게서 인식할 때 그렇다.

그러나 여기에도 슈바이처가 시대의 산물로서 사로잡혀 있는 한계가 존재한다. '그리스도와 함께 있음'으로부터 유래하는 윤리에서는 신자가 "보다 높은 의미에서 인간"[89]이 된다. 바울은 이와 반대로 그리스도 안에 있는 이의 '새로운 창조'에 대해서 말했다(고후 5:17).

---

[84] 앞의 책, 294.
[85] 앞의 책, 311.
[86] 앞의 책, 141-158.
[87] Gräßer, *Albert Schweitzer als Theologe*(1979), 192.
[88] Schweitzer, *Die Mystik des Apostels Paulus*(1930), 294.
[89] 앞의 책, 323.

8. 바울의 신비주의가 지니는 불멸의 것[90]

"모든 시대를 위해 바울은 사유의 권리를 기독교 안에서 확보해 주었다."[91] 마지막 장의 첫 문장은 이러하다.

> 기독교에서 사유가 최초로 등장함으로써 가져온 결과는 모든 시대를 위해 사유에 대한 믿음이 그 무엇도 두려워할 필요가 없다는 확신을 설명하는 데 적합하다.[92]

기독교는 그리스도 신비주의, "다시 말해서 사상적으로 이해되고 경험상 실현된 우리 주 그리스도와의 상관성"[93]이다.

> 하나님의 무한한 창조 의지와 직접적으로 하나가 된다는 의미의 하나님 신비주의는 실현 불가능하다.[94]

여기에서 바울이 하나님의 자녀 됨을 하나님 안에 있는 존재로 설명하려 하지 않고 그리스도와의 연합 안에서 실현된 것으로 보는 데 만족한다는 점에서, 그는 기독교적 신비주의가 모든 표류상태로부터 빠져나와 마땅히 항해해야 할 대양 속으로 향하도록 인도해 주는 등대와 같다. 영원한 것의

---

90 앞의 책, 365-385.
91 앞의 책, 365.
92 앞의 책, 365.
93 앞의 책, 367.
94 앞의 책, 367.

파랑 위를 비추면서 바울의 신비주의는 예수 그리스도의 역사적 현현이라는 튼튼한 기반 위에 서 있다.[95]

9. 사도 바울의 신비주의를 다시 생각함

여러 가지 점에서 『사도 바울의 신비주의』가 지니는 영속적인 중요성이 고려돼야 한다.

1) 예수와 바울[96]

슈바이처는, 비록 바울을 예수 옆에 등장하게 할지라도, 예수와 바울의 연관성을 동요됨 없이 고수한다. 즉 바울은 부활 및 기대되던 재림이라는 조건들 아래에서 예수의 선포와 임박한 기대를 새롭게 숙고해야 했다.

바울이 예수와 공유하는 모든 것을 동시에 인식하지 않은 채 그가 예수에 대하여 독자적인 입장을 취한다고 주장하는 일은 그릇된 방향으로 끌고 간다. 바울은 종말론적 세계관과 대망 및 이 대망과 함께 주어진 모든 것을 예수와 공유한다. 차이가 있다면 그것은 매번 고려되는 세계 시각뿐이다. 두 경우 모두 그것은 [종말이라는 – 역주] 동일한 산맥이다. 예수는 이 산맥이 자기 앞에 놓여 있는 것으로 보았다. 그러나 바울은 그 안에 서서

---

[95] 앞의 책, 368-369.
[96] 이와 관련하여 Gräßer, *Albert Schweitzer als Theologe*(1979), 201-204를 보라.

첫 고지를 이미 지난 상태였다(『사도 바울의 신비주의』, 114).

2) 바울에게 결정적인 전통이었던 유대교 묵시

주로 종교사학파의 대표자들이 주장했던 바울의 중심적인 신학적 진술들의 헬레니즘 유래설에 반대하여 슈바이처는 일관되게 바울신학의 유대적 특징을 주장했다. 세례의 경우처럼 심지어 헬레니즘적 전통들을 고려해 볼 수 있는 곳에서도 그는 단호하게 유대 전통을 옹호한다.

이제 오늘날에는 헹엘(M. Hengel)의 『유대교와 헬레니즘』(1969)[97]에 따라서 중재할 수 없는 '양자택일'로 더 이상 논증할 수 없을 것이다. 신약 시대의 유대교가 다양한 방식으로 헬레니즘적인 사상들의 영향을 받았고 때때로 이 유대교 안에 수용된 헬레니즘 사상들을 초기 기독교에 전달해 주었기 때문이다.

3) 바울의 선포가 가지는 종말론적 특징

바울은 "유일하게 예수의 부활과 재림 사이에서 열려 있는 시간의 독특성을 인식하고 최초로 이 재림 지연의 문제를 해결하려고 했던 대단한 본질적 사상가"[98]다. 슈바이처에 의하면, 재림의 지연이 파괴적인 위기로 이

---

[97] Martin Hengel, *Judentum und Hellenismus: Studien zu ihrer Begegnung unter besonderer Berücksichtigung Palästinas bis Mitte des 2. Jh.s v. Chr.*, 2nd ed., WUNT 10(Tübingen: J. C. B. Mohr, 1973).

[98] Schweitzer, *Die Mystik des Apostels Paulus*(1930), 140.

끌지 않았던 것은 바울의 신비주의 덕분이다. 슈바이처는 '역사와 종말론'을 모든 신학이 감당해야 할 과제로 제시했다.

4) 윤리

슈바이처는 윤리를 '그리스도 안에 있음'의 신비주의로부터 전개한다. 이것이 처음부터 문제가 되는 것은 아니지만, 그 범주들은 이신칭의의 부차적인 역할로 미루어진다. 슈바이처는 이신칭의가 '그리스도 안에 있음'과 이에서 파생되는 모든 윤리의 토대라는 사실을 간과했다.

10. 슈바이처와 '바울에 대한 새 관점'

1) 바울신학 안에서 칭의론이 갖는 위치[99]

샌더스(E. P. Sanders)의 『바울과 팔레스타인 유대교』[100]는 왜 "이신칭의가 바울 사상의 열쇠로서 포기돼야 하는가?"[101]를 논증하는 데 있어서 명시적으로 슈바이처를 연관시킨다. 그래서 그는 이신칭의에 대한 슈바이처의 관

---

[99] Christoph Landmesser, "Umstrittener Paulus: Die gegenwärtige Diskussion um die paulinische Theologie," ZThK 105(2008), 387-410; 여기는 393-397.
[100] Ed P. Sanders, *Paul and Palestinian Judaism: A Comparison of Patterns of Religion*(London: SCM Press, 1977); 독일어 번역은 *Paulus und das palästinische Judentum*(1985), 이것에 의거하여 인용함.
[101] Sanders, *Paulus und das palästinische Judentum*(1985), 412.

점을 논쟁의 개념으로서, 그리고 그렇게 함으로써 단지 구속론의 일부로서만 인용한다. 계속해서 그는 이신칭의와 윤리 사이의 자칭 중복을 지적한다.

> 세부 문제들에서의 지나친 단순화와 오류에도 믿음으로 얻는 의에 대한 진술이 바울신학의 중심 주제이며 따라서 그의 사유에 대한 열쇠라는 주장에 반대하는 슈바이처의 논증들은 전체적으로 설득력이 있다. 그 논거들은 한 번도 제대로 반박되지 못했다.[102]

던(Dunn)에게도 구원사건을 "예수의 제의적 죽음의 토대 위에서 선고된 사법적 평결보다는 오히려 그리스도의 죽음(과 부활)에 죄인이 참여한다는 용어들"로 이해하는 것이 더 납득이 간다.[103] 던은 그것을 "그리스도에의 참여"라고 부른다.[104]

두 가지 관점에서 '바울에 대한 새 관점'은 슈바이처를 내세울 수 있다. '그리스도 안에 있음'에는 개별인이 참여하지만, 그것이 그리스도와 그리고 상호 간의 연합이라는 점에서 기본 사상은 집합적이다.

> 참여라는 구원론적 중심개념을 가지고 샌더스는 오래 전에 알베르트 슈바이처가 이미 논의했었던 성찰에 분명하게 동조한다.[105]

---

[102] 앞의 책, 414.
[103] Dunn, *The Theology of Paul the Apostle*(1998), 390-391.
[104] 앞의 책, 390 이하. Krister Stendahl에 대해서는 Landmesser, "Umstrittener Paulus"(2008), 393-397; Krister Stendahl, "Paul and the Introspective Conscience of the West," HThR 56(1963), 199-215; 이제는 Krister Stendahl, *Das Vermächtnis des Paulus: Eine neue Sicht auf den Römerbrief*, trans. by K. Ehrensperger(Zürich: Theologischer Verlag, 2001)을 보라(Schweitzer와의 연관성 없음).
[105] Landmesser, "Umstrittener Paulus"(2008), 400.

샌더스는 "루터의 칭의론이 바울의 부수적인 사상이라는 슈바이처의 비판을 암시적으로" 강조한다.[106]

다른 관점은 '현재 상태'에 대한 슈바이처의 생각을 통해 주어진다. 유대인 중 그리스도를 믿는 이들은 계속해서 유대적으로 산다. 다시 말해, 그들은 율법을 따른다. 이방인 중 신자가 된 이들은 유대적으로 살 필요가 없다. 즉 율법을 따르지 않아도 된다. 이것은 '새 관점'의 사상에서 다음과 같이 묘사된다. 즉 유대인들은 이미 구원의 영역에 있고, 이방인들은 그리스도를 통해 그리로 들어간다는 것이다.

여기서는 란드메써(C. Landmesser)에게 동의할 수밖에 없다. 바울의 중심 사상으로 여겨지는 참여 사상은 "칭의 모티프와 적합한 관계 속에 세워질" 때에만 바울의 구원론을 충분하게 표현할 수 있다.[107]

2) 율법과 윤리[108]

슈바이처에 의하면, 율법은 구원론적으로 중요하지 않다. 율법을 지키는 이들(유대 기독교인들)뿐만 아니라 그것을 준수하지 않는 이들(이방 기독교인들)에게도 그렇다. '그리스도 안에 있음'이 전부다. 구원론적으로 중요하지 않다는 점에는 동의할 수 있지만, 율법이 이로 인해서 무의미한 것이 되지는 않는다! 한편으로는 죄를 드러내는 그것의 기능이 남으며, 다른 한편으로는 개별 계명들이 믿음으로 인해 사랑 안에서 활발하고 활동적인

---

[106] 앞의 논문, 400.
[107] 앞의 논문, 401.
[108] 앞의 논문, 402-407을 보라.

윤리 내부에서 그 유효성을 유지한다.

슈바이처는 갈라디아서에서 율법과 관련된 바울의 논쟁이 (자칭 율법 준수를 중요시하는) 예수 전승을 반대하고 있는 것으로 봄으로써 그 논쟁을 과장하여 묘사한다.

> 그리고 이제 우리는 자유롭게 하는 생각이 자신의 힘을 의지하면서 예수의 화신이라 할 수 있는 제자들을 향해, 그리고 이로써 예수의 가르침의 권위를 직접 거역하고 격렬하게 그들을 향해 달려들고 있는 장엄한 연극을 갈라디아서에서 경험한다.
>
> 그것은 예수의 가르침 전승에 반대하는 사변적인 계시의 싸움이다. 그것은 갈라디아서에서 강력하고 너무 서두르며 결코 끝내지 못한 문장들로 말하고 있는 인간적 열정이 더 이상 아니다. 그것은 생명을 얻어서 더 이상 제한할 수 없는 관념의 열정이다.
>
> 그렇기 때문에 갈라디아서는 세계 문학 자체에서 비교될 수 없는 어떤 것이다. 어디에서도 에베소의 피곤한 양탄자 제작자가 저녁에 일이 끝난 후 다른 사람에게 탄식과 눈물로 받아 적게 한 말들에서처럼 그 영이 이토록 미쳐 날뛰며 거칠어지지는 않는다. 그와 같은 해방 행위는 더 이상 존재하지 않는다.[109]

'새 관점'은 이것을 어떻게 보는가?

---

[109] Galaterbriefauslegung(Zager, *Liberale Exegese des Neuen Testaments*[2004], 129-130에 따라 인용함).

방금 인용된 내용과 관련해서 '새 관점'은 무해하게 나타난다. 던(Dunn)에게 토라의 계명들은 내적으로 '정체성의 표지들'(identity markers)이고, 외적으로는 '경계의 표지들'(boundary markers)[110]로서 이스라엘을 이방인들과 비교하여 규정해 준다. 바울의 이방인 선교는 이 '경계의 표지들'을 제거하려고 했다는 것이다. 하지만 율법-토라가 주로 이러한 기능적 의미로 여겨질 때, 바울이 처음에는 자기 자신과 후에는 다른 이들과 율법에 대하여 했던 논쟁은 이해할 수 없게 된다.

슈바이처와 '새 관점'은 구원사건을 어디에 위치시킬 것인지에 대해 의견이 일치한다. 율법의 행위들이 없는 이신칭의가 아니라, '그리스도 안에 있음'/그리스도에의 '참여'다. 그러나 이로써 율법의 유효성을 둘러싼 논쟁 또한 부수적인 싸움터가 되어버린다.

11. 맺음말

끝으로, 슈바이처의 발언을 한 번 더 언급하고자 한다.

> 『사도 바울의 신비주의』의 마지막 장을 나는 1929년 12월 보르도와 케이프 로페즈 사이를 항해 중이던 배 위에서 썼다.[111]

이 장에서 그는 마지막에 다음과 같이 쓰고 있다.

---

110 이와 관련하여 Landmesser, "Umstrittener Paulus"(2008), 403을 보라.
111 Schweitzer, *Aus meinem Leben und Denken*(1931), 208.

그리스도와의 연합이라는 바울의 신비주의가 살아 움직이는 가슴속에는 하나님 나라에 대한 결코 시들어 죽지 않는 갈망이 있으며, 동시에 우리가 그 나라의 성취를 눈으로 보지 못한다는 위로가 있다.[112]

몇 줄의 요약 후에 슈바이처는 마무리한다.

바울은 우리를 구속의 사실적인 길로 이끌어간다. 그는 우리를 그리스도에게 넘겨준다 ….

이 마지막 말은 『예수의 생애 연구사』의 마지막 행들을 상기시킨다.

마치 바닷가에서 그가 누구인지 알지 못했던 저 남자들에게 다가섰던 것처럼 그는 알려지지 않은 사람과 이름 없는 사람으로 우리에게 온다. 그는 동일한 말을 한다. 그러나 너는 나를 따르라! 그리고는 그가 우리 시대에 해결해야 하는 과제들 앞에 우리를 세운다. 그는 명령한다. 그리고 지혜롭든 지혜롭지 못하든, 그에게 순종하는 사람들에게 그는 그와의 연합 속에서 평화, 활동, 싸움 및 고난과 관련하여 그들이 경험해도 되는 일들 안에서 자신을 계시할 것이고, 그들은 말할 수 없는 비밀로서 그가 누구인지를 경험하게 될 것이다….[113]

---

[112] Schweitzer, *Die Mystik des Apostels Paulus*(1930), 385.
[113] Schweitzer, *Geschichte der Leben-Jesu-Forschung*(1913), 642; 그 전에 나오는 '예수 신비주의'에 대한 그의 설명을 보라(641). "말하자면 우리의 종교는, 그것이 독특하게 기독교적인 것으로 나타나는 한, '예수 제의(祭儀)'(Jesuskult)가 아니라, '예수 신비주의'(Jesusmystik)다. 그럴 때에만 예수는 우리 상호 간의 연합도 마련한다."

제5부

새 창조와 중생, 부활 사상 그리고 종말 사상

제13장

새 창조와 중생:

신약성경에 나타나는 새 창조와 중생의 종말론적 의미에 대한 고찰

번역: 배재욱 박사

제14장

쿰란 문서에서 부활

번역: 문배수 박사

제15장

반드시 속히 될 일(계 1:1):

요한계시록 종말론에 대한 생각

번역: 문배수 박사

제13장

새 창조와 중생:
신약성경에 나타나는 새 창조와 중생의 종말론적 의미에 대한 고찰*

번역 : 배 재 욱 박사

이방인은 죽지 않는다. 왜냐하면, 그는 그가 죽을 수 있도록 결코 산 적이 없기 때문이다. 진리를 믿는 데까지 이른 사람은 살며, 죽을 수 있는 위험 속에 있다. 왜냐하면, 그는 예수께서 오신 그날 이후로 살아가고 있기 때문이다(빌립복음서 4).[1]

---

* 이 논문은 저자 헤르만 리히텐베르거 교수가 Universität Tübigen(튀빙겐대학교)에서 1986년 5월 14일 "Neuschöpfung und Wiedergeburt, Überlegungen zu ihre eschatologischen Bedeutung im NT"란 제목으로 Öffentliche Antrittsvorlesung(교수 취임 강연)으로 행한 논문이다. 한국어 번역은 "새창조와 중생," 정기덕 교수 정년 기념 특집, 「신학과 문화」 16(2007), 105-127에 실렸다. 그런데 헤르만 리히텐베르거 교수가 이 논문을 Hermann Lichtenberger, "Neuschöpfung und Wiedergeburt: Überlegungen zu ihrer eschatologischen Bedeutung im Neuen Testament."in: M. Baucks K. Liess and P. Riede(eds.) *Was ist der Mensch, dass du seiner gedenkst? (Psalm 8,5): Aspekte einer theologischen Anthropologie*. Festschrift für Bernd Janowski zum 65. Geburtstag (Neukirchen-Vluyn: Neukirchener, 2008), 313-327에 수정 보완하여 실었기에 번역자는 수정 보완된 논문을 다시 번역하여 수정 보완했다. 저자 리히텐베르거 교수는 이 논문을 야노브스키(Bernd Janowski) 교수의 65세 생일 기념 논문집에 실으면서 서두에 다음과 같이 사사표

이 빌립복음서에서 역설적으로 첨예하게 표현된 것에서 영지주의적인 기독교와 '전체 교회'(Großkirche)가 일치하는 것은 믿는 자만이 생명을 가졌다는 것이다. 그리고 그 생명은 여기 그리고 지금 있는 것이고 미래적이라는 것에서 일치한다. 비록 다양하게 거기서 생명이 이해될 수 있다 하더라도, 이의(異議) 없이 분명한 것은 생명처럼, 죽음에서 생명으로의 전이(轉移)가 저절로 실행되는 것이 아니라, 오히려 인간에게 행한 신의 행위로서 경험된다.

죽음에서 생명으로의 전이에 대해 우리가 신약성경에서 '옛' 죄와 그리고 그것과 함께 죽음에 내던져진 존재에서 '새로운' 생명으로의 전이에 대해 질문한다면, 생각할 수 있는 것이 두 가지로 전면에 등장한다. 즉 새 창조[2]와 중생[3]이다. 이 두 가지는 서로 다르지만, 비유적이고 고도로 명백한 방법으로 "새로-되어짐"의 사건과 결과를 표현한다. 동시에 다음과 같은 질문들이 나타난다.

시를 했다. "이 논문은 1986년 5월 14일 튀빙겐대학교에서 시행된 나의 교수자격논문(Antrittsvorlesung)을 발표하는 공개강연에서 처음 발표된 것이다. 1986년 5월에 시행된 본문을 거의 변경하지 않은 채, 중요한 언급이 추가되었다. 이 논문은 30년 동안 야노프스키와 지속된 우정과 공동작업을 하는 동안 처음에 이루었던 성과가 더욱 뚜렷해졌다. 우리는 1986년에 헤어져 각자의 길에서 활동하다가 1995년에 튀빙겐에서 다시 만나 교수로 함께 활동하고 있다."

1 번역은 Hans-Martin Schenke, *Nag Hammadi Deutsch*, Studienausgabe, H.-M. Schenke et al.(eds.), unter Mitarbeit von K. Schwarz(Berlin: Walter de Gruyter, 2007), 143을 따랐다.
2 새 창조란 주제에 대해서는 Ulrich Mell, *Neue Schöfung: Eine traditinosasgeschichtliche und exegetische Studie zu einem eschatologischen Grundsatz paulinischer Teologie*, BZNW 56(Berlin: Walter de Gruyter, 1989)를 보라.
3 중생 주제는 Joseph Dey, *PALIGGENESIA: Ein Beitrag zur Klärung der relogionsgeschichtlochen Bedeutung von Tit 3,5*, NTA 17,5(Münster: Aschendoffsche, 1937)에 기초한다. 더 최근의 문헌자료로는 Reinhard Feldmeier(ed.), *Wiedergburt*, BThS 25(Göttingen: Vandenhoeck & Ruprecht, 2005)를 보라.

'언제 새 창조와 중생이 일어나는가?'

'어떻게 그것이 실현되는가?'

'그것을 통해 사람들에게 무엇이 일어나는가?'

우리가 새 창조와 중생을 신약성경에서 근본적인 명확함의 지평 속에서 성찰해 본다면, 우리는 이 질문들로 다시 돌아와야 할 것이고 또한 돌아올 수 있을 것이다. 그 명확함을 우리는 '종말론적인 의미'와 함께 언급했다. 먼저 우리는 우리 질문의 전면에 놓인 문제점들을 숙고해 보자.

1. 새 창조와 중생에 대한 종교사적, 정신사적 자리매김

신약학 연구에서 새 창조는 일반적으로 구약성경적-유대적 전승에 귀속되고, 중생은 그리스-로마 세계에 귀속되고 있다. 유대교와 헬라사상의 도식적인 분리는 많이 잘 알려진 근거들로부터[4] 진부한 것이 되었음에도, 그것은 위에 언급된 분야에서 여하간 유효함을 가지고 있는 것으로 보인다.

우리는 그래서 이 두 주제를 처음에는 분리해서 차례로 살펴볼 것이고, 그들의 특별한 형성과 유래를 파악하고자 할 것이고, 그렇게 하여 그다음에 새 창조와 중생의 관계 규정을 할 것이다. 교훈적인 근거들에서 암시하는 이러한 분리와 특별한 취급은 두 가지 사정을 통하여ー말하자면 항시

---

[4] Martin Hengel, *Judentum und Hellenismus: Studien zu ihrer Begegnung unter besonderer Berücksichtigung Palästinas bis zur Mitte des 2.Jh.s v. Chr.*, WUNT 10(Tübingen: Mohr, 1969[2nd ed. 1973]).

적인 경고로서—상대화돼야 한다.

첫째, 유스티누스는 "만약 너희가 돌이키지 않고 어린이들과 같이 되지 않으면, 너희는 하나님의 나라에 들어갈 수 없다"(마 18:3)와 "만약 누가 새롭게 태어나지 않으면, 그는 하나님의 나라를 볼 수 없다"(요 3:3)를 연결해, "만약 너희가 거듭나지 않으면(ἂν μὴ ἀναγεννηθῆτε), 너희는 하늘나라에 들어갈 수 없다"(ApolⅠ, 64: 4-5)로 만들고 있다.

이 2세기의 변증론자는 쉽게 혹은 무의식중에 '새 창조의 사상'('만약 너희가 어린이같이 되면')을 '중생'('새로 태어난다')과 결합하고 있다. 왜냐하면, 그는 그것들 속에서 공통적인 진술 의지를 인식하고 있기 때문이다.

둘째, 3세기 초 로마의 산타프리스카(Santa Prisca)성당 아래에 있는 미드라 신전에 있었던 한 비문[5]에서 밀의 종교는 스스로에 대해 이렇게 말한다.

"즐거움을 위해 거듭나고 창조된다"(*renatum dulcibus atque creatum*).[6]

비밀단체 가입자는 신비 속에서 '거듭나고' '(새로) 창조된다.' 이런 사실이 바로 기독교와 그들의 종교에서도 아울러 새 창조와 중생이 그 결합 속에서 변화하고 그리고 새롭게 하는 사건을 기술하는 데 사용된다.

---

5   S. M. J. Vermaseren, *Mithras: Geschichte eines Kultes*, UB 83 (Stuttgart: W. Kohlhammer Verlag, 1965), 33-40을 보라.
6   S. M. J. Vermaseren, *Mithras*, 110.

2. 새 창조

우리는 새 창조의 사고 영역으로 먼저 향하고 그러므로 역시 신약성경에서 가장 오래된 증거문서인 바울서신으로 향하고자 한다.

1) 바울에게서의 새 창조

고린도후서 5:17에서 바울은 그 새로운, 그리스도를 통하여 된 존재를 '새 창조'로서 규정하고 있다.

> 그러므로 누구든지 그리스도 안에 있으면 새로운 피조물입니다. 낡은 것은 지나갔습니다. 보세요, 새것이 되었습니다(ὥστε εἴ τις ἐν Χριστῷ, καινὴ κτίσις· τὰ ἀρχαῖα παρῆλθεν, ἰδοὺ γέγονεν καινά).

'새로운 피조물'(καινὴ κτίσις)이란 용어가 명확하게 오직 갈라디아서 6:15에서 다시 한 번 나타나고 있다.

> 할례받는 것이나 할례를 받지 않는 것이 중요한 것이 아니라, 다만 새로운 창조가 중요합니다(οὔτε γὰρ περιτομή τί ἐστιν οὔτε ἀκροβυστία ἀλλὰ καινὴ κτίσις).

새 창조는 다음과 같은 뜻을 가진다.

"옛것은 지나갔습니다"(τὰ ἀρχαῖα παρῆλθεν).

옛 존재에게 있어 구원의 결정적인 할례와 무할례 사이의 구별들 역시 옛것에 속한다(갈 6:15). 그것은 '그리스도 안에 있는 존재로서' 긍정적으로 전개된다. 그리스도가 '우리' 모두를 위해 죽으셨기 때문에 다음의 사실이 유효하다.

> 그리고 그가 모든 사람을 대신하여 죽으심은 살아 있는 자들이 다시는 그들 자신을 위하여 살지 않고 오직 그들을 대신하여 죽었다가 다시 살아나신 이를 위하여 살게 하려 함이라(καὶ ὑπὲρ πάντων ἀπέθανεν, ἵνα οἱ ζῶντες μηκέτι ἑαυτοῖς ζῶσιν ἀλλὰ τῷ ὑπὲρ αὐτῶν ἀποθανόντι καὶ ἐγερθέντι, 고후 5:15)

'새 창조'는 옛것의 본질인 자기 관련성으로부터 그리스도를 위한 삶으로 해방한다. 그의 죽음과 부활을 통하여 비로소 생명이 가능해진다.

새 창조는 바울이 그것을 가지고 새로운 존재를 표현할 수 있었던 유일한 사상은 아니다. '그분은 그들을 위해 죽으셨다가 다시 사셨다'라는 고린도후서 5:15의 핵심 어휘들은 우리를 로마서 6:4로 인도한다. 그곳에는 믿는 자들이 예수 그리스도의 죽으심, 묻히심 그리고 부활하심과 명확하게 결합하여 있다. 그 때문에 세례에서 일어나는, 그리스도의 죽음 안에서 죽고 묻히는 것에 근거하여 다음의 사실도 중요하다.

> 그리스도께서 아버지의 영광을 통하여 죽은 자들 가운데서 다시 사셨습니다. 그렇게 우리도 생명의 새로움 속에서(새로운 생명 가운데서) 변화될 것입니다(ἵνα ὥσπερ ἠγέρθη Χριστὸς ἐκ νεκρῶν διὰ τῆς δόξης τοῦ πατρός, οὕτως καὶ

ἡμεῖς ἐν καινότητι ζωῆς περιπατήσωμεν, 롬 6:4).

하나님의 창조 능력만이 그리스도와 더불어 '함께 사는 것'을 가능케 한다. 그리스도의 부활과 '생명의 새로움'은 하나님의 창조 능력에서 온다. 그리스도의 부활에 대한 이러한 사상의 흔적들은 로마서 1:4과 고린도후서 13:4에서도 발견된다.

그는 약함 때문에 십자가에 매달리셨지만, 하나님의 권능으로 살아나셨습니다(καὶ γὰρ ἐσταυρώθη ἐξ ἀσθενείας, ἀλλὰ ζῇ ἐκ δυνάμεως θεοῦ).

죽은 자들의 생명으로의 부활은 바로 하나님의 능력의 범례적인 기능이다.

우리는 그것 역시 신약성경에서 완전히 다른 구절에서 감지할 수 있는데, 마가복음 12:24-25이다. 예수는 아내와 그리고 일곱 형제에 대하여 질문하는 사두개인과 대립한다. 그들은 [그 형제들은 죽은 형을 위하여-역주] 차례대로 형수를 아내로 취하는 율법에 따라 그녀에게 남편으로 살았던 자들이었다.

너희는 성경도 모르고 하나님의 권능도 모르고 있다(μὴ εἰδότες τὰς γραφὰς μηδὲ τὴν δύναμιν τοῦ θεοῦ).

죽은 자가 부활하는 기적은 모든 이생적인 가능성과 구속력을 폐지한다. 여기에 나타나는 '새로운 창조'에 대해 암시는 하나님의 주권적인 (창조자의) 능력에 의존하는 부활과 일치한다. 다음에 유대적인 새 창조 진술을 표현할 때, 우리는 신약성경의 새 창조에 대한 보다 더 정확한 규정을 준비하고자 한다.

2) 새 창조 사상의 유대적인 기원[7]

새 창조 사상이 제2 이사야의 선포(사 40-55장)나 새 하늘과 새 땅에 대한 제3 이사야의 약속[8](사 65:17; 66:22)에서 유래되었다는 사실은 오래전부터 알려져 있다. 바울이 고린도후서 5:17에서 "옛것은 지나갔다"(τὰ ἀρχαῖα παρῆλθεν)고 말할 때 이사야 43:18-19의 배경 속에서 "처음 것을 마음에 두고 생각지 말고 옛것을 유의하지 말라. 보라 나는 새것을 만든다"(μὴ μνημονεύετε τὰ πρῶτα καὶ τὰ ἀρχαῖα μὴ συλλογίζεσθέ ἰδοὺ ποιῶ καινά…)고 한 것이 명확하게 나타난다. 바울은 이사야 65:17에서 새 하늘과 새 땅에 관한 말을 간접적으로 취하고 있다.

그리고 이전 것은 마음에 생각나지 아니할 것이다(καὶ οὐ μὴ μνησθῶσιν τῶν προτέρων).

---

[7] 함께 묶은 문헌으로는 Helmut Merklein and Werner H. Schmidt (eds.), *Schöpfung und Neuschoöfung*, JBTh 5 (Neukirchen-Vluyn: Neukirchener, 1990)을 보라.
[8] Bernd Janowski, "Schöpfung. II. Altes Testament," *RGG* [4]7(2004), 970-972를 보라. 그리고 신약성경에 나타나는 진술에 대해서는 Oda Wischmeyer, "Schöpfung. IV. Neuse Testament," *RGG* [4]7(2004), 973-974를 보라.

이처럼 고린도후서 5:17은 이사야 43:18-19과 65:17에 대한 약속의 성취처럼 들린다.

새 창조 사상은 초기 유대교에서 우세하게 보편적이고-우주적으로 전개되고 있다. 에디오피아 에녹서 72:1은 "그 새롭고 영원히 지속되는 피조물이 창조되기까지"[9]라는 천문학적인 규정을 제공한다. 이 새로운 창조 속에서 창조된 새로운 세계는 영원하다(바룩2서 44:12). 그것은 큰 투쟁으로부터 나온다(바룩2서 32:6).

희년서(Jubiläenbuch)는 새로운 피조물과 성소의 새 창조를 아주 명확하게 연결하고 있다(희년서 1:29; 4:26). 동일한 전승의 선에 서 있는 것은 '(새) 창조의 날'(יום הבריה)에 하나님 자신에 의한 종말적인 성소의 창조다.

그 날에 하나님이, 그곳에 영원히 거하기 위해(כול הימים), 성전을 세우실 것이다(11QT 29).[10] 성전의 새 창조는 하나님에 의해 야기된 '시대의 전환점'(Äonwende)에서 전체 세계의 갱신과 함께 하는 사건이다. 분명한 '언어로 표현'(expressis verbis)하는 것이 아니라, 사실에 따라—그렇지만 성소의 새 창조에 대한 언급이 없이—제4 에스라서는 하나님의 창조행위 때문에 그 시간 사이에서 야기된 중요한 사건을 묘사하고 있다.

400년간의 메시아 통치 후에 모든 사람과 메시아가 죽게 될 때, 그 세계가 원시 시대의 침묵으로 변화할 때, 그때 7일 후에 새로운 '시대'(Äon)가 (새로운 피조물 가운데) 나타나게 될 것이다. 새로운 시대와 함께 부활과 심

---

[9] 번역은 Siegbert Uhlig, *Das Äthiopische Henochbuch*, JSHRZ V/6(Gütersloh: Gütersloher Verlagshaus Gerd Mohn, 1984), 638을 따른다.

[10] Yigael Yadin, *The Temple Scroll*, Vol. 2 (Jerusalem: Israel Exploration Society, 1983), 129쪽의 본문과 번역에서 상이(相異)한 독법.

판도 있게 될 것이다. 이러한 새로운 창조는 처음 창조와 유비 속에서 일어난다. 그러나 그것의 영원, 즉 완성과 불멸 속에서 이것(처음 창조)을 근본적으로 능가한다(에스라4서 7-8장).

새로운 창조는 고대 유대교에서 그것의 우주적-보편적 형태로만 기다려진 것뿐만 아니라 인간론 개념 속에서 전개될 수 있다. 쿰란의 시편송가(Hodayot)에서 그 기도하는 사람은 그에게, 즉 비천하고 죄 많은 사람에게 행하신 하나님의 놀라운 행위에 대해 하나님을 찬양하고 있다. 놀라운 하나님의 행동은 그를 새로운 존재로 천사와의 교제 속에 세우는 것이다.[11]

존재를 규정하는 모든 비참함과 죄성에도 그러한 종말론적인 희망은 현재가 된다. 또한, 인간의 새 창조에 대한 종말론적인 기다림이 존재한다. 하나님은, 인간 지배의 불화를 저항하는 두 영을 통해 끝내는(1QS 4:25), 새 창조를 위한 한 시점을 확립해 두셨다. 한 다른 표현에서는 인간의 회복이 종말론적인 성령의 뿌림을 통해 실행된다. 성령의 이러한 뿌림은 선택된 자들에게 아담의 영광을 (다시) 주는 것이다(1QS 4:22-23).

이러한 본문들 속에서 새 창조는 엄격하게 종말론적인 사건으로 이해되었다. 그 종말론적인 사건은 미래적으로 기다려지든지—더 많은 본문 속에서 그렇게 말하듯이—아니면 이미 현재화되어 있다. 새 창조는 비록 그가 이 세상에 속해 있지만, 사람을 하나님 앞에서 새롭게 했다(1QH 3:19 이하[수케르의 구분: XI, 19 이하]에서처럼).

---

[11] Heinz-Wolfgang Kuhn, *Enderwartung und gegenwärtges Heil: Untersuchungen zu den Gemeindeliedern von Qumran mit einem Anhang über Eschatoligie und Gegenwart in der Verkündigung Jesu*, StUNT 4(Göttingen: Vandenhoeck & Ruprecht, 1966); Hermann Lichtenberger, *Studien zum Menschenbild in Texten der Qumrangmeinde*, StUNT 5(Göttingen: Vandenhoeck & Ruprecht, 1980).

비록 새 창조가 용어에서 명확하게 현재화되어 있지만, "요셉과 아스낫"이란 유대교적-헬레니즘적 소설[12]에서 [아스낫의] 개종 사실을 묘사하는 데 종말론적인 차원(Dimension)은 거의 또는 전혀 이해될 수 없다. 이집트 여자 아스낫의 유대교로의 개종이 새 창조로 묘사되고 있다(15:5).

> (그날) 오늘부터 너는
> 다시 새롭게 될 것이다(ἀνακαινισθήσῃ).
> 그리고 다시 빚어지고(ἀναπλασθήσῃ),
> 그리고 다시 활기 있게 될 것이다(ἀναζωοποιηθήσῃ).
> 요셉은 아스낫을 위해 기도한다(8:9).
> 주님 이 동정녀를 축복해 주십시오.
> 그리고 이 여인을 주님의 성령으로 다시 새롭게 하시고(ἀνακαίνισον),
> 그리고 숨겨진 주님의 손으로 이 여인을 새로 빚으소서(ἀνάπλασον).
> 그리고 주님의 생명으로 이 여인을 활기차게 다시 만드소서(ἀναζωοποίησον).

마지막 두 요소들(ἀναπλάσσω와 ἀναζωοποιέω)은 첫 번째 요소인 '아나카이니조'(ἀνακαινίζω)를 명확하게 설명하고 있다. 다시 새롭게 함은 첫 번째

---

[12] 헬라어 본문은 Christoph Burchard, "Ein vorläufiger griechischer Text von Joseph und Aseneth," *DBAT* 14(1979), 2-53; Christoph Burchard, *Joseph und Aseneth*, kritisch herausgegeben von C. Burchard mit Unterstützung von C. Burfeind und U. B. Fink, PVTG 5(Leiden: Brill, 2003)을 따른다. 독일어 번역은 Christoph Burchard, *Joseph und Aseneth*, JSHRZ II/4(Gütersloh: Gütersloher Verlagshaus Gerd Mohn, 1983), 578-735; 그 외에 Christoph Burchard, *Untersuchungen zu Joseph und Aseneth*, WUNT 8(Tübingen: Mohr, 1965); Dieter Sänger, *Antikes Judentum und die Mysterien: Religionsgeschichtliche Untersuchungen zu Joseph und Aseneth*, WUNT II/5(Tübingen: Mohr, 1980).

창조에 일치하여 새로 빚는 것이고 새로 활기 있게 만드는 것이다. 구약성경적 - 유대적 창조 사상은 아스낫의 개종 안에서 그녀가 새롭게 됨이 새 창조로 묘사되는 언어와 사상 세계를 위하여 결정적이다. 그 개종은 암흑에서 빛으로, 오류에서 진리로, 죽음에서 생명으로 옮겨감이다.

여기서 개종은 유대교로의 개종을 말한다. 유대인들은 이방인 아스낫이 그의 개종으로 비로소 도달한 상태에 벌써 들어와 있다.[13] 이방 종교에서 유대교로 변화에 대해 랍비 문서도 역시 기술하고 있다. 개종자는 "새로 태어난 어린이와 같다"(bYev 48b)는 것이다. 그는 유대교로의 개종으로부터 그의 생명이 이제 비로소 시작되는 것처럼 그렇게 간주한다.

이방 종교에서 유대교로의 개종에서 우주적이고 보편적인 넓이와 그리고 인간론으로 규정된 첨예화라는 유대교 안에서 이러한 두 가지 양상(樣相)을 기억하면서 새 창조의 신약성경 선포로 방향을 돌리고자 한다.

3) 바울과 바울의 제자들에게서의 새 창조

> 왜냐하면, 할례받는 것이나 할례받지 않는 것이 문제 되지 않고, 새로운 피조물이 되는 것이 중요하기 때문이다(ὔτε γὰρ περιτομή τί ἐστιν οὔτε ἀκροβυστία ἀλλὰ καινὴ κτίσις).

갈라디아서 6:15의 진술에는 바울의 경우 두 가지 문장이 병렬되는데, 그 문장들은 첫째 부분에서 갈라디아서 6:15과 평행되지만, 알라(ἀλλά)-문

---

[13] Burchard, *Joseph und Aseneth*(1983), 609를 보라.

장의 다른 표현양식을 보여 주고 있다. 하나는 고린도전서 7:19이다.

> 할례를 받는 것은 아무것도 아닙니다. 그리고 할례를 안 받는 것도 아무 것도 아닙니다. 다만 하나님의 계명을 지키는 것(τήρησις ἐντολῶν θεοῦ)만이 중요합니다.

다른 하나는 갈라디아서 5:6이다.

> 그리스도 예수 안에서는 할례받는 것이나 할례받지 않는 것이 무엇을 어 떻게 하는 것이 아닙니다. 다만 사랑으로 행하는 믿음(πίστις δι' ἀγάπης ἐνερ γουμένη)만이 중요합니다.

위의 세 본문에서 공통적인 것은 할례받는 것이나 할례받지 않는 것이 세 번째 성격에 직면하여 어떠한 관련성도 가지고 있지 않다. 알라(ἀλλά)- 문장은 서로서로 설명하고 있다.

> 새 창조(καινὴ κτίσις),
> 하나님의 계명을 지키는 것(τήρησις ἐντολῶν θεοῦ),
> 사랑으로 행하는 믿음(πίστι δι' ἀγάπης ἐνεργουμένη),
> 가장 중요한 문제는 계명들을 지키는 것(τήρησις ἐντολῶν).

새 창조(καινὴ κτίσις)가 사랑으로 행하는 믿음(πίστι δι' ἀγάπης ἐνεργουμένη)과 무슨 관계가 있는지다.

'새로운 창조'와 '사랑으로 행하는 믿음'이 그리스도 안에서 할례와 무할례의 대립을 상대화하는 것처럼 하나님의 율법들을 이행해야 하는 것을 무효로 하는 하나님의 율법(ἐντολάι θεοῦ)은 무엇인가?

이것에 대한 한 가지 대답은 그러한 방향에서 탐구될 수 있을 것이다. '새 창조'(καινὴ κτίσις), '사랑 안에서 행하는 믿음'과 '하나님의 계명들을 지킴'이 함께 속하는 한, 그 '믿음'과 '계명 준수'가 '새 창조'(καινὴ κτίσις)의 구체화이기 때문에 그것들의 상호적인 정렬은 가능하다. '새 창조'는 바울의 논쟁적인 논제들에 속하는데, 그 안에서 그는 그리스도 안에 있는 새로운 존재가 옛사람의 '회복'(renovatio)이 아니라 오히려 '새로운 피조물'(nova creatura)이라는 사실을 명백하게 표현하고 있다.

그것은 그 존재나 그의 상황이 한 걸음씩 한 걸음씩 좋아진 것이 아니라 오히려 전혀 새로운 시작이다. 자기의 애쓰는 수고 속에서 종교적인 사람이 스스로 자신을 새롭게 창조하는 것이 아니다. 그는 반대로 늘 옛것에 머무르고 있다. 그리스도 안에서 만이 옛것이 참으로 새것이 된다. 그것이 '스케로스 로고스'(σκληρὸς λόγος, '귀에 거슬리는 말씀,' 요 6:60)로 느껴졌다는 것은 우리가 바울에게 의존하고 있는 신학 사상을 바라볼 때 자명해진다.

첫째, 골로새서 3:10은 바울과의 차이를 바로 나타내고 있다.[14] 그것은

---

14 필자는 최근의 주석 중에서 특히 다음 것들을 참조했다. Eduard Schweizer, *Der Brief an die Kolosser*, EKK 12(Zürich: Benziger Verlag und Neukirchen-Vluyn: Neukirchener Verlag, 1976); Michael Wolter, *Der Brief an die Kolosser. Der Brief an Philemon*, ÖTK 12(Gütersloh: Gütersloher Verlagshaus, 1993); Ulrich Luz, *Der Brief an die Kolosser*, J. Becker and U. Luz, *Die Briefe an die Galater, Epheser und Kolosser*, NTD 8/1(Göttingen: Vandenhoeck & Ruprecht, 1998), 183-244.

사람 자체의 새 창조에 관해 말하지 않고, 오히려 새로운 사람을 입는 것에 관해 말하고 있다.

> 그는 자기 창조주의 형상에 대한 지식에까지 항상 끊임없이 새로워진다 (10절).

그 옛사람이 벗겨지고, 새 사람의 영속적인 새로움은—여기서 속사람의 나날이 새롭게 됨을 가지고 있는 고린도후서 4:16이 받아들여진다—자기의 창조주(그리스도!)의 형상을 따라 그리스도 안에서 모든 사람의 하나 됨에 이른다.

> 거기에는 더 이상 헬라인이나 유대인이나 할례자와 무할례자, 야만인이나 스구디아인이나 종이나 자유인이 없습니다. 오직 모든 것이 그리스도의 것이고 그리스도께서 모든 것 안에 계십니다!(11절).

사람들에게 '새 사람을 입는 것'이 요구되고 있다. 이 새 사람은 그 자신의 업적이 아니다. 그는 스스로 그의 새로움을 창조할 수 없고 오히려 (하나님에 의해 [창조된]) 창조주(그리스도)의 형상에 알맞게 만들어진다.

여기서 비록 '입는다'와 '벗는다'는 바울의 언어가 취해지고 있지만 그런데도 그 차이는 거대하다. 로마서 3:14의 "예수 그리스도를 입읍시다"(ἐνδύσασθε τὸν κύριον Ἰησοῦν Χριστὸν)와 갈라디아서 3:27의 "그리스도와 연합하는 세례를 받은 여러분들은 그리스도를 입은 것입니다"(ὅσοι γὰρ εἰς Χριστὸν ἐβαπτίσθητε, Χριστὸν ἐνεδύσασθε)를 보라. 바울에게서 그리스도로 '옷 입는 것'은 세례를 통하여 이루어지는 것으로 이해된다. 지속적인 옷 입음을 통하여 새롭게 된 사람으로 대체된다. [이런 구조 속에서-역주] 바울의 구원론적 진술이 하나의 윤리적인 진술로 바뀐다.

둘째, 에베소서 4:24[15]은 골로새서 3:10을 다시 취하고 윤리적인 구성요소를 더욱 강하게 강조하고 있다.

> 그리고 진리에 근거한 의와 경건함으로 새 사람, 즉 하나님에 따라 창조된 사람을 입으세요(엡 4:24).

여기에서 새롭게 됨이 스스로에 의해 일어나지 않고, 하나님에 의해 진리에 근거하여 의와 경건함 속에서 새 사람이 (이미) 창조되었다는 것이 확정된다. 그를 입는 것은 그 새 사람에 상응하는 변화를 가능하게 한다.

토대를 이루는 것은 에베소서 2:10이다. 믿는 자들은 '하나님의 만드신 작품'(αὐτοῦ γάρ ἐσμεν ποίημα)으로, 예수 그리스도 안에서 선한 일을 하도록 '창조된'(κτισθέντες) 피조물이다. 그러나 그 '선한 일들'은 우리를 통해 창조된 것이 아니라, 하나님에 의해서 미리 준비된 것이다. 하나님에 의해 (새롭게) 지음을 받은 자는 그것들(즉 '선한 일들')과 일치한다(ἵνα ἐν αὐτοῖς

---

[15] 에베소서 주석은 최근에 등장한 뛰어난 다음고하 같은 주석을 참조하라. Gerhard Sellin, *Der Brief an die Epheser*, KEK 8 (Göttingen: Vandenhoeck & Ruprecht, 2007); 그리고 특별히 Franz Mußner, *Der Brief an die Epheser*, ÖTK 10 (Gütersloh: Gütersloher Verlagshaus, 1982); Rudolf Schnackenburg, *Der Brief an die Epheser*, EKK 10 (Zürich: Benziger Verlag and Neukirchen-Vluyn: Neukirchener Verlag, 1982); Ulrich Luz, *Der Brief an die Epheser*, in: J. Becker and U. Luz, *Die Briefe an die Galater, Epheser und Kolosser*, NTD 8/1 (Göttingen: Vandenhoeck & Ruprecht, 1998), 107-180을 보라.

περιπατήσωμεν). 새 창조는 이제 더 이상 스스로 실현되는 희망의 중심사상 아래 서 있지 않고 윤리적인 요구 아래 서 있다.

하나님에 의해 준비된 일들 속에 있는 변화는 새 창조 안에서 일어난 부활과 하늘로의 옮김을 통하여 가능해진다(6-7절). 그것과 함께 바울의 '종말론적인 유보'가 포기된다. 그뿐만이 아니다. '새로운 창조'는 객관화될 수 없는, 다만 믿음 안에서만 인식될 수 있는 새로운 존재의 역설적 특성을 상실했다. '하나님께 어울리는' 인간은 하나님에 의해 준비된 자기 일들에 어울리는 인간이 된 것이다.

3. 중생

우리가 중생이란 주제 영역으로 향해 가면, 여기서도 어떤 매우 비유적이고 전문용어를 사용하여 조망할 수 있는 영역을 만나게 되는데, 그 영역은 신약성경에서 '겐나오'(γεννάω, '낳다')와 다양한 조합들 및 결합들과 함께 나타나는 영역, 즉 '아나겐나오'(ἀναγεννάω, '거듭나게 하다'), '겐네테나이 아노텐'(γεννηθῆναι ἄνωθεν, '위로부터 태어남'), '에크 데우 겐네테나이'(ἐκ θεοῦ γεννηθῆναι, '하나님으로부터 태어남'), '아르티겐네토스'(ἀρτιγέννητος, '새로 태어난'), 또한 '기노마이'(γίνομαι, '되다')로부터 파생되는 명사 '팔링게네시아'(παλιγγενεσία, '거듭남')와 함께 나타나는 영역이다.

'겐나오'(γεννάω, '낳다')와 그것의 파생어가 '생산하다'(zeugen) 또는 '낳다'(gebären)에 대한 어근과 함께 묘사되고 있는가 하는 질문이 생긴다. 신약성경에서 확실히 그때그때의 단어에 의해 결정해야 할 분야가 있다. 그래서 우리는 이 출생에 대한 이해를 우선시하고자 한다. 왜냐하면, 대부분은 이 사상이 더욱더 일치하기 때문이다.

이러한 단어들에서 공통적이고 그것의 발언 목표를 위해 근본적인 생각은, 포괄적이든 명시적이든, 인간의 자연적 출생에 어떤 새로운 초자연적 출생이 대립하고 있다는 것이다. 이것은 초자연적 출생, '첫 번째' 출생과의 유비 속에서만 이해돼야 할 뿐 아니라 이것을 능가하는 출생을 통해 인간에게 비로소 생명이 주어진다는 사실을 나타낸다. 이러한 새 창조 진술에서, 새로운 탄생에 앞서 인간은 죽었다는 사실, 즉 그가 생명이라고 여기는 것은 기만이고 죽음이라는 사실이 적시된다. 육에서 태어났기 때문에 인간은 육이다.

그래서 "새롭게 태어난다"($\gamma\epsilon\nu\nu\eta\theta\tilde{\eta}\nu\alpha\iota$ $\check{\alpha}\nu\omega\theta\epsilon\nu$, 요 3:3 이하: $\gamma\epsilon\nu\nu\eta\theta\tilde{\eta}\nu\alpha\iota$ $\check{\alpha}\check{\nu}\omega\theta\epsilon\nu$; 문자적으로 '위로부터 태어나다' 또는 '새롭게 태어나다'-역주)는 것이 무엇을 의미하는지조차 이해할 수 없다. 더 나아가서, 그는 그것을 알지 못한다는 것을 자신이 알지 못한다는 사실을 한 번도 인식하지 못했다.

그때 서기관이며 바리새인인 니고데모에게 어떤 '툼베 토르'(tumbe Thor, 바그너[Richard Wagner]의 오페라 '파르지팔'[Parzival]에 나오는 주인공 '파르지팔'에게 적용된 말로 '단순한 사람'[ein einfäliger Mensch]이란 의미로 사용된다. '파르지팔'은 독일 중세의 궁정 서사시인이었던 볼프람 폰 에센바흐[Wolfram von Eschenbach, 1170-1220]의 최대 걸작으로 16권 24,840행으로 이루어진 대서사시다-역주)가 아니라, 오히려 최고의 경지에 오른 종교적 지식과 의식이 표현되고 있다.

하지만 그것은 다름 아닌 인간적인, 육신적인 지식이다. 우리가 중생 사상의 유래에 대해 질문하면, 언어와 사상 세계는 우리에게 오직 극히 조심스레 진입하는 어떤 세계, 즉 밀의 종교의 영역을 가리킨다.[16]

첫째, 특히 입회자에 대한 엄격한 비밀 준수 요구 때문에 우리는 밀의 종교에 대해 다만 불충분하게 교육되어 있다.

둘째, 시간적인 기원과 확산은 몇몇 '밀의 제의'들에서 매우 다르다.

셋째, '밀의'(密儀)라는 개념 자체는 이미 비허용적인 축소다.

우리는 더욱더 정확하게 엘레우시스 밀의 종교(elevsinische Mysterien), 디오니소스 밀의 종교(Mysterien des Dionysos), 이시스(Isis), 아티스(Attis), 미드라(Mithra) 밀의 종교 등등에 대해 자세히 말해야만 한다.

이러한 밀의 종교에 대한 우리의 지식은 다양하다. 그 지식은, 우리가 알고 있는 모든 것에 따르면, 한편으로는 상이한 형태를 가졌고, 그러나 그런데도 역시 결합적인 성격들을 가졌다. 조심스럽게 우리는 그것들의 공통분모로서 문장화할 수 있다.

어떤 제의적-의식적 실행들을 통해 준비되는 의식에서 삶과 죽음의 만남 속에서 신(神)을 통하여 밀의 종교 신자에게서 발생하는 '소테리아'(σωτηρία, '구원')다.

넷째, 획득된 증거들 속에서 우리가 관심을 가지는 '핵심 단어'인 '다시 태어나다'와 '중생'이 용어적으로 비교적 드물게 만난다. 아티스 제의에

---

[16] 기본적인 새로운 연구는 Walter Burker, *Antike Mysterien: Funktionen und Gehalt* (München: C. H. Beck, 1990)을 보라. 그리고 종합적인 시각의 연구는 Hans-Josef Klauck, *Die religiöse Umwelt des Urchrisrentums I: Stadt- und Hausreligion, Mysterienkulte, Volksglaube*, Studienbücher Theologie 9,1 (Stuttgart et al.: Verlag W. Kohlhammer, 1995), 77-128을 보라. 아울러 Frances Back, "Wiedergeburt in der religiösen Welt der hellenistisch-römischen Zeit," in: Reinhard Feldmeier(ed.), *Wiedergeburt*, BThS 25(Göttingen: Vandenhoeck & Ruprecht, 2005), 45-73을 보라.

서 봉헌자(Ein Geweihter)는 (타우로보리움[*Taurobolium*, 황소의 피에 목욕하는 것-역주]을 통해) 아에테리움 레나투스(*aeternum renatus*, 영원히 중생한 사람-역주)다(CIL VI 510, 376의 후기 비문). (디트리히[Dieterich]가 편집한 파리 마술 파피루스[Pariser Zauberpapyrus]에 있는) 소위 미드라 예배에서 '신비 제의(神祕 祭儀)에 참여한 자의 기도'(Gebet des Mysten)가 전승되어 있다.

주님 다시 태어나면서 나는 죽습니다(πάλιν γενόμενος ἀπογίνομαι), 내가 높임받으면서, 그리고 나는 높여졌기 때문에, 나는 죽습니다.[17]

중생과 죽음이 밀의 종교에서 경험되고 있다. 이미 언급되었다시피 로마의 산타 프리스카(Santa Prisca) 아래의 미트라 신전에서 중생과 창조의 양면성이 확보된다.

'레나툼 두끼부스 아트쿠에 크레아툼'(*Renatum dulcibus atque creatum*, "즐거움을 위해 거듭나고 창조된다"-역자 번역).

밀의 종교도 중생과 새 창조를 서로 배제하는 대립으로는 생각하지 않았다. 성례전적 꿀 음식 또는 꿀 우유 음식(*dulcibus*)을 통해 밀의 종교 신자가 거듭나게 되고 (새롭게) 창조된다. 마찬가지로 산타 프리스가에서 나온 202년의 어떤 비문이 증거하는 것처럼 봉헌의 날이 생일이다.

'나투스 프리마 루케'(*natus prima luce*, "출생의 시초의 빛에서"-역자 번역).[18]

밀의 종교가 입회식에 대한, 즉 아풀레이우스(Apuleius)의 메타모르포젠

17　Albrecht Dieterich, *Eine Mithrasliturgie*, 3rd ed.(Leipzig: B. G. Teubner, 1923), 15.
18　본문은 S. M. J. Vermaseren, *Mithras*(1965), 34를 보라.

(Metamorphosen)의 11권에 나오는 이시스 밀의 종교에서의 봉헌식에 대한 우리의 자세한 보도는 봉헌식을 생일로 묘사하고 있다.

'엑스 힌크 페스티시뭄 킬레브라비 나탈렘 사크로룸'(*ex hinc festissimum cilebravi natalem sacrorum*, XI, 24, 5, "나는 봉헌된 자로서 나의 모든 장엄한 생일을 축하했다"-역자 번역).[19]

그리고 퀴벨레 제의에서도 '타우로볼리움'(*taurobolium*, 황소를 잡아 Cýbele 여신에게 바치는 제사-역주)의 날은 생일축하연, 즉 '나탈리키움'(*natalicium*)이다.

밀의 종교의 내적 사건에 대한 단지 겉핥기식의 통찰이지만 밀의 종교에서 선물 받은 '소테리아'(σοτηρία, '구원')가 중생으로, 봉헌식 출생으로, 봉헌식 날이 생일로 경험됐다는 것을 우리에게 알려준다. 밀의 종교의 또한 다른 성격들도 이 출생 시간을 가리킨다.

이것이 '카푸아'(Capua)의 미트라 밀의 종교의 묘사[20]에서는 신입 가입자가 어린아이같이 벌거벗겨져 있는 것으로 되어 있고, 아티스 밀의 종교에서 밀의 종교를 전수한 자들은 자기의 새 탄생의 상징으로 우유를 음식물로 받았다(Sallustius, *de diis et mundo* IV: ἐπὶ τούτοις γάλακτος τροφή ὥσπερ ἀνὰ γεννομένου, "새로 태어난 자처럼 우유를 음식물로"- 역자 번역).

---

[19] 본문과 번역은 Rudolf Helm, *Apuleius: Metamorphosen oder Der Goldene Esel*, Lateinisch und Deutsch, 6th ed. besorgt von W. Krenkel, Schriften und Quellen der alten Welt 1 (Berlin: Akademie-Verlag, 1970), 384-385를 따른다.

[20] S. M. J. Vermaseren, *Mithras*(1965), 107.

4. 신약성경에서의 중생

우리가 이러한 출생에 대한 진술과 중생에 대한 진술을 신약성경에 관련시킬 때 이 대부분 증거의 시기적 후대성이 문제가 된다. 이러한 관계 규정에서 중요한 것은 신약성경의 중생 사상이 밀의 종교에서 유래되었는지 하는 그 문제일 수가 없다. 오히려 우리는 그것들의 사상 세계에 대해서 말하고자 한다. 왜냐하면, 이 밀의 종교가—그리고 그것이 대립한다고 해도—신약성경의 중생 사상을 좀 더 잘 이해하도록 우리를 도울 수 있기 때문이다.

밀의 종교로부터 나온 증거들의 시기에 관해서 우리가 입수한 정보는 대부분 (신약성경보다) 후대의 것이다. 그러므로 이러한 정보가 우리를, 큰 회의(懷疑) 속에서, 오류로 인도할 수도 있다. 이러한 밀의 종교 자체가 부분적으로는 수백 년 과거로 소급되고 있다. 세월의 흐름 속에서 밀의 종교 가입의 진행에 있어서 많은 변화가 있었겠지만, 파악하기는 어렵다. 사건의 의미는 거의 변하지 않았다.

왜냐하면, 밀의 종교에서, 모든 고대제의에서 그렇다시피, 세워지고 고대로부터 전승된 의식을 충실하게 추종하는 것과 보존하는 것이 그것의 영향력의 근본조건이기 때문이다. 기독교의 중생 증거들은 사상 세계에서와 언어에 있어서 직접 밀의 종교로부터 넘겨받은 것이라는 견해는 역사적인 가능성과 명확함을 고찰하는 것에 대하여 경고하면서 다가온다.

원시 기독교가 전례 없는 그의 독특성(*Proprium*)을 신학적으로 정리했던 기간이었던 수십 년 이후에 중생 사상을 위한 요지를 이방의 주변 세계에서 취했다는 것은 개연성이 없다. 오히려 고려해야만 하는 것은 유대교의 중계를 통해 이 사상 세계가 원시 기독교에 왔다는 것이다.

민수기 25:3의 70인역 번역이 증거하는 것처럼, 유대교는 이미 100년 이상 밀의 종교와 대결 속에 있었다.

'카이 에텔레스데 이스라엘 토 베에엘페고르'(καὶ ἐτελέσθη Ισραηλ τῷ Βεελφεγωρ, "그리고 이스라엘이 바알브올에게로 데려가졌다"-역자 번역).

거기로부터 밀의 종교 언어의 한 개념을 받아들이고 있다.

"이스라엘은 바알브올(Baal-Peor)의 밀교와 결합했다."

이를 뒷받침해 주는 것은 신명기 23:8, 마카비 3서(2:3)와 솔로몬의 지혜서에서의 논쟁(지혜서 12:3-4; 14:15, 22 이하)이다. 마지막으로 필로에게 나타나는 언어와 사상 세계에서 밀의 종교의 수용을 볼 수 있다.[21]

그래서 우리는 이제 신중하게, 그러나 밀의 종교와의 접촉에 대한 불안 없이 신약성경 본문으로 향할 수가 있다. 중생에 대한 신약성경 언급의 근본 성격들을 이해하기 위하여 우리에게 서로 다른 양태를 제공할 수 있는 3개의 본문을 따르고자 한다. 우리는 요한복음 3장, 베드로전서의 진술들과 디도서 3:5을 선택하기로 한다.

---

21 Hengel, *Judentum und Hellenismus* (1969), 368, 각주 570번.

1) 요한복음 3장[22]

우리는 다시 요한복음 3장의 니고데모와 대화로 넘어왔다. '이스라엘의 선생'의 질문을 통해 "만약 누구든지 위로부터 나지 않으면 하나님 나라를 볼 수 없다"(ἐὰν μή τις γεννηθῇ ἄνωθέν ους δύναται ἰδεῖν τὴν βασιλείαν τοῦ θεοῦ, 3절)는 말이 무슨 의미인지가 드러나게 된다.

니고데모의 거의 목적 없는 말 뒤에 오는 이 문장이 이토록 예상할 수 없었다면, 그 문장은 동시에 수수께끼들로 가득 차 있는데, 그것들은 니고데모의 질문과 예수의 대답 속에서 비로소 그와 같은 것으로서 인식될 수 있는 것들이다.

---

[22] 최근에 출판된 주석은 Charles K. Barrett, *Das Evangelium nach Johannes*, KEK(Göttingen: Vandenhoeck & Ruprecht, 1990); Ulrich Wilckens, *Das Evangelium nach Johannes*, NTD 4(Göttingen: Vandenhoeck & Ruprecht, 1998; Klaus Wengst, *Das Johannesevangelium*, 1. Teilband: Kapitel 1-10, ThKNT 4,1 (Stuttgart: Verlag W. Kohlhammer, 2000); Christian Dietzfelbinger, *Das Evangelium nach Johannes*, Teilband 1: Johannes 1-12, ZBK.NT 4 (Zürich: Theologischer Verlag, 2001); Hartwig Thyen, *Das Johannesevangelium*, HNT 6 (Tübingen: Mohr Siebeck, 2005); 여전히 필수적인 것은 Rudolf Schnackenburg, *Das Johannesevangelium*, 1. Teil: Einleitung und Kommentar zu Kapitel 1-4, HThK 4 (Freiburg: Herder, 1966); 종교사적으로 시대에 뒤떨어졌지만 늘 살펴보아야 하는 고전은 Rudolf Bultmann, *Das Evavgelium des Johannes*, KEK (Göttingen: Vandenhoeck & Ruprecht, 1964[Repr. 1941]); 기초를 형성해 주는 분석과 해석은 Otfried Hofius, "Das Wunder der Wiedergeburt: Jesu Gespräch mit Nikodemus Joh 3,1-21," in: O. Hofius and H.-C. Kammler, *Johannesstudien: Untersuchungen zur Theologie des vierten Evangeliums*, WUNT 88(Tübingen: Mohr Siebeck, 1996), 33-80; 아울러 Jae Woog Bae, *Wiedergeburt im Johannesevangelium* (Diss. theol. Tübingen, 2003)도 보라(저자의 논문에 언급된 박사학위 논문은 배재욱, 『초기 유대교와 신약성경의 중생』 (서울: 대한기독교서회, 2008) 로 번역 출판됨-역주).

사람이 늙으면 어떻게 날 수 있겠습니까?
도대체 그가 그의 어머니 모태에 두 번째로 들어갔다가 날 수 있겠습니까?(4절)

사람들은 자주 니고데모가 오해했다고 말한다. 그러나 그 반대의 경우가 맞다. 그는 예수를 아주 정확하게 이해했고, 그래서 그 사상의 불합리함을 설명한다. 한 사람이 '겐네테나이 아노텐'(γεννηθῆναι ἄνωθεν, '위로부터의 탄생')과 마주할 때 갖게 되는 몰이해성이 과정의 불가능성에 상응한다. 예수는 그에게 다음과 같이 대답한다.

진실로, 진실로, 내가 너에게 말한다.
만약 누구든지 물과 성령으로 나지 않으면,
하나님 나라에 들어갈 수 없다(요 3:5).

'아노텐'(ἄνωθεν, '위로부터')이 '엑스 휘다토스 카이 프뉴마토스'(ἐξ ὕδατος καί πνεύματος, '물과 성령으로')로 대체됨으로써 '아노텐'이 '다시' 뿐만 아니라 동시에 '위로부터,' '하나님으로부터'를 의미한다는 사실이 분명해진다. '물'과 '성령' 속에서 신적인 세계의 실제를 만나게 되는데, 그것은 인간에게 '위로부터'의 '중생'을 가능하도록 한다.

어머니 모태에 '에이셀데인'(εἰσελθεῖν, '들어감')이 불가능함을 중생이란 말을 사용하지 않으면서 '바실레이아 투 데우'(βασιλεία τοῦ θεοῦ, '하나님 나라')에 '에이셀데인'에 대한 유비가 '위로부터'의 탄생 등 물과 성령으로부터의 탄생과 대비되고 있다.

세례의 성례전적인 범례(Vorgang)가 '물' 속에서 언급되지만, 우선 그것이 계속되지는 않는다. 계속되는 사상은 '성령'과 깊이 연결되어 있다.

육으로부터 난 것은 육이요 성령으로부터 난 것은 영이다(6절).

이 등식의 단순함 속에는 온갖 역설이 담겨 있다. 이 역설은 육적인 인간에게는 숨겨져 있고, 성령으로 태어난 사람에게만 공개되어 있다. 성령으로부터의 탄생을 통하여 누구나 관여하고 있는 육적인 현존이 폐기된다. 몹시 진부한 이러한 대구(對句)가 신약성경의 정점의 문장들에 속하고 있다. 성령으로부터의 중생은 근본적으로 새로운 존재를 만든다. 그러므로 이 새로운 존재는 성령으로부터 규정될 뿐만 아니라 '성령' 그 자체로도 불릴 수 있다.

내가 너에게 '너희는 반드시 새로이 나야 한다'고 말한 것을 이상하게 여기지 말라(7절).

자연적인 인간의 실재를, 즉 육으로부터 태어나고 그래서 육인 것을, 인식한 사람은 중생의 필연성에 대해 '이상하게 생각하지!' 않는다.

이것은 확실히 설명하기 어려운 것이다. 바람이 부는 것, 유래와 목표를 마음대로 할 수 없는, 그러나 그것의 윙윙거리는 소리 속에서 자신이 존재한다는 것을 우리에게 알리는 바람처럼, '프뉴마'(πνεῦμα; '성령,' '바람'/'영')

로부터 태어난 사람은, 그 실제인 것처럼 동시에 설명 불가능한 관계가 된다. 탄생은 동시에 그것의 실제처럼 설명하기 어렵다.

니고데모는 자기에게는 이해될 수 없는 이것을 알 수 없었다. 다시 그는 자기의 질문을 '포스 뒤나타이'(πῶς δύναται…, '어떻게 있을 수 있습니까')라는 자신의 '쿠오모도'(quomodo, '어떻게')란 말로 시작한다(9절).

너는 이스라엘의 선생이면서 그리고 너는 이것을 알지 못하느냐?(10절)

예수는 그에게 묻는다. 위로부터의 탄생으로서 새 탄생은 '프뉴마'를 통해 실행된다. '프뉴마'는 그리스도 안에서 현존해 있고 그러나 미래적으로 약속된다. '프뉴마'는 예수가 세례받을 때 예수 위에 왔고 그 위에 머물렀다(요 1:32).

믿는 자들은 그것을(성령을) 받는다. 그러나 성령의 선물은 예수의 영광에 의존된다(요 7:39). 성령(14:26) 혹은 진리의 영(15:26)은 약속된 보혜사와 동일하다(16:31 참조). 부활한 자가 제자들에게 숨을 내쉬면서(ἐνεφύσησεν) 그의 제자들에게 성령을 준다(20:22). 이로써 창세기 2:7의 70인역(겔 37:9; 지혜서 15:11도 참조)에 나오는 '생명의 숨결'을 불어 넣는다는 말이 문자적으로 받아들여진다. 이것은 "생동하게 하는 것은 성령이고, 육은 아무것도 할 수 없다"(요 6:33).

이것이 무슨 의미인지를 분명하게 한다. 이렇게 '거듭난다/위로부터 태어난다'는 말이 성령을 통해 예수의 현존과 그의 떠남의 긴장감 속에 머무르고 있다. 바로 그가 영화롭게 됨과 아버지께로 감 때문에 생명을 만드시는 성령이 보냄을 받는다. 성령은 부활하신 자가 자신의 사람들에게 선물한 것이다.

성령 사상을 통해 요한복음은 두 가지를, 즉 중생과 새 창조를 표현할 수 있다. 성령이 예수 위에 머무르고 그의 영광 후에 자기의 사람들에게 주어짐으로 중생과 새 창조는 '이미' 그리고 '아직 아니'의 긴장 속에 서 있다. 이 '프뉴마'는 약속된 '프뉴마'다. 그것은 지금 주어진 종말의 선물이다. 그것은 구약성경적-유대적이면서 역동적이고 미래적인 특성이 있다. 그런데 그 종말이 믿는 자에게 이미 현재화되어 있다.

2) 베드로전서[23]

축복기도에 결정적인 말이 곧바로 나타나고 있다.

> 우리 주 예수 그리스도의 아버지 하나님을 찬송하리로다 그의 많으신 긍휼대로 예수 그리스도를 죽은 자 가운데서 부활하게 하심으로 말미암아 우리를 거듭나게 하사 산 소망이 있게 하시며 썩지 않고 더럽지 않고 쇠하지 아니하는 유업을 잇게 하시나니 곧 너희를 위하여 하늘에 간직하신 것이라(벧전 1:3, 4).

---

[23] Reinhard Feldmeier, "Wiedergeburt im 1. Petrusbrief," in: Reinhard Feldmeier(ed.), *Wiedergeburt*(2005), 75-99를 보라. 아울러 Reinhard Feldmeier, *Der erste Petrusbrief*, ThHK 15/1(Leipzig: Evangelische Verlagsanstalt, 2005), 84-87의 부록(Exkurs)도 보라. 나아가 Leonhard Goppelt, *Der erste Petrusbrief*, KEK 12/1(Göttingen: Vandenhoeck & Ruprecht, 1978); Karl H. Schelkle, *Die Petrusbriefe. der Judasbrief*, HThK 13/2(Freiburg: Herder, 1980); Norbert Brox, *Der erste Petrusbrief*, 4th ed., EKK 21 (Zürich: Benziger Verlag and Neukirchen-V1uyn: Neukirchener Verlag, 1993)을 보라.

중생은 일어났다(ἀναγεννήσας ἡμᾶς). 하나님은 그것을 우리에게 행하신다. 이 희망이 가능하다는 근거는 예수 그리스도의 부활이다. '산 희망'이 계속 설명되고 있다. 하늘에 썩지 않고 더러워지지 않고 낡아지지 않는 유산이 '너희들을 위해' 보존되어 있다.

> 너희는 하나님의 권능을 통하여, 믿음으로 지금 이미 있고 마지막 때에 공개될 구원을 받게 된다(5절).

베드로전서 1:3-5에 이루어진 중생과 구원 완성 사이에 긴장이 유지된다. 바로 그것 가운데 그리스도가 살아 있다. 예수 그리스도의 부활은 그에게 그의 '생생한 희망'의 확실함을 보증하고 있다. 중생에 관해 비신화적으로 말해짐으로써 그리스도의 역사성과 그리스도교 실존의 역사성이 유지된다. 베드로전서 1:23은 비신화적인 특성을 더욱 분명히 만들 수 있다.

> 너희가 거듭난 것은(ἀναγεγεννημένα)
> 썩어질 씨로 된 것이 아니라,
> 썩지 않을 씨로 되었다.
> 즉 하나님의 살아 있고 영원한 말씀으로 되었다(벧전 1:23).

중생의 실제와 역사성은 사건을 통해 성취케 하는 하나님의 사건을 일으키시는 말씀을 통하여 확정된다(약 1:18 참조). 이사야 40:6로부터의 인용, 즉 "모든 육체는 풀과 같다 … 그러나 주의 말씀은 영원하도록 있도다"

는 "하나님의 살아 있고 영원한 말씀"을 위한 논증에만 쓰이는 것이 아니고, 썩어질 씨로부터의 생산에 대한 대립을 동시에 암시적으로 나타내고 있다.

왜냐하면, 이것은(앞 문장의 썩어질 씨) 썩어질 것이기에, 그것은 단지 썩어질 것, '싸륵스'(σάρξ, '육체'), 곧 육체만을 생산할 수 있다. '싸륵스'를 이곳에서 바울의 개념과 함께 취급하면 확실하게 안 된다. 그러나 '허무함'(Vergänglichkeit)도 하나님의 썩지 않을 말씀에 대립하고 있다. 이러한 말씀 선포의 사건은 인류를 분리한다.

> 하나님의 말씀을 통해 새롭게 된 사람들, 즉 꾸밈없는 형제 사랑에 대한 순종으로 깨끗해지고 그런 이유에서 지속해서 사랑하라고 훈계를 받아들일 수 있는 사람들 그리고 '육체'(σάρξ)이고 사라질 사람들.

이 단락의 마지막에 다음 구절이 강조되면서 요약된다.
"이것은 너희에게 복음으로 선포 된 바로 그 말씀이다."
그것과 함께 곧 확정되는 것은, 이사야 40:8의 "주님의 말씀"이, (복음으로서) 선포된 그리스도의 말씀이라는 사실이다.
새 탄생에 대한 사상은 베드로전서 2:2에서 직접 계속된다.

> 갓난 아기들 같이(ὡς ἀρτιγέννητα βρέφη, quasimodo geniti) 순전하고 신령한 젖을 사모하라 이는 그로 말미암아 너희로 구원에 이르도록 자라게 하려 함이라(벧전 2:2).

23절과 연관된 것을 살펴볼 때 분명한 것은 '호스'(ὡς, '…같이')는 비교를 이끌지 않고(1:19; 2:11 참조) 오히려 아래와 같은 것을 선명히 규정한다.

갓난아기같이 그들은 신령하고(λογικός) 순수한 젖을 갈망해야 하며, 이는 그것들을 통해서 구원에 이르도록 자라게 하기 위함이다(벧전 2:2).

젖은 여기서 고린도전서 3:1-3과 히브리서 5:12에서와 같이 '초보자들의 음식'(Anfängerspeise)이 아니라 그들을 새로 태어나도록 만드는 선포된 하나님의 말씀이다.

처음에 진술한 바와 같이 다음의 사실은 확정적이다. 중생은 이미 일어났다. 그리고 구원의 완성은 미래적이다. 이로부터 생기는 긴장은 물론 성장 과정에 대한 사상을 통해 약해진다. 그러나 일어난 중생과 미래적인 구원 완성이 서로 연결됨으로써 중생의 종말론적인 차원도 유지된다.

베드로전서에서 우리가 숙고한 것들을 요약해 보자.

① 중생은 일어났다.
② 그것은 거듭난 자들에게 통고되는 명령법의 근거를 이룬다.
③ 일어난 중생에도 구원의 완성은 미래적이다. 일어난 중생과 미래적인 구원이 이 시간 속에 있는 그리스도인의 현존을 함께 묶어주고 있다.
④ 구원 행위 위에 기초를 두고 있으면서도 완성에는 이르지 않았다는 점에서 중생은 종말론적 실존이다. 중생과 구원 완성이 시간 속에서 긴장을 일으키는 결과를 구성하기 때문에 중생은 결코 종말론으로부터 분리될 수 없다.

3. 디도서 3:5[24]

이로써 우리는 기다리던 표제어 '팔링게네시아'(παλιγγενεσία, '중생')에 이르렀다. 그것은 신약성경에서 오직 마태복음 19:28에 한 번 더 나오고 있다. '팔링게네시아'는 한편으로는 밀의 종교 속에서—그리고 '말의 신비'(Wortmysterium) CH 13[25]에도—나타나지만, 그것은 스토아 학파의 어법에서는 아주 잘 알려져 있다. 예를 들어 세계의 갱신을 표현하기 위해 '화재'(ἐκπύρωσις)와 결합하며, 더 나아가서 영혼 이동 교리와 관련되기도 한다. 순환적인 사상에 상응하여 '팔링게네시아'는 반복적이지만 미래 사건이다.

그 개념은 구약성경적 - 유대적 시간 사상에 의해 규정된 마지막 심판에서의 순종에 대한 보상 기대 속에서 '엔 테 팔링게네시아'(ἐν τῇ παλιγγενεσίᾳ, '중생에서'; 개역개정판은 마 19:28에서 ἐν τῇ παλιγγενεσίᾳ를 '세상이 새롭게 되어'라고 번역한다-역주)가 미래적인 유일성을 가지고 있다.

이것을 이해하기 위한 암시들은 누가복음 22:30의 "내 나라에 있어"(ἐν τῇ βασιλείᾳ μου) 혹은 마가복음 10:30과 누가복음 18:30의 '엔 토 아이오니 토 에르코메노'(ἐν τῷ αἰῶνι τῷ ἐρχομένῳ, '내세에')에서 병행구절들이 제공해 준다. 이로써 개인적인 중생이 아니라—유대적인 새 창조 진술들과 비

---

[24] 최근의 주석서로는 Helmut Merkel, *Die Pastoralbriefe*, NTD 9/1 (Göttingen and Zürich: Vandenhoeck & Ruprecht, 1991); Lorenz Oberlinner, *Die Pastoralbriefe*, Dritte Folge: Kommentar zum Titusbrief, HThK XI/2 (Freiburg et al.: Herder, 1996)을 보라. Dey, *PALIGGENESIA*(1937)를 보라.

[25] Arthur D. Nock and André J. Festugière(ed.), *Corpus Hermeticum*, tome II, traités XIII-XVIII Asclepius (Paris: Les Belles Lettres, ³1973), 200-227.

교할 수 있는—마지막에 있을 세계가 새롭게 됨이 시야에 있다.

우리는 디도서 3:4-7에서 짧게만 논할 수 있다. 죄 속에서 침몰한 생명은 '우리'에게 과거가 되었다. 왜냐하면, 아래와 같기 때문이다.

> 우리 구주 하나님의 자비와 사람 사랑하심을 나타내실 때
> 우리를 구원하시되
> 우리가 행한 바 의로운 행위로 말미암지 아니하고
> 오직 그의 긍휼하심을 따라
> 중생의 씻음과 성령의 새롭게 하심으로 하셨나니
> 우리 구주 예수 그리스도로 말미암아
> 우리에게 그 성령을 풍성히 부어 주사
> 우리로 그의 은혜를 힘입어 의롭다 하심을 얻어
> 영생의 소망을 따라 상속자가 되게 하려 하심이라(딛 3:4-7).

이 본문에도 (세례에서) 일어난 중생(과 그것과 연결된 성령을 통한 새롭게 됨) 그리고 구원의 완성("우리로 … 상속자가 되게 하려 하심") 사이의 긴장이 유지되고 있다.

영원한 생명은 소망의 대상으로 남는다. CH 13에서 이해에 유익한 병행구절을 만나게 된다.

'메데나 뒤나스다이 소테나이 프로 테스 팔링게네시아스'($\mu\eta\delta\acute{\epsilon}\nu\alpha$ $\delta\acute{\upsilon}\nu\alpha\sigma\theta\alpha\iota$ $\sigma\omega\theta\tilde{\eta}\nu\alpha\iota$ $\pi\rho\grave{o}$ $\tau\tilde{\eta}\varsigma$ $\pi\alpha\lambda\iota\gamma\gamma\epsilon\nu\epsilon\sigma\acute{\iota}\alpha\varsigma$, "중생 이전에 아무도 구원될 수 없다").[26]

---

[26] Arthur D. Nock and André J. Festugière, *Corpus Hermeticum*, 201.

여기서 중생은 구원의 전제다. 그러나 중생이 모두에게 유효한 것은 아니다. 침묵 명령은 하나님이 예정하지 않으신 자들로부터 그들을 지킨다—디도서 3장은 이와 반대로 '우리에게'와 '우리는'에 의해 지배된다. 배제된 자들에 대한 성찰들은 "우리 구주 하나님의 자비와 사람 사랑하심이 나타내실 때"를 근거로 하여 금지된다. 세례에서 '팔링게시아'가 모두에게 주어졌고, 성령이 흡족하게 부어졌다.

이것은 전혀 비신비주의적이지 않고, 더욱이 거의 밀의 종교적이지도 않다. 구원을 주는 것과 구원의 완성은 "우리 구주 예수 그리스도로 말미암아" 일어난다. 중생에 대한 신약성경의 주장은 고대 후기의 밀의 종교의 제의와 언어가 공통적이라는 것 이상의 관계가 없다. 그것의 적용과 비교할 수 있는 것은 밀의 종교 언어의 철학적 '낯설게 함/소외'일 것이다. 밀의 종교와는 반대로 예수 그리스도의 죽음과 부활 안에서 하나님의 구원 행위는 보편적이다. 그리고 그분 안에서 종말의 시간이 시작되었다.

5. 결론

우리는 새 창조와 중생에 관한 신약성경 진술의 작은 단편 하나만을 살펴보았다. 많은 것들은 오직 암시만 되었다. 그러나 아마도 왜 새 창조와 중생의 사상이 비교되지 않는 가능성을 제공하고 있는지, 신약성경에서 그 새로운 것이, 그리스도 안에서 믿는 자들이 창조되고 선물된 존재로 표현되고 있는지가 분명해졌을 것이다.

동시에 새 창조 개념에 큰 명료함만 다가오는 것은 아니다. 새 창조는 새로움에 관해 아주 철저한 방법으로 말해질 수도 있다. 새 창조는 처음 창조의 유비에서 일어날 뿐만 아니라 새 창조는 처음 창조를 능가하고 있다. 왜냐하면, 그것은 그리스도 때문에 영원한 생명을 보증하고 있기 때문이다.

바울은 미래에 공개될 종말론적인 새 창조의 의미에 대하여 명백하게 집착하고 있다. 새 창조와 구원 완성에 대한 변증법적인 관계는 바울의 제자들에 의해 벌써 '종합적인 논제'(Synthese) 속에서 폐지되었다. 이제 그 논제 안에서 시간 사이에 있는' 존재의 역사성이 더 충분히 인식될 수 없다.

우리는 중생 사상에서도 역시 이러한 위험을 인식할 수 있었다. 그래도 구원을 가능하게 하는 것이 제사를 드리는 자가 운명적으로 행하게 되는 의식적(儀式的)인 실행 속에서 발생하는 것이 아니라는 사실과 아울러 아주 비밀스럽고, 의식적-성례전적으로 연결된 죽음과 부활에서 일어나는 것도 아니다는 사실이 신약성경의 근저에 남아 있다. 그것은 도리어 실존적 그리고 미래적인 구원을 보증하는, 예수 그리스도 안에서 나타난 하나님의 행위를 통해 일어난다.

> 이방인은 죽지 않는다. 왜냐하면, 그는 그가 죽을 수 있도록 결코 산 적이 없기 때문이다(빌립복음서 4).[27]

---

[27] Schenke, *Nag Hammadi Deutsche*(2007), 143.

우리는 이제 이 문장에 부활에 관한 요한복음에 나오는 그리스도의 말씀을 대비시킬 수 있다.

나를 믿는 사람은 그가 비록 죽는다 해도 살 것이다(요 11:25).

신약성경 안에서 새 창조와 중생에 관한 사상으로 말해질 수 있는 것을 이 구절보다 더 잘 표현할 수는 없을 것이다.

제14장

쿰란 문서에서 부활*

번역: 문 배 수 박사

쿰란의 제1 동굴이 발견된 지 50년이 되고 새로운 쿰란 문서들이 세상에 알려진 지 10년이 되었다(원서 기준; 쿰란 사본 발견은 1947년-역주). 쿰란 문서에 죽은 자의 부활에 대한 언급이 있느냐는 질문은 쿰란-에세네파 신학 주제에 대한 논쟁 한가운데 있다. 이와 관련해 근본적으로 3가지 견해가 다음과 같이 나타난다.

① 쿰란 문서는 부활을 인정한다.[1]

---

* Hermann Lichtenberger, "Auferstehung in den Qumranfunden," Friedrich Avemarie and Hermann Lichtenberger(eds.), Auferstehung – Resurrection. The Fourth. Durham-Tübingen Research Symposium: Resurrection, Transfiguration and Exaltation in *Old Testament, Ancient Judaism and Early Christianity* (Tübingen, September, 1999). WUNT 135(Tübingen: Mohr Siebeck, 2001), 79-91에 실린 논문으로 한국어 번역은 헤르만 리히텐베르거/문배수 번역, 「신약연구」 19/1(통권 제57호)(2020), 233-250에 수록되었고 그것을 다시 수정 보완하였다. 저자 리히텐베르거 교수는 이 논문 서두에 다음과 같이 사사표시를 했다. "필자는 예루살렘 히브리대학교의 고등학문 연구소와의 우정으로 이 글을 탈고할 수 있었다. 글에 대한 관대한 요구에 깊이 감사하며 또 스테판 크라우터(Stefan Krauter) 씨가 첫 출판을 도와준 것에 대해서도 진심으로 그에게 감사한다."

1 예를 들어 Karl-Georg Kuhn, "Essener," 3rd ed., RGG 2(1958), 702; Günter Stemberger, *Der Leib der Auferstehung: Studien zur Anthropologie und Eschatologie des palästinischen Juden-*

② 쿰란 문서에 부활 주제가 없다.²

③ 부활 주제에 대한 질문은 그와 관련된 본문에 의해 결정될 수 없으며 사람들은 쿰란 문서에서 부활에 관한 판단을 뒤로 미루든지 아니면 자기 나름의 생각에 따라 결론에 이르는 경향이 있다.³

무덤과 그에 따른 특별한 장례법이 알려진 뒤로, 고고학에 의해 발굴된 개별 무덤과 무덤 위치가 남-북 방향으로 되어 있다는 것이 죽음 이후 삶에 대한 생각을 표현한 것은 아니냐고 사람들은 논의한다.⁴ 우리는 마지

---

  tums im neutestamentlichen Zeitalter(ca. 170 v. Chr.-100 n. Chr.), AnBib 56(Rom: Biblical Institute Press, 1972), 3: "부활에 대한 사고는 쿰란 문서의 경우 분명 증명될 수도 있고 그것을 부활의 육체에 연결시킬 수도 있다. 그러나 우리가 분명하게 부활육체의 성격에 대해 경험할 수 있는 확실한 본문은 없다." 추가로 또한 Hans C. C. Cavallin, *Life After Death: Paul's Argument for the Resurrection of the Dead in I Cor 15*, Part I: An Enquiry into the Jewish Background, CB.NT 7:1(Lund: Gleerup, 1974), 60, 66, 각주 2도 참고하라. 쿰란 문서에서 부활희망이 있다는 것에 증거를 될 수 있다는 견해를 결정적으로 대변하는 사람은 Emil Puech, *La croyance des Esséniens en la vie future: Immortalité, résurrection, vie éternelle? Histoire d'une croyance dans le judaïsme ancien*, Vol. I: La résurrection des morts et le contexte scripturaire; Vol. II : Les données qumraniennes et classiques, Études bibliques N.S. 21 and 22(Paris: Gabalda, 1993)이다.

2 예를 들어 Robert B. Laurin, "The Question of Immortality in the Qumran 'Hodayot,'" JSS 3(1958), 344-355; Ross E. Lilly, *The Idea of Man in Qumran Literature*(Ph. D. diss. Boston University, 1962), 126 이하("죽은 자로부터 부활신앙만을 명확히 선언하는 구절이 쿰란 문서에는 없다," 127)을 참조하라. Cavallin, *Life after Death*(1974), 60, 66, 각주 3도 보라.

3 예를 들어 Jean Carmignac, "Le retour du Doctuer de Justice à la fin des jours?," *RdQ* 1(1958-59), 235-248, 239 참조: "우리가 가진 실제 상황 속에서 볼 때, 에세네파 사람들이 부활의 가능성을 뿌리쳤다는 것을 아직은 증명할 수 없지만, 이 부활을 믿었다고도 증명할 수 없다." Kurt Schubert, "Die Entwicklung der Auferstehungslehre von der nachexilischen bis zur frührabbinschen Zeit," *BZ* 6(1962) 177-214, 203는 비록 부활을 본문에서 확실히 끌어낼 수 없지만, 쿰란 문서에서의 부활희망을 전제하고 싶어 한다.

4 이전의 논의를 위해서는 Hans Bardtke, *Die Handschriftenfunde vom Toten Meer*, Vol. 2: Die Sekte von Qumran, 2nd ed.(Berlin: Evangelische Haupt-Bibelgesellschaft, 1961), 45-46을 참조하라. 이제 Puech, *La croyance des Esséniens en la vie future 2*(1993), 693-

막 단락에서 이 질문을 다루도록 하겠다.

1. 본문

1) 처음부터 부활 주제와 관련된 토론 본문은 1QH VI, 32-34 (= St XIV, 35-37) 그리고 1QH XI, 12(= St XIX, 15)이다[5]

(1) 1QH XIV, 35-37[6]

개별 감사시는 일정한 틀을 가지고 있다. 1QH XIII, 22부터 XV, 8에[7] 이르는 개별 감사시에는 위급함(XIV, 25-28), 구원함(XIV, 28-32)과 함께 구원을 주제로 다루는 종말론 단락이 있다(XIV, 32-39).[8] 본문은 신성을 모독하는 사람을 없애는 것을 목적으로 하는 종말론 전쟁을 묘사하고 있다.

702; Emil Puech, "The Necropolises of Khirbet Qumran and Ain el-Ghuweir and the Essene Belief in Afterlife," *BASOR* 312(1998) 21-36.

[5] 이어지는 내용에 대해서는 Hermann Lichtenberger, *Studien zum Menschenbild in Texten der Qumrangemeinde*, StUNT 15(Göttingen: Vandenhoeck & Ruprecht, 1980), 219-224.

[6] 전체 문맥과 해석을 위해서 다음을 참조, Puech, *La croyance des Esséniens en la vie future* 2(1993), 348-363.

[7] Gert Jeremias, *Der Lehrer der Gerechtigkeit*, StUNT 2(Göttingen: Vandenhoeck & Ruprecht, 1963), 242을 보라; 이와 다른 견해를 가지고 있는 것은 Günter Morawe, *Aufbau und Abgrenzung der Loblieder von Qumran: Studien zur gattungsgeschichtlichen Einordung der Hodayoth*, ThA 16(Berlin: Evangelische Verlagsanstalt, 1961), 109-122인데, 그는 V, XX-XXXIX(=St XIII, XXII-XLI)와 VI,1(?)-VII,5(=St XIV,1-XV,8)의 두 노래로 나눈다.

[8] Morawe, *Aufbau und Abgrenzung der Loblieder von Qumran*(1961), 119-122를 보라.

그리고 하나님의 칼이 심판의 시간을 위해 서두를 것이다. 그리고 하나님께 속한 진리의 모든 아들이 신 모독자를 없애기 위해 깨어날 것이다(יעורו). 죄의 모든 아들은 더 이상 존재하지 않을 것이다(32-33행).

33-36행에서 저자는 신 모독자를 멸하는 것을 목적으로 하늘에서부터 임하는 하나님의 공격을 묘사한다. 왜냐하면, 하나님은 전쟁을 이끄는 분이기 때문이다. 그러고서 37행에 있는 문제의 구절은 거의 행의 절반을 공란으로 비워놓고 그다음 내용이 이어서 나온다.

ושוכבי עפר הרימו ותולעת מתים נשאו נס

사람들은 병행구절의 주어에서 무(無)를 표현하고 있다고 보거나 아니면 이 구절이 실제 죽은 자에 대해 말하고 있다는 견해를 갖는다. 이사야 26:19 '쇠카니 아팔'(שכני עפר)은 죽은 자가 부활한다는 정황에서 사용된다. 그것과 비슷한 용례로서 다니엘 12:2(ישני אדמת עפר)은 부활 사고를 지니고 있다.

'죽은 자들의 벌레'(תולעת מתים) 용례는 성경에 나오지 않지만 죽은 자들을 잡아먹는 벌레로써, '벌레'가 죽은 자들과 관련해서 사용된다(사 14:11; 66:24; 비슷하게 욥 21:26). 그러나 '벌레'(תולעה)는 '라마흐'(רמה)처럼 사람이 아무것도 아니라는 것을 표현한다(사 41:14; 시 22:7; 욥 25:6).

'먼지 속에 있다'(שוכבי עפר)와 '죽은 자들의 벌레'(תולעת מתים) 상태가 실제 죽은 자들에 대해 말하는 것이라면 본문의 원래 의미가 무엇이고, 또 만일 그것을 은유로서 이해해야 한다면, 도대체 그것은 무엇을 뜻하는가?

그렇지만 우리가 이 문제를 논하기 이전에, 문장에 아직 남아 있는 다른 부분을 해석해야 한다.

막대 표시를 들어 올리는 것(נשא סו)과 깃발 막대를 세우는 것(הרים תרד 히필 사역동사)은 싸움의 시작을 표시한다. 즉 '먼지 속에 있다'와 '죽은 자들의 벌레'는 하나님이 이제까지 혼자서 행했던 싸움에 관한 것이다. 추가로 32행 "그리고 그의 진리의 모든 아들이 소생한다"(וכול בני אמתו יעורו)를 우리는 주시해야 한다. 이것을 죽은 자의 부활 의미로 해석하는 것이 불가능한 것처럼 보인다. 죽은 자의 개념은 여기서 마지막 싸움을 하는 경건한 자가 낮아진다는 것을 뜻한다.

만일 이 주제가 어려운 것임에도 그것이 비교적 분명하게 소개되고 있다면, 질문에 대한 답변은 반드시 논쟁 구절로 해석될 필요는 없을 것 같다. 그러나 이 구절이 죽은 자의 부활에 대해 말하고 있다는 견해를 위해 다음 두 가지는 확실히 말할 수 있다.

① 이것이 다루는 것은 마지막 심판을 위한 부활이 아니라 종말 싸움에 참여하기 위한 부활이다.
② 그것은 죽은 자의 전체 부활이 아니고 32행이 제기하는 것처럼 경건한 자의 부활을 말하는 것일 수 있다.[9]

---

[9] Puech, *La croyance des Esséniens en la vie future 2*(1993), 362: "이 절(비극적인 절, 단락)은 종말론적 싸움에 참여하는 의인의 부활장면을 아름답게 연출한다." 앞의 책, 363: "의로운 자는—그리고 그는 하나님께서 구원하시고자 이미 자비를 베풀었기에 의롭다—고립(격리)된 자들과의 전쟁에서 생존하도록 또는 생명을 유지하도록 또는 부활하도록 명명되었다."

우리는 이것과 연결된 것으로 다음에 나오는 다른 중요 본문을 다루도록 한다.

(2) 1QH XIX, 15[10]

쿰란 제1 동굴 문서 XIX, 6-17 단락은 쿤(H.-W. Kuhn)의 경우 "경건한 자가 노래로 하는 고백"에 근접한 것이다. 그렇지만 개별 감사시로서 쿰란 제1 동굴 문서 단락(1QH XIX, 6-17)은 다음의 구성을 갖는다. 즉 서론(6행), 찬양(6-8행)과 찬양의 서원을 말하는 본론(8-10행), 그리고 이어서 구원에 대한 고백이 나온다. 그 고백은 하나님을 찬양하는 것을 묘사하고 또 그 찬양에 대해 보고하는 유형을 따른다.

여기서 찬양의 대상이 되는 하나님은 재앙과 관련된 심판을 행하시지만(10-13행), 하나님 마음에 드는 모든 이들은 하나님의 용서를 받는다(12행). 경건한 자에 대한 구원의 행위는 "당신(아마도 하나님-역주)에게 속한 진리의 비밀"과 "당신의 놀라운 비밀들에서" 드러난 가르침으로 정해진다.

그러고 나서 13-17행에서 하나님이 인간에게 주는 구원을 말한다.

> 그리고 당신의 영예를 위해 당신은 인간의 범죄를 정화했습니다.
> 그것으로 인간은 모든 혐오스러운 불결함과 신실하지 못한 죄에서 벗어나

---

10 해석을 위해서 1QH에 대한 주석서들 외에 특히 Heinz-Wolfgang Kuhn, *Enderwartung und gegenwärtiges Heil: Untersuchungen zu den Gemeindeliedern von Qumran mit einem Anhang über Eschatologie und Gegenwart in der Verkündigung Jesu*, StUNT 4(Göttingen: Vandenhoeck & Ruprecht, 1966), 78 이하; George W. E. Nickelsburg, *Resurrection, Immortality, and Eternal Life in Intertestamental Judaism*, HThS 26(Cambridge: Harvard University Press and London: Oxford University Press, 1972), 154-156; Cavallin, *Life after Death*(1974), 64; Puech, *La croyance des Esséniens en la vie future 2*(1993), 375-381.

당신(하나님-역주)을 위해 자신을 거룩하게 하며,

인간은 당신의 진리의 아들들과 하나 되어

당신의 아들들과 같은 운명에 있게 됩니다.

그것은 참된 비밀을 위해 썩은 시체(תולעת מיתם)를 먼지에서 올려,

왜곡된 영에서부터 당신의 인식에 이르도록 하기 위해서이며

또 인간이 당신 앞에서 영원한 군대와 함께

그리고 영원한 영혼들과 함께 서도록 하기 위해서입니다.

그리고 인간이 현재와 미래에 있는 모든 것에서 새로워지며,

지식 있는 자들과 함께 기뻐하게 됩니다.

여기서 먼지에서 올려진다는 것은 신의 비밀에 대한 깨달음으로 해석된다. 시편 앞에 나오는 요약은 하나님의 구원행위가 분명히 보인다. 즉 그것은 시 안에서 형성된 어조에서 '먼지,' '자신을 영화롭게 하는 것'이라는 행위에서이며, 먼지와 자신을 영화롭게 하는 것의 표현은 창조 개념에 속한다.

그래서 이 구절은 확실히 죽은 자의 부활이라는 의미로 해석될 수 없다.[11]

---

[11] 동의하는 사람은 Carmignac, "Le retour du Doctuer de Justice à la fin des jours?"(1958-59), 237; Jeremias, *Der Lehrer der Gerechtigkeit*(1963), 237 각주 17; Svend Holm-Nielsen, *Hodayot: Psalms from Qumran*, AThD 2(Aarhus: Universitets-Forlaget, 1960), 187 Anm. 23; 이에 반대하는 사람은 Hayim Rabin, *Qumran Studies*, Scripta Iudaica 2(London: Oxford University Press, 1957), 73. Puech, *La croyance des Esséniens en la vie future 2*(1993), 380는 15행에 우선적으로 XI, 22(=Sukenik III, 21)와 IX, 20-21(=Sukenik III, 19-20)이 가장 가까운 병행들이라는 점을 용인하지만, "죽은 자들의 [시신에 붙은] 해충에서 나오는 먼지를 올리는 것(brym m'pr twl't mtym)은 죽은 자들과 죽은 자들에서 나오는 먼지를 확실하게 되돌리는 것"이라고 생각한다. 증거들을

2) 제4 동굴에서 발견된 문서 4QHa의 구절들(4Q427)은 이제까지 알려진 감사찬송시(호다요트[Hodayot])에 속한다

이 구절들은 위에서 소개된 감사찬송시 문체의 영향을 받고 있고, 그것이 찬송시라는 것을 확증시켜 준다.

(1) 4Q427 단편 7 I, 18-21[12]

18 ... ברכו המפלי גאות ומודיע עוז ידו

19[ל]חתום רגים ולגלות נסתרות להרים כושלים ונופליהמה

20 [לש]ב לכת קוי דעות ולהשפיל נועדות רום גאים עולם

21 [לחת]ם רזי ה[וד] ולהק[י]ם פל[אות כבוד ...

18 ··· 교만한 자를 떨어 뜨리고 자신의(하나님의-역주) 손이 강하다는 것을 알려주는 분을 찬양한다.

살펴본 후 Cavallin, *Life after Death*(1974), 65는 다음과 같은 결론을 내린다: "일반적으로 죽은 자의 부활에 대한 신앙이나 죽음 후의 생명에 대해서 증언하고 있는 (다마스쿠스 문서[CD]를 포함한) 쿰란 두루마리들의 모든 단락들 중에서 오직 한 개의 본문, 어쩌면 두 개의 본문만이 확실하게 지지해 주는 증거를 대변하는 것으로 증명되었다." 이 두 본문 중 단지 4QPsDan만 분명한 것 같다(이에 대해서는 Heinz-Wolfgang Kuhn, "Besprechung von G. W. E. Nickelsburg, Resurrection, Immortality, and Eternal Life in Intertestamental Judaism,"[앞의 각주 11번] *ThLZ* 101[1976], 353-354도 보라). 다른 증거본문에 대한 평가는 עמד를 '부활'로 잘못 번역한 것에서 기인한다(이와 반대로 1QH에 있는 용법을 보라!). Cavallin, *Life after Death*(1974), 65도 자신의 해석을 다음과 같이 제한한다. "그러나 여기 언급된 부활은 이미 실현된 종말론의 다른 표현일수도 있지만, 확실히 저자가 죽음 후 부활을 생각한 것을 말하는 본문은 없다"(4Q181 1, II, 3-6에 대하여).

[12] 본문은 Eileen Schuller, "Hodayot," E. G. Chazon et al. eds., *Qumran Cave 4. XX: Poetical and Liturgical Texts*, Part 2, DJD XXIX(Oxford: Clarendon Press, 1999), 96을 따른다.

19 그것은 비밀을 봉인하고 숨겨진 것을 계시하기 위해서이고, 또 실수하고 넘어지는 자들을 위로 올려

20 지식을 갈급하는 자들이 [다시] 걸어가도록 하기 위해서다. 그러나 영원한 자긍심으로 높아진 자들의 모임을 낮추고,

21 [그것이] 영광의 비밀에 속하도록 봉인하여 [놀라운] 영광을 세우기 위해서다.

(2) 4Q427 단편 7 II, 10-11[13]

10 ...וכושלי ארץ ירים לאיך מחיר וגב[ורת עד עם]

11 מצעדם ושמחת עולם במכוניהמה כבוד נצח ואין השבת [לעולמי עד]

10 그는 땅 위에서 실수하는 자들을 값없이 들어 올린다. 그리고

11 영원한 힘이 그들의 발걸음과 함께하며, 영원한 기쁨은 그들의 거주지에 있고 영원한 영광이 끝없이 [계속된다].

이 본문들은 분명하게 구원을 표현하며 공동체의 노래라는 특징을 갖는다.[14]

---

[13] 본문은 Schuller, "Hodayot"(1999), 97을 따른다.

[14] 4Q491 본문(Maurice Baillet, ed., *Qumran Grotte 4*, III: 4Q482-4Q520, DJD VII[Oxford: Clarendon Press, 1982], 12-44 참조)에 매우 가까운 단편 7 I,5 이하에 나오는 천사와의 연합이라는 모티프도 보라.

3) 쿰란의 제4 동굴에서 나온 두 개의 본문이 토론에서 중요한 역할을 한다(4Q385-4Q388와 4Q521). 동시에 4Q385-4Q388(제2 에스겔 또는 에스겔 위서)은 부활을 위한 비교적 약한 본문에 속한다

관련 개념들은 본문이 에스겔 37장을 받아들여 인용하고 있다는 것을 나타내지만 그 인용 본문이 에스겔 원래 본문보다 더 길다.

> 그리고 야웨(JHWH)가 내게 말했다. "나는 이스라엘로 하여금 내가 야웨라는 것을 보고 알게 하겠다." (5) [그리고 야웨가 말했다.] "인자야! 뼈와 관절이 연결되라고 예언하여 말하라." (6) 그리고 그렇게 되었다. 그리고 야웨가 다시 말했다. "그들이 다시 보게 되어 시력이 그들의 육체에 덧입혀질 것이라고 (7) 예언하라!" 그리고 그렇게 되었다. 그리고 그는 더 나아가서 말했다. 하늘의 네 바람에게 예언하기를, (8) "[하늘의] 바람이 그들에게 불어서 [그들이 다시 살아날 것이라고 하라] 그리고 큰 무리의 사람들이 일어나서 그들이 자신들을 다시 살게 한 만군의 야웨를 찬양할 것이다." (9) [비워 있음-그리고] 나는 말했다. "야웨여! 이런 일이 언제 일어납니까?" 그리고 야웨가 내게 말했다. "… (10) […] 그리고 한 나무가 굽어지고 세워질 것이다[…]."[15]

---

[15] 4Q385 단편 2. 본문은 Michael E. Stone et al. eds., *The Apocryphal Ezekiel*, SBL.EJL 18(Atlanta: Society of Biblical Literature, 2000), 34-45에 있는 스트러그넬(J. Strugnell)과 디맘(D. Dimant)의 표기를 따른다. 번역은 Johann Maier, *Die Qumran-Essener: Die Texte vom Toten Meer*, Vol. II: Die Texte der Höhle 4, UTB 1863(München: Reinhardt, 1995), 348-349.

본문을 에스겔 37:10과 비교했을 때, 8절에 많은 변화가 있다. 만일 에스겔에서 하나님의 영으로 살아난 자들이 '매우, 매우 큰 군대'(מאד מאד חיל גדול)라면, 4Q385와 386에서 그들은 문자 그대로 '사람들 중에서 큰 민족'(עם רב אנשים)이다. 제4 동굴의 문서가 훨씬 더 상세하게 다루고 있는 것처럼 보인다.

에스겔-묵시록은 에스겔 37장과 공동으로 "그들이 내가 야웨라는 것을 알게 될 것이다"라는 증명 형식을 취한다. 그러나 에스겔 묵시록은 '인자'라고 하는 묵시자가 언제 일어나는가라는 질문을 넘어서 부활 사건을 종말론의 틀에 위치시킨다.

비록 벨리엘(בליעל)이 쿰란 문서에 자주 나오지만, 성경 전승에 벨리엘의 아들(בן בליעל)이 있다(4Q386 1 II,3). 그래서 벨리엘의 아들은 쿰란 에세네파에 속한 저자들에게는 거의 사용될 수 없다. 쿰란 에세네파 저자들은 하나님의 이름에 해당하는 네 철자를 사용하지 않기 때문에 하나님 이름을 인용하는 것 외에 거의 하나님 이름을 사용하지 않는다.[16] 쿰란에서의 본문 사본이 증거하는 것은 본문이(아마도 마소라 성경 본문-역주) 사해공동체에 이미 널리 알려져 있었다는 점이다.

---

[16] Hartmut Stegemann, *ΚΥΡΙΟΣ Ο ΘΕΟΣ und ΚΥΡΙΟΣ ΙΗΣΟΥΣ: Aufkommen und Ausbreitung des religiösen Gebrauchs von ΚΥΡΙΟΣ und seine Verwendung im Neuen Testament*(habil. Universität Bonn 1969), 256-257, 178-179을 보라. Hartmut Stegemann, "Religionsgeschichtliche Erwägungen zu den Gottesbezeichnungen in den Qumrantexten," Mathias Delcor ed., *Qumrân: Sa piété, sa théologie et son milieu*, BEThL 46(Paris-Gembloux: Duculot and Leuven: Leuven University Press, 1978), 195-217도 보라.

4) 이어서 매우 중요한 본문 4Q521에 이른다

4Q521은 그 자체로 문제가 많이 있어 여러 방면에서 토론의 대상이 되었다. 메시아를 묻는 말은 매우 자주 다루어지는데, 그것은 여기서 단지 12절에서만 주어를 묻는 말과 함께 언급된다(12절, 본문은 다음 참조).

본문은 시편과 이사야서가 전체 서로 두껍게 짜인 바닥 양탄자 같으며, 하나님 이름 네 철자를 빼고 시편 146:7-8을 모두 인용한다.[17]

① 4Q521, 단편 2, II, 12

כי ירפא חללים ומתים יחיה ענוים יבשר

그러고 나서 그가 구멍이 뚫린 자들을 치료할 것이며, 죽은 자들을 소생시키고 가난한 자들에게 기쁜 소식을 전할 것이다.

---

17 지금은 Emil Puech, *Qumran Grotte 4*, XXVIII: Textes Hébreux(4Q521-4Q528, 4Q576-4Q579), DJD XXV(Oxford: Clarendon Press, 1998)에서 전체 본문을 보여 준다. 그 전에는 Emil Puech의 다양한 연구들에서, 특히 *La croyance des Esséniens en la vie future* 2(1993), 627-692; Johannes Zimmermann, *Messianische Texte aus Qumran: Königliche, priesterliche und prophetische Messiasvorstellungen in den Schriftfunden von Qumran*, WUNT II/104(Tübingen: Mohr Siebeck, 1998), 344; James H. Charlesworth et al. eds., *Qumran-Messianism: Studies on the Messianic Expectations in the Dead Sea Scrolls*(Tübingen: Mohr Siebeck, 1998)에 나오는 참고문헌도 참조하라.

② 4Q521 단편 2, 6

יקים המחיה את מתי עמו

… 그가 자기 백성의 죽은 자들을 소생시킨다 …

하나님이 죽은 자를 살린다는 표현은 고전에 속할 정도로 매우 공공연하게 사용되며 이 표현이 여기에서도 나타난다(사 26:19 참조, '당신의 죽은 자들'은 롬 4:17 외 예배의식과 기도에서 자주 사용된다). 여기서 주어는 직접 하나님이고, 그것은 어떤 다른 모습으로 나온 것도 아니고 또 심지어 메시아도 아니다.

두 번째 단편에서도 주어는 마찬가지로 하나님이기 때문에, 다음의 사실에서도 하나님이 주어가 된다는 점을 이해할 수 있다. 즉 이미 3행에서 하나님(아도나이)이 관련된 실체로서 나타나기에 11행에서도 주어는 하나님(아도나이)이 된다.

이 본문이 분명하게 하나님이 죽은 자를 살린다고 말한다 하더라도 그것이 쿰란 에세네파에서도 유효한 것으로 통용될 수 있는지는 여전히 의문으로 남는다. 하나님의 이름 네 철자를 기피하는 것은—아도나이로 대신하는 것뿐 아니라 시편 146:7-8에서 아예 하나님 이름을 빼버리는 것을 포함하여—쿰란-에세네파에서 비롯된 것이라고 말할 수도 있을 것이다. 그렇지만 시편을 길게 인용하면서 시편의 시를 문자 그대로 받아들인 것은 쿰란-에세네파 본문에서 매우 특이한 경우다.

4Q521이 쿰란-에세네파 공동체가 작성한 본문을 다루는 것이라고 한

다면, 이 본문이 쿰란-에세네파가 죽은 자를 살리는 부활을 믿고 있었다는 것을 분명하게 증거하는 유일한 본문이 될 수도 있을 것이다.

2. 구원의 표현으로서 죽은 자를 살리는 것에 대한 용어

이 구절은 쿰란-에세네 공동체가 죽은 자의 부활에 대한 기대를 의심하거나 강조하지 않는 것은 아닐까?

대부분 연구가[18]는 여기서 본문이 놀랍게도 부활의 희망을 거의 말하지 않고 있다거나 또는 아예 부활에 대해 아무것도 말하지 않고 있다는 점에 원리상 일치한다.

여기에 대해 두 가지 해결이 가능하다. 쿰란 공동체가 죽은 자의 부활을 원하지 않았거나[19] 또는 죽은 자의 부활이 공동체에서는 당연해서 공동체가 부활을 토론 주제로 다루지 않았다는 것이다.[20]

---

[18] Puech, *La croyance des Esséniens en la vie future*(1993)가 이곳 외에 다른 곳들에서도 예외를 보여 준다.
[19] 그래서 Laurin, "The Question of Immortality in the Qumran 'Hodayot'"(1958), 355은 다음과 같이 간결하게 말한다. "죽음 후에 대한 희망은 쿰란 사람들에게 없었다. 무덤이 마지막 안식처가 되었을 것이다."
[20] 예를 들어 Johannes P. M. van Der Ploeg, *Funde in der Wüste Juda: Die Schriftrollen vom Toten Meer und die Bruderschaft von Qumran*(Köln: Bachem, 1959), 137: 쿰란 공동체는 부활을 매우 자명한 것으로 고려해 그것을 특별히 강조하지 않았을 가능성이 있다. 그러나 이 정보에는 분명한 절망감이 반영되어 있다.

1) 현재의 구원

쿤(H.-W. Kuhn)이 강조한 것은, 계속해서 존재하는 미래의 구원 진술과 함께 경건한 자들의 구원은 현재 공동체에서 실현된 것으로 보았고 그래서 구성원이 공동체에 들어올 때 종말론의 측면이 이미 완전히 이뤄진 것으로 간주했다는 것이다. 예를 들어 1QH XI, 3-4 = St XIX, 6-17에서 "사람들의 부활은 창조를 새롭게 하는 것에 있다"라고 한다.[21]

동시에 구원의 현재 진술은 특히 천사들과 함께한다는 생각에 속해 있다. 쿤은 천사와 함께 한다는 것을 당연히 제사장에 대한 생각이 공동체에서 경건한 자들에게 옮겨간 것으로 설명한다. 경건한 자는 제사장에 해당하며 그들은 천사들이 하는 '섬김'과 '찬양'의 역할을 감당한다(13행 이하).

니켈스부르그(G. W. E. Nickelsburg)는 1QH XI, 3-14 = St XIX, 6-17에 대한 해석 요약에서 부활에 대한 희망은 현재의 진술을 뜻한다고 분명히 강조했다.

> … 이 시편 저자는 공동체에 들어가는 것을 종말의 사건으로 이해한다. 쿰란의 시편 저자는 죽음의 영역과 하나님으로부터 소외된 것에서 생명과 하나님의 지식 그리고 천사들의 현존으로 옮겨가게 되었고 그는 경건한 자들로 이루어진 종말 공동체에 속한다. 그는 미래의 죽음과 부활을 음미할 필요가 없다. 왜냐하면, 이미 새 생명의 축복과 특권에 참여하고 있기 때문이다.[22]

21　Kuhn, *Enderwartung und gegenwärtiges Heil*(1966), 113.
22　Nickelsburg, *Resurrection, Immortality, and Eternal Life in Intertestamental Judaism*(1972), 156.

구원이 현재에서 이뤄지는 한, 죽음과 함께 미래 부활을 기다리는 것은 말이 되지 않을 것이다.

2) 천사와 함께 하는 것을 위해

이렇게 묘사된 현재의 구원은 인간이 갖는 비천함, 불결, 죄성에 대한 진술과 대조를 이룬다. 인간의 죄성 등은 인간의 낮아짐을 노래한 것의 전형이다. 예를 들어 1QH III, 19-24 = St XI, 20-25을 참조하라.

그렇지만 하나님은 흙으로 만들어져 죄에 속한 인간을 새로 창조했다. 인간은 새 창조로 천사들과 공동으로 하나님을 찬양하게 된다. 찬송시에서 천사와 함께한다는 것의 진술은 경건한 자의 실체가 변화되었다는 말이 아니고 인간 존재성이 이제 질과 작용에 있어 새로 만들어졌다는 것이다.

하나님은 인간을 질적으로 정화하고 자신의 사역을 위해 인간을 거룩하게 한다. 그것은 (성전 사역의 제사장처럼) 인간을 하나님 앞에 늘 있는 천사와 함께 있도록 하기 위해서다. 사람은 작용에 있어 천사가 갖는 역할과 동일한 일을 받을 수 있다. 즉 인간은 지식을 가지고 있고, 하나님을 섬기고 또 그분을 찬양한다. 그러나 인간은 육체로 땅에 속해 죄와 싸우며 죄에 기우는 경향이 있기에, 그는 하나님의 구원을 통해 이곳에서 지금 그에게 정해진 것 곧 천사와 함께 공동으로 하나님을 섬긴다.[23]

---

[23] 또 안식일 제사의 노래들(4QShirShabb)도 참조하라. 천사와 함께 한다는 생각은 쿰란 본문에서 달리 각인되어 있었다. 11QBer에서 은혜 속에 있다는 확실성은 하나님과 천사가 현재 공동체 안에 있다는 것이다. 그리고 은혜의 사용은 지상에서 넘치도록 재물

3) 집단 구원을 희망하는 것

소위 감사찬송시(호다요트)[24]가 공동체 구성원들에게서 표현된 것처럼, 구원에 대한 현재의 경험은 종말론의 모든 진술에서 구원이 처음부터 사후 죽은 자의 부활과 연결되지 않는다는 점을 분명하게 드러낸다. 우리는 영혼 불멸로서 사후의 삶을 1QH III, 19 이하 = St XI, 20 이하 본문에서 얻을 수 없을 뿐만 아니라,[25] 에세네파가 영혼 불멸의 신앙[26]을 가지고 있다고 요세푸스가 보고하는 내용을 그대로 쿰란-에세네 공동체에 옮길 수도 없다.

사람들은 기껏해야 그 안에서 일부러 본문을 변경해 쿰란-에세네파가 사후의 삶을 항상 믿었을 것이라는 신념 정도로만 볼 수 있을 뿐이다.[27]

의 복이 많다는 것으로 소개한다. 범죄에 따른 벌로서 공동체 내에서 특별한 역할을 하지 못하거나 또는 공동체에서 제외되는 것은 다르다. 1QSa II, 4-9에서 종말에 있을 공동체 협의회에서 제외되는 것이 나온다. 1QM VII, 4-6에서는 종말의 최종 전투에 참여하지 못한다. CD XV, 15 이하(4QDb)에서는 공동체에서 완전 제외된다. 벌을 받게 되는 목록은 레 21:16 이하에 근거하며, 제단에서 일하는 성직자는 육체의 결함이 있어서는 안 된다. 만일 레위기에 나타난 것이 하나님의 거룩성에 근거한 것이라고 한다면, 앞서 언급된 목록에는 천사가 나오고 천사의 거룩성은 사람들의 부족으로 훼손된다. 호다요트에 소개된 것과 비교하는 것은 성직자의 자기이해이며 그것은 천사와 함께 한다는 생각에서 강조된다.

[24] 이에 대해서 Kuhn, *Enderwartung und gegenwärtiges Heil*(1966)을 보라.
[25] 단지 문장에서 병행구절이 나타나지 않는 것이 이것을 가능해 보이도록 한다. כי פדיתה משחת ומשאול אבדון העליתני לרום עולם ("왜냐하면, 당신은 나의 영혼을 구덩이에서 해방시켰고 나를 지하 세계에서 올려 영원한 곳에 이르도록 높였습니다").
[26] 요세푸스, 『유대 전쟁사』 II, 154; 『유대 고대사』 XVIII, 18; 추가로 더 자세히 나와 있는 것은 Puech, *La croyance des Esséniens en la vie future 2*(1993), 707-771.
[27] Hippolytus, *Refutatio* 9,27는 육체 부활을 바라는 것을 묘사하면서 요세푸스와 다르게 기독교적 해석을 소개한다. 히폴리투스가 요세푸스를 의존하고 있다는 것을 위해서는 Christoph Burchard, "Die Essener bei Hippolyt," *JSJ* 8(1977), 1-41을 보라.

그렇지만 공동체의 노래가 보여 주는 것처럼 경건한 자들이 종말 즉 사후 구원을 기다린다는 부분은 미래가 아닌 현재에 그것이 실현된 것이다. 신을 모독하는 자들을 미래에 없앤다는 말은 현재 구원이 이뤄진다는 진술과 함께 있다.

1QS Ⅲ, 13-Ⅳ, 26에 있는 구원 진술은 현세나 내세 또는 이생이나 사후로 엄격히 나뉘지 않는다.

진리의 영에 따라 행하며 진리의 영에 속한다는 것에 근거해서 이제 구원 진술은 그 자체 진리의 영과 연결된 구원선물을 현재 받는 자와 관련된 것인가, 아니면 그 구원 진술이 엄격히 미래 정해진 때에 하나님이 심판하는 것에 근거한 것인가?

이 질문에서 항상 타당한 것은, 경건한 자가 전체 자신들의 구원에 참여한다는 점이다. 1QSa는 종말론의 구원 진술에 공동체가 보인다는 것을 알려준다. 1QSa는 '종말의 때'에 공동체가 존재하는 것을 전제하고 종말의 때를 위한 질서를 제시한다.[28] 분명 공동체는 전체로 영생에 참여한다. 1QS Ⅺ, 7-9는 이런 의미에서 가장 잘 이해될 수 있다.

> 하나님은 자신이 선택한 자들에게 그것을[지식을-원문] 영원히 소유하도록 주셨다. 하나님은 그들에게 거룩한 자들의 운명에 참여할 지분을 주셨고 하늘 자녀들과 함께 그들 모임을(당회와 같은-역주) 공동체 (야하드) 협의체가 되도록 했으며 또 그들이 미래 모든 세대의 영원한 식물을 만들어 내

---

[28] 흥미롭게도 늘 순교에서 나타나는 것처럼, 사후 세계에서의 보복은 쿰란본문에서 아무런 역할을 하지 못한다(그렇지만 요세푸스, 『유대 전쟁사』 Ⅱ, 152 참조). 그러나 동시에 부활에 대한 희망은 전통적으로 보복에 연결된다. 그 출구가 단 12:2-3이다.

는 공동체 정신의 협의체(소드)가 되도록 했다.

우리는 죽은 자가 다시 살아나는 것을 희망하는 것과 관련해 사해 사본 전체에서 분명한 증거를 가지고 있지 못하다.[29]

이어서 쿰란에서 발견된 무덤의 위치를 통해 쿰란 공동체가 사후 세계에 대한 희망을 항상 품고 있었는지를 물어볼 수 있을 것이다.

4) 무덤과 사후 세계에 대한 희망으로서 쿰란 무덤의 두 가지 특징[30] 은 처음부터 고고학에서 비롯된 신학의 의미를 자극했다

그 두 가지 특징은 개별 무덤들이 단지 한 번만 장례를 치른다는 것과 무덤들이 거의 남-북 방향으로 놓여 있다는 점이다. 이 두 경우가 쿰란-에세네파의 특징으로 간주되었다. 왜냐하면, 여기 사해공동체에서 이뤄진

---

[29] 우리의 이해에 따르면 분명 쿰란-에세네파의 것에 속하지 않는 4Q385-388와 4Q521은 제외된다. 위를 보라.

[30] 쿰란 무덤에 대한 자세하고 실제에 해당하는 진술은 Puech, "The Necropolises of Khirbet Qumran and Ain el-Ghuweir and the Essene Belief in Afterlife"(1998)이다(앞의 각주 4를 볼 것). 엔 엘 구웨이르(En el-Ghuweir)의 매장지들을 위해서는 Pesach Bar-Adon, "Another Settlement of the Judean Desert Sect at 'En el-Ghuweir on the Shores of the Dead Sea," *BASOR* 227(1977) 1-25, 12-33을 보라. 추가로 Olav Röhrer-Ertl et al., "Über die Gräberfelder von Khirbet Qumran, insbesondere die Funde der Campagne 1956. I: Anthropologische Datenvorlage und Erstauswertung aufgrund der Collectio Kurth," *RdQ* 19(1999), 3-46; Ferdinand Rohrhirsch, *Wissenschaftstheorie und Qumran: Die Geltungsbegründungen von Aussagen in der Biblischen Archälogie am Beispiel von Chirbet Qumran und En Feschcha*, NTOA 32(Freiburg: Universitätsverlag und Göttingen: Vandenhoeck & Ruprecht, 1996), 235-260는 본문과 관련된 고고학 발굴물에 대한 이전의 논의를 소개한다. 창엔베르크(Jürgen Zangenberg) 박사는 쿰란 무덤과 장례예식에 대한 글을 준비하고 있다고 한다.

일은 철저히 그 당시 장례의식과 차별화되었기 때문이다.³¹ 추가로 여인들과 어린이들의 무덤이 거의 나타나지 않았는데, 그것은 공동체가 독신의 성격을 갖고 있다고 말하는 것처럼 보였다.³²

무덤 사이, 다시 말해 거기에 매장된 자들과 쿰란-에세네 공동체의 신학사고 사이 근본 연결점이 분명히 드러나 있었던 반면에, 과거 우리는 무덤과 관련된 특징을 아주 분명하게 해석할 수 없었다. 쿰란 공동체의 신학사고가 남-북 무덤 방향에서 드러난다고 하는데, 무덤에서 머리는 남쪽에 있으면서 자주 약간 동쪽으로 돌아서 있다. 바르드케(H. Bardtke)는 그것에 대해 다음과 같이 설명했다.

> 시체의 시선이 북을 향하는 것은 시체 머리가 남쪽에 있을 때다. 태양이 서쪽으로 지면, 북쪽에 태양의 길이 있다고 생각되었다. 죽은 자는 죽음의 밤에 태양을 보며 태양은 밤에 북에서 돌아다닌다.³³

머리가 동쪽으로 약간 향하고 있다는 것은 태양이 뜨는 것을 희망했다는 것으로 추가로 말할 수도 있지만, 밀리크(J. T. Milik)는 매우 다른 해석을 하는데, 그의 해석은 에녹의 전승에 따라 북쪽에 낙원이 있다는 믿음에

---

31 Solomon H. Steckoll, "Preliminary Excavation Report in the Qumran Cemetery," *RdQ* 6(1968), 323-344, 331을 보라. "쿰란 공동체 장례유형은 제2성전기 동안 팔레스타인 지역에서 유행하던 장례 유형과 다르며, 더 오래된 문화를 반영하거나 또는 죽은 자에 대한 더 근본적 태도를 나타낸다."
32 독신에 의한 공동체였다는 주장에 대한 최근의 변론은 Joseph E. Zias, "The Cemeteries of Qumran and Celibacy: Confusion Laid to Rest?," *DSD* 7(2000), 220-253가 제공한다 (Armin Lange 박사의 정보).
33 Hans Bardtke, "Qumran und seine Funde," *ThR* NF 30(1963), 261-292, 여기서는 288-289.

기인한다.

낙원이 북쪽에(또는 북서쪽) 있다는 신념은 쿰란 히르베트에 있는 에세네파 무덤 위치에서 실제 표현된 것으로 볼 수 있다. 무덤 속 몸이 남-북으로 뻗어 있고, 머리는 남쪽에 있어 생명이 다시 돌아올 때 하나님의 낙원-아보데(Abode)를 바로 보게 될 것이다.[34]

거의 개별 무덤이 단독으로 있다는 사실은[35] 분명하게 해석될 수 없다. 그것이 예식에서 정결과 불결함을 구분하려는 높은 의식을 반영하는 것일까, 아니면 개별 장례가 죽음 후 삶을 희망한다는 것을 고려한 개인화를 뜻하는 것일까?

그러나 조금 전 위에서 말한바 집단으로 구원받는다는 것을 희망했다는 것이 신앙의 개인화에 반대된다고 말할 수 있을 것이다. 그리고 개인화에 대한 가정은 또 무덤에 비석이 아예 없다는 것과도 반대된다.

---

[34] Józef T. Milik, ed., *The Books of Enoch: Aramaic Fragments of Qumran Cave 4*, with the Collaboration of Matthew Black(Oxford: Clarendon Press, 1979), 41; Puech, "The Necropolises of Khirbet Qumran and Ain el-Ghuweir and the Essene Belief in Afterlife"(1998), 28-30는 그의 제안을 따른다.

[35] 예외에 해당하는 것을 위해서는 Puech, *The Necropolises of Khirbet Qumran and Ain el-Ghuweir and the Essene Belief in Afterlife*(1998), 26을 보라; 쿠르트의 수집물(Collectio Kurth, 위를 참조)에 대한 조사는 무덤 24번이 중앙 묘지에 여인과 남자가 이중으로 매장되어 있었다는 것을 드러냈다(Dominik Klenk, *Knochenfunde aus Qumran in München entdeckt*, WUB 12[1999], 69도 볼 것). 중앙지역에 있는 무덤 22번도 여성의 것이다(쿠르투의 수집물 참조). 그 전까지 여성들의 묘는 공동묘지 변두리에, 그리고 분리된 남쪽 부분에서만 발견되었다.

고고학의 발견이나 검증이 갖는 의미를 거부하고 신학의 함축된 의미와 함께 쿰란-에세네파의 특징을 장례 방법에서 다루어야만 한다면, 쿰란 무덤의 두 가지 특징, 개별 장례와 남-북 방향의 무덤 위치를 나바테아에서 발굴된 키르베트 카조네(Khirbet Qayone) 묘지와 비교했을 때, 그것이 쿰란 무덤만이 갖는 특징이라는 것에 의문을 갖게 된다.[36] 왜냐하면, 나바테 묘지에서도 남-북 방향의 개별 무덤이 있기 때문이다.

더욱이 이 묘지의 무덤 숫자는 약 3500기에 달하여 그 숫자가 쿰란의 1500기를 무색하게 하며 에세네파 공동체의 중앙 묘지라는 주제를 다시 생각해 보게 한다.[37] 쿰란-에세네파 묘지와 나바테의 묘지가 비슷하고 또 그것이 서로 비교 가능한지 그리고 그것이 쿰란-에세네파에 대해 신학의 모든 의미를 부인할 정도에 해당한 것인지는 당분간 미해결인 채로 남겨 둬야만 한다. 나바테 묘지는 여하간에 쿰란에서의 고고학 발견을 따로 특별히 분리해 생각하는 것에 경고하고 있다.

---

[36] Konstantinos D. Politis, *Rescue Excavations in the Nabatean Cemetery at Khirbet Qazone 1996-1997*, ADAJ 42(1998), 611-614 참조; Konstantinos D. Politis, *The Nabatean Cemetery at Khirbet Qazone*, NEA 62(1999), 128도 보라; 이에 대해 Jürgen Zangenberg가 준비 중인 책(앞의 각주 31 참조)과 그가 나에게 친절하게 사용할 수 있도록 해 준 4쪽 분량의 원고를 보라. "최종 작별, 쿰란 장례예식 해석에서 필요한 인식의 변화"

[37] Zangenberg가 이렇게 설명한다.

3. 결론

　가장 특이한 부분은 쿰란 발굴에서 성경 내용에 속하지 않는 약 500개가 넘는 필사본이 죽은 자의 부활에 대해 두세 가지로 말한다는 점이다. 우리가 다음의 사실을 생각할 때, 쿰란 에세네파와 관련된 사실들은 신비스런 상태로 여전히 남아 있다. 즉 이 본문 중에서 일부만 쿰란 에세네파의 신학적 산물로 돌려야만 한다는 것과 발견된 전체 글들은 대략 2세기가 진행되는 동안 만들어진 것이고 세기말 100년 동안 부활에 대한 희망이 마치 개선행렬 하듯이 나타났다는 점이다.

　아마도 여기 제사장과 사두개인 집단에서 나오거나 최소 그 집단 가까이 있는 초기 공동체가 자신들이 가지고 있는—또한 어떤 다른 관계 때문에—전체 보수적 맥락에 의해 영향을 받았을 것이다. 그러나 비록 쿰란-에세네파 공동체가 이것을 죽은 자가 몸으로 부활한다는 생각과 연결을 짓지 못했다 하더라도, 본문의 취지는 쿰란-에세네파 공동체가 개인의 죽음을 떠나 구원에 참여한다는 것을 믿었다는 것에 있다.

제15장

반드시 속히 될 일(계 1:1)
요한계시록 종말론에 대한 생각

번역: 문 배 수 박사

    오늘이라는 시간은 요한계시록을 넘어선 것처럼 보인다. 만일 그리스도가 "반드시 속히 될 일"(계 1:1)을 자신의 종들에게 보여 주고자 한다는 것이 요한계시록의 원래 계획이고 그 전체가 "내가 속히 임하리니"(계 3:11; 22:7, 12, 20)라는 틀에 잡혀 있다면, 종말에 대한 이 기대는 오늘날 교회의 일반 범주에서 많이 밀려나 있으며, 그것은 종말론 신학에 영향을 받는 집단들에 의해서만 간직된다.

    그렇지만 요한계시록이 역사적 경험에 대한 해석을 위한 것이든지 또는 그것이 미래에 대한 예언이든지 간에, 모든 시대는 요한계시록의 재앙이 자신의 시대를 묘사하고 있다고 보았다.

I. 짧은 시간과 연장된 시간

1) 짧은 시간

"반드시 속히 될 일"(계 1:1)은 다음이다. 즉 고통받는 시간이 '10일' 간 계속될 것이며(계 2:10), 공동체 관련 사건들이 당장 눈앞에 놓여 있다(계 2:10, 사단이 몇몇을 감옥에 넣을 것이다). 그리고 앞으로 '다가올' 위협(계 2:5)이 공동체를 회개하도록 하지만, 회개의 시간이 지나가 버릴 수 있으며(계 2:21), 메뚜기가 인간을 5개월간 고통을 줄 것이다(계 9:5, 10). 순교자의 영혼들은 결론을 잠시 기다려야만 한다(계 6:11).

성경에는 자주 시간이 미리 나와 있다. 10일간의 시험(계 2:10)은 다니엘 1:12, 14에서 비롯된다.[1] 다니엘서 12:7의 3년 반의 시간(개역성경, "한 때, 두 때 그리고 반 때"-역주)은 11:2의 42개월, 즉 11:3의 1260일에 해당한다. '여인'이 광야에서 구원을 받으며 하나님이 1260일 동안 그 여인을 돌본다. 바다 동물은 42개월 동안 권력을 갖게 된다.

다니엘서 12:7에 따르면, 3년 반의 시간은 끝까지 지속한다. 두 증인의 시체는 3과 1/2일 동안 땅에 묻히지 못하고 예루살렘에서 공적인 검사를 위해 밖에 놓여 있다(계 11:9). 3과 1/2일 이후 생명의 영이 그들 안으로 들어간다(계 11:11; 비교, 겔 37:5, 10). 다니엘서에서 3과 1/2일의 시간은 마지막까지 봉해져야 하므로 요한계시록의 시간 계산과 분명 차이가 있다(단 12:4). 요한계시록에서 그 시간은 같이 봉해지지 않는다(계 22:10). 왜냐

---

1 단 1:12, 14; 계 2:10의 πειράζειν 동사를 고려하라.

하면, 시간이 가까이 왔고(ὁ καιρὸς γὰρ ἐγγύς ἐστιν), 종말까지의 시간을 짧은 것으로 이해하기 때문이다.[2]

2) '연장된' 시간

'짧은' 시간으로서 직접 종말을 기대하는 것과 함께 요한계시록에는 '연장된' 시간이 있다. 연장된 시간은 전체 시간대(천 년간)에 이르기까지 발전하는 과정에서 언급된다. 또 요한계시록 9:6을 연장된 시간으로 간주할 수 있다. 사람들은 그 시간에 죽기를 바라지만 죽지 못한다. 뒤로 밀려난 시간은 더 넓은 공간을 확보하려는 것처럼 확장된 기간으로 본다.

예를 들어 그것은 1000년의 메시아 중간왕국 그리고 봉인 심판(Siegelgerichte), 나팔 심판(Posaunengeichte), 그릇 심판(Schalengerichte)을 포함해 연달아 나오는 7년이라는 숫자 단위뿐 아니라 작은 범위에서 역사적 과정으로 생각된다. 예를 들어 원수를 갚아달라고 요구하는 영혼들은 기다려야만 한다(계 6:10-11).[3] 이세벨은 회개의 시간을 가지게 되었다(계 2:21).

메시아의 천년왕국은 특별한 문제를 일으킨다.[4]

그것이 짧은 시간인가 아니면 긴 시간인가?

시편 90:4은 그것에 어떤 역할을 하는가?

---

[2] 계 22:11이 단 12:10에 의존하는 것을 참조하라.
[3] 이 부분은 '짧은 시간'이라는 제목으로 불려졌다. 하나님의 계획에 따르면, 그것은 '짧은 시간'이지만, 복수해 달라고 외치는 구절에서 그 시간은 (매우 길게) 뒤로 밀쳐진다.
[4] 이에 대해서는 Thomas J. Bauer, *Das tausendjährige Messiasreich der Johannesoffenbarung: Eine literarkritische Studie zu Offb 19,11-21,8*, BZNW 148(Berlin and New York: Walter de Gruyter, 2007)을 보라.

확실히 메시아적 중간왕국이 있다. 그 중간왕국은 순교자들이 제거된 역사의 시간과 순교자들의 '첫' 부활을 통해 참여하게 되는 미래의 시간 사이에 있다. 순교자의 이름이 생명의 책에 쓰여 있으므로,[5] 그들은 심판과 상관이 없다(계 20:11-15).[6]

3) 빈자리

어린 양인 그리스도를 따르는 사람들이 어떻게 새 예루살렘에 들어가느냐는 질문에서 역사적이면서도 신학적인 빈자리가 생긴다.

세계 심판은 죽은 자에 대해서만 말한다(계 20:11-15). 그 말은 소위 생명의 책이라고 하는 행위의 책에 상응하여 정해진다.[7] 어린 양 그리스도를 따르는 사람들은 겉으로 보기에 이미 옛 세계가 망하기 이전에 죽는다 ("땅과 하늘이 그 앞에서 피하여 간 데 없더라." 계 20:11).

그리고 죽은 자가 부활하고 심판이 이루어진 후 하나님은 새 예루살렘에서 하나님의 백성(!) 중에 거하시지만 하나님을 믿지 않는 자들은 불과 유황 바다에서 두 번째 죽음 즉 영원한 죽음의 고통을 겪는다(겁쟁이, 불신자, 더러운 자들 등, 계 21:8). 이 형벌의 장소는 분명 옛 세상과 함께 망하지 않았다 (참조, 계 20:10 세계 심판이 있기 전에).

---

[5] 생명의 책과 행위의 책이 갖는 이중성은 어렵다. 생명의 책에 기록된 사람은 행위 책에 근거한 저주의 판결을 두려워할 필요가 없다. 실제로 이중성은 교훈에 관련된 것으로 이해될 수 있다. 즉 믿는 자라도 자신의 행위로 그 자신을 증명해야 한다.

[6] 다른 관점이 에스라4서에 있다. 거기서 메시아의 중간왕국은 400년간 지속되며, 그 후 사람들과 메시야가 죽는다. 세상은 태고적 침묵으로 돌아가며 그 후 죽은 자의 부활과 세계 심판이 이뤄진다(에스라4서 7:26-33).

[7] 두 가지 책에 대한 생각이 경쟁한다. 각주 5를 보라.

어린 양 그리스도를 따르는 자들이 어떻게 새 예루살렘에 들어가느냐는 처음 질문으로 되돌아가 보자!

저자는 여기서 단호하고 분명하다. 어린 양을 따르는 자는 죽는다(계 7장; 14:4-5, 12-13; 13:9-10). 또한, 전 세계에 걸쳐 회개하지 않고 우상 숭배하는 사람들에게만 일련의 심판이 임한다. 공동체는 그 심판에 포함되지 않는다. 이것은 봉인 심판에서(Siegelgerichten) 나팔 심판으로, 그리고 결국 전부를 망가뜨리는 그릇 심판(Schalengerichten)으로 상승한다.

다시 말해, 땅에 거주하는 자 중 1/4(계 6:8), 피로 변하는 바다를 포함해(계 8:8) 삶의 기반 중 1/3(계 8:7-8), 물에서 사는 동물과 바다 배 중 1/3(8:9), 계속해서 저수지 물 1/3(8:10)이 망하고, 끝으로 해, 달, 별 중 1/3 가량이 어두워지고 낮과 밤의 1/3은 완전히 망한다.

동물의 표식이 있는 자는 악한 종양으로 고통을 겪는다(계 16:2). 바다는 사해 바다가 소금으로 되어 있는 것처럼 피가 되어 바닷속 모든 생명이 죽고 강과 샘은 피로 변한다(계 16:4). 해가 회개하지 않는 사람들을 불태우고(계 16:8-9). 결국 로마의 지배력은 망한다(계 16:10-11, 19; 비교, 계 14:8; 18:2-19:10). 멸망의 강도가 점점 강해지는 것은 우상 숭배자들의 회개를 위한 것이 아니고 그들이 하나님을 모욕하는 것 때문이다(계 16:9, 10-11, 21).

로마가 가진 화려함, 사치,[8] 우상 숭배로 이끄는 잘못된 행위와 대조되면서, 로마의 갑작스러운 멸망은 '한 날'에 이뤄지는 것이지만(계 18:8). 그것은 더 극명하게 '한 시'(계 18:10, 17, 19)와 대조를 이룬다.

---

[8] Hermann Lichtenberger, "Rom, Luxus und die Johnanesoffenbarung," W. Kraus ed., *Beiträge zur urchristlichen Theologiegeschichte*, BZNW 163(Berlin and New York: Walter de Gruyter, 2009), 479-493을 보라.

무엇보다도 두 동물이 있다(13장). 그 동물들에 관여하는 사람 중에서는 바다에서 올라온 동물을 경배하는 이들(계 13:4, 8)과 세상 창조 이후 죽음을 당하여 어린 양의 생명책에 기록된 이들(계 13:8)이 있다. 바우어(T. J. Bauer)[9]는 요한계시록 13:15에 따라 땅에서 온 동물 우상에게 경배하지 않는 자들은 죽임을 당하기 때문에, 천년이 시작될 때, 신실한 신앙의 증인(그리스도인)은 더 이상 살 수 없을 것이라고 해석한다.

결국 늦어도 메시아 전투에서 동물의 마지막 추종자들과 동물의 나팔수, 거짓 선지자와 그 추종자들이 다 멸절당한다(계 19:17-18, 19-21). 다시 말하면, 요한계시록은 (암시적으로) 천년왕국이 시작될 때 더 이상 인간들이 살아 있지 않은 것을 전제하는 것 같다.[10]

천년왕국에서 신자들이 아닌 단지 부활한 순교자들만 메시아 왕국 처음에 살아 있다. 여기서 어떻게 산 자와 죽은 자가 영원한 그리스도와의 교제에 들어가는지를 암시한다. 바울은 그에 대해 다르게 답했다(살전 4:13-18; 고전 15:50-57).[11]

---

[9] Bauer, *Das tausendjährige Messiasreich der Johannesoffenbarung* (2007[각주 4 참조]), 275.
[10] '암시적으로'라는 말은 여기서 중요해 보인다. 왜냐하면, 계 22:15에 따르면 생명나무를 이용하지 못하고 '도시'에서 쫓겨난 사람들이 있기 때문이다. 왜 '사방의 땅에서 온 백성들'이 지금까지 살아 있으며, 또 중간왕국 후에는 이들이 곡과 마곡을 통해 싸우게 되는지 알 수 없다. '성도들의 진영과[성도들의-역자 첨가] 사랑받는 도시'는 메시아 왕국 이후에 순교자들의 중간 거처인가? 하늘에서 내려온 불이 그 거처와 도시를 지킨다.
[11] 이에 대해서는 Bauer, *Das tausendjährige Messiasreich der Johannesoffenbarung*(2007[각주 4 참조]), 282-283을 보라.

4) 시간과 공간

시간적 긴장 관계가 공간에 의해 층층이 싸인다. 땅에서 일어나야 할 일은 하늘에서 이미 실현된 것이다. 로마의 문화가 꽃피고 상업이 번성하여 삶이 화려하게 된다 하더라도, 하늘에서는 슬픈 노래가 울려 퍼진다("무너졌도다, 무너졌도다, 큰 성 바벨론이여!," 계 14:8; 18:2). 이 구조는 근본 봉인이 나팔과 그릇으로 깨졌다는 것에 있다. 하늘의 봉인이 깨지면, 땅에서 그 관련된 사건들은 시작된다.

하늘에서의 조종은—구체적으로 어린 양에 의해 봉인이 열리는 일은—모든 사건의 근본이다. 사단은 여지를 마련하여 몇몇 사람을 감옥에 집어넣고(계 2:10), 공동체를 박해하며(계 12:13), 그들을 죽인다(계 2:13, 안티파스는 사단이 있는 곳에서 죽임을 당했다). 사단이 일시적으로 잡히고(계 20:1-3, 천년) 그다음에 풀려나지만, 사단은 불과 유황 그리고 바다에 던져져서 동물이나 거짓 예언자들과 함께 영원히 고통을 겪는다.

'하늘에서처럼 땅에서도'라는 틀은 요한계시록 전체 구조를 결정한다. 만일 우리가 변화되는 이 관점을 따른다면, 땅에서 이루어진 사건을 보는 것이 곧 열린 하늘 세계를 바라보는 것이다. 우리는 이 구조로 묵시자의 시간 이해를 받아들일 수 있다.

"반드시 속히 될 일"은 그 전에 이미 하늘에서 실제의 것이었다. 하늘 세계는 지상에서 전개되는 것을 움직인다. 세 번에 걸친 일련의 일곱 심판은 저자와 그 당시 독자들의 현재부터 새로운 예루살렘이 내려올 때까지의 세계사 전체를 포함한다.

2. 초기 기독교에서 종말의 기대

우리가 예수의 전승에서 취할 수 있는 모든 것에 따르면, 예수는 세례 요한처럼 조만간 이루어질 종말 사건을 기다렸다. 세례 요한은 심판이 시작되었다는 것을 말했고 예수는 하나님의 지배가 이루어졌다는 것을 주장했다. 급히 다가오는 종말에 대한 기대는 세례 요한의 문장 "이미 도끼가 나무 뿌리에 놓였으니"(막 3:10/눅 3:9)에서 드러난다. 그것이 "그러나 내가 만일 하나님의 손을 힘입어 귀신을 쫓아내는 것이면 하나님의 나라가 이미 너희에게 임하였느니라"(눅 11:20)는 예수의 말에 들어있다. 임박한 종말에 대한 기대는 똑같은 과정이 연장되는 것을 표시하는 공관복음의 묵시록에서도 알 수 있다.

'만일 ⋯ 할 때, 그렇다면 ⋯'(ὅταν ... τότε) 그리고 '그러나 아직 끝나지 않았다'(막 13:7)와 같은 약속들이 이를 보여 준다. 일련의 순서를 나타내는 것(τότε ... τότε)은 마지막 시간의 질서를 정하는 것이지만, 시간의 단축도 포함한다(막 13:20).

바울은 생애 후반부에 데살로니가전서 4:15에서 살아 있는 우리는 남은 자로서 그리스도가 다시 오는 것을 기다린다고 한다. 그리고 고린도전서 15:51에서 우리가 "다 잠잘 것이 아니고 ⋯ 홀연히 다 변화하리니"라고 한다. 이 구절들은 바울이 종말 기대를 하고 있었다는 것을 분명히 보여 준다. 로마서 13:11-14도 이 기대를 표현한다. "그리스도와 함께 있을 욕망을 가진 이것이 더욱 좋으나⋯"(빌 1:23)에서 바울의 종말 기대가 약해진 것은 아닌지는 논쟁 중이다.

3 요한계시록 역사 이해의 전제

1) 위서의 포기

요한계시록은 거짓으로 기록된 성경이 아니다. 저자는 다른 그 어딘가에서 빌려 온 자서전적 기록을 가지고 있는 것이 아니라 본인이 직접 경험한 것을 쓰고 있다('밧모 섬의 요한').

요한계시록이 익명으로 기록되지 않았기에, 요한계시록은 기록 당시 거의 모두 익명으로 기록된 초기 유대교 묵시록과 초기 기독교 묵시록과는 차별화된다.[12]

---

[12] 그 사실은 대부분 오늘날 확정된 것이다. 이 견해를 따르는 좀 오래된 주석가들 중에는 Wilhelm Bousset, *Die Offenbarung Johannes*, KEK 16(Göttingen: Vandenhoeck & Ruprecht, 1906[사후에 나온 재판 1966]), 17 등; Robert H. Charles, *The Revelation of St. John*, Vol. 1, ICC(Edinburgh: Clark, 1920), XLIV 등이 언급되며, 가장 근래의 주석 중에는 Akira Satake, *Die Offenbarung des Johannes*, KEK 17(Göttingen: Vandenhoeck & Ruprecht, 2008), 33; Traugott Holtz, *Die Offenbarung des Johannes*, K.-W. Niebuhr (ed.), NTD 11(Göttingen: Vandenhoeck & Ruprecht, 2008), 7이 있다. Gerhard Maier, *Die Offenbarung des Johannes*, Kapitel 1-11, HTA(Witten: Brunnen and Giessen: R. Brockhaus, 2009), 18-25은 요한에게서 익명성을 보지 못한다고 하는데, 그것이 이해되기는 하지만 마이어의 경우에 계시록의 저자는 세베대의 요한이다. 젊은 주석가들 중에서 Jörg Frey, "Erwägungen zum Verhältnis der Johannesapokalypse zu den übrigen Schriften des Corpus Johanneum," M. Hengel, *Die Johanneische Frage: Ein Lösungsversuch*, mit einem Beitrag zur Apokalypse von Jörg Frey, WUNT 67(Tübingen: Mohr, 1993), 326-427는 문서가 위조되었다고 주장한다. David E. Aune, *Revelation 1-5*, WBC 52A(Dallas: Word Books, 1997)는 중간에 해당하는 견해를 취한다. 요한이라는 이름이 틀에 해당하는 부분에서만 나오기 때문에(계 1:1-3:21; 22:6-21), 그는 몸통에 해당하는 부분(계 4:1-22:5)은 위조문서로 간주하며, 최종 '저자 겸 편집자'(XLVIII)는 이미 알려진 요한과 동일시될 수 없다고 한다. 계속해서 요한계시록의 두 편집본을 구분하는 Aune, *Revelation 1-5*(1997), 120 이하를 보라. "처음 편집은 대략 1:7-12a과 4:1-22:5로 구성되며, 철저하게 묵시록적 방향을 가진 것으로 보인다. 그것은 아마 이름이 없었거나 아니면 가명이었을 것이다. 두 번째 편집은 1:1-3(제목), 1:4-6(편지에 따른 소개와 찬양),

저자 요한은 자신의 독자들이 속한 공동체와 같은 시대 사람이다. 그는 "나 요한은 … 환난과 나라와 참음에 동참하는 자라"고 하며(계 1:9), 기독교인으로서 '주의 날에' 밧모 섬[13]에서 계시를 받았다(계 1:9-11). 이것이 시간 안에서 이뤄졌다는 것과 저자의 현재성은 요한계시록 안에 있는 보냄 편지에서 분명하게 반영된다.[14] 그렇지만 달리 말해 동시대에 관련된 것이 요한계시록의 몸 전체에 해당하는 4-22장에서는 덜 구체적이다.[15]

2) 계시를 받는 자로서 묵시자의 상호 작용

묵시자 요한은 권고, 위로, 설명 또는 대화를 통해 다양하게 하늘 세계의 형상에 대해 내부적으로 반응한다.

이미 서론인 요한계시록 1:1-3에서 1절은 계획적으로 표현된 것이고, 요한은 22:8 끝에서 1:1을 한 번 더 강화한다. 요한은 요한계시록 1:9-11

1:12b-3:22(승천한 그리스도가 선교를 명하는 환상과 일곱 교회를 향해 기록된 선포), 22:6-21(맺은 말과 편지의 결론), 그리고 본문의 처음부분에서 여러 확장과 삽입을 가지고 있고, 매우 강한 예언자적이고 교훈적인 방향을 갖는다." 두 번째 편집은 도미티아누스 치세 후반(또는 트라야누스 초기)에 나왔고, 첫 편집은 한 세대 이전에 끝마쳤을 수 있다(Aune, Revelation 1-5[1997], LVIII).

[13] Friedrich W. Horn, "Johannes auf Patmos," F. W. Horn and M. Wolter eds., *Studien zur Johannesoffenbarung und ihrer Auslegung: Festschrift für Otto Böcher zum 70. Geburtstag*(Neukirchen-Vluyn: Neukirchener Verlag, 2005), 139-159를 보라.

[14] Thomas Witulski, *Die Johannesoffenbarung und Kaiser Hadrian: Studien zur Datierung der neutestamentlichen Apokalypse*, FRLAnt. 221(Göttingen: Vandenhoeck & Ruprecht, 2007), 290-298. 여기서 우리는 비툴스키가 묵시록의 시대를 하드리아누스 시대 후기로 정하는 것을 다룰 수는 없다. 2장과 3장 시대사 과정은 고전적으로 도미티아누스 후기로 정하는 것에서부터 어렵지 않게 설명될 수 있다.

[15] 뒤로 선을 긋는 것은 논쟁이 된다. 작품을 마감하기 위해 다양한 첨가 즉 새로운 것들이 시도된다. 편지 끝인 계 22:21은 편지의 처음인 1:4-6에 상응한다.

에서 자신이 직접 [하나님 또는 그리스도를-역주] 보았다는 것을 말하며, "나, 요한은 …"에서 요한은 환상과 직접 보는 것을 통해 그리스도가 자신에게 기록하라고 명한 것을 적고 있다(계 1:12-20).

그러므로 네가 본 것과 지금 있는 일과 장차 될 일을 기록하라(계 1:19).[16]

기록을 명하는 것은 보내는 모든 서신에서 나타난다(계 2:1, 8, 12, 18; 3:1, 7, 14). 특별한 권고가 요한계시록 14:13과 19:9의 축복과 21:5의 안전을 위한 양식에서 뒤따른다. 요한계시록 10:4에서 일곱 우뢰에 대해 말한 것은 쓰지 말 것을 강조한다. 하나님 자신(보좌에 앉아 있는 분)이 21:5에서 그리스도의 말을 다시 쓰라고 명한다.

하늘 세계에 속하는 장로는 보는 것과 관련해 나타난다. 5:5에서 "울지 말라"는 것은 어린 양이 봉인을 폐기에 합당하다는 설명과 관련된다. 장로는 "흰 옷을 입은 자들이 누구인가"에 대해 설명한다(계 7:13). 그릇 천

---

[16] Ulrich B. Müller, *Die Offenbarung des Johannes*, ÖTBK 19(Gütersloh: Gütersloher Verlagshaus Mohn, 1984), 86-87은 책의 구성을 보고 있다. "네가 보았던 것"은 계 1:12-16과 관계되며, "지금 있는 것"은 2장과 3장에서 보내는 글과 관련된다. 그리고 "그 후 일어나게 될 것"은 계 4:1-22:5와 연결된다. 이렇게 구분하는 것은 분명 가능하지만, 보냄에 해당하는 글에서 미래에 대한 말들이 드러나고, 계 4:1-22:4에서 현재와 관련 있는 것이 드러난다(예를 들어 계 22:17에서 용을 통해 공동체가 박해를 받는 것). Witulski, *Die Johannesoffenbarung und Kaiser Hadrian*(2007[각주 14를 보라]), 64-68은 다음의 이유에서 [내용을] 차별화시킨다. 한편으로 '지금 있는 것'과 '나중에 일어날 것'은 실제로 2장과 4-22장에 관련되고, 다른 한편으로 "그 후($\mu\epsilon\tau\grave{\alpha}$ $\tau\alpha\hat{\upsilon}\tau\alpha$)라는 형식에 대한 종말론 해석은 […] 두 본문 단락에서 다뤄진 것을 시간상 함께 있는 것으로 받아들일 수 있다." Witulski, *Die Johannesoffenbarung und Kaiser Hadrian*(2007[각주 14를 보라]), 68은 앞서 말했던 사건을 말하지만 글을 쓸 때 그것은 이미 현실화된 사건을 가리킨다고 한다. 그것은 분명 계 13:18을 위한 것이고 계 17장에 속한 부분이다.

사 중 한 명은 묵시자에게 신부로서 하늘에서 내려온 거룩한 도시 예루살렘 모습을 보여 준다(계 21:9-10).

음성은 다음과 같이 권고하는데, 즉 하늘 세계로 올라가고(계 4:1), 작은 책을 먹으며(계 10:8-9), 예언하고(계 10:11), 거룩한 곳을 측정하며(계 11:1-2), 기록하라(계 14:13; 19:9)는 것이다. 설명하는 천사와 만나는 것은 이중 작용을 한다. 그것은 천사를 경배하지 말 것(계 22:8-9)과 "이 책 예언의 말"(계 22:10-11)을 봉하지 말라는 권고다.

3) 독자와 청취자에 대한 묵시자의 상호 작용

묵시자가 갖는 독자와의 상호 작용은 요한계시록 1:3에 있는 독자와 청취자에 대한 축복에서부터 책의 마지막 문장인 22:21에서 은혜를 희망하는 것에 이르기까지 책 전체를 관통한다. 보내는 서신은 단지 그 상호 작용에 대한 예다.

우리는 충고와 변론이라는 내용으로 독자와 만나게 되는 이 상호 작용에 대해 질문할 수 있다. 충고는 하나님 없는 세계가 망한다는 것에 근거해서 신자가 타락할 수 있고 또 타협하면 그에 따른 결과가 어떠한지를 제시한다. 보내는 서신에 들어있는 진술은 충고에 해당한다. 진술의 그 장소는 다음의 조건에 대해 어떤 논리성도 갖지 못한다.

예를 들어 요한계시록 22:15에서 옛 세상이 결정적으로 사라지고 새 하늘과 새 땅이 존재하게 되며 개, 마술사, 매춘부, 살인자, 우상 숭배자, 사기 치는 것을 좋아하는 모든 자에 대해 말한다. 그와 반대로 하늘 세계를 보는 것은 위로가 된다(예를 들어 계 7, 14장; 20:4-6). 이 세상 고통은 하늘 세계에서 하나님과 교제하고 그리스도와 교제함으로 제거된다.

4) 성경 전승을 통한 권위: 성경과 관련해서 해석학의 작용[17]

요한계시록의 모든 구절이 성경 언어, 즉 성경과 관련을 맺는다. 그것이 뜻하는 것에 따르면, 저자는 성경의 언어와 그 성경의 세계 속에 살고 있다. 또 성경은 저자에게 항상 언어와 사상을 제공하고 성경의 의미를 특별히 보여 준다.

성경은 과거 사건들에 대한 증거도 아니고 또 과거 한 번 일어났던 사건(예를 들어 애굽의 재앙)을 보고하는 것도 아니다. 그것은 지금 있는 것이 무엇이고 또 앞으로 무엇이 될 것인가에 대해 말한다. 그러나 이런 일은 '약속-실현'이라는 틀에서 일어나는 것이 아니며 또 사건은 이런 형식과 비슷하게 "선지자를 통해 말해진 것이 이루어지기 위해서"[18] 발생하지 않는다.

성경의 세계가 저자에게만은 현재와 미래에 대해 말하기 위해서 존재하는 것 같다는 인상을 사람들은 받는다. 저자가 요한계시록 19장에서 그리스도의 재림을 이사야 63:1-3(야웨의 임재)에 맞게 묘사하는 것은 하나님을 묘사하는 단어가 어린 양 그리스도에게 특별히 옮겨지고 있다는 것에서 기독론적 의미와 해석학적 의미가 있다.

하늘, 땅, 땅 아래에 있는 유일한 분을 통해 봉인된 계시로서 책이 전달

---

17 예언을 증명하는 마태의 유형을 보라.
18 예언을 증명하는 마태의 유형을 보라.

되면서, 역사는 그리스도 곧 어린 양의 손에 놓여 있다. 그는 손에 능력을 갖추고 있기에 그것에 '적합'하다. 자주 그리스도 어린 양은 성경이 하나님에 대해 말하는 것을 실현하고 이행한다(비교, 계 19:13).

이스라엘 역사는 어린 양의 개입을 통해 나름의 의미를 상실하지 않는다. 어린 양 그리스도와 그에 속한 공동체 역사는 이스라엘 역사 없이 생각할 수 없기 때문이다. 요한계시록 12장은 이스라엘 역사성의 의미를 가장 잘 설명한다. 여인으로서 이스라엘은 교회가 되고, 교회 자녀들은 여인에게서 태어난 아이 메시아가 고난받는 것처럼, 용에 의해 위협받고 박해받는다.[19]

'성경의 사용'[20]을 살펴보는 일은 많이 유익할 것이다. 나중 정경에 속하는 것으로서 '성경'은 일부 권위를 갖는다.[21] 그렇지만 요한계시록 저자는 요한계시록 내에서의 성경을 결코 인용 양식으로 사용하지 않는다. 다시 말해 '성경'은 저자와 독자 사이에서 자명한 이해의 공동 기초인 셈이다.[22]

묵시자가 서 있는 본문 전통은 그것을 인용한다는 그 자체로 강조돼야

---

[19] Peter Busch, *Der gefallene Drache: Mythenexegese am Beispiel von Apokalypse 12*, TANZ 19(Tübingen and Basel: Francke, 1996); Jürgen Kalms, *Der Sturz des Gottesfeindes: Traditionsgeschichtliche Studien zu Apokalypse 12*, WMAnt. 93(Neukirchen-Vluyn: Neukirchener Verlag, 2001); Michael Koch, *Drachenkampf und Sonnenfrau: Zur Funktion des Mythischen in der Johannesapokalypse am Beispiel von Apk 12*, WUNT II/184(Tübingen: Mohr Siebeck, 2004); 이때 부세트(W. Bousset[각주 12를 보라])의 연구들이 항상 전제된다.

[20] '성경의 사용'은 1세기 말에는 발생하지 않은 문제 즉 기독교 입장에서 권위에 속한 것(그리고 이것은 큰 구원으로 받아들여 질 수 있음)을 암시한다. 그러나 '구약성경'에 대한 기독교 정경은 여기서 말할 수 없다.

[21] 성경구절 인용과 특별히 출애굽기, 이사야, 에스겔, 다니엘, 시편에 대한 암시는 권위 관련 사항을 문서화한다.

[22] 성경구절 인용과 개별 성경에 대한 암시는 그 스스로 말하며 또 권위를 위해 특별한 양식을 필요로 하지 않는다.

한다. 묵시자는 마소라, 70인역, 다른 본문 전승 또는 우리에게 알려져 있지 않은 다른 본문 전승에도 연결될 수 있다.[23]

4. 요한계시록 역사 이해를 위한 결과

1) 교회와 공동운명인 저자

저자는 "너희의 형제요 예수의 환난과 나라와 참음에 동참하는 자"(계 1:9)다. 천사는 형제이며 예수의 증거를 가지고 있는 모든 형제에 속한다(계 19:10). 아울러 천사는 예수의 형제들과 선지자 그리고 이 책의 말들을 지키는 자들에 속하기도 한다(계 22:8-9).

저자는 앞으로 있을 지혜자나 천상의 세계에 속하는 자를 기다리고 있다고 말하지 않는다. 오히려 저자는 자신을 "고난에 동참한 자"로서 기록한다(계 1:9). 즉 그는 '속히 될 일'에 대해 쓰고 있을 뿐 아니라(계 1:1). 그 자신이 그것을 기다린다. 그의 눈물은 자신이 속한 구체적 상황을 보여 준다(계 5:4). 요한계시록 1:3, 22:20-21에 관련된 예배는 자신이 공동체 일원의 '형제'라는 자기 진술에 부합한다(계 1:9).

---

23   이에 대해 Thomas S. Caulley and Hermann Lichtenberger, *The Septuagint and Christian Origins*(Tübingen: Mohr Siebeck, 2011)에 있는 필자의 글을 보라. 이 작업은 성경의 개별 책들을 위해 이미 이루어졌다. Jan Fekkes, *Isaiah and Prophetic Tradition in the Book of Revelation: Visionary Antecedents and their Development*, JSNT.S 93(Sheffield: JSOT Press, 1994), 194를 보라.

2) 천상의 세계를 보는 것과 지상에서의 소동

천상의 세계를 보는 것은 무신앙적 세상에 대한 심판 묘사와 어린 양을 쫓는 자들의 고통을 묘사하는 것을 거듭 단절시킨다. 지금 고통을 당하는 자들과 전에 죽임을 당한 자들이 천상에서 이미 영화롭게 되어 천상의 예배에 참여한다(계 7:4-17; 비교, 계 14:1-5). 그들은 이미 메시아 왕국 안에 있다(계 20:4-6). 천상에서 로마 멸망을 슬퍼하는 '노래'가 울려 퍼진다(계 14:8; 18:1-8).

그리고 땅의 왕들(계 18:9-9), 상인(계 18:11-17), 선원(계 18:17-19)은 이 땅에서 로마의 멸망을 한탄한다. 그에 반해 하늘에서는 기뻐하며(계 18:20) '할렐루야'가 불린다(계 19:1-8). 천상을 보는 것은 겉으로 비친 것과 다르게 실제 지배하는 힘의 관계를 보여 준다. 천상의 관점은 확실히 일련의 심판 결과를 깨뜨리고 실제의 것을 자유로이 보게 해 준다.[24]

---

[24] 계 8:1에서 30분간 조용히 있는 것이 어떤 의미가 있는 것인지 그에 대해 충분하게 설명되지 않는다.

5. 승리자의 말에 대한 현재와 미래[25]

'극복자' 또는 '승리자'의 말(言)은[26] 유일하게 현재와 미래를 서로 연결한다. 현재의 태도와 미래의 사건은 근본 연결되며 그것은 철저히 종말론적 약속을 다룬다.[27] 승리자의 말은 현재에 대해 말하는 것과 관련된다.[28] 각 공동체의 현재, 과거 또는 미래 상황은 현재 상황을 말하는 것에서 종말론적 결과와 함께 언급된다.

이것이(현재 상황과 종말론적 결과) 두 번째 보내는 서신에서 분명 첨예화된다(계 2:8-11). 죽음에 이를 정도로 신실함에 이르는 고난은 생명의 면류관을 상급으로 받는다(계 2:10). 그리고 '두 번째 죽음'이 면류관을 받는 자에게 미칠 수는 없다(계 2:11). '두 번째 죽음'은 요한계시록 20:14, 21:8에 따르면 영원한 죽음이다. 천년왕국으로 옮겨가는 것을 넘어 순교자들에게

---

[25] 이에 대해서는 Jens-Wilhelm Taeger, "'Gesiegt! O himmlische Musik des Wortes!': Zur Entfaltung des Siegesmotivs in den johanneischen Schriften," J.-W. Taeger, Johanneische Perspektiven: Aufsätze zur Johannesapokalypse und zum johanneischen Kreis 1984-2003, D. C. Bienert and D.-A. Koch eds., FRLAnt. 215(Göttingen: Vandenhoeck & Ruprecht, 2006), 81-104, 특히 91-103을 보라. 비록 사람들이 요한계시록을 요한복음과 요한서신에 가깝다는 태거의 주장에 동의를 못한다 할지라도 그의 설명은 중요하다.

[26] 마찬가지로 Taeger, "'Gesiegt! O himmlische Musik des Wortes!'"(2006[각주 25 참조]), 93.

[27] 유일하게 예외에 해당하는 것은 계 2:26이다. 시 2:9에 의존해 '민족들에 대한 전권'은 무엇을 소개하는 것인가? 역사적으로 어디에서도 공동체에 대항한 폭력을 말하지 않았고 또 공동체가 다른 공동체에 대해 폭력을 발휘하는 것도 말하지 않았다. 모순을 합리적으로는 해결할 수 없는 것 같지만 교훈적으로는 그것을 설명할 수 있다. 지금 억압받는 자들과 고통당하는 자들은 나중에 지배하게 될 것이다. 그러나 만일 종말론적으로 '이방 민족들'이 더 이상 존재하지 않는다면, 그들은 누구를 지배할 것인가?

[28] 개념을 위해서는 Jürgen Roloff, Die Offenbarung des Johannes, 2nd ed., ZBK 18(Zürich: Theologischer Verlag, 1987), 47을 보라.

는 새로운 세계, 새 예루살렘에 있게 될 것이라고 한다.[29]

6. 종말론과 폭력

요한계시록의 종말론은 한편에서 폭력으로,[30] 또 다른 한편에서는 감동적이고 평화롭고 조용한 그림들로 결정된다.[31] 종말론 전쟁은, 전쟁 규칙에서처럼, 빛의 아들들과 어둠의 아들들이 서로 대항하여 싸우는 것이고 이 싸움은 천사와 천사장의 차원에서 발생한다. 종말에서의 폭력 이야기는 성전(聖戰)이라는 틀에서 마지막 전쟁을 각인시킨다. 성전이라는 차원에서 하나님은 거기에서 자신의 백성 편에 서서 자신의 백성에게 승리를 선물한다.

요한계시록은 또한 폭력이 가득하다. 그리스도가 보내는 서신에서 폭력적으로 수신자를 위협한다(예를 들어 이세벨에 대항하여 계 2:22). 그뿐 아니라 세 개로 구성된 일곱 기간의 역사전개 과정은 폭력을 실현한다. 반대로 평화의 장면은 산발적으로 흩어져 있다. 예를 들어 그것은 요한계시록 7장과 14장 그리고 20:4-6에서다. 해방된 자들은 모든 폭력에서 제외되며 (계 7:14) 그들은 어떤 폭력도 행하지 않는다.[32] 그에 반해 그리스도는 19장

---

[29] 보냄을 위한 글(계 2장과 3장)을 중심본문의 결론(계 22:5까지)과 연결시키는 것은 문학이나 문학비평의 문제에 대한 너무 지나친 해결책을 경고한다. 예를 들어 Aune, *Revelation 1-5*(1997[각주 12 참조])의 경우 (연결로 인해) 발생하는 문제와 같다.

[30] 폭력은 일련의 모든 3개의 심판뿐만 아니라 계 19:11-21이 묘사하는 그리스도의 재림에서도 드러난다.

[31] 예를 들어 계 7:4-17; 21:1-4, 9; 22:5.

[32] 신자들의 폭력을 말하는 유일한 구절은 계 2:27에 종말론적으로 나와 있는데, 그 구절

에서 자신이 재림할 때, 피 흘리는 폭력을 행사한다.

그리스도는 이사야 63:1-3의 야웨처럼 종말의 전쟁에서 비롯된 피 묻은 옷을 입고 온다. 천상의 예루살렘에서 제외된다는 것은 폭력을 행사하는 것 없이는 이해될 수 없다. 폭력행사는 이미 언어에서도 분명히 드러난다("개, 독을 만드는 자/마술사, 음녀, 살인자, 우상 숭배자, 간음자, 사기꾼," 계 22:15).

반대로 공동체는 폭력을 쓰지 않으면서 고통스런 억압을 받고 있다. 순교자의 영혼들은 흰 옷을 입고서 자신들의 원수를 갚아달라고 탄원하지만, 그들은 폭력을 행사하지 않는다(계 6:9-11). 순교자의 숫자가 찰 때까지 기다림의 시간이 지속된다.[33]

불신과 우상 숭배 하는 세상에 대해 잔인한 심판이 임하면서 경건한 자들이 특별히 그 심판에 참여하지 않는 것은 묵시자에게 무슨 의미가 있는가?

그것은 이중의 의미가 있다. 경건한 사람들은 희생제물이 아니기에 적극적으로 거기에 포함되지 않는다. 그러나 어린 양을 따르는 사람들이 "어디로 가든지" 그들은 하나님을 싫어하는 권력에 의해 고통받고 죽임을 당한다(계 14:4).

이것이 결국 예수 곧 예수의 전승이 요구하고(마 5:38-42), 바울이 가르치는 비폭력을 따르는 것 아닌가(롬 13:19-21)?

요한계시록은 또한 다른 주제에서 놀라울 정도로 예수의 전승에 가깝다. 필자는 예수에게서 쉐마의 의미를 언급하며(막 12:29과 그 병행구절) 요

은 시 2:8-9에 의존한다.

[33] 그 짧은 시간은 순교자 측면에서 비폭력을 증언한다. 여기서 말하는 것이 짧은 시간인지 아니면 긴 시간을 다루는 것인지는 불분명하다(위를 볼 것).

한계시록이 우상 숭배에 대해 반대한다는 것을 지적한다(이 우상 숭배 반대가 계 2:14부터 22:14까지 계시록을 관통한다).

또 하나의 출발점은 목자의 은유다. 목자 은유는 예수 전승에서 잃어버린 양에 대한 비유에서 나타난다(눅 15:1-7; 마 9:36 참조). 그러나 공관복음서에 나타난 예수의 전승과는 멀리 있지만, 요한계시록과 같은 것으로 요한복음에서 목자에 대한 비유가 있다(요 10:11-16).[34]

신자들은 폭력을 행사하지 않지만,[35] 하나님과 그리스도가 힘을 드러낸다는 생각이 인상 깊게 남아 있다. 그것은 원래 베들레헴 유아 살해 경우에서 제기되는 것과 거의 같은 질문이다(마 2:16-18). 하나님은 자기의 아들을 구원하지만, 베들레헴 부모의 아들들은 죽임을 당한다.

그에 대한 대답을 누가 알겠는가?

7. 무엇이 속히 일어나야 하는가?

1) 회심

묵시자에게 앞으로 될 일로서 가장 우선시되는 것은 회심이다. 그것은 우상 숭배로 망하는 불신의 세계를 대상으로 할 뿐 아니라 저자 자신이 속

---

[34] 생명수에 대해서는 Jens-Wilhelm Taeger, *Johannesapokalypse und johanneischer Kreis: Versuch einer traditionsgeschichtlichen Ortsbestimmung am Paradigma der Lebenswaser-Thematik*, BZNW 51(Berlin and New York: Walter de Gruyter, 1989)을 보라.

[35] 그러나 위에서 말한 예외의 경우를 보라.

한 공동체들도 회심 대상이다. 묵시자가 보낸 서신이 그에 대해 증언한다. 요한계시록 1:1-3에서 읽는 것과 듣는 것이 공동체에 복되다고 한다. 불신하고 우상 숭배 하는 세계는 예리한 심판이 기다리고 있음에도 회심을 거부한다.[36] 불신 세계의 멸망은 한 편에서 회심을 거부하기 때문이고 (계 9:20-21; 16:9, 11), 또 다른 한 편에서는 그들의 멸망은 공동체에 회심을 거부하면 어떤 결과가 그들을 기다리고 있는지를 보여 준다.[37]

2) 어린 양은 일련의 심판을 진행한다

우상 숭배자들에 대한 심판 관련된 일련의 사건들이 시작된다. 즉 어린 양이 봉인을 제거하고 일곱 번째 봉인으로부터 나팔 심판이, 그리고 나팔 심판의 마지막 나팔로부터 그릇 심판이 시작된다.

3) 로마에 임하는 특별한 심판

로마는 음녀 바벨론에 비유되고 어린 양의 신부와 반대로 나타난다. 로마가 세계를 지배하는 것과 어린 양이 전 세계를 지배한다는 것, 보편성을 가진 두 가지 상이 서로 반대된다. 로마와 관계된 사람들(왕, 상인, 선원)이 로마에 대해 부르는 슬픈 탄식의 노래가 있고 그에 반해 하늘에서 '애가'와 '기쁨의 노래'가 울려난다.

---

36 위를 보라.
37 교훈적인 관심은 대외적으로 잘못 놓인 구절인 계 22:14-15에서도 분명히 드러난다.

4) 그리스도의 재림

백마 탄 기사로서 피 묻은 옷을 입고 하늘 군대와 함께 그리스도가 재림하는 것(계 19:11-18, 19-21)은 지상 메시아 전투에서 하나님을 계속 대적하는 것에 마지막 종지부를 찍는 것이다.[38]

5) 완성: 새 예루살렘

새 예루살렘은 로마에 반대되는 그림이자 반대되는 도시다. 예를 들어 새 예루살렘에 성전이 없다는 점에서 그것이 유대교적 특징에서 벗어난 것이라 하더라도, 그것은 구약과 유대교적 전통 사상에 상응한다(계 21:22). 새 예루살렘의 건물 모습은 온전히 에스겔 40-48장에 의존한다.

8. 반드시 속히 될 일: 마무리 성찰

(잠시 후) '속히 될 일'에서 그리스도인의 어려움만 더 커졌다. 로마는 무너지지 않았고 저자가 받았을 박해 이후 트라야누스와 하드리아누스 황제 지배하에서 수십 년간 로마 제국은 더 강해졌다. 로마의 영광은 자라나 측정할 수도 없을 정도로 커졌다.

---

[38] 곡과 마곡의 마지막 전쟁과 그들이 최종 죽음당하는 것은 신비적인 적과 관련된다(계 20:7-10).

'속히' 있을 것이라고 여겨졌던 것은 발생하지 않는다. 오히려 그것은 현실과 다르다. 부활 승천한 주의 현재는 주의 백성과 함께 있고 박해받는 교회와 함께한다. 주의 현재가 의미하는 것은 주의 임재에 대한 기대는 진부한 것이 아니라는 점이다. 그렇지만 주가 박해받는 교회와 함께한다는 것은 주의 임재에 대한 소망을 강화시킨다. 더 나아가서 약속이 남아 있다는 것은 거짓이 아니고 오히려 후대에 태어난 사람들에게 삶을 위한 시간과 공간을 가능하게 한다.

축복의 약속은 미래를 열어 놓는다. 더 정확히 말해 미래는 하나님과 함께하고 그리스도와 함께하는 것에 있다. 그것이 의미하는 것으로서 임마누엘은 항상 동시에 "주 예수여 오시옵소서"(계 22:20)와 함께 이해돼야만 한다(마 1:23).

우리의 신약성경은 마태복음과 계시록의 임마누엘을 통해—우연에 의해?—둘러싸여 있다. 그렇지만 그것이 뜻하는 것에 따르면, 아직 여전히 오는 것이 지체되지만 그 주는 현재의 주다. 그것은 거꾸로도 통한다. 현재의 주는 미래의 주와 동일하다. 그래서 현재의 주는 미래의 주고 또 미래의 주는 현재의 주다. 현재에 있고 또 미래에 있을 그분은 동일한 주다.

"반드시 속히 될 일"은 역사적으로 일어나지 않았고, 아무튼 큰 사건들과 관련해서 그렇다. 하지만 우상 숭배자들의 회개와 같은 다른 일들과 관련해서도 그렇다.

미래보다 과거나 현재에 발생한 것은 다르다. 즉 공동체의 고통이 증가했다. 그리고 정확히 그것은 공동체에 약속된 역사과정 성취에 대해 확신을 하게 한다. '약속된 사건이 성취되었느냐'는 질문은 약속의 신뢰성을 끌어내는 것과는 다르다. 역사에서 성취되지 않는다는 사실은 변론적이기는 하지만 약속이 근본적으로 성취되지 않는다는 것의 증거가 될 수 없다. 그보다 더 중요한 것으로서, 이루어지지 않는 약속은 여전히 성취될 가능성을 가지고 있고 그에 대한 미래를 만들어 낸다는 점이다.

> 사람들은 독자의 정신을 연습시키기에는 계시록으로 불리는 책에 매우 어두운 면이 있다고 한다. 분명한 것이 계시록에는 거의 없어 책 내에서 나머지 사항들에 대한 의미를 조사하려는 노력을 기울인다고 하더라도, 그것은 같은 사항을 다른 말로 반복할 뿐이다. 그래서 사람들이 그것으로 새로운 것이 온다고 생각할 수 있지만, 정확히 들여다보면 그것은 같은 것을 새롭게 말하는 것이라고 한다.
> 그러나 우리가 말하는 것은 다음이다. 즉 "그가 모든 눈물을 눈에서 씻겨 주고 거기에 죽음이 더 존재하지 않을 것이며 고통이나, 울부짖음이나, 아픔도 거기에 없을 것이다." 왜냐하면, 거기서는 그 모든 것이 더 이상 없을 것이기 때문이다. 이것은 미래 세계에 대해 매우 강하고 분명하게 죽음이 없고 성령의 영생이 있다고 말하는 것이다.
> 만일 우리가 계시록을 어두운 것으로 계속 간주한다면, 우리가 분명한 것을 성경에서 찾아서는 안 되고 또 그 분명한 것을 성경에서 읽을 수도 없을 것이다(아우구스티누스, *De civitate dei*, XX 17).[39]

---

[39] Aurelius Augustinus, *Vom Gottesstaat*(*De civitate dei*), Vol. II: Buch 11-22, aus dem Lateinischen übertragen von W. Thimme, eingeleitet und kommentiert von C. Andresen (München: Deutscher Taschenbuch Verlag, 1978), 628-629.

초기 유대교와 신약의 교회

Frühjudentum und Kirche im Neuen Testament

장별 참고문헌

저자 서문

Bae, Jae Woog. "Wiedergeburt im Johannesevangelium." Diss. theol. Tübingen, 2003(이 논문은 나중에 배재욱. 『초기 유대교와 신약성경의 중생』. 서울: 대한기독교서회, 2008로 번역 출판됨).

Jang, Seung Ik. "Das Gottesvolk im Hebräerbrief: Ein Beitrag zur Theologie und Ekklesiologie des Hebräerbriefs." Diss. theol. Tübingen, 2005. [Druck 2008].

Lichtenberger, Hermann. *Studien zum Menschenbild in Texten der Qumrangemeinde*. Studien zur Umwelt des Neuen Testaments 15. Göttingen: Vandenhoeck & Ruprecht, 1980.

Lichtenberger, Hermann. *Die Apokalypse*. Theologischer Kommentar zum Neuen Testament 23. Stuttgart: Kohlhammer, 2014.

Lichtenberger, Hermann. "Gewalt in der Offenbarung des Johannes." *Theologische Literaturzeitung* 144(2019), 854-865.

Moon, Baesu. "Jüdische Tradition und hellenistische Bildung: Forschungsgeschichtliche und exegetische Untersuchungen zu Apg 15 und 17." Diss. theol., Tübingen, 2013.

Park, Sung-Ho. "Stellvertretung Christi im Gericht: Zum Verhältnis der Stellvertretung Christi im Gericht zu seinem Sühnetod am Kreuz bei Paulus." Diss. theol. Tübingen, 2012(이 논문은 나중에 Park, Sung-Ho. *Stellvertretung Jesu Christi im Gericht: Studien zum Verhältnis von Stellvertretung und Kreuzestod Jesu bei Paulus*. WMAnt. 143. Neukirchen-Vluyn: Neukirchener Theologie, 2015로 출판됨).

엮은이 서문 (이 문헌 목록은 『초기 유대교와 신약의 교회』의 원래 논문 출처다)

Lichtenberger, Hermann. "Johannes der Täufer und die Texte von Qumran." Zdzislaw J. Kapera(ed.). *Papers on the Dead Sea Scrolls Offered in Memory of Jean Carmignac*.

Part I: General Research on the Dead Sea Scrolls, Qumran and the New Testament, the Present State of Qumranology. QM 2. Krakow: Enigma Press, 1993, 139-152. / Translated into Korean by Dr. Bae, Jae Woog(Professor of Youngnam Theological University and Seminary).

Lichtenberger, Hermann. "Die qumran-essenischen Reinigungsriten und die Johannestaufe." *Welt und Umwelt der Bibel* 9/3 (1998), 30. / Translated into Korean by Dr. Bae, Jae Woog(Professor of Youngnam Theological University and Seminary).

Lichtenberger, Hermann. "Täufergemeinden und frühchristliche Täuferpolemik im letzten Drittel des 1. Jahnhunderts." *Zeitschrift für Theologie und Kirche* 84 (1987), 36-57. / Translated into Korean by Dr. Bae, Jae Woog(Professor of Youngnam Theological University and Seminary).

Lichtenberger, Hermann. "'Bund' in der Abendmahlsüberlieferung." Friedrich Avemarie and Hermann Lichtenberger eds. *Bund und Tora: Zur theologischen Begriffsgeschichte in alttestamentlicher, frühjüdischer und urchristlicher Tradition*. WUNT 92. Tübingen: Mohr, 1996, 217-228. / Translated into Korean by Dr. Park, Sung-Ho(Lecturer of Methodist Theological University).

Lichtenberger, Hermann. "Von Gott reden, zu Gott reden: Aspekte im Neuen Testament." Hermann Lichtenberger and Hartmut Zweigle eds. *Als Theologen von Gott reden und das Reden zu Gott: Theologie in Gottesdienst und Gesellschaft*. Theologie Interdisziplinär 10. Neukirchen-Vluyn: Neukirchener Theologie, 2011, 38-49. / Translated into Korean by Dr. Park, Sung-Ho(Lecturer of Methodist Theological University).

Lichtenberger, Hermann. "'Bittet den Herrn der Ernte, daß er Arbeiter in seine Ernte sende' (Mt 9:38 / Lk 10:2)." Jostein Ådna ed. *Evangelium – Schriftauslegung – Kirche*. Festschrift für Peter Stuhlmacher zum 65. Geburtstag. In Zusammenarbeit mit Gerlinde Feine. Göttingen: Vandenhoeck & Ruprecht, 1997, 269-278. / Translated into Korean by Dr. Jang, Seung Ik(Senior Pastor of Yesumaul Presbyterian Church).

Lichtenberger, Hermann. "Josephus und Paulus in Rom: Juden und Christen in Rom zur Zeit Neros." Dietrich-Alex Koch and Hermann Lichtenberger eds. *Begegnungen zwischen Christentum und Judentum in Antike und Mittelalter*. Unter Mitarbeit von

Karina und Thomas Lehnardt. Festschrift für Heinz Schreckenberg. SIJD 1. Göttingen: Vandenhoeck & Ruprecht, 1993, 245-261. / Translated into Korean by Dr. Moon, Baesu(Lecturer of Daeshin University).

Lichtenberger, Hermann. "Jüdisches Essen: Fremdwahrnehmung und Selbstdefinition." David Hellholm and Dieter Sänger eds. *The Eucharist – Its Origins and Contexts: Sacred Meal, Communal Meal, Table Fellowship in Late Antiquity, Early Judaism, and Early Christianity*. Vol.1: Old Testament, Early Judaism, New Testament. WUNT 376. Tübingen: Mohr Siebeck, 2017, 61-76. / Translated into Korean by Dr. Moon, Baesu(Lecturer of Daeshin University).

Lichtenberger, Hermann. "'To See Ourselves as Others See Us' (Robert Burns) – Juden und Christen unter römischer Herrschaft: Selbstwahrnehmung und Fremdwahrnehmung." Niclas Förster and J. Cornelies de Vos eds. *Juden und Christen unter römischer Herrschaft: Selbstwahrnehmung und Fremdwahrnehmung in den ersten beiden Jahrhunderten n. Chr.* SIJD 10. Göttingen: Vandenhoeck & Ruprecht, 2015, 17-41. / Translated into Korean by Dr. Park, Sung-Ho(Lecturer of Methodist Theological University).

Lichtenberger, Hermann. "Messianische Erwartungen und messianische Gestalten in der Zeit des zweiten Tempels." Ekkehard W. Stegemann ed. *Messias-Vorstellungen bei Juden und Christen*. Stuttgart and Berlin and Köln: Kohlhammer, 1993, 9-20. / Translated into Korean by Dr. Jang, Seung Ik(Senior Pastor of Yesumaul Presbyterian Church).

Lichtenberger, Hermann. "Paulus und das Gesetz." Martin Hengel and Ulrich Heckel eds. *Paulus und das antike Judentum*. Tübingen-Durham-Symposium im Gedenken an den 50. Todestag Adolf Schlatters (19. Mai 1938). WUNT 58. Tübingen: Mohr, 1991, 361-374. / Translated into Korean by Dr. Park, Sung-Ho(Lecturer of Methodist Theological University).

Lichtenberger, Hermann. "Die Mystik des Apostels Paulus: Albert Schweitzer Reconsidered." Hermann Lichtenberger and Jürgen Moltmann and Elisabeth Moltmann-Wendel eds. *Mystik heute: Anfragen und Perspektiven*. Theologie Interdisziplinär 11. Neukirchen-Vluyn: Neukirchener Theologie, 2011, 57-73. / Translated into Korean by

Dr. Park, Sung-Ho(Lecturer of Methodist Theological University).

Lichtenberger, Hermann. "Neuschöpfung und Wiedergeburt: Überlegungen zu ihrer eschatologischen Bedeutung im Neuen Testament."in: M. Baucks K. Liess and P. Riede(eds.) *Was ist der Mensch, dass du seiner gedenkst? (Psalm 8,5): Aspekte einer theologischen Anthropologie*. Festschrift für Bernd Janowski zum 65. Geburtstag. Neukirchen-Vluyn: Neukirchener, 2008, 313-327. / Translated into Korean by Dr. Bae, Jae Woog(Professor of Youngnam Theological University and Seminary).

Lichtenberger, Hermann. "Auferstehung in den Qumranfunden." Friedrich Avemarie and Hermann Lichtenberger(eds.) *Auferstehung – Resurrection*. The Fourth Durham-Tübingen Research Symposium: Resurrection, Transfiguration and Exaltation in Old Testament, Ancient Judaism and Early Christianity (Tübingen, September, 1999). WUNT 135. Tübingen: Mohr Siebeck, 2001, 79-91. / Translated into Korean by Dr. Moon, Baesu(Lecturer of Daeshin University).

Lichtenberger, Hermann. "Was in Kürze geschehen muss ⋯ (Apk 1:1): Überlegungen zur Eschatologie der Johannesoffenbarung." Hans-Joachim Eckstein and Christof Landmesser and Hermann Lichtenberger eds. *Eschatologie – Eschatology*. The Sixth Durham-Tübingen Research Symposium: Eschatology in Old Testament, Ancient Judaism and Early Christianity (Tübingen, September, 2009). Unter Mitarbeit von Jens Adam. WUNT 272. Tübingen: Mohr Siebeck, 2011, 267-279. / Translated into Korean by Dr. Moon, Baesu(Lecturer of Daeshin University).

제1부 세례와 성만찬

제1장 세례자 요한과 쿰란 문서들

Braun, Herbert. *Qumran und das Neue Testament*. Tübingen: Mohr, 1966.

Hengel, Martin. *Judentum und Hellenismus*. Tübingen: Mohr, 31988.

Lightfoot, Joseph Barber. "Essenism and Christianity." in: Lightfoot, Joseph Barber. *Saint*

Paul's epistles to the Colossians and to Philemon. London: Macmillan, 1892; Grand Rapids, Mich.: Zondervan, 1955.

Renan, Ernest. *Das Leben Jesu*. Übertr. aus dem Franz. Zürich: Diogenes, 1981.

Schlatter, Adolf. *Johannes der Täufer*. Basel: F. Reinhardt, 1956.

Stauffer, Ethelbert. *Jerusalem und Rom im Zeitalter Jesu Christi*. Bern: Francke, 1957.

Wagner, Siegfried. *Die Essener in der wissenschaftlichen Diskussion : vom Ausgang des 18. bis zum Beginn des 20. Jahrhunderts. Eine wissenschaftsgeschichtliche Studie*. Berlin: Toepelmann, 1960.

제2장 쿰란-에세네의 정결 의식(儀式)들과 요한의 세례(참고문헌 없음)

제3장 1세기 마지막 1/3분기에 있었던 세례자 공동체들과 초기 기독교의 세례 논쟁

Aland, K. "Zur Vorgeschichte der christlichen Taufe," in: K. Aland, *Neutestamentliche Entwürfe*. TB 63. München: Kaiser, 1972; 1979, 183-197.

Abramowski, L. "Die Entstehung der dreigliedrigen Taufformel - ein Versuch." *ZThK* 81(1984), 417-446.

Baldi, A. "Ljanatema e la croce. Ebrei e Cristiani in Pompei Antica." *Cava dei Tirreni(1983)*, 61-62.

Barth, G. *Die Taufe in frühchristlicher Zeit*. Biblisch-Theol. Studien 4. Neukirchen-Vluyn: Neukirchener Verl., 1981.

Bauer, W. *Das Leben Jesu im Zeitalter der neutestamentlichen Apokryphen*. Tübingen: Mohr, 1909; Nachdr.(재판: 1967).

Becker, J. *Johannes der Täufer und Jesus von Nazareth* (BSt 63), Neukirchen-Vluyn: Neukirchener Verlag, 1972.

Berger, K. "Die impliziten Gegner. Zur Methode der Erschließung von 'Gegnern' in neutestamentlichen Texten." in: Lührmann Dieter(ed.). *Kirche: Festschrift für Günther Bornkamm zum 75. Geburtstag*. Tübingen: Mohr, 1980, 373-400.

Bickerman, E. "ANDEIXIS." in: Bickerman, E. *Studies in Jewish and Christian History III*. Leiden: E. J. Brill, 1986.

Bickerman, E. "Jean-Baptiste au désert." Studies in Jewish and Christian history 3(1942), 7-21.

Böcher, O. "Lukas und Johannes der Täufer." *Studien zum Neuen Testament und seiner Umwelt* 4(1979), 27-44.

Böcher, O. "Johannes der Täufer in der neutestamentlichen Überlieferung," in: Gotthold Müller(ed.). *Rechtfertigung, Realismus, Universalismus in biblischer Sicht : Festschrift für Adolf Köberle zum 80. Geburtstag*. Darmstadt: Wiss. Buchges, 1978, 45-68.

Böhlig, Alexander. *Die Gnosis, Band 3. Der Manichäismus*. eingeleitet, übersetzt und erläutert von Alexander Böhlig unter Mitwirkung von Jes Peter Asmussen. Zürich: Artemis Verlag, 1980.

Campenhausen, Hans von. "Taufe auf den Namen Jesu?." in: Campenhausen, Hans von. *Urchristliches und Altkirchliches*. Tübingen: Mohr, 1979

Cancik, H. "Gnostiker in Rom. Zur Religionsgeschichte der Stadt Rom im 2 Jahrhundert nach Christus," in: Taubes, J. (Hg.). *Religionstheorie und Politische Theologie II: Gnosis und Politik*. München: Fink, 1984, 163-184.

Collins, John Joseph. *The Sibylline Oracles of Egyptian Judaism : Rezension von Gerhard Delling*. Missoula, Mont.: Society of Biblical Literature, 1974; Zugl. Cambridge, Mass. Dissertation series. Society of Biblical Literature 13. Harvard Univ., Diss., 1972.

Collins, J. J. "Sibylline Oracles." in: Charlesworth, James H. (ed.). *The old testament pseudepigrapha* 1: Apocalyptic literature and testaments. Garden City, N.Y.: Doubleday, 1983, 317-472.

Conzelmann, H. *Die Apostelgeschichte*. HNT 7. Tübingen : Mohr, 1963.

Fossum, J. E. *The Name of God and the Angel of the Lord*. Samaritan and Jewish Concepts of Intermediation and the Origin of Gnostism. WUNT 36. Tübingen: Mohr, 1985.

Fuchs, H. "Der Bericht über die Christen in den Annalen des Tacitus." in: Pöschl, Viktor (Hg.), *Tacitus*. WdF 97. Darmstadt: Wiss. Buchges., 1969.

Gardner, R. B. "Jesus appraisal of John the Baptist. An analysis of the sayings of Jesus concerning John the Baptist in the Synoptic tradition." Diss. theol. Würzburg, 1973.

Geffcken, J. *Die Orachula Sibyllina*. GCS 8. 1902; Nachdr. 1967; Berlin: De Gruyter, Inc, 2016.

Gese, H. "Der Johannesprolog." in: H. Gese, Zur biblischen Theologie. *BEvTh* 78. Tübingen: Mohr, 1977.

Günter Klein, "Zur Diskussion gestellt 3." in: Klein, Günter. *Entmythologisierung des Evangeliums : diskutiert an zwei Beispielen: Die Gestalt Johannes' des Täufers. Das Pfingstwunder*. Kevelaer: Butzon & Bercker, 1968.

Haenchen, E. *Die Apostelgeschichte*. KEK 3. Göttingen: Vandenhoeck & Ruprecht, 151968.

Hengel, M. *Judentum und Hellenismus*. WUNT 10. Tübigen: Mohr, 1973.

Hengel, M. "Anonymität, Pseudepigraphie und 'Literarische Fälschung' in der jüdisch-hellenistischen Literatur," in: K. v. Fritz(Hg.). *Pseudepigrapha I*. Entretiens sur l'ntiquité classique 18. Genf: NP, 1972, 229-329, 288.

Hengel, M. "Messianische Hoffnung und politischer 'Radikalismus' in der 'Jüdisch-hellenistischen Diaspora'." in: David Hellholm(ed.). *Apocalypticism in the Mediterra-NEAn world and the NEAr East : proceedings of the International Colloquium on Apocalypticism*. Uppsala, August 12 - 17. Uppsala, 1979; Tübingen: Mohr, 1983.

Hengel, Martin. "Entstehungszeit und Situation des Markusevangeliums." in: Cancik, H.(ed.), *Markus-Philologie*, WUNT 33. Tübingen: Mohr, 1984, 1-45.

Herrlich, S. "Die antike Überlieferung über den Vesuvausbruch im Jahre 79." Klio 4(1909), 209-226.

Jeremias, J. Art. li,qoj, livqi,noj, *ThWNT* IV, 72-283.

Joel, M. *Blicke in die Religionsgeschichte zu Anfang des 2. christlichen Jahrhunderts* II. Breslau: Schottlaender, 1883.

Kähler, H. "Christliche Kreuze aus Pompeji und Herculaneum." *Bollettino dell'associazione internazionale degli amici di Pompei I* (1983), 279-308.

Käsemann, E. "Die Johannesjünger in Ephesus." in: Käsemann, E. *Exegetische Versuche und Besinnungen* I. Göttingen: Vandenhoeck & Ruprecht, 1952; 1964, 158-168.

Kautzsch, E. *Die Apokryphen und Pseudepigraphen des Alten Testaments*. Band 2: Die Pseudepigraphen des Alten Testaments. Verb. mit Fachgenossen übers. u. hrsg. von E. Kautzsch. Darmstadt: Wiss. Buchges., 1975.

Keresztes, P. "The Imperial Roman Government and the Christian Church I: From Nero to the Severi." *ANRW* II 23/1(1979), 247-315.

Klein, G. *Die Zwölf Apostel: Ursprung und Gehalt und einer Idee*. FRLAnt. NF 59. Vandenhoeck & Ruprecht 1961.

Kopp, C. *Die heiligen Stätten der Evangelien*. Regensburg: Pustet, 1959.

Kraeling, C. H. *John the Baptist*. New York . London: Scribner, 1951.

Kratz, R. Art. li,oj, *EWNT* II, 869-872.

Krauss, Samuel. *Das Leben Jesu nach jüdischen Quellen*. Berlin: Calvary, 1902; Nachdr. Hildesheim (u.a.): Olms, 1977.

Kuhn, K. G. Art. prosh,lutoj, *ThWNT* VI, 727-745.

Kurfess, Alfons. *Sibyllinische Weissagungen*. Urtext und Übersetzung ed. Alfons Kurfess. München: Heimeran, 1951.

Lake, K. . Cadbury, H. J. *The Beginnings of Christianity* I, London: Macmillan, 1933.

Lampe, P. "Die stadtrömischen Christen in den beiden ersten Jahrhunderten. Untersuchungen zur Sozialgeschichte." Diss. theol. Bern, 1983.

Lang, F. "Erwägungen zur eschatologischen Verkündigung Johannes des Täufers," in: Strecker, Georg. *Jesus Christus in Historie und Theologie: FS H. Conzelmann*. Tübingen: Mohr, 1975, 459-473.

Lichtenberger, H. *Studien zum Menschenbild in Texten der Qumrangemeinde*. Studien zur Umwelt des Neuen Testaments. Göttingen: Vandenhoeck und Ruprecht, 1880.

Lichtenberger, H. "Atonement and Sacrifice in the Qumran Community," in: W. S. Green(ed.). *Approaches to Ancient Judaism II*. Missoula, Montana: Scholars Pr., 1980, 159-171.

Lichtenberger, H. "Enderwartung und Reinheitsidee. Zur eschatologischen Deutung von Reinheit und Sühne in der Qumrangemeinde." (mit B. Janowski). *The journal of Jewish studies* 34(1983), 31-62.

Luttikhuizen, Gerard P. *The revelation of Elchasai : investigations into the evidence for a Mes-*

opotamian Jewish apocalypse of the second century and its reception by Judeo-Christian propagandists. Texts and studies in ancient Judaism 8. Tübingen: Mohr, 1985.

Luz, U. *Das Evangelium nach Matthäus (Mt 1-7)*. EKK I,1. Zürich · Einsiedeln · Köln: Benziger, 1985; Neukirchen-Vluyn: Neukirchener Verl., 1985.

Mayer, G. *Die biblische Vorstellung vom Weltenbrand*. Bonn: Selbstverl. d. Oriental. Seminars d. Univ. Bonn, 1956.

Neuman, A. A. "A note on John the Baptist and Jesus in JOSIPPON." *HUCA* 23/2(1950-51), 137-149.

Neusner, J. *The Idea of Purity in Ancient Judaism. The Haskell Lectures, 1972-1973*. SJLA 1. Leiden: Brill, 1973.

Neusner, J. "The Idea of Purity in Ancient Judaism. The Haskell Lectures, 1972-1973." in: H. Lichtenberger(ed.). *Das pharisäische und talmudische Judentum*. TSAJ 4. Tübingen: Mohr, 1984, 74-92.

Nikiprowetzky, V. "Réflexions sur quelques problèmes du quatrième et du cinquième livre des Oracles Sibyllins." *HUCA* 43(1972), 29-76.

Noack, B. "Are the Essenes referred to in the Sibylline Oracles?," *StTh* 17(1963), 90-102.

Nodet, E. "Jésus et Jean-Baptiste selon Josèphe," *RB* 92(1985), 321-348. 497-524, 322-331.

Origenes in Lucam Hom. XXI. in: M. Rauer(ed.). *Origenes Werke 9: Die Homilien zu Lukas in der Übersetzung des Hieronymus und die griechischen Reste der Homilien und des Lukas-Kommentars*. Leipzig: Hinrichs, 1930.

Richter, Dieter (ed.). *Der brennende Berg : Geschichten vom Vesuv*. Köln: Diederichs, 1986.

Rießner, R. "Johannes der Täufer auf Machärus," *Bibel und Kirche* 39(1984), 176.

Roloff, J. *Die Apostelgeschichte*. NTD 5. Goettingen: Vandenhoeck Ruprecht, 1981.

Rordorf, W. "Die neronische Christenverfolgung im Spiegel der apokryphen Paulusakten," *NTS* 28 (1982), 365-374.

Rudolph, Kurt. *Antike Baptisten : zu den Überlieferungen über frühjüdische und -christliche Taufsekten*. SSAW.PH 121/4. Berlin: Akad.-Verl., 1981.

Schlatter, Adolf. *Johannes der Täufer.* hg. v. W. Michaelis, mit einem Geleitwort von Th. Schlatter. Basel: F. Reinhardt, 1956.

Schlichting, Günter. *Ein jüdisches Leben Jesu: die verschollene Toledot-Jeschu-Fassung Tam ū-mūʿād*. Einleitung, Text, Übersetzung, Kommentar, Motivsynopse, Bibliographie von Günter Schlichting. WUNT 24. Tübingen: Mohr, 1982.

Schmithals, W. *Einleitung in die drei ersten Evangelien*. Berlin(u.a.): de Gruyter, 1985.

Schmithals, Walter. *Die Apostelgeschichte des Lukas*. ZBK NT 3/2. Zürich: Theolog. Verlag, 1982.

Schnackenburg, R. *Das Johannesevangelium* I. HThK IV. Freiburg: Herder, 1965.

Schneider, G. *Die Apostelgeschichte*. Teil 2: Kommentar zu Kap. 9,1 - 28,31. HThK 5,2. Freiburg: Herder, 1982.

Schulz, Siegfried. *Q, die Spruchquelle der Evangelisten*. Zürich: Theolog. Verl., 1972.

Schürer, Emil. *The history of the Jewish people in the age of Jesus Christ(175 B.C.-A.D. 135)*. Band 1, Black M. /G. Vermes/F. Millar(ed.). Edinburgh: Clark, 1973.

Simon, M. "Sur quelques aspects des Oracles Sibyllins juifs." *Apocalypticism in the MediterraNEAn world and the NEAr East* (1983), 219-233.

Simon, M. "Sur quelques aspects des Oracles Sibyllins juifs." in: David Hellholm(ed.). *Apocalypticism in the MediterraNEAn world and the NEAr East*. Tübingen: Mohr, 1989, 219-233.

Stern, M. *Greek and Latin Authors on Jews and Judaism I*. Jerusalem: Israel Acad. of Sciences and Humanities, Jerusalem 1976, 542-544.

Strack, Hermann L. . Billerbeck, Paul. *Kommentar zum Neuen Testament aus Talmud und Midrasch 1: Das Evangelium nach Matthäus*. München: Beck, 31961.

Strecker, G. Art. "Elkesai." *RAC* IV, 1171-1186.

Strobel, A. "Die alte Straße am östlichen Gebirgsrand des toten Meeres." *ZDPV* 97 (1981), 81-92.

Theissen, G. "Das 'schwankende Rohr,' in Mt 11,7 und die Gründungsmünzen von Tiberias. Ein Beitrag zur Lokalkoloritforschung in den synoptischen Evangelien." *ZDPV* 101(1985), 43-55.

Thomas, J. *Le mouvement baptiste en Palestine et Syrie(150 av. J.-C.)*. Gembloux: Duculot, 1935.

Vielhauer, Ph. "Art. Johannes der Täufer." *RGG* 3 III, 804-808.

Vielhauer, Ph. "Das Benedictus des Zacharias (Lk 1:68-79)"(1952). in: Ph. Vielhauer. *Aufsätze zum Neuen Testament*. TB 31. Muenchen: Kaiser, 1965, 28-46.

Wengst, K. "Bedrängte Gemeinde und verherrlichter Christus." *Biblisch-Theol. Studien* 5(1981), 77-93.

Wink, W. *John the Baptist in the Gospel Tradition*. Cambridge : Univ. Press, 1968.

제4장 성만찬 전승에 나타나는 '언약'

Bauer, Walter. *Griechisch-deutsches Wörterbuch zu den Schriften des Neuen Testaments und der frühchristlichen Literatur*. 6th ed. K. Aland and B. Aland eds. Berlin and New York: Walter de Gruyter, 1988.

Berger, Klaus. *Theologiegeschichte des Urchristentums: Theologie des Neuen Testaments*. Tübingen and Basel: Francke, 1994.

_____. *Wer war Jesus wirklich?*. Stuttgart: Quell-Verlag, 1995.

Bornkamm, Günther. "Herrenmahl und Kirche bei Paulus." G. Bornkamm. *Studien zu Antike und Urchristentum: Gesammelte Aufsätze 2*. BEvTh 28. München: Kaiser, 1959, 138-176.

Dalman, Gustaf. *Jesus-Jeschua: Die drei Sprachen Jesu: Jesus in der Synagoge, auf dem Berge, beim Passamahl, am Kreuz*. Leipzig: Hinrichs, 1922.

Grässer, Erich. *Der Alte Bund im Neuen: Exegetische Fragen zur Israelfrage im Neuen Testament*. WUNT 35. Tübingen: Mohr Siebeck, 1985.

Gubler, Marie-Louise. *Die frühesten Deutungen des Todes Jesu: Eine motivgeschichtliche Darstellung aufgrund der neueren exegetischen Forschung*. OBO 15. Freiburg: Universitätsverlag; Göttingen: Vandenhoeck & Ruprecht, 1977.

Hahn, Ferdinand. "Die alttestamentlichen Motive in der urchristlichen Abendmahlsüberlieferung." *EvTh* 27(1967), 337-374.

Hengel, Martin. "Der stellvertretende Sühnetod Jesu: Ein Beitrag zur Entstehung des urchristlichen Kerygmas." *IKZ* 9(1980), 1-25, 135-147.

Hofius, Otfried. "Herrenmahl und Herrenmahlsparadosis." O. Hofius. *Paulusstudien*. WUNT 51. Tübingen: Mohr Siebeck, 1989, 203-240.

Jeremias, Joachim. *Die Abendmahlsworte Jesu*. 3rd ed. Göttingen: Vandenhoeck & Ruprecht, 1960.

Klauck, Hans-Josef. *Herrenmahl und hellenistischer Kult: Eine religionsgeschichtliche Untersuchung zum ersten Korintherbrief*. NTA.NF 15. Münster: Aschendorff, 1982.

Kollmann, Bernd. *Ursprung und Gestalten der frühchristlichen Mahlfeier*. GTA 43. Göttingen: Vandenhoeck & Ruprecht, 1990.

Lampe, Peter. "Das korinthische Herrenmahl im Schnittpunkt hellenistisch-römischer Mahlpraxis und paulinischer Theologia Crucis(1Kor 11,17-34)." *ZNW* 82(1991), 183-213.

Lang, Bernhard. "Der Becher als Bundeszeichen: 'Bund' und 'neuer Bund' in den neutestamentlichen Abendmahlstexten." E. Zenger. ed. *Der Neue Bund im Alten*. QD 146. Freiburg: Herder, 1993, 199-212.

Lang, Friedrich, "Abendmahl und Bundesgedanke im Neuen Testament." *EvTh* 35(1975), 524-538.

Lichtenberger, Hermann, "Alter Bund und Neuer Bund." *NTS* 41(1995), 400-414.

Lichtenberger, Hermann and Stegemann, Ekkehard. "Zur Theologie des Bundes in Qumran und im Neuen Testament." *KuI* 6(1991), 134-146.

Liwak, Rüdiger. "שפך." *ThWAT* 8(1995), 428-438.

Lohse, Eduard. *Märtyrer und Gottesknecht: Untersuchungen zur urchristlichen Verkündigung vom Sühnetod Jesu Christi*. FRLAnt. 64. Göttingen: Vandenhoeck & Ruprecht, 1955.

Myhre, Klara. "'Paktens blod' i vinordet: En undersøkelse av henspillingen på Ex 24,8 i Mark 14,24/Matt 26,28." *TTK* 4(1984), 270-286.

Patsch, Hermann. *Abendmahl und historischer Jesus*. CThM.BW 1. Stuttgart: Calwer Verlag, 1972.

Pesch, Rudolf. *Das Abendmahl und Jesu Todesverständnis*. QD 80. Freiburg: Herder, 1978.

Schürmann, Heinz. "Das Weiterleben der Sache Jesu im nachösterlichen Herrenmahl: Die Kontinuität der Zeichen in der Diskontinuität der Zeiten." H. Schürmann. *Jesus – Gestalt und Geheimnis: Gesammelte Beiträge*. Ed. by K. Scholtissek. Paderborn:

Bonifatius, 1994, 241-265.

Schweizer, Eduard. *Das Evangelium nach Markus*. 11th ed. NTD 1. Göttingen: Vandenhoeck & Ruprecht, 1967.

Stegemann, Hartmut. "Das Gesetzeskorpus der 'Damaskusschrift,' CD IX-XVI." *RdQ* 14(1990), 409-434.

Stemberger, Günter. "Pesachhaggada und Abendmahlsberichte des Neuen Testaments." *Kairos* 29(1987), 147-158(= G. Stemberger. *Studien zum rabbinischen Judentum*. Stuttgart: Verlag Katholisches Bibelwerk, 1990, 357-374).

Stuhlmacher, Peter. *Biblische Theologie des Neuen Testaments*. Bd. 1: Grundlegung. Von Jesus zu Paulus. Göttingen: Vandenhoeck & Ruprecht, 1992.

_____. "Das neutestamentliche Zeugnis vom Herrenmahl." *ZThK* 84(1987), 1-35.

Talmôn, Šemaryāhû. "The Community of the Renewed Covenant: Between Judaism and Christianity." E. C. Ulrich and J. VanderKam ed. *The Community of the Renewed Covenant*. Notre Dame: University of Notre Dame Press, 1993, 3-24.

Theissen, Gerd. "Soziale Integration und sakramentales Handeln: Eine Analyse von 1 Cor XI,17-34." G. Theissen. *Studien zur Soziologie des Urchristentums*. WUNT 19. Tübingen: Mohr Siebeck, 1979, 290-317.

Vogel, Manuel. *Das Heil des Bundes: Bundestheologie im Frühjudentum und im frühen Christentum*. TANZ 18. Tübingen and Basel: Francke, 1996.

제2부 기도와 선교

제5장 하나님에 대하여 말하기, 하나님께 말하기: 신약성경의 관점들

Barth, Karl. *Die kirchliche Dogmatik*. Vol. III: Die Lehre von der Schöpfung(4. Teil). Zollikon-Zürich: Evangelischer Verlag, 1951.

_____. "Das Wort Gottes als Aufgabe der Theologie: Vortrag am 3. Oktober 1922 in Thüringen, Elgersburg." K. Barth. *Das Wort Gottes und die Theologie: Gesammelte Vorträge*. München: Kaiser Verlag, 1924, 156-178.

Bultmann, Rudolf. "Welchen Sinn hat es, von Gott zu reden?." R. Bultmann. *Glauben und Verstehen I*. 5th ed. Tübingen: Mohr Siebeck, 1964, 26-37.

Feldmeier, Reinhard. *Die Krisis des Gottessohnes: Die Gethsemaneerzählung als Schlüssel der Markuspassion*. WUNT II/21. Tübingen: Mohr Siebeck, 1987.

Fenske, Wolfgang. *"Und wenn ihr betet ...."(Mt 6,5): Gebete in der zwischenmenschlichen Kommunikation der Antike als Ausdruck der Frömmigkeit*. Göttingen: Vandenhoeck & Ruprecht, 1997.

Gebauer, Roland. *Das Gebet bei Paulus: Forschungsgeschichtliche und exegetische Studien*. Gießen: Brunnen-Verlag, 1989.

Heckel, Ulrich. *Der Segen im Neuen Testament: Begriff, Formeln, Gesten*. WUNT 150. Tübingen: Mohr Siebeck, 2002.

_____. *Kraft in Schwachheit: Untersuchungen zu 2. Kor 10-13*. WUNT II/56. Tübingen: Mohr Siebeck, 1993.

Jeremias, Joachim. *Neutestamentliche Theologie*. Vol. 1: Die Verkündigung Jesu. 2nd ed. Gütersloh: Gütersloher Verlagshaus Gerd Mohn, 1973.

Lohse, Eduard. *Vater unser: Das Gebet der Christen*. Darmstadt: Wissenschaftliche Buchgesellschaft, 2009.

_____. *Das Vaterunser: Im Licht seiner jüdischen Voraussetzungen*. F. Schweitzer ed. Tübingen: Mohr Siebeck, 2008.

Luz, Ulrich. *Das Evangelium nach Matthäus*. Vol. 1: Mt 1-7. 5th ed. EKK I/1. Neukirchen-Vluyn: Neukirchener Verlag; Zürich: Benziger Verlag, 2002.

_____. *Der Brief an die Kolosser*. J. Becker and U. Luz. *Die Briefe an die Galater, Epheser und Kolosser*. NTD 8/1. Göttingen: Vandenhoeck & Ruprecht, 1998.

Mittmann-Richert, Ulrike. *Magnifikat und Benediktus: Die ältesten Zeugnisse der judenchristlichen Tradition von der Geburt des Messias*. WUNT II/90. Tübingen: Mohr Siebeck, 1996.

Plinius Caecilius Secundus, Gaius. *C. Plini Caecili Secundi Epistularum Libri Decem - Gaius Plinius Caecilius Secundus Briefe*. Helmut Kasten ed. 3rd ed. München: Heimeran, 1976.

Wick, Peter. *Die urchristlichen Gottesdienste: Entstehung und Entwicklung im Rahmen der frühjüdischen Tempel-, Synagogen- und Hausfrömmigkeit.* 3rd ed. BWAnt. 150. Stuttgart: Kohlhammer, 2003.

제6장 '주인에게 추수할 일꾼들을 보내달라고 청하여라'(마 9:38/눅 10:2)

Baillet, Maurice. Ed. *Qumran Grotte 4.* III: 4Q482-4Q520. DJD VII. Oxford: Clarendon Press, 1982.

Bonhoeffer, Dietrich. *Nachfolge.* 4th ed. München: Kaiser, 1964.

Burger, Christoph. "Jesu Taten nach Matthäus 8 und 9." *ZThK* 70(1973), 272-287.

Charlesworth, James H. Ed. *The Dead Sea Scrolls: Hebrew, Aramaic, and Greek Texts with English Translations.* Vol. 2: Damascus Document, War Scroll, and Related Documents. PTSDSSP. Tübingen: Mohr and Louisville: Westminster John Knox Press, 1995.

Davies, W. William D. and Dale C. Allison, Jr. *A Critical and Exegetical Commentary on the Gospel according to Saint Matthew.* Vol. II: Commentary on Matthew VIII-XVIII. ICC. Edinburgh: T & T Clark, 1991.

Fitzmyer, Joseph A. *The Gospel according to Luke.* Vol. 2: X-XXIV. The Anchor Bible 28A. New York et al.: Doubleday, 1986.

Frankemölle, Hubert. "Zur Theologie der Mission im Matthäusevangelium." Karl Kertelge ed. *Missiom im Neuen Testament.* QD 93. Freiburg: Herder, 1982, 93-129.

Gnilka, Joachim. *Das Matthäusevangelium.* Vol. 1: Kommentar zu Kapitel 14:1-28:20 und Einleitungsfragen. HThK I/2. Freiburg et al.: Herder, 1988.

Hahn, Ferdinand. *Das Verständnis der Mission im Neuen Testament.* WMAnt. 13. Neukirchen-Vluyn: Neukirchener Verlag, 1963.

Heiligental, Roman. "evrauna,w." *EWNT* 2(1981), 120-123.

Jeremias, Joachim. "poimh,n ktl.." *ThWNT* 6(1959), 484-501.

Kloppenborg, John S. *The Formation of Q: Trajectories in Ancient Wisdom Collections.* Philadelphia: Fortress Press, 1987.

Lohse, Edurad. Ed. *Die Texte aus Qumran.* Darmstadt: Wissenschaftliche Buchgesellschaft, 1964.

Luz, Ulrich. *Das Evangelium nach Matthäus*. Vol. 2: Mt 8-17. EKK 1/2. Zürich and Braunschweig: Benziger Verlag and Neukirchen-Vluyn: Neukirchener Verlag, 1990.

Maier, Johann. *Die Qumran-Essener: Die Texte vom Toten Meer*. Vol. II: Die Texte der Höhle 4. UTB 1863. München: Reinhardt, 1995.

Preisker, Herbert and Siegfried Schulz. "pro,baton." *ThWNT* 6(1959), 688-692.

Puech, Emil. "Une apocalypse messianique(4Q521)." *RdQ* 15(1992), 475-517.

Schlatter, Adolf. *Das Evangelium nach Matthäus: Ausgelegt für Bibelleser*. Erläuterungen zum Neuen Testament. Vol. I. 7th ed. Stuttgart: Calwer Vereinsbuchhandlung, 1936.

Schniewind, Julius. *Das Evangelium nach Matthäus*. 10th ed. NTD 2. Göttingen: Vandenhoeck & Ruprecht, 1962.

Schweitzer, Albert. *Das Messianitäts- und Leidensgeheimnis: Eine Skizze des Lebens Jesu*. Das Abendmahl im Zusammenhang mit dem Leben Jesu und der Geschichte des Urchristentums. 2. Heft. 2nd ed. Tübingen: Mohr, 1929.

Schweizer, Eduard. *Das Evangelium nach Matthäus*. 14th ed. NTD 2. Göttingen: Vandenhoeck & Ruprecht, 1976.

Stegemann, Ekkehard W. and Wolfgang Stegemann. *Urchristliche Sozialgeschichte: Die Anfänge im Judentum und die Christusgemeinden in der mediterranen Welt*. Stuttgart et al.: Kohlhammer, 1995.

Theißen, Gerd. "Wanderradikalismus: Literatursoziologische Aspekte der Überlieferung von Worten Jesu im Urchristentum." *ZThK* 70(1973), 245-271.(=Gerd Theißen. *Studien zur Soziologie des Urchristentums*. WUNT 19. Tübingen: Mohr, 1979, 79-105.)

Uro, Risto. *Sheep among the Wolves: A Study on the Mission Instructions of Q*. AASF 47. Helsinki: Suomalainen Tiedeakademia, 1987.

Weaver, Dorothy J. *Matthew's Missionary Discourse: A Literary Critical Analysis*. JSNT.S 38. Sheffield: JSOT Press, 1990.

제3부 교회의 정체성과 역사

제7장 로마에서의 요세푸스와 바울: 네로 시대에 로마에서의 유대인과 그리스도인

Barkenings, Hans-Joachim. "Das eine Volk Gottes: Von der Substitutionstheorie zur Ökumene mit Israel." B. Klappert and H. Starck eds. *Umkehr und Erneuerung: Erläuterungen zum Synodalbeschluss der Rheinischen Landessynode 1980 'Zur Erneuerung des Verhältnisses von Christen und Juden'*. Neukirchen-Vluyn: Neukirchener Verlag, 1980, 167-181.

Hengel, Martin. "Der vorchristliche Paulus." M. Hengel and U. Heckel eds. *Paulus und das antike Judentum*. Tübingen-Durham-Symposium im Gedenken an den 50. Todestag Adolf Schlatters(19. Mai 1938). WUNT 58. Tübingen: Mohr, 1991, 177-293.

_____. "Entstehungszeit und Situation des Markusevangeliums." H. Cancik ed. *Markus-Philologie: Historische, literargeschichtliche und stilistische Untersuchungen zum zweiten Evangelium*. WUNT 33. Tübingen: Mohr, 1984, 1-45.

_____. *The Atonement: A Study of the Origins of the Doctrine in the New Testament*. London: SCM Press, 1981.

_____. *Zur urchristlichen Geschichtsschreibung*. 2nd ed. Stuttgart: Calwer Verlag, 1984.

Hommel, Hildebrecht. "Tacitus und die Christen: Ann. XV 44,2-5." ThViat 3(1951), 10-30.(=Hommel, Hildebrecht. *Sebasmata*. Vol. 2. WUNT 32. Tübingen: Mohr, 1984, 174-199.)

Koestermann, Erich. *Cornelius Tacitus Annalen*. Vol. 4: Buch 14-16. Heidelberg: Winter, 1968.

Lampe, Peter. *Die stadtrömischen Christen in den ersten beiden Jahrhunderten: Untersuchungen zur Sozialgeschichte*. 2nd ed. WUNT II/18. Tübingen: Mohr, 1989.

La Piana, George. "Foreign groups in Rome during the First Centuries of the Empire." HThR 20(1927), 183-403.

Leon, Harry J. *The Jews of Ancient Rome*. Philadelphia: Jewish Publishing Society of America, 1960.

Lichtenberger, Hermann. "Paulus und das Gesatz." M. Hengel and U. Heckel eds. *Paulus und das antike Judentum*. Tübingen-Durham-Symposium im Gedenken an den 50. Todestag Adolf Schlatters(19. Mai 1938). WUNT 58. Tübingen: Mohr, 1991, 361-378.

Lifshitz, Baruch. "Prolegomenon." Jean-Baptiste Frey. *Corpus Inscriptionum Judaicarum: Jewish Inscriptions from the Third Century B.C. to the Seventh Century A.D.* Vol. 1: Europe. 2nd ed. New York: Ktav Publishing House, 1975, CⅡ-CXI.

Pesch, Rudolf. *Die Apostelgeschichte*. Vol. 1: Apg 1-12. EKK 5/1. Zürich: Benziger Verlag and Neukirchen-Vluyn: Neukirchener Verlag, 1986.

Römer, Cornelia. "Der Briefwechsel zwischen Seneca und Paulus." Wilhelm Schneemelcher. *Neutestamentliche Apokryphen*. Vol. 2: Apostolisches, Apokalypsen und Verwandtes. 5th ed. Tübingen: Mohr, 1989, 44-50.

Rordorf, Willy. "Die neronische Christenverfolgung im Spiegel der apokryphen Paulusakten." *NTS* 28(1981), 365-474.

Smallwood, E. Marry. *The Jews under Roman Rule from Pompey to Diocletian: A Study in Political Relations*. SJLA 20. Leiden: Brill, 1981.

Stegemann, Wolfgang. *Zwischen Synagoge und Obrigkeit: Zur historischen Situation der lukanischen Christen*. FRLAnt. 152. Göttingen: Vandenhoeck & Ruprecht, 1991.

Stern, Menahem. Ed. *Greek and Latin Authors on Jews and Judaism*. Vol.1-3. Jerusalem: Israel Academy of Sciences and Humanities, 1976-1984.

Warnecke, Heinz. *Die tatsächliche Romfahrt des Apostels Paulus*. SBS 127. Stuttgart: Verlag Katholisches Bibelwerk, 1987.

제8장 유대교 음식: 이방인이 유대 음식 관습을 바라보는 것과 그에 대해 유대인 스스로 내리는 정의

Barclay, JOHN M. G. "Against Apion. Translation and Commentary." Steven Mason ed. *Flavius Josephus: Traslation and Commentary*. Vol. 10. Leiden and Boston: Brill, 2007.

Bar-Kochva, Bezalel. *The Image of the Jews in Greek Literature: The Hellenistic Period*. Part I: From Alexander and the Successors to the Religious Persecutions of Antiochus

Epiphanes(333-168 B.C.E.). Berkeley: University of California Press, 2010.(Druckausgabe)

Bickerman, Elias. "Rituralmord und Eselskult: Ein Beitrag zur Geschichte antiker Publizistik." E. Bickerman. *Studies in Jews and Christian History*. Vol. 2. Leiden: Brill, 1980, 225-255(원래 MGWJ 71[1927]에 실린 논문).

Ennius, Quintus/Binder, Wilhelm. Trans. *Römische Satiren*. W. Krenkel ed. Darmstadt: Wissenschaftliche Buchgesellschaft, 1983.(Repr. 1970)

Bloch, Rene S. *Antike Vorstellungen vom Judentum: Der Judenexkurs des Tacitus im Rahmen der griechisch-römischen Ethnographie*. Historia 160. Stuttgart: Steiner, 2002.

Tacitus, Cornelius. *Historiae – Historien*. Lateinisch-deutsch. J. Borst ed. and trans. Unter Mitarbeit von H. Hross and H. Borst. Tusculum-Bücherei. München: Heimeran, 1959.

Josephus, Flavius/Clementz, Heinrich. Trans. *Des Flavius Josephus Jüdische Altetümer*. Wiesbaden: Fourier-Verlag, 1983.

Delitzsch, Franz. *Schachmatt den Blutlügnern Rohling und Justus*. Erlangen: A. Deichert, 1883.

Gerber, Chritine. *Ein Bild des Judentums für Nichtjuden von Flavius Josephus: Untersuchungen zu seiner Schrift 'Contra Apionem'*. AGJU 40. Leiden et al.: Brill, 1997.

Harland, Philip A. "These People are ··· Men Eaters: Banquets of the Anti-Associations and Perseptions of Minority Cultural Groups." Z. A. Crook and P. A. Harland eds. *Identity and Interaction in the Ancient MediterraNEAn: Jews, Christians and Others*. Essay in Honour of Stephan G. Wilson. Sheffield: Sheffield Phoenix Press, 2007), 56-75.

W. Kohnke, Friedrich. Trans. "Gesandtschaft an Caligula." Leopold Cohn et al. eds. *Philo von Alexandria. Die Werke in deutscher Übersetzung*. Vol.7. Berlin: De Gruyter, 1964.

Leonhard, Clemens. "Herod's Days and the Development of Jewish and Christian Festivals." B. Eckhardt ed. *Jewish Identity and Politics between the Maccabees and Bar Kokhba: Groups, Normativity, and Rituals*. JSJ.S 155. Leiden and Boston: Brill, 2011), 189-208.

McGowan, Andrew B. "Eating People: Accusations of Cannibalism Against Christians in the Second Century." *JECS* 2(1994), 413-442.

Noethlichs, Karl L. *Das Judentum und der römische Staat: Minderheitenpolitik im antiken Rom*. Darmstadt: Wissenschaftliche Buchgesellschaft, 1996.

Qatsof, Ranon. "Leʿinyan taʿanit beshabbat." *Sinai* 119(1979), 175-176.

Reinach, Theodore. *Textes d'auteurs grecs et romains relatifs au judaisme*. Hildesheim: Olms, 1963.(Repr. 1895)

Schäfer, Peter. *Judenhass und Judenfurcht: Die Entstehung des Antisemitismus in der Antike*. C.-J. Thornton trans. Berlin: Verlag der Weltreligionen, 2010.

Flaccus, Aulus Persius. *Die Satiren des Persius: Lateinisch und Deutsch*. O. Seel ed. München: Heimeran, 1950.

Sevenster, Nicolas. *The Roots of Pagan Anti-Semitism in the Ancient World*. NT.S 41. Leiden: Brill, 1975.

Josephus, Flavius. *Über die Ursprünglichkeit des Judentums. Contra Apionem*, F. Siegert ed. Vol. 1-2. SIJD 6. Göttingen: Vandenhoeck & Ruprecht, 2008.

Stern, Menahem. Ed. *Greek and Latin Authors on Jews and Judaism*. Vol. 1: From Herodotus to Plutarch. Jerusalem: Israel Academy of Sciences and Humanities, 1976.

_____. Ed. *Greek and Latin Authors on Jews and Judaism*. Vol. 2: From Tacitus to Simplicius. Jerusalem: Israel Academy of Sciences and Humanities, 1980.

_____. Ed. *Greek and Latin Authors on Jews and Judaism*. Vol. 3: Appendices and Indexes. Jerusalem: Israel Academy of Sciences and Humanities, 1984.

Strack, Hermann L. *Der Blutaberglaube in der Menschheit: Blutmorde und Blutritus*. Zugleich eine Antwort auf die Herausforderung des "Osservatore Cattolico." 4th ed. München: Beck, 1892.

Weise, Christian and Vogel, Manuel. Eds. *Plutarch. Moralia*. Vol. 2. Wiesbaden: Marix, 2012.

Williams, Margaret. "Being a Jew in Rome: Sabbat Fasting as an Expression of Romano-Jewish Identity." John M. G. Barclay ed. *Negotiating Diaspora: Jewish Strategies in the Roman Empire*. London: T & T Clark International, 2004, 8-18.

Yavetz, Zwi. *Judenfeindschaft in der Antike: Die Münchener Vorträge*. Eingeleitet by C.

Meier. Beck'sche Reihe 1222. München: Beck, 1997.

제9장 "남들이 우리를 보듯 우리 자신을 바라보기"(로버트 번스): 로마의 지배 아래에 있는 유대인과 그리스도인-자기 인식과 타인 인식

1. 1차 문헌

초기 유대교 자료들

Josephus, Flavius. *De bello Judaico - Der jüdische Krieg.* Griechisch und Deutsch. O. Michel and O. Bauernfeind ed. and trans. 3 Vols. 2nd ed. München and Darmstadt: Kösel-Verlag, 1962-1969.

Josephus, Flavius. *Über die Ursprünglichkeit des Judentums.* Contra Apionem. F. Siegert ed. 2 Vols. SIJD 6. Göttingen: Vandenhoeck & Ruprecht, 2008.

Philo von Alexandria. *Die Werke in deutscher Übersetzung.* Vol.7: Gesandtschaft an Caligula. F. W. Kohnke trans. Berlin: De Gruyter, 1964, 166-266.

Die Texte von Qumran. Hebräisch und deutsch. Mit masoretischer Punktation, Übersetzung, Einführung und Anmerkung. E. Lohse ed. and trans. 4th ed. Darmstadt: Wissenschaftliche Buchgesellschaft, 1986(Org. 1964).

Sibyllinische Weissagungen. Griechisch-deutsch. Auf der Grundlage der Ausgabe von Alfons Kurfeß. J.-D. Gauger ed. and trans. Darmstadt: Wissenschaftliche Buchgesellschaft, 1998.

미쉬나

Shisha Sidre Mishna. C. Albeck ed. 6 Vols. Jerusalem: Bialik Institute and Dvir, 1952-1958.

탈무드

Der Babylonische Talmud. L. Goldschmidt ed. and trans. 12 Vols. 2nd ed. Frankfurt: Jüdischer Verlag, 1980(Org. 1967).

Übersetzung des Talmud Yerushalmi. II,9 Ta'aniyot–Fasten. A. Lehnardt trans. Tübingen: Mohr Siebeck, 2008.

Übersetzung des Talmud Yerushalmi. IV,7 'Avoda Zara–Götzendienst. G. A. Wewers trans. Tübingen: Mohr, 1980.

이교 자료들

Stern, Menahem. Ed. *Greek and Latin Authors on Jews and Judaism*. Vol.1: From Herodotus to Plutarch. Jerusalem: Israel Academy of Sciences and Humanities, 1976.

Stern, Menahem. Ed. *Greek and Latin Authors on Jews and Judaism*. Vol.2: From Tacitus to Simplicius. Jerusalem: Israel Academy of Sciences and Humanities, 1980.

Aristides, Aelius. *Die Romrede des Aelius Aristides*. R. Klein ed. and trans. TzF 45. Darmstadt: Wissenschaftliche Buchgesellschaft, 1983.

Suetonius Transquillus, Gaius. *Leben der Caesaren*. A. Lambert trans. München: Deutscher Taschenbuch-Verlag, 1972.

Plinius Secundus, Gaius. *Naturkunde. Lateinisch-deutsch*. Book V: Geographie: Afrika und Asien. G. Winkler ed. and trans. In Zusammenarbeit mit R. König. München: Artemis & Winkler, 1993.

Tacitus, Cornelius. *Historiae – Historien*. Lateinisch-deutsch. J. Borst ed. and trans. Unter Mitarbeit von H. Hross and H. Borst. Tusculum-Bücherei. München: Heimeran, 1959.

Römische Satiren: Ennius, Lucilius, Varro, Horaz, Persius, Seneca, Petron, Juvenal, Suplicia. W. Krenkel ed. W. Binder et al. trans. 2nd ed. Römische Reihe. Bibliothek der Antike. Berlin and Weimar: Aufbau-Verlag, 1977.

후기 자료들

Burns, Robert. *Liebe und Freiheit*. Lieder und Gedichte zweisprachig. R. Camerer ed. In Zusammenarbeit mit R. Selle, H. Meller and J. Utz. Heidelberg: Schneider, 1988.

Kant, Immanuel. *Immanuel Kant's sämtliche Werke in sechs Bänden*. Vol.1: Vermischte Schriften. F. Gross ed. Leipzig: Insel-Verlag, 1912.

Kant, Immanuel. *Kant's Gesammelte Schriften*. Vol.7: Abt.1: Werke; Vol.7: Der Streit der Fakultäten. Anthropologie in pragmatischer Hinsicht. Berlin: Reimer, 1917.

2. 2차 문헌

Bauckham, Richard. "The Economic Critique of Rome in Revelation 18." R. Bauckham. *The Climax of Prophecy: Studies on the Book of Revelation*. Edinburgh: T & T Clark, 1993, 338-383(=*Images of Empire*. L. Alexander ed. JSOT.S 122. Sheffield: JSOT Press, 1991, 47-90).

Bergmeier, Roland. *Die Essenerberichte des Flavius Josephus: Quellenstudien zu den Essenertexten im Werk des jüdischen Historiographen*. Kampen: Kok Pharos Publishing House, 1993.

Bickerman, Elias J. "Ritualmord und Eselskult: Ein Beitrag zur Geschichte antiker Publizistik." E. J. Bickerman. *Studies in Jewish and Christian History II*. AGJU 9. Leiden: Brill, 1980, 225-255(MGWJ 71 [1927], 171-187; 255-264에서 확장).

Bloch, René S. *Antike Vorstellungen vom Judentum: Der Judenexkurs des Tacitus im Rahmen der griechisch-römischen Ethnographie*. Hist.E 160. Stuttgart: Steiner, 2002.

Friedlaender, Ludwig. *Darstellungen aus der Sittengeschichte Roms in der Zeit von Augustus bis zum Ausgang der Antonine*. Vol.1. Neunte neu bearbeitete und vermehrte Auflage besorgt von G. Wissowa. Leipzig: Verlag von S. Hirzel, 1919.

Friedlaender, Ludwig. *Darstellungen aus der Sittengeschichte Roms in der Zeit von Augustus bis zum Ausgang der Antonine*. Vol.2. Neunte neu bearbeitete und vermehrte Auflage besorgt von G. Wissowa. Leipzig: Verlag von S. Hirzel, 1920.

Habicht, Christian. "Hellenismus und Judentum in der Zeit des Judas Maccabäus." *Jahrbuch der Heidelberger Akademie der Wissenschaften 1974. Heidelberg: Heidelberger Akademie der Wissenschaften, 1975, 97-110.

Jeremias, Gert. *Der Lehrer der Gerechtigkeit*. StUNT 2. Göttingen: Vandenhoeck & Ruprecht, 1963.

Lichtenberger, Hermann. "Das Rombild in den Texten von Qumran." H.-J. Fabry et al. ed. *Qumranstudien*. SIJD 4. Göttingen: Vandenhoeck & Ruprecht, 1996, 221-231.

_____, "Judaeophobia – von der antiken Judenfeindschaft zum christlichen Antijudaismus." G. Gelardini ed. *Kontexte der Schrift. Vol.1: Text, Ethik, Judentum und Christentum, Gesellschaft*. Ekkehard W. Stegemann zum 60. Geburtstag. Stuttgart: Kohlhammer, 2005, 168-181.

_____, "Rom, Luxus und die Johannesoffenbarung." W. Kraus ed. *Beiträge zur urchristlichen Theologiegeschichte*. BZNW 163. Berlin: Walter de Gruyter, 2009, 479-493.

Neusner, Jacob and Frerichs, Ernest S. Eds. *"To See Ourselves as Others See Us": Christian, Jews, "Others" in Late Antiquity*. Scholars Press Studies in Humanities. Chico: Scholars Press, 1985.

Pekáry, Thomas. *Das römische Kaiserbildnis in Staat, Kult und Gesellschaft: Dargestellt anhand der Schriftquellen*. Das römische Herrscherbild Abt.3, Vol.5. Berlin: Mann, 1985.

Prigent, Pierre. *Commentary on the Apocalypse of St. John*. W. Pradels trans. Tübingen: Mohr Siebeck, 2001.

Schäfer, Peter. *Judeophobia: Attitudes toward the Jews in the Ancient World*. Cambridge: Harvard University Press, 1997.

_____, *Judenhass und Judenfurcht: Die Entstehung des Antisemitismus in der Antike*. C.-J. Thornton trans. Berlin: Verlag der Weltreligionen, 2010.

Schürer, Emil. *Geschichte des jüdischen Volkes im Zeitalter Jesu Christi*. Vol.1: Einleitung und politische Geschichte. 3rd and 4th ed. Leipzig: J. C. Hinrichs'sche Buchhandlung, 1901.

Smith, Jonathan Z. "What a Difference a Difference Makes." J. Neusner and E. S. Frerichs eds. *"To See Ourselves as Others See Us": Christian, Jews, "Others" in Late Antiquity*. Scholars Press Studies in Humanities. Chico: Scholars Press, 1985, 3-48.

Stemberger, Günter. *Die römische Herrschaft im Urteil der Juden*. EdF 195. Darmstadt: Wissenschaftliche Buchgesellschaft, 1983.

Weeber, Karl-Wilhelm. *Luxus im Alten Rom: Die Schwelgerei, das süße Gift ....* 2nd ed. Darmstadt: Primusverlag, 2007.

Yavetz, Zwi. "Judeophobia in Classical Antiquity: A Different Approach." *JJS* 44/1(1993), 1-22.

_____, *Judenfeindschaft in der Antike: Die Münchener Vorträge*. Eingeleitet by C. Meier. Beck'sche Reihe 1222. München: Beck, 1997.

제4부 메시아 기대, 율법 그리고 신비주의

제10장 제 2성전 시대의 메시아 기대와 메시아 상

Becker, Jürgen. *Die Testamente der zwölf Patriarchen*. JSHRZ III/1. Gütersloh: Gütersloher Verlagshaus Gerd Mohn, 1974.

Charlesworth, James H. "The Concept of the Messiah in the Pseudepigrapha." *ANRW* II 19,1(1979), 188-218.

Hengel, Martin. "Messianische Hoffnung und politischer Radikalismus in der jüdisch-hellenistischen Diaspora." David Hellholm ed. *Apocalypticism in the MediterraNEAn World and the NEAr East*. 2nd ed. Tübingen: Mohr, 1989.

Josephus, Flavius. *De Bello Judaico – Der jüdische Krieg*. Griechisch und Deutsch. Vol.1: Buch 1-III. O. Michel and O. Bauernfeind ed. and trans. 2nd ed. München: Kösel-Verlag, 1962.

Holm-Nielsen, Svend. *Die Psalmen Salomos*. JSHRZ IV/2. Gütersloh: Gütersloher Verlagshaus Gerd Mohn, 1977.

Kuhn, Karl G. "The Two Messiahs of Aaron and Israel." K. Stendahl ed. *The Scrolls and the New Testament*. New York: Harper, 1957), 54-64.

Landman, Leo. Ed. *Messianism in the Talmudic Era*. New York: Ktav Publishing House, 1979.

Lichtenberger, Hermann. "Täufergemeinden und frühchristliche Täuferpolemik im letzten Drittel des 1. Jahnhunderts." *ZThK* 84(1987), 36-57.

Liver, J. "The Doctrine of the Two Messiahs in Sectarian Literature in the Time of the Second Commonwealth." HThR 52(1952), 149-158.

Lohse, Eduard. Ed. *Die Texte aus Qumran*. 4th ed. Darmstadt: Wissenschaftliche Buchgesellschaft, 1986.

Philo von Alexandrien. *Die Werke in deutscher Übersetzung*. L. Cohn and I. Heinemann eds. 2nd ed. Berlin: Walter de Gruyter, 1962.

Schreiner, Josef. *Das 4. Buch Esra*. JSHRZ V/4. Gütersloh: Gütersloher Verlagshaus Gerd Mohn, 1981.

Schwartz, Daniel R. "1. Temple and Desert: On Religion and State in Second Temple Period in Judaea." D. R. Schwartz. *Studies in Jewish Background of Christianity*. WUNT 60. Tübingen: Mohr, 1992), 29-56.

Starcky, Jean. "Les quartes étapes du messianisme à Qumran." *RB* 70(1963), 481-505.

Suetonius Transquillus, Gaius. *Leben der Caesaren*. A. Lambert trans. and ed. Zürich and Stuttgart: Artemis-Verlag, 1955.

Tacitus, P. Cornelius. *Historien: Lateinisch/Deutsch*. Helmuth Vretska trans. and ed. Universal-Bibliothek. Stuttgart: Reclam, 1984.

Talmôn, Shemaryāhû. "Waiting for the Messiah: The Conceptual Universe of the Qumran Covenanters." S. Talmôn. *The World of Qumran from Within: Collected Studies*. Jerusalem et al.: Magnes Press, 1990, 273-300.

Uhlig, Siegbert. *Das äthiopische Henochbuch*. JSHRZ V/6. Gütersloh: Gütersloher Verlagshaus Gerd Mohn, 1984.

Woude, Adam S. van der. *Die messianischen Vorstellungen der Gemeinde von Qumran*. SSN 3. Assen: van Gorcum, 1957.

_____. "Melchisedek als himmlische Erlösergestalt in den neugefundenen eschatologischen Midraschim aus Qumran Höhle XI." *OTS* 14(1965), 354-373.

제11장 바울과 율법

Barkenings, Hans-Joachim. "Das eine Volk Gottes: Von der Substitutionstheorie zur Ökumene mit Israel." Bertold Klappert and Helmut Strack eds. *Umkehr und Erneuerung: Erläuterungen zum Synodalbeschluss der Rheinischen Landessynode 1980 – Zur Erneuerung des Verhältnisses von Christen und Juden*. Neukirchen-Vluyn: Neukirchener, 1980, 167-181.

Barth, Karl. *Ad limina apostolorum*. Zürich: EVZ-Verlag, 1967.

_____. *Die kirchliche Dogmatik*. Band III: Die Lehre von der Schöpfung. Teil 2: Das Geschöpf. 2nd. ed. Zollikon-Zürich: Evangelischer Verlag, 1959.

Bauer, Walter. *Griechisch-deutsches Wörterbuch zu den Schriften des Neuen Testaments und der frühchristlichen Literatur*. K. Aland and B. Aland eds. 6th ed. Berlin and New York: Walter de Gruyter, 1988.

Beyer, Klaus. *Die aramäischen Texte vom Toten Meer*. Göttingen: Vandenhoeck & Ruprecht, 1984.

Bornkamm, Günther. "Sünde, Gesetz und Tod: Exegetische Studien zu Röm 7." Günther Bornkamm. *Gesammelte Aufsätze*. Vol. 1: Das Ende des Gesetzes: Paulusstudien. BEvTh 16. München: Kaiser, 1966, 51-69.

Bultmann, Rudolf. "Paulus." 2nd ed. *RGG* 4(1930), 1019-1045.

Deissmann, Adolf. *Paulus: Eine kultur- und religionsgeschichtliche Skizze*. 2nd ed. Tübingen: Mohr, 1925.

Hengel, Martin. *Die Zeloten: Untersuchungen zur jüdischen Freiheitsbewegung in der Zeit von Herodes I. bis 70 n. Chr*. 2nd ed. AGJU 1. Leiden: Brill, 1976.

_____. *Judentum und Hellenismus: Studien zu ihrer Begegnung unter besonderer Berücksichtigung Palästinas bis Mitte des 2. Jh.s v. Chr*. 3rd ed. WUNT 10. Tübingen: J. C. B. Mohr, 1988.

Hofius, Otfried. "Das Gesetz des Mose und das Gesetz Christi." *ZThK* 80(1983), 262-286. (=Hofius, Otfried. *Paulusstudien*. WUNT 51. Tübingen: Mohr, 1989, 50-74.)

Hübner, Hans. *Das Gesetz bei Paulus: Ein Beitrag zum Werden der paulinischen Theologie*. 2nd ed. FRLAnt. 119. Göttingen: Vandenhoeck & Ruprecht, 1980.

Käsemann, Ernst. *An die Römer*. 4th ed. HNT 8a. Tübingen: Mohr, 1980.

Kierkegaard, Soeren/Paulsen, Anna. Trans. *Der Pfahl im Fleisch: sowie wider Feigheit und vom Gebet*. Stundenbuch 12. Hamburg: Furche-Verlag, 1962.

Klein, Günter. "Ein Sturmzentrum der Paulusforschung." *Verkündigung und Forschung* 33(1988), 40-56.

Koch, Dietrich-Alex. *Die Schrift als Zeuge des Evangeliums: Untersuchungen zur Verwendung und zum Verständnis der Schrift bei Paulus*. BHTh 69. Tübingen: Mohr, 1986.

Kümmel, Werner G. *Römer 7 und die Bekehrung des Paulus*. Untersuchungen zum Neuen Testament 17. Leipzig: Hinrichs, 1929; 중판은 München: Kaiser, 1974.

Kuss, Otto. *Der Römerbrief*. Vol. 2: Röm 6,11-8,19. Regensburg: Pustet, 1959.

Lichtenberger, Hermann. *Studien zur paulinischen Anthropologie in Römer 7*. Vol. I-II. Habilitationsschrift. The University of Tübingen, 1985.

Lindemann, Andreas. *Paulus im ältesten Christentum: Das Bild des Apostels und die Rezeption der paulinischen Theologie in der frühchristlichen Literatur bis Marcion*. BHTh 58. Tübingen: Mohr, 1979.

Meisner, Norbert. *Der Aristeasbrief*. 2nd ed. JSHRZ II/1. Gütersloh: Gütersloher Verlagshaus Gerd Mohn, 1977.

Papst Johannes Paul II. "Ansprache an die Vertreter der Juden im Dommuseum in Mainz." *Freiburger Rundbrief* 37/38(1985/86), 3-5.

Räisänen, Heikki. *Paul and the Law*. WUNT 29. Tübingen: Mohr, 1983.

Sanders, Ed P. *Paul and Palestinian Judaism: A Comparison of Patterns of Religion*. Philadelphia: Fortress Press, 1977.

_____. *Paul, the Law, and the Jewish People*. Philadelphia: Fortress Press, 1983.

_____/Wehnert, Jürgen. Trans. *Paulus und das palästinische Judentum: Ein Vergleich zweier Religionsstrukturen*. StUNT 17. Göttingen: Vandenhoeck & Ruprecht, 1985.

Schlatter, Adolf. *Gottes Gerechtigkeit: Ein Kommentar zum Römerbrief*. 3rd ed. Stuttgart: Calwer Verlag, 1959(1st ed. 1935).

Schneemelcher, Wilhelm. Ed. *Neutestamentliche Apokryphen in deutscher Übersetzung*. Vol. II: Apostolisches, Apokalypsen und Verwandtes. 5th ed. Tübingen: Mohr, 1989.

Schoeps, Hans-Joachim. *Paulus: Die Theologie des Apostels im Lichte der jüdischen Religionsgeschichte*. Tübingen: Mohr, 1959.

Schreckenberg, Heinz. *Die christlichen Adversus-Judaeos-Texte und ihr literarisches und historisches Umfeld(1.-11. Jh.)*. 2nd ed. EHS.T 23/172. Frankfurt u. a.: Lang, 1990.

Schürer. Emil. *Geschichte des jüdischen Volkes im Zeitalter Jesu Christi*. Vol. 2: Die inneren Zustände. 3rd ed. Leipzig: J. C. Hinrichs'sche Buchhandlung, 1898.

_____. *The History of the Jewish People in the Age of Jesus Christ(175 B.C.-A.D. 135): A New English Version*. Vol. 2. Geza Vermes et al. Revised and ed. Edinburgh: T & T Clark, 1979.

Stern, Menahem. Ed. *Greek and Latin Authors on Jews and Judaism*. Vol. 1: From Herodotus to Plutarch. Jerusalem: Israel Academy of Sciences and Humanities, 1976.

_____. Ed. *Greek and Latin Authors on Jews and Judaism*. Vol. 2: From Tacitus to Simplicius. Jerusalem: Israel Academy of Sciences and Humanities, 1980.

_____. Ed. *Greek and Latin Authors on Jews and Judaism*. Vol. 3: Appendixes and Indexes. Jerusalem: Israel Academy of Sciences and Humanities, 1984.

Stuhlmacher, Peter. *Der Brief an die Römer*. 14th ed. NTD 6. Göttingen: Vandenhoeck & Ruprecht, 1989.

Wilckens, Ulrich. *Der Brief an die Römer*. Vol. 2: Röm 6-11. EKK VI/2. Zürich et al.: Benziger Verlag and Neukirchen-Vluyn: Neukirchener Verlag, 1980.

제12장 사도 바울의 신비주의: 알베르트 슈바이처를 다시 생각함

Bornkamm, Günther. *Paulus*. UB 119. Stuttgart: Kohlhammer, 1969.

Bousset, Wilhelm. *Kyrios Christos: Geschichte des Christusglaubens von den Anfängen des Christentums bis Irenäus*. Göttingen: Vandenhoeck & Ruprecht, 1903.

Bultmann, Rudolf. *Theologie des Neuen Testaments*. Tübingen: J. C. B. Mohr, 1961.

Deissmann, Adolf. *Paulus: Eine kultur- und religionsgeschichtliche Skizze*. 2nd ed. Tübingen: J. C. B. Mohr, 1925.

Dunn, James D. G. *The Theology of Paul the Apostle*. Grand Rapids: Eerdmans, 1998.

Gräßer, Erich. *Albert Schweitzer als Theologe*. Tübingen: J. C. B. Mohr, 1979.

Landmesser, Christoph. "Umstrittener Paulus: Die gegenwärtige Diskussion um die paulinische Theologie." *ZThK* 105(2008), 387-410.

Hengel, Martin. *Judentum und Hellenismus: Studien zu ihrer Begegnung unter besonderer Berücksichtigung Palästinas bis Mitte des 2. Jh.s v. Chr.* 2nd ed. WUNT 10. Tübingen: J. C. B. Mohr, 1973.

Sanders, Ed P. *Paulus und das palästinische Judentum: Ein Vergleich zweier Religionsstrukturen.* SUNT 7. Göttingen: Vandenhoeck & Ruprecht, 1985.

_____. *Paul and Palestinian Judaism: A Comparison of Patterns of Religion.* London: SCM Press, 1977.

Schweitzer, Albert. *Geschichte der paulinischen Forschung.* 2nd ed. Tübingen: J. C. B. Mohr, 1933.

_____. *Aus meinem Leben und Denken.* Leipzig: Evangelische Verlagsanstalt, 1931.

_____. *Die Mystik des Apostels Paulus.* Tübingen: J. C. B. Mohr, 1930.

_____. *Geschichte der Leben-Jesu-Forschung.* 2nd ed. Tübingen: J. C. B. Mohr, 1913.

_____. *Straßburger Vorlesungen.* E. Gräßer and J. Zürcher eds. München: Beck, 1998.

Stendahl, Krister. *Das Vermächtnis des Paulus: Eine neue Sicht auf den Römerbrief.* Trans. by K. Ehrensperger. Zürich: Theologischer Verlag, 2001.

_____. "Paul and the Introspective Conscience of the West." *HThR* 56(1963), 199-215.

Zager, Werner. *Liberale Exegese des Neuen Testaments: David Friedrich Strauß, William Wrede, Albert Schweitzer, Rudolf Bultmann.* Neukirchen-Vluyn: Neurkichener Verlag, 2004.

제5부 새 창조와 중생, 부활 사상 그리고 종말 사상

제13장 새 창조와 중생: 신약성경에 나타나는 새 창조와 중생의 종말론적 의미에 대한 고찰

Back, Frances. "Wiedergeburt in der religiösen Welt der hellenistisch-römischen Zeit." in: *Der erste Petrusbrief*, ThHK 15/1. Leipzig: Evangelische Verlagsanstalt, 2005, 45-73.

Bae, Jae Woog. *Wiedergeburt im Johannesevangelium*. Diss. theol. Tübingen, 2003(이 책 저자의 논문에 표기된 문헌의 번역서는 배재욱, 『초기 유대교와 신약성 경의 중생』, 서울: 대한기독교서회, 2008이다-역주).

Barrett, Charles K. *Das Evangelium nach Johannes*. KEK. Göttingen: Vandenhoeck & Ruprecht, 1990.

Brox, Norbert. *Der erste Petrusbrief*. EKK 21. Zürich: Benziger Verlag and Neukirchen-Vluyn: Neukirchener Verlag, 41993.

Bultmann, Rudolf. *Das Evavgelium des Johannes*. KEK. Göttingen: Vandenhoeck & uprecht, 1964(Repr. 1941).

Burchard, Christoph. "Ein vorläufiger griechischer Text von Joseph und Aseneth." *DBAT* 14(1979), 2-53.

Burchard, Christoph. *Joseph und Aseneth*. kritisch herausgegeben von C. Burchard mit Unterstützung von C. Burfeind and U. B. Fink. PVTG 5. Leiden: Brill, 2003.

Burchard, Christoph. *Joseph und Aseneth*. JSHRZ II/4. Gütersloh: Gütersloher Verlagshaus Gerd Mohn, 1983.

Burchard, Christoph. *Untersuchungen zu Joseph und Aseneth*. WUNT 8. Tübingen: Mohr, 1965.

Burker, Walter. *Antike Mysterien: Funktionen und Gehalt*. München: C. H. Beck, 1990.

Dey, Joseph. *PALIGGENESIA: Ein Beitrag zur Klärung der relogionsgeschichtlochen Bedeutung von Tit 3,5*. NTA 17,5. Münster: Aschendoffsche, 1937.

Dieterich, Albrecht. *Eine Mithrasliturgie*. Leipzig: B. G. Teubner, 31923.

Dietzfelbinger, Christian. *Das Evangelium nach Johannes*. Teilband 1: Johannes 1-12. ZBK.NT 4. Zürich: Theologischer Verlag, 2001.

Feldmeier, Reinhard. "Wiedergeburt im 1. Petrusbrief." in: Feldmeier, Reinhard(ed.), *Wiedergurt*. BThS 25. Göttingen: Vandenhoeck & Ruprecht, 2005, 75-99.

Feldmeier, Reinhard(ed.). *Wiedergurt*. BThS 25. Göttingen: Vandenhoeck & Ruprecht, 2005.

Feldmeier, Reinhard. *Der erste Petrusbrief*. ThHK 15/1. Leipzig: Evangelische Verlagsanstalt, 2005, 84-87.

Goppelt, Leonhard. *Der erste Petrusbrief*. KEK 12/1. Göttingen: Vandenhoeck &

Ruprecht, 1978.

Helm, Rudolf. *Apuleius: Metamorphosen oder Der Goldene Esel.* Lateinisch und Deutsch. besorgt von W. Krenkel, Schriften und Quellen der alten Welt 1. Berlin: Akademie-Verlag, 61970.

Hengel, Martin. *Judentum und Hellenismus: Studien zu ihrer Begegnung unter besonderer Berücksichtigung Palästinas bis zur Mitte des 2.Jh.s v. Chr.*, WUNT 10. Tübingen: Mohr, 1969, 21973.

Hofius, Otfried. "Das Wunder der Wiedergeburt: Jesu Gespräch mit Nikodemus Joh 3,1-21." in: O. Hofius and H.-C. Kammler. *Johannesstudien: Untersuchungen zur Theologie des vierten Evangeliums.* WUNT 88. Tübingen: Mohr Siebeck, 1996, 33-80.

Janowski, Bernd. "Schöpfung. II. Altes Testament." *RGG* 47(2004), 970-972.

Klauck, Hans-Josef. *Die religiöse Umwelt des Urchrisrentums I: Stadt- und Hausreligion, Mysterienkulte. Volksglaube.* Studienbücher Theologie 9,1. Stuttgart et al.: Verlag W. Kohlhammer, 1995.

Kuhn, Heinz-Wolfgang. *Enderwartung und gegenwärtges Heil: Untersuchungen zu den Gemeindeliedern von Qumran mit einem Anhang über Eschatoligie und Gegenwart in der Verkündigung Jesu.* StUNT 4. Göttingen: Vandenhoeck & Ruprecht, 1966.

Lichtenberger, Hermann. *Studien zum Menschenbild in Texten der Qumrangmeinde.* StUNT 5. Göttingen: Vandenhoeck & Ruprecht, 1980.

Luz, Ulrich. *Der Brief an die Epheser.* in: Becker, J. and Luz, U. *Die Briefe an die Galater, Epheser und Kolosser.* NTD 8/1. Göttingen: Vandenhoeck & Ruprecht, 1998.

Luz, Ulrich. *Der Brief an die Kolosser.* Becker, J. and Luz, U. *Die Briefe an die Galater, Epheser und Kolosser.* NTD 8/1. Göttingen: Vandenhoeck & Ruprecht, 1998.

Mell, Ulrich. *Neue Schöfung: Eine traditinosasgeschichtliche und exegetische Studie zu einem eschatologischen Grundsatz paulinischer Teologie.* BZNW 56. Berlin: Walter de Gruyter, 1989..

Merkel, Helmut. *Die Pastoralbriefe.* NTD 9/1. Göttingen and Zürich: Vandenhoeck & Ruprecht, 1991.

Merklein, Helmut and Schmidt, Werner H.(eds.). *Schöpfung und Neuschoöfung.* JBTh 5. Neukirchen-Vluyn: Neukirchener, 1990.

Mußner, Franz. *Der Brief an die Epheser*. ÖTK 10. Gütersloh: Gütersloher Verlagshaus, 1982.

Nock, Arthur D. and Festugière, André J. (ed.). *Corpus Hermeticum*. tome II, traités XIII-XVIII Asclepius. Paris: Les Belles Lettres, 31973.

Oberlinner, Lorenz. *Die Pastoralbriefe*. Dritte Folge: Kommentar zum Titusbrief, HThK XI/2. Freiburg et al.: Herder, 1996.

Sänger, Dieter. *Antikes Judentum und die Mysterien: Religionsgeschichtliche Untersuchungen zu Joseph und Aseneth*. WUNT II/5. Tübingen: Mohr, 1980.

Schelkle, Karl H. *Die Petrusbriefe, der Judasbrief*. HThK 13/2. Freiburg: Herder, 1980.

Schenke, Hans-Martin. *Nag Hammadi Deutsch*. Studienausgabe. Schenke, H.-M. et al.(eds.), unter Mitarbeit von K. Schwarz. Berlin: Walter de Gruyter, 2007.

Schnackenburg, Rudolf. *Das Johannesevangelium*. 1. Teil: Einleitung und Kommentar zu Kapitel 1-4. HThK 4. Freiburg: Herder, 1966..

Schnackenburg, Rudolf. *Der Brief an die Epheser*. EKK 10. Zürich: Benziger Verlag and Neukirchen-Vluyn: Neukirchener Verlag, 1982.

Schweizer, Eduard. *Der Brief an die Kolosser*. EKK 12. Zürich: Benziger Verlag and Neukirchen-Vluyn: Neukirchener Verlag, 1976.

Sellin, Gerhard. *Der Brief an die Epheser*. KEK 8. Göttingen: Vandenhoeck & Ruprecht, 2007.

Thyen, Hartwig. *Das Johannesevangelium*, HNT 6. Tübingen: Mohr Siebeck, 2005.

Uhlig, Siegbert. *Das Äthiopische Henochbuch*. JSHRZ V/6. Gütersloh: Gütersloher Verlagshaus Gerd Mohn, 1984.

Vermaseren, S. M. J. *Mithras: Geschichte eines Kultes*. UB 83. Stuttgart: W. Kohlhammer Verlag, 1965.

Wengst, Klaus. *Das Johannesevangelium. 1*. Teilband: Kapitel 1-10. ThKNT 4,1. Stuttgart: Verlag W. Kohlhammer, 2000.

Wilckens, Ulrich. *Das Evangelium nach Johannes*. NTD 4. Göttingen: Vandenhoeck & Ruprecht, 1998.

Wischmeyer, Oda. "Schöpfung. IV. Neuse Testament," *RGG* 47(2004), 973-974.

Wolter, Michael. *Der Brief an die Kolosser. Der Brief an Philemon*. ÖTK 12. Gütersloh:

Gütersloher Verlagshaus, 1993.

Yadin, Yigael. *The Temple Scroll.* Vol. 2. Jerusalem: Israel Exploration Society, 1983.

제14장 쿰란 문서에서 부활

Baillet, Maurice. Ed. *Qumran Grotte 4.* III: 4Q482-4Q520. DJD VII. Oxford: Clarendon Press, 1982.

Bar-Adon, Pesach. "Another Settlement of the Judean Desert Sect at 'En el-Ghuweir on the Shores of the Dead Sea." *BASOR* 227(1977) 1-25.

Bardtke, Hans. *Die Handschriftenfunde vom Toten Meer.* Vol. 2: Die Sekte von Qumran. 2nd ed. Berlin: Evangelische Haupt-Bibelgesellschaft, 1961.

_____. "Qumran und seine Funde." *ThR* NF 30(1963), 261-292.

Burchard, Christoph. "Die Essener bei Hippolyt." *JSJ* 8(1977), 1-41.

Carmignac, Jean. "Le retour du Doctuer de Justice à la fin des jours?." *RdQ* 1(1958-59), 235-248.

Cavallin, Hans C. C. *Life After Death: Paul's Argument for the Resurrection of the Dead in I Cor 15.* Part I: An Enquiry into the Jewish Background. CB.NT 7:1. Lund: Gleerup, 1974.

Charlesworth, James H. et al. Eds. *Qumran-Messianism: Studies on the Messianic Expectations in the Dead Sea Scrolls.* Tübingen: Mohr Siebeck, 1998.

Holm-Nielsen, Svend. *Hodayot: Psalms from Qumran.* AThD 2. Aarhus: Universitets-Forlaget, 1960.

Jeremias, Gert. *Der Lehrer der Gerechtigkeit.* StUNT 2. Göttingen: Vandenhoeck & Ruprecht, 1963.

Klenk, Dominik. "Knochenfunde aus Qumran in München entdeckt." *WUB* 12(1999), 69.

Kuhn, Heinz-Wolfgang. "Besprechung von G. W. E. Nickelsburg, Resurrection, Immortality, and Eternal Life in Intertestamental Judaism." *ThLZ* 101(1976), 353-354.

_____. *Enderwartung und gegenwärtiges Heil: Untersuchungen zu den Gemeindeliedern von Qumran mit einem Anhang über Eschatologie und Gegenwart in der Verkündi-*

gung Jesu. StUNT 4. Göttingen: Vandenhoeck & Ruprecht, 1966.

Kuhn, Karl-Georg. "Essener." 3rd ed. *RGG* 2(1958), 701-703.

Laurin, Robert B. "The Question of Immortality in the Qumran 'Hodayot'." *JSS* 3(1958), 344-355.

Lichtenberger, Hermann. *Studien zum Menschenbild in Texten der Qumrangemeinde.*. StUNT 15. Göttingen: Vandenhoeck & Ruprecht, 1980.

Lilly, Ross E. *The Idea of Man in Qumran Literature*. Ph. D. diss. Boston University, 1962.

Maier, Johann. *Die Qumran-Essener: Die Texte vom Toten Meer*. Vol. II: Die Texte der Höhle 4. UTB 1863. München: Reinhardt, 1995.

Milik, Józef T. Ed. *The Books of Enoch: Aramaic Fragments of Qumran Cave 4*. With the Collaboration of Matthew Black. Oxford: Clarendon Press, 1979.

Morawe, Günter. *Aufbau und Abgrenzung der Loblieder von Qumran: Studien zur gattungsgeschichtlichen Einordung der Hodayoth*. ThA 16. Berlin: Evangelische Verlagsanstalt, 1961.

Nickelsburg, George W. E. *Resurrection, Immortality, and Eternal Life in Intertestamental Judaism*. HThS 26. Cambridge: Harvard University Press and London: Oxford University Press, 1972.

Ploeg, Johannes P. M. van der. *Funde in der Wüste Juda: Die Schriftrollen vom Toten Meer und die Bruderschaft von Qumran*. Köln: Bachem, 1959.

Politis, Konstantinos D. "Rescue Excavations in the Nabatean Cemetery at Khirbet Qazone 1996-1997." *ADAJ* 42(1998), 611-614.

_____. "The Nabatean Cemetery at Khirbet Qazone." NEA 62(1999), 128.

Puech, Emil. *La croyance des Esséniens en la vie future: Immortalité, résurrection, vie éternelle? Histoire d'une croyance dans le judaïsme ancien*. Vol. I: La résurrection des morts et le contexte scripturaire. Vol. II: Les données qumraniennes et classiques. Études bibliques N.S. 21 and 22. Paris: Gabalda, 1993.

_____. *Qumran Grotte 4*. XXVIII: Textes Hébreux(4Q521-4Q528, 4Q576-4Q579). DJD XXV. Oxford: Clarendon Press, 1998.

_____. "The Necropolises of Khirbet Qumran and Ain el-Ghuweir and the Essene Belief in Afterlife." *BASOR* 312(1998) 21-36.

Rabin, Ḥayim. *Qumran Studies*. Scripta Iudaica 2. London: Oxford University Press, 1957.

Röhrer-Ertl, Olav et al. "Über die Gräberfelder von Khirbet Qumran, insbesondere die Funde der Campagne 1956. I: Anthropologische Datenvorlage und Erstauswertung aufgrund der Collectio Kurth." *RdQ* 19(1999), 3-46.

Rohrhirsch, Ferdinand. *Wissenschaftstheorie und Qumran: Die Geltungsbegründungen von Aussagen in der Biblischen Archälogie am Beispiel von Chirbet Qumran und En Feschcha*. NTOA 32. Freiburg: Universitätsverlag and Göttingen: Vandenhoeck & Ruprecht, 1996.

Schubert, Kurt. "Die Entwicklung der Aufstehungslehre von der nachexilischen bis zur frührabbinschen Zeit." *BZ* 6(1962) 177-214.

Schuller, Eileen. "Hodayot." E. G. Chazon et al. eds. *Qumran Cave 4. XX: Poetical and Liturgical Texts*. Part 2. DJD XXIX. Oxford: Clarendon Press, 1999.

Steckoll, Solomon H. "Preliminary Excavation Report in the Qumran Cemetery." *RdQ* 6(1968), 323-344.

Stegemann, Hartmut. *ΚΥΡΙΟΣ Ο ΘΕΟΣ und ΚΥΡΙΟΣ ΙΗΣΟΥΣ: Aufkommen und Ausbreitung des religiösen Gebrauchs von ΚΥΡΙΟΣ und seine Verwendung im Neuen Testament*. Habil. Universität Bonn 1969.

_____. *Rekonstruktion der Hodajot: Ursprüngliche Gestalt und kritisch bearbeiteter Text der Hymnenrolle aus Höhle 1 von Qumran*. Th. D. diss. Universität Heidelberg 1963.

_____. "Religionsgeschichtliche Erwägungen zu den Gottesbezeichnungen in den Qumrantexten." Mathias Delcor ed. *Qumrân: Sa piété, sa théologie et son milieu*. BEThL 46. Paris-Gembloux: Duculot and Leuven: Leuven University Press, 1978, 195-217.

Stemberger, Günter. *Der Leib der Aufstehung: Studien zur Anthropologie und Eschatologie des palästinischen Judentums im neutestamentlichen Zeitalter(ca. 170 v. Chr.-100 n. Chr.)*. AnBib 56. Rom: Biblical Institute Press, 1972.

Stone, Michael E. et al. Eds. *The Apocryphal Ezekiel*. SBL.EJL 18. Atlanta: Society of Biblical Literature, 2000.

Zias, Joseph E. "The Cemeteries of Qumran and Celibacy: Confusion Laid to Rest?."

DSD 7(2000), 220-253.

Zimmermann, Johannes. *Messianische Texte aus Qumran: Königliche, priesterliche und prophetische Messiasvorstellungen in den Schriftfunden von Qumran*. WUNT II/104. Tübingen: Mohr Siebeck, 1998.

제15장 반드시 속히 될 일(계 1:1): 요한계시록 종말론에 대한 생각

Augustinus, Aurelius. *Vom Gottesstaat(De civitate dei)*. Vol. II: Buch 11-22. Aus dem Lateinischen übertragen von W. Thimme. Eingeleitet und kommentiert von C. Andresen. München: Deutscher Taschenbuch Verlag, 1978.

Aune, David E. *Revelation 1-5*. WBC 52A. Dallas: Word Books, 1997.

Bauer, Thomas J. *Das tausendjährige Messiasreich der Johannesoffenbarung: Eine literarkritische Studie zu Offb 19,11-21,8*. BZNW 148. Berlin and New York: Walter de Gruyter, 2007.

Bousset, Wilhelm. *Die Offenbarung Johannes*. KEK 16. Göttingen: Vandenhoeck & Ruprecht, 1906(사후에 나온 재판 1966).

Busch, Peter. *Der gefallene Drache: Mythenexegese am Beispiel von Apokalypse 12*. TANZ 19. Tübingen and Basel: Francke, 1996.

Charles, Robert H. *The Revelation of St. John*. Vol. 1. ICC. Edinburgh: Clark, 1920.

Caulley, Thomas S. and Hermann Lichtenberger. Eds. *The Septuagint and Christian Origins*. Tübingen: Mohr Siebeck, 2011(출간 준비 중).

Fekkes, Jan. *Isaiah and Prophetic Tradition in the Book of Revelation: Visionary Antecedents and their Development*. JSNT.S 93. Sheffield: JSOT Press, 1994.

Frey, Jörg. "Erwägungen zum Verhältnis der Johannesapokalypse zu den übrigen Schriften des Corpus Johanneum." M. Hengel. *Die Johanneische Frage: Ein Lösungsversuch*. Mit einem Beitrag zur Apokalypse von Jörg Frey. WUNT 67. Tübingen: Mohr, 1993, 326-427.

Holtz, Traugott. *Die Offenbarung des Johannes*. K.-W. Niebuhr ed. NTD 11. Göttingen: Vandenhoeck & Ruprecht, 2008.

Horn, Friedrich W. "Johannes auf Patmos." F. W. Horn and M. Wolter eds. *Studien zur*

Johannesoffenbarung und ihrer Auslegung: Festschrift für Otto Böcher zum 70. Geburtstag. Neukirchen-Vluyn: Neukirchener Verlag, 2005, 139-159.

Kalms, Jürgen. *Der Sturz des Gottesfeindes: Traditionsgeschichtliche Studien zu Apokalypse 12.* WMAnt. 93. Neukirchen-Vluyn: Neukirchener Verlag, 2001.

Koch, Michael. *Drachenkampf und Sonnenfrau: Zur Funktion des Mythischen in der Johannesapokalypse am Beispiel von Apk 12.* WUNT II/184. Tübingen: Mohr Siebeck, 2004.

Lichtenberger, Hermann. "Rom, Luxus und die Johnanesoffenbarung." W. Kraus ed. *Beiträge zur urchristlichen Theologiegeschichte.* BZNW 163. Berlin and New York: Walter de Gruyter, 2009, 479-493.

Lohse, Eduard. "Die alttestamentliche Sprache des Sehers Johannes." *ZNW* 52(1961), 122-126.

Maier, Gerhard. *Die Offenbarung des Johannes.* Kapitel 1-11. HTA. Witten: Brunnen and Giessen: R. Brockhaus, 2009.

Müller, Ulrich B. *Die Offenbarung des Johannes.* ÖTBK 19. Gütersloh: Gütersloher Verlagshaus Mohn, 1984.

Roloff, Jürgen. *Die Offenbarung des Johannes.* 2nd ed. ZBK 18. Zürich: Theologischer Verlag, 1987.

Satake, Akira. *Die Offenbarung des Johannes.* KEK 17. Göttingen: Vandenhoeck & Ruprecht, 2008.

Schlatter, Adolf. *Das Alte Testament in der johanneischen Apokalypse.* BFchTh 16,6. Gütersloh: Bertelsmann, 1912.

Taeger, Jens-Wilhelm. "'Gesiegt! O himmlische Musik des Wortes!': Zur Entfaltung des Siegesmotivs in den johanneischen Schriften." J.-W. Taeger. *Johanneische Perspektiven: Aufsätze zur Johannesapokalypse und zum johanneischen Kreis 1984-2003.* D. C. Bienert and D.-A. Koch eds. FRLAnt. 215. Göttingen: Vandenhoeck & Ruprecht, 2006, 81-104.

_____. *Johannesapokalypse und johanneischer Kreis: Versuch einer traditionsgeschichtlichen Ortsbestimmung am Paradigma der Lebenswaser-Thematik.* BZNW 51. Berlin and New York: Walter de Gruyter, 1989.

Witulski, Thomas. *Die Johannesoffenbarung und Kaiser Hadrian: Studien zur Datierung der neutestamentlichen Apokalypse*. FRLAnt. 221. Göttingen: Vandenhoeck & Ruprecht, 2007.